RPA 审计机器人开发教程
——基于来也 UiBot

程 平 主 编
褚 瑞 副主编

电子工业出版社
Publishing House of Electronics Industry
北京·BEIJING

内 容 简 介

本书分为三部分，共 11 章。第一部分"审计机器人导论"，主要介绍审计基础理论和 RPA 审计机器人，其内容涵盖了审计的产生、发展、概念、目标、对象、分类、程序、证据、工作底稿和信息技术对审计过程的影响，以及审计机器人的概念、特点、功能、应用场景和案例。第二部分"审计机器人开发技术"，主要介绍来也 UiBot 软件的语法基础和常用的自动化技术，以及 RPA 审计机器人的研发策略，其内容涵盖了审计机器人的分析、设计、开发和运用方法。第三部分"审计机器人开发实战"，主要介绍面向注册会计师财务报表审计实务中的初步业务活动、会计分录测试、函证程序、审计报告和附注生成，以及主营业务收入、应收账款和销售与管理费用实质性程序七个审计机器人的研发过程，通过剧本、漫画、流程图、技术路线和开发步骤，详细描述了 RPA 审计机器人应用场景和审计机器人的分析、设计、开发与运用。

本书提供了基于来也 UiBot 软件进行审计机器人开发的数据资料和部分源程序等资源，以及进行课程讲授的教学大纲、教学日历、教学课件等教学资源。本书案例结合配套的教学工具——审计机器人开发模拟沙盘，可以开展基于 CPA 审计场景驱动的审计机器人分析、设计、开发和运用一体化教学，教学和学习效果会更好。

本书可作为高等院校会计学、财务管理、审计学等专业智能自动化相关课程的教材，也可以作为计算机、软件、人工智能等专业学生进行 RPA 开发学习的参考教材，还可以作为审计从业人员和爱好者进行"互联网+审计"跨学科学习和培训的指导用书。

未经许可，不得以任何方式复制或抄袭本书之部分或全部内容。
版权所有，侵权必究。

图书在版编目（CIP）数据

RPA 审计机器人开发教程：基于来也 UiBot / 程平主编. —北京：电子工业出版社，2021.12
ISBN 978-7-121-42453-3

Ⅰ.①R… Ⅱ.①程… Ⅲ.①财务管理－专用机器人－高等学校－教材 Ⅳ.①F275②TP242.3

中国版本图书馆 CIP 数据核字（2021）第 244549 号

责任编辑：石会敏
印　　刷：北京市大天乐投资管理有限公司
装　　订：北京市大天乐投资管理有限公司
出版发行：电子工业出版社
　　　　　北京市海淀区万寿路 173 信箱　邮编：100036
开　　本：787×1 092　1/16　印张：21　字数：537.6 千字
版　　次：2021 年 12 月第 1 版
印　　次：2025 年 1 月第 6 次印刷
定　　价：69.00 元

凡所购买电子工业出版社图书有缺损问题，请向购买书店调换。若书店售缺，请与本社发行部联系，联系及邮购电话：(010) 88254888，88258888。

质量投诉请发邮件至 zlts@phei.com.cn，盗版侵权举报请发邮件至 dbqq@phei.com.cn。
本书咨询联系方式：738848961@qq.com。

审计的未来
——致敬 RPA 审计机器人开发教程的探路者

"智能觉醒"以来，整个会计相关领域出现这样一个场景：RPA 财务机器人出现，共享财务中心如火如荼，业财管融合趋势的全流程网络化、数字化、智能化兴起，企业会计人员数量锐减和忙着转型，有的大学索性取消了会计专业，一些院校推动开设大数据会计和智能会计，这恐怕是自卢卡·帕乔利发明的复式记账法出现五百多年来，历史上会计+技术最颠覆的时刻，而这一波更是影响深远，似乎还没有人能够准确预测未来。

中国注册会计师协会启动财政部会计领军工程注册会计师类"信息化方向"领军人才培养方案，始于"智能觉醒"的 2016 年，当时的预测是：标准化、流程化很强的审计师的工作内容将被智能化机器人替代。在设计该培养方案时，我们构建了三个模块：AI 技术有哪些？AI 技术在商业领域的应用有哪些？AI 技术及其应用对注册会计师行业的挑战和应对措施有哪些？2017 年 12 月，也就是首批领军学员首次集训后的 4 个月，天职国际的王玥团队就研发设计出了一款财务机器人。2020 年，一些事务所更是开发出信息化的审计作业平台、大数据审计、远程审计工具。也有业内人士称：注册会计师行业审计信息化处在软件审计、大数据审计、智能审计并存的时代。

5 年后的今天，企业的财务自动化、网络化、数字化、智能化转型的速度惊人，使得身为审计人的注册会计师面临着完全信息化基础下的客户的审计技术挑战，审计环境变化不适应、审计手段落后、缺乏技术平台的支持，就可能凸显胜任能力不足、工作强度加大和审计风险的增加，这已经成为一个普遍的痛点。

我刚刚主持完成的一个注册会计师行业人才课题调查问卷反馈结果显示，注册会计师行业审计人才流失到了前所未有的新极点，过去是一般员工离职，而现在是高级经理甚至合伙人离开，流失率或者流动率达到 25%~35%，个别情况甚至逼近 50%。述及原因，普遍归结为：工作强度太大、责任太重、风险太高，而收入太低。"工作强度太大"位列第一。

程平教授的《RPA 审计机器人开发教程：基于来也 UiBot》，致力于培养出像他一样的一大批"跨界"人才，早日帮助开发出审计机器人，解决审计实务中标准化流程的自动化，使得审计师从复杂、枯燥、重复的劳动中解放出来，并且可以全天候且精准无误地工作、百分百地覆盖审计抽样，形成被监控的可信赖的审计数据，减少和杜绝人工差错，减少和解放人力并使人力可以投入到附加值更高的工作中，增加审计人的价值增值工作时间，提高专业人士本来应有的价值感。何其期待！

等死还是找死？

"智能觉醒"以来，注册会计师行业同人一直在讨论审计师是否会被替代的问题。是某种商业模式的替代，比如互联网商业模式下的信贷？还是某种技术的替代，比如大数据下的区块链应用？使得独立审计存在的信息不对称条件消失。有研究表明，不对称信息还会以其他方式存在，鉴证需求会表现为其他的存在形态。

玛格丽特·博登在《AI：人工智能的本质与未来》一书中说："人工智能可以带来不计其数的小发明。"事实上，AI技术的应用涵盖机器视觉、指纹识别、人脸识别、视网膜识别、虹膜识别、掌纹识别，专家系统、自动规划、智能搜索、定理证明、博弈、自动程序设计，智能控制、机器人学、语言和图像理解、遗传编程等。AI发展的技术驱动、数据驱动、场景驱动三个阶段，在现实生活中的应用场景已经无处不在了。

审计工作从标准化、数字化到智能化，理念、思维、方法、技术、升华维度，更重要的是方法论和思维进阶，通过管理思维、技术素养和专业素养整合发展。这个过程势必建立在AI技术应用下企业智能财务技术的基础审计技术上，而这个过程谈何容易。

对RPA而言，从其概念的提出到头部公司实施使用，以及后面在市场上相对广泛地被接受，已经有比较长的时间了。RPA本身带来的新冲击或者影响已经开始钝化或者边际减少，但是作为一项低代码需求且有成熟工具支持的技术，还是会有一定时期的稳定输出。总而言之，RPA已经有很广泛的应用了，未来还会保持比较快的普及速度，会成为财务数字化转型的一个基本工具。

人们已经注意到RPA的一些趋势：由单个RPA的机器人朝团队RPA机器人（机器人队伍）变化，从子流程的运用，到多流程、全流程，甚至企业级的运用；在管控方面，相应地体现出对企业级RPA资源的最优调配和效率提高，RPA来管理RPA的集中整合中心或者平台也在很多机构有先见的观察；RPA目前可能要更多地结合AI技术。原来只是流程性的操作串联、过程性的效率提升，随着AI技术的更加成熟，现在可能是基于RPA和AI组合的解决方案越来越有用武之地。

或者说，原来RPA需要人工判断的地方，通过运用AI技术，加入算法、模型、演练，机器自主学习和深度学习，自主构建智能化逻辑进行风险识别，形成反舞弊模型，进而进一步提升RPA审计机器人的能力。特别是RPA在其流程重复过程中收集沉淀数据后，通过机器学习，也可以提升、完善RPA后续处理能力。

显然，RPA是发展到超级自动化的系统，我们勾画的情景就是：单点到多点的"标准化"，数字生态、数据支撑、数据治理逻辑下的"数字化"，多点在线使用的"网络化"，以及在"标准化场景"下识别建模、映射技术、算法演练，加入机器自主学习、深度学习、自主激励学习，形成类智能的"智能化"工具和平台。这是RPA审计机器人走向智能化的愿景。

如此高难度的过程，还是要去探路，因为"等死"是死，莫如"找死"或许有生的可能性。

陷阱还是超越？

我的脑子里盘算着这样一些问题：RPA技术本身有什么局限？RPA在审计智能化中的角色、地位和作用？RPA最终的技术应用发展的方向是什么？

其一，流程自动化的缺陷正是流程自动化本身。抛开区块链技术的应用，审计流程确定的情况下的自动化，解决的是既定标准化的审计程序，而审计判断要做的部分，通常是超越标准化流程之上的判断，即通常所说的"勤勉尽责"的"最后一公里"。因为审计准则针对有些或者大部分工作是可以规则化的，而有些不可确定和预期的经济现象和事实的存在使得审计准则只能原则化，要靠审计师根据实际情况做出专业判断。这是我本人在过去二十多年与立法界朋友沟通时的"焦点"和"困境"——我们无法穷尽规则，则如何判断勤勉尽责。在会计师事务所的同人看来，RPA审计自动化目前主要解决的是"局部的闭环的"流程规则中标准的部分,不规则、非标准化的部分能否解决或者在多大程度上解决,还是一个需要探求的技术领域,包括后端的数据库和前端的界面及前后端应用控制的程序。也就是说,如果我们能够在现有的机器视觉、指纹识别、人脸识别、视网膜识别、虹膜识别、掌纹识别应用之外,更多地运用专家系统、智能搜索、博弈、自动规划、自动定理证明、自动程序设计,以及智能控制、机器人学、语言和图像理解,我们就有可能获得"不计其数的小发明",解决审计人说不清楚的"痛点",也了然相关方的"困境"。

其二,填补现代化陷阱的"坑"会需要更多的成本投入。人类现代化路上的"坑"不会减少,反而会增加,填补高难度的"坑"的过程,一定会增加更多的成本。审计流程自动化、智能化也一样。与财务流程自动化不一样的是,审计自动化要构建在客户财务管理数据系统的信息化、数字化、网络化、自动化、智能化的应用场景之下。客户的多样化、环境的不确定性、技术的叠加,使审计智能化跃升的道路充满艰辛。而这,就是历史留给当代审计人最大的命题。

其三,审计机器人作为拟制的"人"的新问题。没错,机器人不是人,它是拟制的人。未来的保密问题、系统安全问题、数据信息安全、伦理道德问题、责任划分问题,尤其是人机协作下的"人"的再造问题……一批新课题会演化出来。

总之,我们需要意识到 RPA 审计机器人应用的一些趋势:

(1) RPA 审计机器人只是早期的和基础的,未来一定会更广地普及和不断地升级。

(2) 人机协同是一个绕不开的话题,这里的"人"不再是传统的会计人,而是掌握基础信息技术、计算机语言、编程语言、操作语言的"会计+技术"的"新人类"。

(3) 基于数据中国的基础的更多可能性,审计面临着日益复杂的数据环境。在底层,企业形成有价值的数据,减少财务人员的基础性工作,优化财务信息,甚至取代一些简单的财税决策;在中层,万物互联互通下的数据流、数据筐、数据库、数据链条、数据平台,借助智能技术,产生更多的结构化数据和非结构化数据,自动呈现新的逻辑和不曾被发现的新规律;在高层,人们通过 AI 不断探究未知的场、域。在此基础上,审计的场景、对象、目的、任务、工具、手段、作用都将发生一系列的变化。

说一千道一万,我们终归要把出发点和落脚点放到"人"上,以人为本,科学规制,围绕着"审计人"规划未来会怎样、该怎样、能怎样。

失业还是自由?

马克思在《资本论》中预言,由于科学技术的进步,人类的解放必将实现从"必然王国"到"自由王国"的飞跃。

生产力=人+工具。注册会计师行业是智力劳动者集聚的行业,而数字化、网络化、智能化时代,更显科学技术是第一生产力。人机协作将进入"科技赋能的工具不断升级"的高级阶段,这势必呼唤会计职业教育的转型,造就一批"新人类"。这些新人类至少有三个特征:通晓财会和经济原理、通晓审计逻辑、通晓技术应用的逻辑。

机器人流程自动化。RPA=标准化+信息化,应用 RPA 就是为了解决人手问题,解决大批量重复性、简单机械化的手工操作,解决消耗性、枯燥的简单劳动。因此,RPA 可谓当今社会"自动化的劳动力",业务流程化、流程标准化、标准信息化,付诸线上逻辑,进阶到自动化、网络化、数字化、智能化,"人和他们驾驭的或者伙伴式的工具"一道,发生质变、赋能、转型、变革。

未来的 RPA 审计机器人，希望它是"随手好用的工具"，让"审计民工"变成人机协作、人机交互的"审计侦探"、让审计师摆脱手工作业，减少人为失误和人工成本，一跃成为"高级审计师"，重心转到附加值更高的工作。

前段时间看到一则消息，就是在德国，人们每年工作 187 天、休息 178 天，科学、艺术、哲学，成为闲暇时的追求，这一切的实现正是由于智能技术"不计其数的小发明"。

显然，财务自由不是最后的自由的目标，思想自由、生命自由、时间自由，才是最后的自由！

致敬 RPA 审计机器人的探路者

拿到程平教授《RPA 审计机器人开发教程——基于来也 UiBot》一书的书稿和写序的委托，我惊叹于程平的专业和专注，还有锐气和勤奋。

程平教授是一个地地道道的"跨界者"，10 年前从 IT 行业跨界到会计，以会计信息化博士后出道入道，网上有人说他是"探索智能财务的野蛮人"，而我，更愿意称他为财务智能化的探路者、开路先锋。

2020 年 12 月 1 日他签名赠送的《RPA 财务机器人开发教程——基于 UiPath》还在手边，书写得很有趣，原本应该是老套枯燥和生涩的会计、IT，却让他写得有由头、情景、故事情节，让你感觉触摸到自己的痛点，然后轻而易举地处理掉。不得不说，这有赖于程平教授 20 余年的 IT 专业背景、对 IT 应用的长期探索，以及拥抱 IT 技术和会计结合的饱满热诚。书中娴熟的语言表达，巧妙的技术揭示，为财务自动化场景、技术、解决方案，提供了一种全新的思维模式。因此，我对《RPA 审计机器人开发教程——基于来也 UiBot》抱有同样的期待。

《RPA 审计机器人开发教程——基于来也 UiBot》是《RPA 财务机器人开发教程——基于 UiPath》的姊妹篇。程平再一次成为"探路者"，而这一次，又是很多人"不愿、不能、不敢"触及的审计领域。他再一次看似"轻巧地"展现了三个视域：审计基础理论和 RPA 审计机器人，来也 UiBot RPA 软件、自动化技术和审计机器人的研发策略，审计实务中 7 个机器人的研发方法。

作为"开发教程"，我理解本书更适用于技术+审计人、审计人+技术的"跨界者"。

程平教授早早地预见趋势并力行中国会计教育变革，充当"急行军"，成立了云会计、大数据、智能化研究所，历时 2 年，通过"理论+案例分析+沙盘演练+RPA 开发软件操作实训"，创新性地培养会计师和学生的"会计+互联网"思维及财务机器人分析、设计、开发、运用的一体化核心能力。他完成的这部作品为新一代"跨界"审计专业人才的培养提供了一个入场实训的"门径"。

是为序，并以此向程平教授致敬！

白晓红　博士
上海国家会计学院党委委员、副院长
2021 年 10 月 13 日

引领审计数字化转型的"导航仪"与"指路灯"

审计在保证会计信息质量、维护市场运行秩序、促进社会经济发展中扮演了"看门人"的重要角色，发挥着不可替代的专业作用。随着社会经济的不断发展，审计所处的社会经济环境日新月异，被审企业在商业模式、交易方式、业务规模及内部治理结构、管理流程等方面都发生了巨大变化，人们迫切需要高质量的会计信息，故此对审计的要求和期望也越来越高。

近年来财务报表出现重大错报、漏报的现象层出不穷，财务舞弊时有发生，财务造假手法也越发"高明"，可谓"魔高一尺"；审计理论与技术创新却相对滞后，依照现有的审计方法和程序，在有效发现错报、及时揭示舞弊方面稍显力不从心，无法像人们所期望的那样做到"道高一丈"。其主要原因是，尽管"风险导向审计"已被广泛认可和采纳，但对风险的甄别和评估，仍依赖基于过往职业经验和相关知识的主观判断，而不是基于数据支撑的客观判断。此外，宝贵的审计人力资源往往投入大量精力去执行那些重复且因指向性不甚明了的具体审计程序上，无法精选和裁剪相关程序，无法合理确定测试所必需的样本量，这不仅使审计工作变得繁杂无趣、效率低下，客观上也增大了审计风险。如何在保证审计质量和把控审计风险的同时，将审计人员从繁杂、重复的"做底稿"中摆脱出来，便成了长期困扰现代审计的一个"痛点"、一道难题。

随着计算机技术特别是个人计算机的广泛应用，学术界和实务界一直在努力探索利用计算机技术来提高审计效率、降低审计风险的良策。从早期的计算机辅助审计技术（CAATs），到当下市面上流行的各式审计软件，都在一定程度上提高了审计效率，也部分缓解了审计工作压力，但我总觉得这些应用技术仍停留在对人工程序的"加减计算+操作模拟"上，从本质上讲好似"扳手+改锥"，而非"数控机床"，故此无法从根本上消除"痛点"、解决难题。重庆理工大学会计学院程平教授主编的《RPA 审计机器人开发教程——基于来也 UiBot》一书却让我看见了曙光和希望。

概括地讲，《RPA 审计机器人开发教程——基于来也 UiBot》这本书有三个明显特色：

第一，内容丰富、涵盖面广。此书第一部分论述了审计基础理论和 RPA 审计机器人，第二部分重点介绍来也 UiBot RPA 软件的语法基础和常用的自动化技术，以及审计机器人的研发策略，第三部分则展示了财务报表审计实务中包括分录测试、函证程序、主营业务收入审计实质性程序、应收账款审计实质性程序、销售与管理费用审计实质性程序在内的 7 个审计机器人的研发过程。

第二，形式活泼、可读性强。此书不仅有逻辑清晰的概念阐述，而且通过剧本、漫画、流程图、技术路线和开发步骤，详细描述了审计机器人应用场景和审计机器人的分析、设计、开发与运用。

第三，用途广泛、实用性高。此书提供了课程讲授的教学大纲、教学日历、教学课件等教学资源，既可作为高等院校会计/审计专业智能自动化相关课程的教材，也可以作为计算机、软件、人工智能等 IT 专业学生学习 RPA 开发的参考教材，还可以作为审计从业人员、IT 专业人员和人工智能爱好者进行"互联网+审计"跨学科学习和培训的指导用书。借助与案例结合的配套教学产品——审计机器人开发模拟沙盘，开展基于财务报表审计场景驱动的审计机器人，分析、设计、开发和运用一体化教学和学习，效果会更好。此外，此书提供的基于来也 UiBot 软件开发审计机器人的数据资料和部分源程序等资源，对广大 IT 专业人员进行审计机器人及相关产品的研发，也具有较高的实用价值。

我曾数次亲自或陪同业内人士赴重庆理工大学考察、学习"互联网+会计"及大数据在审计中的应用，每次都印象深刻、获益匪浅。凭借深厚的计算机相关教育背景和丰富的软件系统研发经验，程平教授与他的团队近十多年来一直在会计信息化、大数据应用和会计/审计机器人研究和教学领域辛勤耕耘，取得了丰硕的教学、科研成果。不仅如此，他们还通过举办面向全国的"互联网+会计/审计"课程师资培训班、研究生特训夏令营等方式，积极地向学界和业界同行分享研究成果，毫无保留，令人钦佩。相信程平教授这本书的出版，必将有力推动我国审计数字化转型的进程。

另外，我也想借此机会呼吁业内同行：加大投入、广罗人才、广集数据、稳步推进，积极开展 RPA 审计机器人的研发和应用，以早日实现行业的数字化转型。

如果说审计机器人的应用是审计数字化转型的必由之路，那么程平教授这本书，便是引领审计数字化转型的"导航仪""指路灯"！

陈箭深　博士
RSM 国际董事、容诚会计师事务所合伙人治理委员会主席
2021 年 9 月 10 日

理论与实践有机融合：审计机器人学习的导航之作

感谢程平教授的邀请，为其即将出版的《RPA 审计机器人开发教程——基于来也 UiBot》作推荐序，此乃我之荣幸！

程平教授是近十余年国内 AI 会计/审计领域、"互联网+会计/审计"领域非常活跃、思想敏锐、成果丰硕、贡献重大的学者，我由衷敬佩！

以新一代信息技术（包括 AI）为通用技术的新一轮科技革命和产业革命正深刻地影响和改变着社会经济生活的各个方面。中国正逐渐成为引领新一轮技术浪潮的国家之一，产业重心在机器人、智能设备及制造和产业互联网等领域。

新一轮产业革命具有三个重要特征：一是新一代信息技术成为新一轮产业变革的通用技术，随着行业应用从消费领域扩展到产业领域，产业互联网将成为经济增长的重要基石；二是数据成为新的核心生产要素，推动技术范式、生产方式和商业模式的深刻变革；三是政府引导成为技术创新和产业变革的重要推动力量。

新兴技术发展对审计理论创新的推动主要通过两个路径：一是新兴技术通过影响或改变信息沟通过程（communication process），进而推动审计创新，主要体现为审计方式方法的创新；二是新兴技术推动的新一轮产业革命中核心生产要素的改变和经济活动方式（包括商业模式）的创新，进而推动审计创新，主要体现为审计内容与目标的创新。

人工智能（AI）的广泛运用必然对审计创新产生重大影响，主要体现为：延展审计专业能力，克服和弥补审计专业能力的不足；基于人文关怀，替代某些会计与审计工作；提高审计工作效率与审计质量；提升审计判断的能力与质量；催生智能审计师；推动研究、开发审计机器人。

审计专业与审计学科的发展急需推进"审计机器人"方面的教材建设，因为目前尚属空白。程平教授以非凡的勇气和担当组织编写《RPA 审计机器人开发教程——基于来也 UiBot》，弥补了审计机器人教材建设方面的空白，是对审计专业和审计学科建设的重大贡献，值得肯定和祝贺！

《RPA 审计机器人开发教程——基于来也 UiBot》分为三大部分，共 11 章。第一部分即导论，重点介绍审计基础理论和审计机器人的概念、特点、功能、应用场景，构建 RPA 机器人的运行原理。第二部分主要介绍来也 UiBot 软件的语法基础、自动化技术和机器人研发策略。第三部分以注册会计师财务报表审计为例，重点介绍审计实务工作中 7 个典型的审计机器人应用场景，包括初步业务活动机器人、会计分录测试机器人、函证程序机器人、主营业务收入审计实质性程序机器人、应收账款审计实质性程序机器人、销售与管理费用审计实质性程序机器人、审计报告及附注生成机器人。教材内容全面、系统。

该教材的最大特点是理论与实践的有机融合，信息量大、知识点紧凑、案例丰富、实用性强、浅显易懂。此外，该教材在案例设计、情景设计、漫画演绎、模拟实训、沙盘推演等方面也具显著特色。

个人认为，该教材是一部审计专业本科和审计硕士研究生"审计机器人"教学方面的入门性、普及性好教材，也可作为审计专业人才能力提升培训的优选参考用书。

祝贺并期待《RPA 审计机器人开发教程——基于来也 UiBot》的成功出版，早日面世！

是为序！

中国审计学会副会长

中国政府审计研究中心主任

西南财经大学二级教授

2021 年 10 月 18 日

科学诠释现代审计技术的创新之作

信息技术的发展，使计算机审计、信息系统审计、大数据审计、智慧审计等现代审计技术应运而生。如何科学地构建现代审计知识体系？如何更好地理解和应用现代审计技术？学术界与实务界的同仁正在积极探索中。

程平教授主编的《RPA 审计机器人开发教程——基于来也 UiBot》选择了一个崭新的视角，以什么是审计机器人这个问题为逻辑起点，在追溯审计产生和发展的脉络、分析信息技术发展对审计技术的影响之后，将计算机科学技术植入审计理论体系之中，生成了 RPA 审计机器人的概念，阐释了 RPA 审计机器人的特点和功能定位；通过案例分析、模拟应用，展示了 RPA 审计机器人的生成机理和工作原理；在此基础上，阐述了 RPA 审计机器人开发策略、开发技术、设计思路和应用程序，设计了 RPA 审计机器人框架模型和研发流程。以上述知识体系为基础，该教程将审计机器人置于实际的审计场景之中，以注册会计师审计业务为主线，层层递进，阐述了审计机器人的应用方法、应用过程和技术要求。

该教程逻辑清晰，内容丰富，似一幅优美画卷，一页一页徐徐展开，引人入胜，令学习者欲罢不能；该教程模拟审计场景，情景交融，似一部经典动漫，使学习者自觉进入角色，跟随机器人的脚步，开展审计业务，撰写审计报告；该教程集信息技术、审计理论为一体，遵循学习者学习的内在需求逻辑，理论和实践兼顾，层层递进，科学严谨。

众所周知，我国的审计事业起步于 20 世纪 80 年代初，随着社会经济、文化、环境的变化，审计的内涵和外延也在不断拓展和延伸，信息化时代，专业融合成为大势所趋。新文科背景下的审计学专业建设、课程建设、教材建设都面临如何突破传统知识体系、科学构建现代知识体系的困局。现实中，大多数审计从业者、审计专业教师不精通信息技术，而具有计算机专业背景的审计人员或教师，又缺乏审计业务知识，这是桎梏现代审计技术理论体系建构和实践应用、教学目标达成的重要因素。

程平教授具有 10 多年的 IT 从业经历和 11 年的大学会计教育经历，具有丰富的软件分析、程序开发和财会审信息化课程教学与人才培养经验，深耕于审计教育领域，研究成果丰硕，教学成就斐然，这是他和他的团队能够高质量编写这本教程的天然优势。我相信，这本教程会让学习者受益良多，收获满满，我们热切盼望并衷心期待它的正式出版！

时现 教授
南京财经大学副校长
2021 年 9 月 19 日

前　言

写书，真的好难，尤其是写一本基于场景将业务、审计和 IT 技术深度融为一体的书。

写书，表面上看是文字、符号和图形的有机组合，实质上是理念、思维、方法和技术的融会贯通，其过程到现在想起来依然感觉苦不堪言。

本书从 2019 年 10 月开始构思、规划，及至定稿，历时 2 年，这期间不但要研究理论的科学表达，还要思考实践的有效设计。我带领团队查阅无数文献和资料，调研无数会计师事务所和集团企业，访谈无数审计专业人士，有时候真的是倍感心力交瘁，但又不得不坚定前行。

作为工科出身的跨界"野蛮人"，我在企业和高校亲历"互联网+审计"的研究与实践，求实创新、与时俱进的精神一直伴随着我这个"野蛮人"奋勇前行。完美主义和强迫症的双重约束，让这本书在写作过程中经历了无数次的版本迭代，经过持续不断的内容改进后，我终于能够放心地让这本书"勉强"出版。这既是对读者的负责，也是对自己付出的肯定。在最美好的年龄，给工作留下一点记忆，给社会带来一点价值，给教育做出一点贡献，也不枉费我在 RPA 的世界里"野蛮"过一场。

为什么要写这本书？

这是我在大学从教 10 年间主编的第二本 RPA 书。本书的编写得到了北京来也网络科技有限公司的大力支持，特别感谢。

我主编的第一本书是《RPA 财务机器人开发教程——基于 UiPath》，作为一本 RPA 财务机器人开发教程，因为系统化、场景化、模拟化、趣味化的内容体系设计，前沿的理论讲解、案例研讨、沙盘模拟推演和软件模拟训练混合式教学实施，得到了企业界和教育界的关注，社会反响强烈。目前，该书被很多企业财务人员和 IT 企业软件工程师作为财务数智化转型应用的得力助手，以及被全国近百所高校选作智能会计相关课程的教材，这让我这个"野蛮人"倍感欣慰，也倍受鼓舞。

于是，趁热打铁，延续第一本书的写作激情，在容诚会计师事务所、信永中和会计师事务所、重庆康华会计师事务所等审计机构的大力支持下，在重庆市会计硕士 RPA 财务与审计机器人案例库建设项目的资助下，我与北京来也网络科技有限公司合作，结合审计实际工作场景，编写了《RPA 审计机器人开发教程——基于来也 UiBot》一书。在此特别感谢全国会计教育专家委员会、智能财会联盟对本书出版的大力支持！

学习审计机器人的重要性

党的二十大报告明确提出，要"加快构建新发展格局，着力推动高质量发展"。RPA 审计机器人作为一种先进的技术手段，能够提高审计工作效率，降低审计成本，提升审计质量，助力审计工作实现高质量发展。同时，学习 RPA 审计机器人有助于审计机关深入实施科技强审战略，加快推进审计信息化建设。通过引入 RPA 技术，审计机关可以实现审计数据的自动化收集、处理和分析，提高审计工作的信息化、智能化水平。

RPA 审计机器人具有高效的数据处理和分析能力，能够在审计过程中及时发现潜在的风险点、异常情况或不符合规定的行为，提高审计风险防控能力。这对于维护经济秩序、保障国家安全和社会稳定具有重要意义。同时，RPA 审计机器人可以为国家审计数字化转型提供有力支持，在政策执行、公共管理、企业运营等方面，RPA审计机器人可以发挥重要作用，推动国家审计数字化进程，为经济社会发展注入新动力。

为响应党的二十大报告精神，培养具备创新精神和实践能力的审计人才，为审计事业的发展提供人才保障。审计机关应积极拥抱新技术，不断提升自身能力，为新时代审计事业的发展做出贡献。学习RPA审计机器人有助于审计专业人员提升自身技能，掌握先进的机器人流程自动化和人工智能技术，培养创新精神和实践能力。这有助于审计机关打造一支高素质、专业化的审计队伍，为审计事业的发展提供人才保障。

综上所述，学习RPA审计机器人有助于审计机关贯彻落实党的二十大精神，推动审计工作高质量发展，助力国家审计数字化转型，培养创新型审计数字化人才。审计专业人员应积极拥抱新技术，不断提升自身能力，为新时代审计事业的发展做出贡献。

审计机器人学习什么？

成本和效率是会计师事务所在审计工作中面临的两大重要挑战，也是使用机器人流程自动化技术（RPA）的两大主要驱动因素。审计机器人的运用对于提高审计效率、提升审计质量、增强审计独立性、适应行业发展需求、培养创新型人才、实现跨业务领域拓展以及降低风险等方面具有重要作用，是会计师事务所实施审计数字化转型、建立核心竞争优势的必由之路，它使审计人员从繁杂、重复的审计基础工作中摆脱出来，能够有更多的时间和精力参与到审计职业判断工作中。

审计机器人既然是对许多审计基础工作的模拟与代替，那作为读者学习什么呢？难道像计算机辅助审计软件那样主要是学习功能操作吗？答案显然是否定的。遗憾的是，许多读者由于思维定式，对审计机器人的学习目标估计还错误地停留在只是想跟着案例操作步骤完成程序开发，而最重要的审计机器人分析、设计、开发和运用的理念、思维和方法并未特别关注和深入学习。

审计机器人的学习，不仅仅要了解RPA审计机器人的概念、特点、功能和应用场景，熟悉来也UiBot软件的基本语法和自动化组件技术，以及RPA审计机器人的研发框架和研发流程，还要通过典型应用场景中审计机器人的业务流程梳理与痛点分析、自动化流程设计、数据标准与规范化设计、技术路线规划、部署与运行、价值与风险分析等，学习并掌握RPA审计机器人的分析、设计、开发和运用方法。

读者通过本书的学习，可以形成基于场景驱动的业务、审计和技术一体化的思维模式，学会审计工作中人、业务和信息系统的有效协同设计，并且可以在本书提供的审计机器人案例的基础上进行简单修改和创新，然后将其用于政府审计、社会审计或者内部审计的具体审计工作中，以此建立读者在审计领域的RPA技术咨询和运用核心竞争力。

如何讲授审计机器人课程？

根据我们的教学实践，"RPA审计机器人"课程的教学实施建议学时数为32或者48课时，包括课堂的理论教学与案例研讨、实验室的沙盘模拟推演与机器人开发模拟训练两部分。教具主要包括UiBot Creator软件和RPA审计机器人开发模拟物理沙盘。教学方式为课堂讲授、翻转课堂、情境教学、项目教学、沙盘推演、模拟训练等多种方式的融合应用。

基于本书开展教学，可以通过角色扮演模拟和重现重庆数字链审会计师事务所财务报表审计工作中的一些典型应用场景，让学生身临其境，通过理论讲解、案例研讨、沙盘推演和软件模拟进行审计机器人的应用分析和开发学习，由浅入深、层层递进，逐步引导学生建立起这门课程的思维模式和学习方法，同时培养学生的创新思维、团队协作与交流沟通能力。

课程设置了 7 个沙盘模拟推演实验，实验案例素材均来自本书，与审计机器人开发模拟训练实验协同，通过对财务报表审计场景审计机器人的全过程推演，从流程梳理与痛点分析、机器人自动化流程设计、数据规范与标准化设计、机器人开发技术路线规划、机器人运用等多个方面培养学生的审计机器人分析、设计、开发和运用一体化能力。

审计机器人开发模拟物理沙盘像一个思维导图，能够帮助学生把每个案例提炼为应用场景、业务流程、痛点分析、机器人设计与开发、机器人数据标准与规范化、机器人运用的价值与风险、部署与运行 7 大核心内容，每部分内容环环相扣、重点突出，更直观、更全面、更系统、更具有结构性地把所有核心内容整合在一起，清晰地呈现审计机器人的整体框架及学习重点，学会如何深度地分析问题和解决问题，并有针对性地开发出可以落地实施的审计机器人，理解审计机器人的价值所在和如何规避在运用过程中的风险点，最终实现对学生审计机器人咨询能力的培养。

课程设置了 7 个审计机器人开发模拟实验。开发模拟训练侧重于机器人开发能力和运维操作技能的培养，把学生置于模拟的审计机器人开发与应用环境中，让学生反复操作、反思与创新，强化学生的流程理解能力、逻辑思维能力与程序开发能力，解决审计机器人实际开发和运维过程中可能出现的各种问题，为学生从事审计机器人的开发和运维工作打下坚实的基础。

内容组织

本书内容从逻辑上分为三大部分：第一部分是审计机器人导论，第二部分是审计机器人开发技术，第三部分是审计机器人开发实战。读者可以根据自己的前期基础、专业特长或兴趣爱好，有选择地进行阅读。

第一部分的内容包括第 1 章，主要介绍审计和 RPA 审计机器人的基本理论。其中：
- 第 1 章主要介绍审计的产生、发展、概念、目标、对象、分类、程序、证据、工作底稿和信息技术对审计过程的影响，以及 RPA 审计机器人的概念、特点、功能、应用场景及注协项目备案与防伪码生成应用机器人案例，以便读者建立起对审计和 RPA 审计机器人基本理论的统一认识，了解 RPA 审计机器人的应用流程，也为学习本书后面的审计机器人开发内容奠定基础。

第二部分的内容包括第 2~4 章，主要介绍来也 UiBot RPA 软件的语法基础、自动化技术和审计机器人的研发策略，这部分内容是学习审计机器人开发的必备基础，读者应该将其作为学习的重点。其中：
- 第 2 章介绍来也 UiBot 软件的组成，UiBot Creator 软件的下载、安装和使用，UiBot 软件的主要界面及涉及的数据类型、变量、运算符、条件语句、循环语句用法，最后给出了一个应计利息检查核对机器人开发模拟实训案例。
- 第 3 章介绍来也 UiBot 软件的基本命令、鼠标键盘、界面操作、软件自动化、数据处理、文件处理、系统操作、网络、Mage AI 等自动化组件的组成、功能和应用。
- 第 4 章介绍审计机器人的框架模型和研发流程，详细说明审计机器人的分析、设计、开发和运用过程。

第三部分的内容包括第 5~11 章，主要以会计师事务所的财务报表审计为例，介绍了审计实务工作中 7 个典型的审计机器人应用案例，是基于来也 UiBot 软件的机器人开发应用，是读者进行审计机器人学习和开发实战的重点内容。其中：

- 第 5~11 章分别介绍初步业务活动机器人、会计分录测试机器人、函证程序机器人、主营业务收入审计实质性程序机器人、应收账款审计实质性程序机器人、销售与管理费用审计实质性程序机器人、审计报告及附注生成机器人，通过剧本、漫画、流程图、技术路线和开发步骤，详细描述审计机器人的应用场景和审计机器人的分析、设计、开发与运用。

这部分内容是以财务报表审计应用为核心的综合开发案例，也是基于业务、审计和技术一体化的综合应用。

本书特色

本人拥有 10 多年的 IT 从业经历和 10 多年的大学财会审教育经历，具有丰富的软件分析与程序开发，以及财会审数智化课程教学与人才培养经验，本科课程中基于春秋战国翻转课堂的"RPA 财务机器人开发"及研究生的"云会计与智能财务共享"已经实践 3 年有余，且效果良好，为本书用于大学课程教学和社会培训提供了参考和借鉴，具有较好的可行性。

本书的最大特点是理论与实践兼顾，信息量大、知识点紧凑、案例丰富、实用性强，在目标定位、内容设计、案例设计、情景设计、漫画演绎、模拟实训和沙盘推演方面具有显著特色。

目标定位：本书的目标是帮助读者建立在数智化背景下机器人流程自动化技术与审计专业理论交叉融合以及审计机器人开发和运用方面的核心竞争力。本书主要适用于会计学、财务管理、审计学等专业的本、专科生和研究生，以及从事政府审计、内部审计和社会审计的审计从业人员等，使他们通过学习本书，能够规划、设计、开发和运用审计机器人，从大量基础手工操作中解放出来，专注于更具"价值创造"的审计工作。

内容设计：本书的内容涵盖 RPA 审计机器人的原理、应用与开发，由浅入深、由易到难、层层递进，从 RPA 审计机器人的基础理论、技术到应用场景，从会计师事务所财务报表审计的初步业务活动到审计报告及报表附注生成，既有理论的讲解和案例的探讨，又有实践的物理沙盘推演和开发模拟训练。基于良好的体系架构与内容框架设计，只要跟着章节进行学习，就可以在不知不觉中掌握审计机器人的分析、设计、开发、运用的方法和技术。

案例设计：全书以重庆数字链审会计师事务所为审计机构，全部开发实战案例聚焦重庆蛮先进智能制造有限公司的财务报表审计工作中的"痛点"进行机器人设计，将鼠标键盘、界面操作、软件操作、数据处理、文件处理、系统操作、网络等自动化技术无缝嵌入案例的审计工作应用场景中，这种一体化的代入感能够形成"业务·审计·技术"一体化的思维模式，并让读者深度理解和熟练掌握 RPA 技术在审计工作中的运用。

情景设计：全书的开发案例场景描述和流程自动化设计全部基于虚拟的重庆数字链审会计师事务所审计工作场景，寓学于乐、引人入胜，能够激发读者的学习欲望。结合审计应用需求和 RPA 知识点，通过有目的地引入或创设具有一定情绪色彩的、以形象为主体的、生动具体的重庆数字链审会计师事务所审计工作中的"痛点"对话场景和 Q 版漫画，引起读者的共鸣，从而帮助读者更好地理解审计工作中机器人流程自动化技术运用的内在和价值，并使学习到的知识能够得到很好的转化。

漫画演绎：全书针对会计师事务所财务报表审计工作中的实际应用场景，基于角色扮演模式，通过生动、形象的 Q 版漫画，采用幽默诙谐、简明扼要、略带调侃的对话简洁、直观地呈现了审计工作中的"痛点"，图文并茂地演绎了 RPA 技术在审计中的操作流程和应用价值。旨在用风趣、机智、充满知识性的漫画设计，将原本枯燥、生涩的 RPA 技术运用变得生动，勾勒出审计机器人学习的全生命周期知识地图。

模拟实训：全书共设计了 7 个审计机器人模拟实训项目，覆盖财务报表审计核心应用场景，具有较强的体验性、实战性、综合性和示范性，读者学习之后，直接或者稍微加以改进就可以用于具体的审计工作场景。

沙盘推演：基于本书案例配套研发的审计机器人开发模拟物理教学沙盘，可用于高校课程教学和事务所实务操作培训，通过沙盘推演能够可视化地指导并帮助学生或审计人员完成审计场景分析，业务流程梳理与痛点分析，审计机器人数据标准与规范化设计，审计自动化流程设计，审计机器人开发技术思路梳理，审计机器人运用的价值与风险、部署与运行分析等任务。物理教学沙盘基于审计机器人全生命周期，以开发流程为导向，环环相扣，重点突出，使学生能够更直观、更全面、更系统地把审计机器人的内容形成思维导图，深刻地理解审计机器人的开发与应用，并获得创新思维及利用 RPA 技术去分析问题和解决问题的能力。

配套资源

本书可提供：

- 审计机器人开发的相关文件、数据和部分源程序等学习资源；
- 课程开设的教学大纲、教学日历、教学课件，以及与本书配套的 RPA 审计机器人开发物理教学沙盘等教学资源；
- 对开设此课程的师资进行培训。

适用读者和课程

本书可以作为（但不限于）：

- 普通高校本科和高职、高专的会计学、财务管理、审计学等专业的审计信息化、RPA 审计机器人、智能审计等相关课程的教材。
- 普通高校审计硕士、会计硕士等研究生的 RPA 审计机器人、智能审计等相关课程的教材。
- 普通高校计算机、软件工程、人工智能等专业本科生和研究生进行 RPA 开发学习的参考教材。
- 政府部门、企事业单位、会计师事务所等从事审计工作的相关人员进行能力提升的自主学习和培训用书。
- 初级审计师、中级审计师、高级审计师及注册会计师提升工作能力的学习用书。
- 欲通过 RPA 提高自己的核心竞争力、考取 RPA 审计机器人开发工程师证书的学习用书。
- 审计爱好者进行"互联网+审计"跨学科学习的指导用书。

勘误和支持

由于水平有限，书中难免会出现一些错误或者不准确的地方，恳请读者批评指正。读者可以通过以下途径反馈建议或意见。

- ■ 即时通信：添加微信（chgpg2006）反馈问题。

■ 直接扫描二维码添加个人微信或者添加"云会计数智化前沿"微信公众号。

■ 电子邮件：发送 E-mail 到 4961140@qq.com。

本书配套资源可到华信教育资源网（https://www.hxedu.com.cn）免费注册下载。

致 谢

在本书的撰写过程中，得到了多方的指导、帮助和支持。

第一，感谢中国会计学会计教育专业委员会和会计教育专家委员主任委员刘永泽教授、全国会计专业学位研究生教育指导委员会副主任委员兼秘书长王化成教授、会计教育专家委员会秘书长杨政教授对重庆理工大学"互联网+会计/审计"教育改革的认可及其对本书的指导、支持和帮助。

第二，感谢上海国家会计学院副院长白晓红博士、容诚会计师事务所治理委员会主席陈箭深博士、西南财经大学蔡春教授、南京财经大学副校长时现教授对本书的指导、建议和推荐。

第三，感谢容诚会计师事务所合伙人姚斌星先生，重庆康华会计师事务所合伙人王惠嘉女士，信永中和会计师事务所合伙人陈萌女士、高级经理鲁磊先生、经理杨春梅女士，立信会计师事务所高级项目经理夏洋洋先生，重庆潜硕会计师事务所所长刘云容女士，重庆市华驰交通科技有限公司冯观霞女士，在本书撰写过程中给予的建议、支持与帮助。

第四，感谢北京来也网络科技有限公司董事长汪冠春先生、总裁李玮先生、CTO 胡一川先生、合伙人黄慧女士对本书写作的指导，以及 CPO 褚瑞先生参与本书来也 UiBot 软件部分内容的编写工作，感谢电子工业出版社石会敏老师及其团队为本书提供的方向和思路指导、审核、校验等工作，以及其他背后默默支持的出版工作者。

第五，感谢我的 2019 级研究生团队成员，重庆理工大学会计学院硕士研究生聂琦、胡赛楠、詹凯棋、黄鑫、钱涂、陈奕竹、赵新星、郑毅等参与本书的内容编写、案例讨论和机器人研发工作，2019 级会计信息化本科学生卢鹰、赵欣、蒋佳、廖雪邑和曹宇瑶参与了案例场景剧本的改编和漫画的设计工作，2021 级研究生李宛霖、邓湘煜、王俊苏、陈凤、邓天雨、刘泓、朱思懿参与了机器人测试工作，聂琦在组织管理和任务分解协同方面做出了重要贡献。

第六，感谢我的父母、家人和朋友，尤其是夫人陈艳女士对我身兼数职工作的大力支持，在写书期间她把家里料理得井井有条，永远阳光可爱的桐少小朋友经常微笑旁观，使得我有充足的时间和精力、大好的心情完成本书的撰写工作。

谨以此书献给致力于中国审计数字化转型、中国"互联网+审计"教育综合改革，致力于会计师事务所转型与变革，致力于未来成为卓越智能审计师的朋友们，愿大家身体健康、生活美满、事业有成！

2021 年 9 月

会计师事务所审计业务情景设计演员表

章	章名	涉及单位	角色	姓名
第5章	初步业务活动机器人	重庆数字链审会计师事务所	副所长	姚斌星
			审计一部经理	聂琦
			行政人事总监	胡赛楠
			中级审计助理	郑毅
			初级审计助理	袁瑞繁
			数字化赋能中心RPA中级工程师	常吉
		重庆蛮先进智能制造有限公司	总经理	姜亭杉
			财务总监	万梦竹
			财务经理	卢鹰
			业务人员	曹宇瑶
第6章	会计分录测试机器人	重庆数字链审会计师事务所	审计一部经理	聂琦
			标准部经理	谭果君
			行政人事总监	胡赛楠
			项目经理	黄鑫
			项目经理	钱涂
			中级审计助理	陈奕竹
			初级审计助理	家桐
			数字化赋能中心RPA中级工程师	谭智杰
		重庆蛮先进智能制造有限公司	会计主管	蒋佳
			会计人员	赵欣
			会计人员	廖雪邑
			会计人员	曹宇瑶
第7章	函证程序机器人	重庆数字链审会计师事务所	项目经理	钱涂
			高级审计助理	赵新星
			中级审计助理	徐涵璐
			初级审计助理	家桐
			数字化赋能中心RPA中级工程师	何家钰
			行政人员	柳婷
		重庆蛮先进智能制造有限公司	财务总监	万梦竹
			会计主管	蒋佳
			会计人员	赵欣
第8章	主营业务收入审计实质性程序机器人	重庆数字链审会计师事务所	所长	程平
			数字化赋能中心技术总监	詹凯棋
			审计一部经理	聂琦
			项目经理	钱涂
			高级审计助理	赵新星
			初级审计助理	家桐

续表

章	章名	涉及单位	角色	姓名
第 8 章	主营业务收入审计实质性程序机器人	重庆蛮先进智能制造有限公司	会计主管	蒋佳
			会计人员	廖雪邑
第 9 章	应收账款审计实质性程序机器人	重庆数字链审会计师事务所	副所长	姚斌星
			项目经理	黄鑫
			高级审计助理	赵新星
			中级审计助理	郑毅
			初级审计助理	家桐
			初级审计助理	毛俊力
			初级审计助理	罗梦晴
			初级审计助理	袁瑞繁
			初级审计助理	俞津
			初级审计助理	王庭阳
			数字化赋能中心 RPA 初级工程师	李岱峰
第 10 章	销售与管理费用审计实质性程序机器人	重庆数字链审会计师事务所	所长	程平
			标准部经理	谭果君
			行政人事总监	胡赛楠
			数字化赋能中心技术总监	詹凯棋
			审计一部经理	聂琦
			高级审计助理	赵新星
			中级审计助理	陈奕竹
			初级审计助理	家桐
			数字化赋能中心 RPA 实习生	杨双
		重庆蛮先进智能制造有限公司	会计主管	蒋佳
			会计人员	廖雪邑
		重庆理工大学会计学院	教授、硕导	李歆
			博士、硕导	刘雷
第 11 章	审计报告及附注生成机器人	重庆数字链审会计师事务所	所长	程平
			技术总监	于波成
			数字化赋能中心技术总监	詹凯棋
			标准部经理	谭果君
			中级审计助理	郑毅
			初级审计助理	家桐

目 录

第一部分 审计机器人导论

第1章 审计基本理论与 RPA 审计机器人 …………………… 1
- 1.1 审计基本理论 ………………………………………… 1
  - 1.1.1 审计的产生与发展 ……………………………… 1
  - 1.1.2 审计的概念、目标和对象 ……………………… 2
  - 1.1.3 审计的分类与注册会计师审计 ………………… 2
  - 1.1.4 审计程序、审计证据与审计工作底稿 ………… 3
  - 1.1.5 信息技术对审计过程的影响 …………………… 5
- 1.2 RPA 审计机器人概述 ………………………………… 7
  - 1.2.1 什么是 RPA 审计机器人 ……………………… 7
  - 1.2.2 RPA 审计机器人的主要特点 ………………… 8
  - 1.2.3 RPA 审计机器人的主要功能 ………………… 9
  - 1.2.4 RPA 审计机器人应用场景 …………………… 10
- 1.3 RPA 审计机器人应用案例 …………………………… 12
  - 1.3.1 应用场景 ………………………………………… 12
  - 1.3.2 业务描述与痛点分析 …………………………… 13
  - 1.3.3 机器人自动化流程设计 ………………………… 15
  - 1.3.4 机器人流程自动化后的收益 …………………… 15

第二部分 审计机器人开发技术

第2章 UiBot 语法基础 …………………………………… 16
- 2.1 UiBot 的组成 ………………………………………… 16
- 2.2 下载与安装 UiBot Creator …………………………… 17
  - 2.2.1 下载 UiBot Creator ……………………………… 17
  - 2.2.2 安装 UiBot Creator ……………………………… 18
- 2.3 UiBot Creator 界面介绍 ……………………………… 19
  - 2.3.1 启动界面 ………………………………………… 19
  - 2.3.2 软件主界面 ……………………………………… 20
  - 2.3.3 流程编辑界面 …………………………………… 22
- 2.4 UiBot Creator 基本语法 ……………………………… 23
  - 2.4.1 常量与变量 ……………………………………… 23
  - 2.4.2 数据类型 ………………………………………… 24
  - 2.4.3 算术运算符 ……………………………………… 25
  - 2.4.4 逻辑控制语句 …………………………………… 25

		2.4.5　条件选择语句 ·································	26

　　　　2.4.5　条件选择语句 ································· 26
　　　　2.4.6　循环语句 ····································· 27
　　2.5　模拟实训 ·· 30
　　　　2.5.1　场景描述 ····································· 30
　　　　2.5.2　技术思路 ····································· 30
　　　　2.5.3　开发步骤 ····································· 31

第3章　UiBot自动化技术 ································ 33
　　3.1　基本命令预制件 ······································ 33
　　3.2　鼠标键盘预制件 ······································ 33
　　3.3　界面操作预制件 ······································ 34
　　3.4　软件自动化预制件 ···································· 36
　　3.5　数据处理预制件 ······································ 38
　　3.6　文件处理预制件 ······································ 39
　　3.7　系统操作预制件 ······································ 40
　　3.8　网络预制件 ·· 40
　　3.9　Mage AI预制件 ······································ 41

第4章　审计机器人研发策略 ···························· 43
　　4.1　审计机器人框架模型与研发流程 ························ 43
　　　　4.1.1　框架模型 ····································· 43
　　　　4.1.2　研发流程 ····································· 44
　　4.2　审计机器人分析 ······································ 45
　　　　4.2.1　应用场景 ····································· 45
　　　　4.2.2　业务流程 ····································· 46
　　　　4.2.3　痛点分析 ····································· 49
　　4.3　审计机器人设计 ······································ 50
　　　　4.3.1　数据标准与规范化设计 ·························· 50
　　　　4.3.2　机器人自动化流程设计 ·························· 51
　　4.4　审计机器人开发 ······································ 52
　　　　4.4.1　开发规范 ····································· 52
　　　　4.4.2　开发实现 ····································· 53
　　4.5　审计机器人运用 ······································ 54
　　　　4.5.1　机器人的部署与运行 ···························· 54
　　　　4.5.2　机器人的价值与风险 ···························· 54
　　　　4.5.3　人机协作共生 ·································· 55

第三部分　审计机器人开发实战

第5章　初步业务活动机器人 ···························· 57
　　5.1　场景描述 ·· 57

5.2	机器人分析	59
5.3	机器人设计	62
	5.3.1 自动化流程	62
	5.3.2 数据标准与规范	65
5.4	机器人开发	67
	5.4.1 技术路线	67
	5.4.2 开发步骤	68
5.5	机器人运用	98
	【思维拓展】	99

第6章 会计分录测试机器人 100

6.1	场景描述	100
6.2	机器人分析	103
6.3	机器人设计	105
	6.3.1 自动化流程	105
	6.3.2 数据标准与规范	106
6.4	机器人开发	109
	6.4.1 技术路线	109
	6.4.2 开发步骤	111
6.5	机器人运用	129
	【思维拓展】	130

第7章 函证程序机器人 131

7.1	场景描述	131
7.2	机器人分析	133
7.3	机器人设计	136
	7.3.1 自动化流程	136
	7.3.2 数据标准与规范	137
7.4	机器人开发	142
	7.4.1 技术路线	142
	7.4.2 开发步骤	144
7.5	机器人运用	175
	【思维拓展】	177

第8章 主营业务收入审计实质性程序机器人 178

8.1	场景描述	178
8.2	机器人分析	181
8.3	机器人设计	184
	8.3.1 自动化流程	184
	8.3.2 数据标准与规范	186
8.4	机器人开发	189
	8.4.1 技术路线	189

  8.4.2 开发步骤 ········ 190
 8.5 机器人运用 ········ 212
 【思维拓展】 ········ 213

第9章 应收账款审计实质性程序机器人 ········ 214

 9.1 场景描述 ········ 214
 9.2 机器人分析 ········ 217
 9.3 机器人设计 ········ 220
  9.3.1 自动化流程 ········ 220
  9.3.2 数据标准与规范 ········ 223
 9.4 机器人开发 ········ 226
  9.4.1 技术路线 ········ 226
  9.4.2 开发步骤 ········ 228
 9.5 机器人运用 ········ 245
 【思维拓展】 ········ 246

第10章 销售与管理费用审计实质性程序机器人 ········ 247

 10.1 场景描述 ········ 247
 10.2 机器人分析 ········ 250
 10.3 机器人设计 ········ 253
  10.3.1 自动化流程 ········ 253
  10.3.2 数据标准与规范 ········ 256
 10.4 机器人开发 ········ 259
  10.4.1 技术路线 ········ 259
  10.4.2 开发步骤 ········ 260
 10.5 机器人运用 ········ 286
 【思维拓展】 ········ 288

第11章 审计报告及附注生成机器人 ········ 289

 11.1 场景描述 ········ 289
 11.2 机器人分析 ········ 290
 11.3 机器人设计 ········ 293
  11.3.1 自动化流程 ········ 293
  11.3.2 数据标准与规范 ········ 296
 11.4 机器人开发 ········ 298
  11.4.1 技术路线 ········ 298
  11.4.2 开发步骤 ········ 299
 11.5 机器人运用 ········ 311
 【思维拓展】 ········ 312

第一部分

审计机器人导论

第 1 章　审计基本理论与 RPA 审计机器人

党的二十大报告强调了科技创新在国家发展中的重要地位，为审计工作提供了新的发展机遇。审计基本理论作为审计工作的基石，其发展对审计工作的质量和效果具有重要意义。在审计数字化转型的背景下，RPA 审计机器人作为一种新兴技术，正逐渐成为推动审计事业发展的重要力量。在党的二十大报告精神指引下，围绕审计基本理论，探讨 RPA 审计机器人在现代审计工作中的应用及其对审计事业发展的影响将具要重要的现实意义。

1.1　审计基本理论

1.1.1　审计的产生与发展

在人类社会发展的历史进程中，随着社会生产力水平的提高，出现了剩余产品、私有制、阶级和国家，进入奴隶社会后，财产所有者将财产委托给代理人进行经营和管理，在财产所有者和经营者之间形成了受托责任关系。审计就是在受托责任关系的基础上产生和发展起来的。

注册会计师制度源于企业所有权和经营权的分离（简称"两权分离"），特别是股份有限公司的出现。随着"两权分离"，所有者不再直接参与企业的日常经营管理，这就产生了所有者如何对经营者的行为进行监督和控制的问题，由此产生了经营者定期通过财务报表向所有者报告财务状况和经营成果的需要。财务报表是由企业管理层编制和提供的，其自身利益通常与企业的财务状况与经营成果挂钩，需要由独立的第三方——注册会计师对财务报表进行审计，出具客观、公正的审计报告。

审计的发展随着时代的变迁，共经历了四个阶段。第一阶段是以查错纠弊、保护企业资产的安全和完整为主的账项基础审计，第二阶段是以对会计报表发表意见为主要审计目标的内控导向审计，第三阶段是以审计风险模型为基础的传统风险导向审计，第四阶段是现代风险导向审计。现代风险导向审计从宏观上分析审计面临的风险，着重分析被审计单位的生存能力和经营计划，通过实施分析程序识别可能存在的重大错报风险。审计师出具审计报告所依赖的证据不仅包括被审计单位自身内部获得的数据，还包括了解企业及其环境生成的证据。

现代风险导向审计由传统风险导向审计演化而来，既满足外部审计目标又满足组织内部保证目标的创新性，同时保留了很多传统的外部审计特点。最主要的创新在于审计师通过了解被审计单位的环境来设计并实施审计程序，预期是建立在对被审计单位多方面的了解之上，目的性明确，有利于缩短审计时间，降低审计成本。与传统风险审计方法相比，风险导向审计方法获取审计证据的领域更广，还包括了行业信息及被审计单位的生存环境和经营环境等，但是两种审计模式都运用了审计风险模型，按照初步的风险评估基础分配审计资源、实施审计程序，再依据获取的审计证据对财务报表形成审计意见。

1.1.2 审计的概念、目标和对象

1. 什么是审计

审计是由国家授权或接受委托的专职机构和人员，依照国家法规、审计准则和会计理论，运用专门的方法，对被审计单位的财政、财务收支、经营管理活动及其相关资料的真实性、正确性、合规性、合法性、效益性进行审查和监督，评价经济责任，鉴证经济业务，用以维护财经法纪、改善经营管理、提高经济效益的一种独立性的经济监督活动。

从审计的定义可知，审计是一种经济监督活动，经济监督是审计的基本职能；审计具有独立性，独立性是审计监督的最本质的特征，也是区别于其他经济监督的关键所在。

2. 审计的目标

审计目标是指审计人员通过监督、确认和鉴证审计对象等审计活动所期望达到的目的，它是指导审计工作的指南。审计目标可分为审计总体目标和审计具体目标两个层次。审计总体目标是被评价的受托经济责任的履行情况。审计具体目标是审计总体目标的具体化。为了达到审计总体目标，审计人员必须审查会计报表的各个项目及有关资料，获取必要的审计证据。

审计目标的确定，需要考虑审计对象、审计类别、审计职能和审计委托者对审计工作的要求等多方面因素。概括起来，审计目标主要是指审查和评价审计对象的真实性和公允性、合法性和合规性、合理性和效益性、适当性和有效性。

3. 审计的对象

审计对象是指审计监督的客体，即参与审计活动关系并享有审计权利和承担审计义务的主体所作用的对象，它是对被审计单位和审计的范围所做的理论概括。由其定义可知，审计对象包含两层含义：其一是外延上的审计实体，即被审计单位；其二是内涵的审计内容或审计内容在范围上的限定。

审计对象主要包括被审计单位的财务收支及其有关的经营管理活动，以及被审计单位的财务报表、内部控制和其他有关资料两个方面的内容。

1.1.3 审计的分类与注册会计师审计

1. 审计的分类

审计可以按审计主体、审计范围、审计的内容和目的、审计使用的技术和方法、审计的组织方式、审计的实施时间、审计的动机、审计周期进行分类，如图 1-1 所示。

按审计主体进行分类，分为政府审计、社会审计（注册会计师审计）和内部审计。

按审计范围进行分类，分为全面审计、部分审计和专项审计。

按审计的内容和目的进行分类，分为财政财务审计、财经法规审计、经济效益审计和经济责任审计。

按审计使用的技术和方法进行分类，分为账表导向审计、系统导向审计和风险导向审计。

按审计的组织方式进行分类，分为派出审计、联合审计、报送审计和就地审计。

按审计的实施时间进行分类，分为事前审计、事中审计和事后审计。

按审计的动机进行分类，分为强制审计和自愿审计。

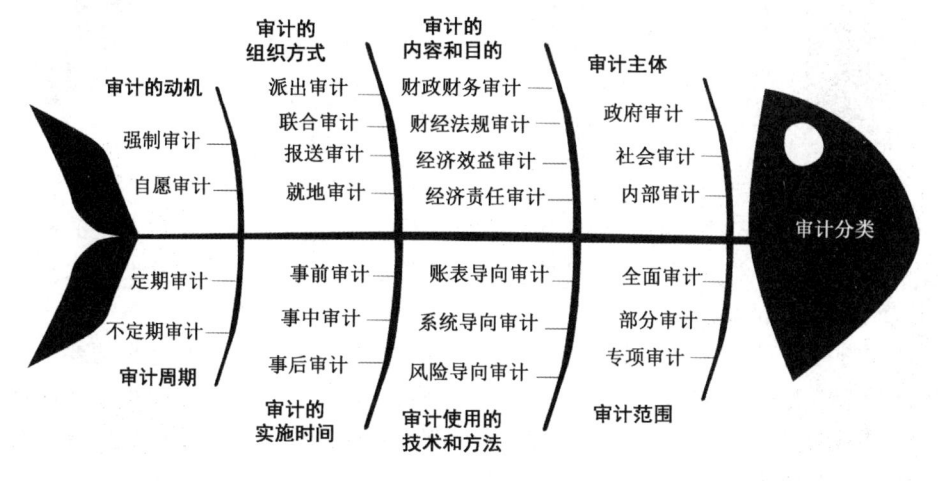

图1-1 审计分类

按审计周期进行分类，分为定期审计和不定期审计。

2. 注册会计师审计

注册会计师审计，也称社会审计或民间审计，是指注册会计师依法接受委托、独立执业、有偿为社会提供专业服务的活动。该审计要求注册会计师依法对企业财务报表进行审计，确定其是否符合会计准则和相关会计制度，是否公允地反映了财务状况、经营成果和现金流量。

注册会计师审计组织主要有会计师事务所、审计师事务所等。注册会计师审计组织只有在接受委托时，才能对被审计单位进行审计，审计的内容和目的取决于委托人的要求，此时它享有与国家审计机关同样的审计监督权，否则无权独立行使审计监督权，但它同样具有独立性和权威性。注册会计师审计的主要任务还有审查中外合资企业的经济活动和外资独营企业的经济活动，为社会提供咨询服务，审查和验证上市股份公司的财务报告等。

根据《中华人民共和国公司法》的要求，目前中国几千家上市公司的年度及中期财务报告都必须由注册会计师进行审计并公告。会计师事务所与注册会计师成为规范社会主义市场经济秩序的一支重要力量，促进了社会审计事业的发展。

1.1.4 审计程序、审计证据与审计工作底稿

1. 审计程序

审计程序是审计工作从开始到结束的整个过程，包括总体审计程序和具体审计程序。总体审计程序是审计人员对审计项目从开始到结束的整个过程中所采取的系统性工作步骤。具体审计程序是指风险评估程序、控制测试程序和实质性测试程序。

总体审计程序一般包括审计准备、审计实施和审计完成三个阶段，如图1-2所示。

图 1-2 审计程序

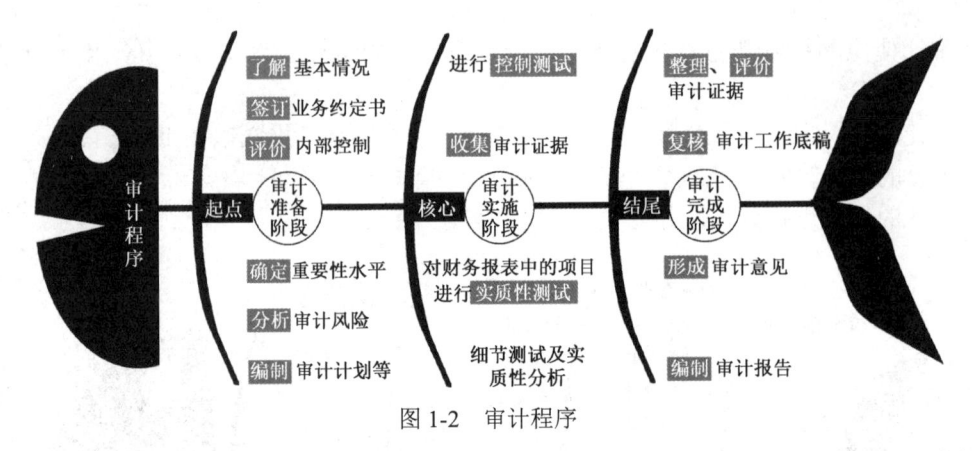

审计的准备阶段是整个审计过程的起点,其工作主要包括了解被审计单位的基本情况、与被审计单位签订业务约定书、初步评价被审计单位的内部控制、确定重要性水平、分析审计风险、编制审计计划等。

审计的实施阶段是审计全过程的核心环节,其主要工作是按照审计计划的要求,对被审计单位内部控制进行控制测试,对财务报表中的项目进行实质性测试,收集审计证据。实质性测试是应对风险的重要组成部分,包括对各类交易、账户余额、列报的细节测试及实质性分析,直接用于发现认定层次的重大错报。细节测试着重针对存在或发生、计价认定,实质性分析适用于在一段时期内存在可预期关系的大量交易。通常来说,审计师应当对所有重大交易、账户余额、列报等都实施实质性分析。

审计的完成阶段是整理、评价审计执行过程中收集到的审计证据,复核审计工作底稿,形成审计意见,编制审计报告。

2. 审计证据

审计证据是审计人员在审计过程中通过采用各种审计程序与方法获取的、用以证实或否定被审计单位财务报表所反映的财务状况和经营成果的公允性,并作为审计意见形成基础的一切资料。

审计证据是审计人员表示审计意见和得出审计结论所必须具备的依据。在审计活动结束时,审计人员要对被审计单位的经济活动是否合法、合规、合理,其会计资料及其他资料是否真实、正确,依照一定的审计标准发表审计意见和得出审计结论。为了保证审计意见和结论的稳妥可靠,审计人员必须获取足够的证据。审计证据分类如图 1-3 所示。

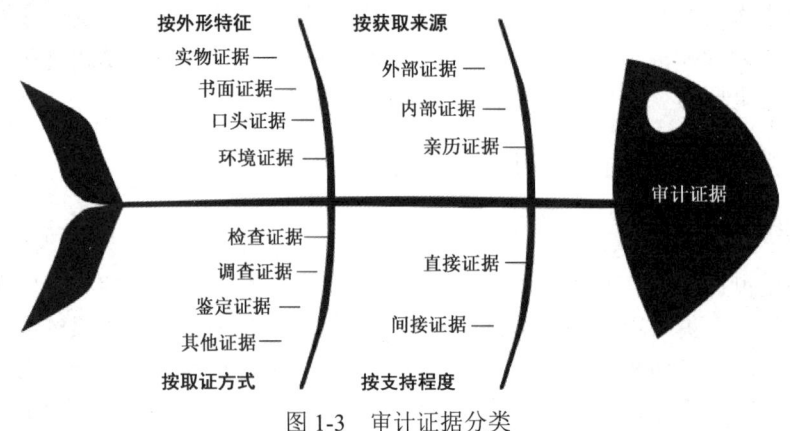

图 1-3 审计证据分类

具体而言，审计证据包括注册会计师从被审计单位内部或外部获取的会计记录等资料，如被审计单位会议记录、内部控制手册、询证函的回函、分析师的报告、与竞争者的比较数据等；通过询问、观察和检查等审计程序获取的资料，如通过检查存货获取存货存在的证据等；自身编制或获取的可以通过合理推断得出结论的资料，如注册会计师编制的各种计算表、分析表等。

3. 审计工作底稿

审计工作底稿，是指注册会计师对制订的审计计划、实施的审计程序、获取的相关审计证据，以及得出的审计结论做出的记录。审计工作底稿是审计证据的载体，是注册会计师在审计过程中形成的审计工作记录和获取的资料。它形成于审计过程，也反映整个审计过程。其内容及目的如图1-4所示。

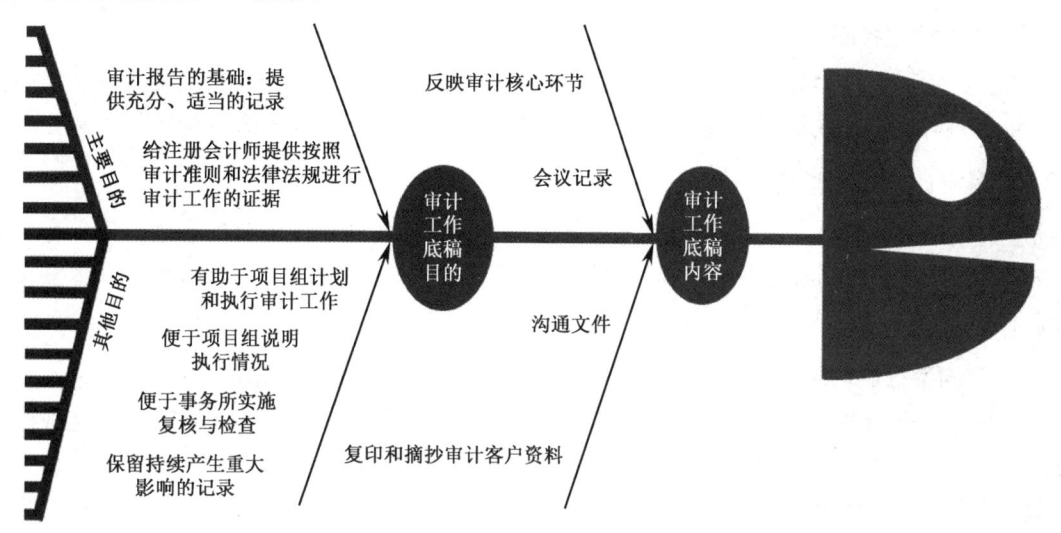

图 1-4　审计工作底稿内容及其目的

注册会计师应当及时编制审计工作底稿，以实现下列目的：

（1）提供充分、适当的记录，作为审计报告的基础。审计工作底稿是注册会计师形成审计结论、发表审计意见的直接依据。及时编制审计工作底稿有助于提高审计工作质量，便于在出具审计报告之前，对取得的审计证据和得出的审计结论进行有效复核和评价。

（2）提供证据，证明其按照《中国注册会计师审计准则》（简称《审计准则》）的规定执行了审计工作。在会计师事务所因执业质量而涉及诉讼或有关监管机构进行执业质量检查时，审计工作底稿能够提供证据，证明会计师事务所是否按照《审计准则》的规定执行了审计工作。

1.1.5　信息技术对审计过程的影响

党的二十大报告强调，要深化审计改革，创新审计方式，推动审计工作与信息化、数字化技术相结合。信息技术在企业中的应用并不改变注册会计师制定审计目标、进行风险评估和了解内部控制的原则性要求，审计准则和财务报告审计目标在所有情况下都适用。但是，信息技术的应用使会计信息处理和会计信息系统的内部控制发生了巨大变化。将信息技术引入经营组织的同时，也带来了许多风险。新的日益增长的风险要求建立一套全新的控制和审计方法。信息技术对审计的影响主要体现在以下几个方面。

1. 对审计线索的影响

传统的手工会计的审计线索主要包括凭证、日记账和报表，而在信息技术环境下，这些资料往往会以电子形式保存在硬盘、优盘、光盘等存储介质上，审计线索的来源更加多样化。

2. 对审计技术手段的影响

由于云计算、大数据、流程自动化、人工智能等新一代信息技术的广泛应用，受制于成本和效率因素，以手工方式进行审计已经难以满足工作需要。因此，大数据审计、审计机器人、智能审计等新型审计工具的掌握和灵活运用，有助于提高审计效率，降低审计成本，使审计工作更加精确和可靠。

3. 对审计内容的影响

信息化的特点及固有风险使得审计内容发生了相应的变化。审计人员需要关注企业的信息系统处理与安全、数据完整性、业务流程的合规性，以适应审计内容的变化。

4. 对审计方式的影响

互联网时代多样化的交易方式和技术手段，使得数据传送呈现即时性和动态性。审计人员在审计过程中，必须根据网络"即时互动"的特点，采用多样化的审计方式，获取真实可靠的证据，为客户提供高效优质的专业服务。

5. 对内部控制的影响

信息技术对内部控制产生了影响，内部控制在形式及内涵方面发生了变化，内部控制的目标也发生了改变。在互联网环境下，企业交易系统的应用程序完全集中在服务器上，大量数据存储在数据服务器中，通过浏览器可以执行程序、传递数据。网上数据来源的广泛性，使得传统的岗位责任分散；网上数据的集中性，使得传统组织控制弱化；网上数据的共享性，使得企业内部控制的重点转向系统的安全性控制。

由于信息技术对内部控制可能产生诸如错误的数据处理，信息技术人员超越权限、人为绕过自动控制的风险，因此，审计人员需要审查与评价被审计单位的信息技术内部控制，以此作为制订审计方案（综合性方案和实质性方案）和决定抽样范围的依据。

6. 对注册会计师的影响

随着移动互联网、云会计、大数据、人工智能新一代信息技术在企业财务和业务中的广泛应用，注册会计师需要熟悉信息系统的应用技术、结构及运行原理，对在信息技术环境下的内部控制做出适当的评价。

7. 对会计师事务所的影响

在如今"互联网+"、大数据背景下，会计师事务所也开始积极探索如何与计算机技术、信息化技术相结合。2017年6月，财政部印发《会计师事务所信息化促进工作方案》，提出要用现代信息技术全面武装注册会计师行业，充分利用信息技术创新成果，形成以信息化设施为基础，以数据资源为核心，以技术支持和安全管理为保障，打造互联化、移动化、智能化的注册会计师行业信息化体系。

1.2 RPA 审计机器人概述

党的二十大报告明确提出,要加强数字化、智能化、网络化建设,推动高质量发展。在这一背景下,审计领域亟需紧跟时代步伐,加快审计数字化转型的步伐。将机器人流程自动化(RPA)技术应用于审计工作,构建智能化的 RPA 审计机器人,已成为审计领域落实党的二十大报告精神的重要举措。

1.2.1 什么是 RPA 审计机器人

1. RPA 的概念

随着数据科学不断发展,机器人流程自动化(RPA)、认知科学等数字化技术融入工作,企业通过使用自动化及智能技术,不断释放自然劳动力,追求员工"更有价值"的体现。RPA 代表着智能自动化技术发展的技术结晶,是工业革命 4.0 的必然产物。随着后经济危机时期对成本效率的重视,疫情下的企业必须面临的数字化转型及近年来人工智能技术的进步更是加速推动了 RPA 的潮流:让机器代替人工去完成重复的、标准化的作业流程。

RPA(Robotic Process Automation),是一类通过用户界面使用和理解企业已有的应用,根据预先设定的业务处理规则和操作行为,模拟、增强与拓展用户与计算机系统的交互过程,自动完成一系列特定的工作流程和预期任务,有效实现人、业务和信息系统一体化集成的智能化软件。RPA 的外形不是像人类一样的物理机器人,而是存在于计算机中的虚拟机器人。

不管信息技术发展到何种程度,增效降本是企业在任何时代都会追求的永恒命题。伴随着人工智能等技术的发展,审计领域的自动化、智能化、数字化将为会计师事务所的经营管理提供新的动力、新的思维、新的方法。在审计工作中应用 RPA 技术,通过调整组织架构,重塑审计业务模式,优化审计业务流程,将会极大地节约审计成本,提高审计效率,并把审计人员从高度重复性、结构化、无须复杂判断的审计任务中解放出来,以集中精力审计风险更高的工作。

2. RPA 审计机器人的概念

审计作业往往要耗费大量时间和精力,如何利用自动化技术提高审计资源利用效率一直是关注的焦点。审计分析软件和 Excel 电子表格软件等 IT 技术的应用,在一定程度上提高了审计自动化水平,但跨越多个信息系统和应用程序的集成工作仍需审计人员手工操作,因此,一些审计业务仍以人工作业为主,如审计数据采集、文档资料整理、复制粘贴数据等,这些工作不仅重复性高而且内容枯燥,容易导致审计人员缺乏工作积极性、降低工作效率。

RPA 审计机器人是一类遵循既定的程序和步骤,将审计领域发生的各项业务梳理加工,经 RPA 技术转换到审计业务流程自动化系统中,辅助审计人员高效地完成重复、机械、易于标准化的结构化审计任务,能够实现审计人员、审计业务和信息系统一体化有效集成的自动化软件。

RPA 审计机器人的运用能够代替审计人员完成审计流程中的大量手工操作,在降低审计成本的同时可以提高审计工作的效率、质量和合规性,让审计人员专注更具"价值创造"的工作任务。

1.2.2 RPA审计机器人的主要特点

RPA审计机器人作为RPA技术在审计领域的应用，呈现以下主要特点。

1. 不是代替审计人员，而是人机协作共生

虽然RPA可以实现流程的自动化，但是并非所有审计工作机器人都能胜任。RPA的出现，更多是起到了审计工作方式转换器的作用，为的是让审计人员能够从事更有价值的工作。放眼未来，审计人员和RPA的关系应当是人机协作共生。

审计机器人除了在全自动场景，还能在很多人机协作场景胜任。人机协作的方式，主要是以通知的形式反馈给审计人员进行人工处理，再将控制权交还给审计机器人的方式来进行的。此外，审计机器人工作过程中还存在一些复杂的业务和重要的信息需要审计人员的二次确认，如注册会计师审计初步业务活动时需要审计人员进行职业判断，这就需要人机协作来完成。

2. 不是代替现有系统，而是非侵入式的业务协同

RPA审计机器人作为审计人员和审计系统之间的"粘合剂"和"连接器"，是非入侵式的部署，配置在当前审计系统和应用程序之外，能够有效降低传统IT部署中出现的风险和复杂性。

机器人可以通过与现有的鼎信诺、中普、中审、E审通、IDEA、ACL、Excel等审计软件与应用程序协同工作，自动完成审计证据持续采集、审计工作底稿填写、审计项目管理、文档初步审阅和报告生成等审计业务。

3. 部署无区域限制，可以全天候工作

RPA审计机器人是一类可以在计算机端部署的软件，无论何时何地都可以使用，不受区域影响，并且位置不会影响成本效益分析。

RPA审计机器人一旦上线运行，可以保持规则如一，做到7×24小时无人值守的全天候不间断稳定工作。

4. 错误率低，合规性强

使用RPA审计机器人将每个审计业务流程进行系统录入并执行其中的操作，可以避免长时间操作系统容易出现疲劳导致的错误，从而有效降低错误率。

RPA审计机器人可以记录审计业务流程的每个步骤，以防止人为错误，并提供完整和透明的信息合规管理数据，更好地满足合规控制要求。同时，风险及合规部门也可以使用RPA帮助他们检查，从而降低每天的工作量，提高监管效率。

5. 安全性和可靠性高

审计业务往往涉及一些敏感业务数据的操作，如果这些数据是手工处理的，可能会存在篡改和泄漏的人为操作风险。如果使用RPA审计机器人来处理，就可以减少相关人员接触敏感数据，减少欺诈和违规的可能性。

RPA审计机器人可以通过不断记录工作日志和工作录像数据使其易于跟踪。在系统关闭或其他故障的情况下，RPA审计机器人可以通过备份日志恢复数据，高可靠性得到保证。

6. 低代码开发，可拓展性强

RPA 审计机器人开发使用的是说明性步骤，低代码开发，很多简单的审计自动化流程是可以通过记录、应用就配置完成的，不需要复杂的编程技巧，编程经验不足的审计人员也能操控它并将复杂的流程自动化，但保持流程的持续改善需要设计技巧。

RPA 审计机器人的开发平台具有强大的可伸缩性，不管是 RPA 的基础技术和人工智能技术，功能扩展较方便。一个运行良好的卓越中心可以在机制上保障机器人的可扩展性管理。

1.2.3 RPA 审计机器人的主要功能

RPA 审计机器人能够缓解审计人员面对重复、烦琐的审计任务时的压力，完成审计证据的采集、处理、分析和报告等工作，其主要功能如下介绍。

1. 数据采集

外部证据是被审计单位以外的组织结构或人士编制的书面证据，它一般具有较强的说明性，是审计证据的重要组成部分。"风险导向理论"也认为：审计证据的重点将向外部证据转移，审计人员必须获得大量的外部证据来评价审计风险和支撑审计结论。审计人员难以在庞大的外部数据中找出对审计工作有用的信息。通过预先设定的规则，RPA 审计机器人可自动访问内外网，灵活获取页面元素，根据关键字段获取数据，提取并存储相关信息。例如，函证机器人可以自动登录快递信息查询网站搜索并获取询证函发出与接收的物流全过程的详细数据。另外，RPA 审计机器人可以通过外网查询被审计单位的股东、高管、投资企业、疑是关联方等关联关系。

2. 数据迁移

审计业务的开展要求从被审计单位的多个信息系统中获取财务数据和业务数据，这往往需要进行数据迁移。RPA 具有灵活的扩展性和无侵入性，可集成在多个系统平台上，跨系统自动处理结构化数据，进行数据迁移，检测数据的完整性和准确性，且不会破坏系统原有的结构。例如，RPA 审计机器人能够自动登录被审计单位的 ERP、OA 以及业务系统，查询并导出相关数据，然后将之迁移到审计业务系统中，按需提供给审计人员使用。

3. 数据录入

审计业务开展和审计项目管理都涉及大量的数据录入工作，RPA 审计机器人能够模拟人在计算机上的键盘上操作鼠标，完成数据录入。例如，RPA 审计机器人可以每日登录会计师事务所的审计业务系统，筛选符合报备到注册会计师协会的报备数据，然后登录省注协系统，将报备信息录入。在注册会计师审计中，对于需要录入工作底稿的纸质文件数据，RPA 审计机器人可以先借助 OCR 进行识别，然后以结构化类型的数据形式存储到 Excel 文件中再完成到工作底稿的数据录入。

4. 数据核对

在审计过程中，审计人员必须不断进行数据核对，以保证审计数据的真实性和完整性，以及审计数据预处理的正确性。数据核对不仅是确定数据真实、正确的重要手段，还是提高数据采集和数据预处理质量、降低数据采集和数据预处理风险的重要工具。RPA 审计机器人可以自动校验数据信息，对错误数据进行分析和识别。例如，根据业务规则，RPA 审计机器人可以检查会计分录中借贷是否平衡，或者检查凭证号是否断号、重号。

5. 数据上传与下载

审计业务和项目管理涉及文件的上传与下载。RPA 审计机器人可以模拟人工，自动登录信息系统，将指定数据及文件上传至特定系统；也可从系统下载指定数据及文件，并按预设路径进行存储。例如，在注册会计师审计中，为了了解被审计单位及其环境应当实施风险评估程序，RPA 审计机器人可以登录政府网站下载相关的国家政策及法律法规文件，形成文件并分类存储供审计时使用。

6. OCR 图像识别

OCR（光学字符识别技术）能实时高效地定位与识别图片中的所有文字信息，返回文字框位置与文字内容。它支持多场景、任意版面下整图文字的识别，以及中英文、字母、数字的识别。简单来说，就是将图片上的文字内容智能识别成为可编辑的文本，其本质就是利用光学设备去捕获图像并识别文字，将人的视觉和阅读的能力延伸到机器上。

RPA 审计机器人可依托 OCR 对扫描所得的图像进行识别、处理，然后进一步优化、校正分类结果，将提取的图片关键字段信息输出为能结构化处理的数据，极大地提高审计工作效率和提升数据的准确性。例如，可以对扫描的合同图像文件进行识别，提取出合同上的金额、付款进度、权利与义务等关键信息，并与电子合同数据进行比对，以防范合同不一致风险。另外，对电子发票上诸如发票号、服务名称、日期等关键信息实现自动识别，并与凭证数据进行匹配，判断是否一致。

7. 指标计算与统计分析

审计中的重新计算程序涉及大量的计算工作，需要审计人员以手工或电子的方式，对记录或文件中的数据计算的准确性进行核对。同时，分析程序也涉及指标计算，以发现不同财务数据之间及财务数据和非财务数据之间的内在关系。对于原始的或处理后得到的结构化数据，RPA 审计机器人可按照预先设定的规则自动筛选数据，并进行指标计算和统计分析。例如，RPA 审计机器人可计算销售毛利率、应收账款周转率、存货周转率等关键财务指标，并与可比期间数据、预算数据或同行业其他企业数据进行比较。

8. 编制底稿与报表报告

在审计业务和项目管理过程中，编制底稿与报表报告往往依赖人工完成，工作量较大，且容易伴生编制时间较长、信息反映不及时、数据不充分及人为掩盖问题等情况，导致出现真实性、完整性、及时性方面的隐患，通过审计机器人可以有效地解决这方面的问题。例如，根据审计报告与报表附注模板，RPA 审计机器人可按照工作底稿与模板之间的数据映射关系，自动实现报表的数据填入，工作效率和工作质量都可以得到保障。

1.2.4 RPA 审计机器人应用场景

RPA 技术的发展与应用为实现审计自动化带来了良好的机遇，极大地提高了审计部门的工作效率和质量。在采用 RPA 的组织中，内部审计可以确保编程到自动化流程中的控制措施能够降低风险，在重复性任务中应用 RPA，可以降低管理费用，而减少应用于产品和服务的开销将会对总体支出产生积极影响。

RPA 在会计师事务所的注册会计师审计和企业的内部审计中具有丰富的应用场景，如图 1-5 所示。由图可知，不管是在内部审计还是在注册会计师审计过程中，RPA 可以为审计业务流程中的审计项目管理、文档初步审阅、审计证据自动化与持续采集、审计底稿和分析报告编制等工作助力，显著提升审计效能。下面介绍德勤的 RPA 审计机器人——"小勤人"在银行内部审计工作中的应用过程。

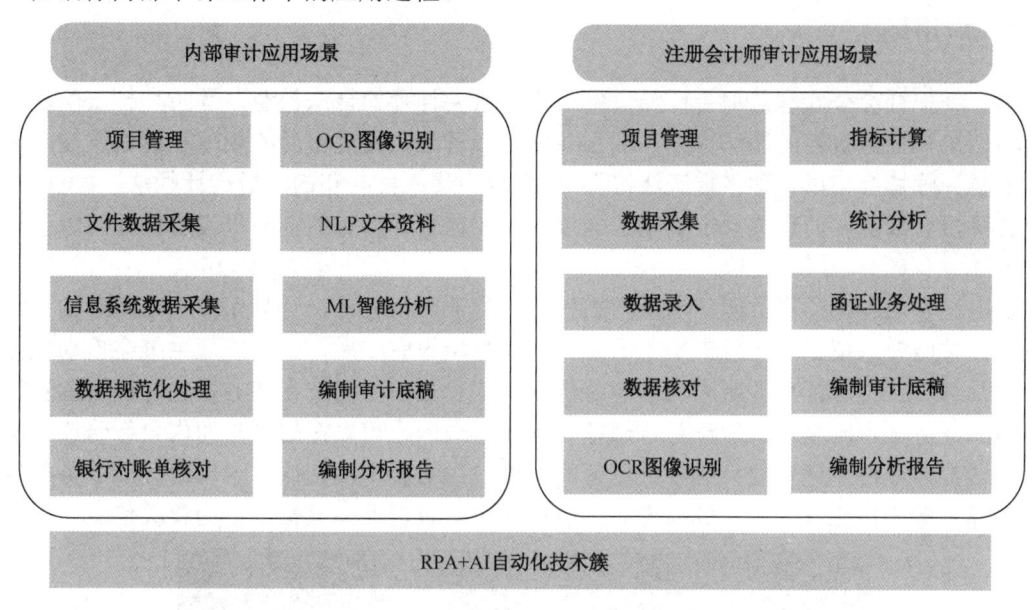

内部审计应用场景		注册会计师审计应用场景	
项目管理	OCR图像识别	项目管理	指标计算
文件数据采集	NLP文本资料	数据采集	统计分析
信息系统数据采集	ML智能分析	数据录入	函证业务处理
数据规范化处理	编制审计底稿	数据核对	编制审计底稿
银行对账单核对	编制分析报告	OCR图像识别	编制分析报告
RPA+AI自动化技术簇			

图 1-5　审计机器人主要应用场景

2019 年年初，德勤连续发布了有关智慧审计应用与创新的文章，其中第二期主要分析"智慧审计的七种武器之机器人流程自动化（RPA）"，重点介绍了 RPA 在内部审计部门的应用。以银行为例，伴随着信息技术的高速发展，经济环境的快速变化，数据应用的持续拓展及银行等金融机构的不断创新，访谈、现场观察、文件检查、重新执行等传统审计方法已经无法满足监管部门要求银行内部审计部门及时、全面地获取经营管理相关信息的要求了。在银行的内部审计中，资料获取困难、间断性检查、随机抽样的不确定性及大量的重复性工作、高昂的沟通成本，都为银行的内部审计工作带来了诸多限制，阻碍了内部审计部门进行督察和查错纠弊。

德勤的"小勤人"结合人工智能技术，在整个内部审计过程中，协助内部审计人员完成自助式内部审计数据采集、自动化测试、自动化文档审阅、自动化底稿编制、内部审计项目管理等工作项目，能够解决银行业内部审计周期长、沟通成本高、重复工作量大的业务痛点。例如，小勤人可以根据既定的规则对保存在系统中的各业务流程性文件，如业务台账、信贷合同、授信审批文件等多样化的审计调阅资料进行自动化抓取，而且不受系统基础架构、地域和时间的限制；可以通过邮件向审计经理自动汇报审计资料的获取情况，并在汇报材料中对资料获取过程中遇到的问题进行报错，使审计经理及时了解由于系统变更而无法获取资料的问题，从而对"小勤人"的取数逻辑进行及时更新。

在某银行的概念验证（Proof of Concept，POC）案例中，通过使用 RPA 审计机器人，沟通成本极大降低，单个审计证据的获取时间由以前的平均 40 分钟降低到了 30 秒以下；文档性的工作也大幅度减少，单个流程的底稿编制由以前的 1.5 小时降低到了 30 分钟以下；

机器人甚至可以根据预设的内部审计规则，在每天的非业务时段从系统中持续获取审计证据，并开展持续性检查，使银行的"持续审计"成为现实。

1.3　RPA 审计机器人应用案例

1.3.1　应用场景

为了维护社会公众利益和会计师事务所及注册会计师的合法权益，预防和打击假冒会计师事务所出具业务报告的违法行为，加强业务报告管理，促进市场的规范和健康发展，重庆市注册会计师协会（以下称"重庆注协"）根据《中华人民共和国注册会计师法》《重庆市注册会计师协会章程》的有关规定制定了《重庆市注册会计师行业业务报告防伪标识管理暂行办法》。

该办法要求会计师事务所应当在向委托人提交业务报告前，登录如图 1-6 所示的业务管理系统，按照要求填报业务报告基本信息。在信息填报完成后，业务管理系统会自动生成防伪标识信息页。会计师事务所应当打印防伪标识信息页，并列装在业务报告的扉页位置。经报备后的业务报告所填基本信息有合理理由需要修改的，可以在规定时间内自行修改一次。此后的修改，应在业务管理系统中上传证明文件，由协会审核确认后予以修改。业务报告使用者可通过重庆注协网站"业务报告防伪查询系统"查询业务报告报备的相关信息。

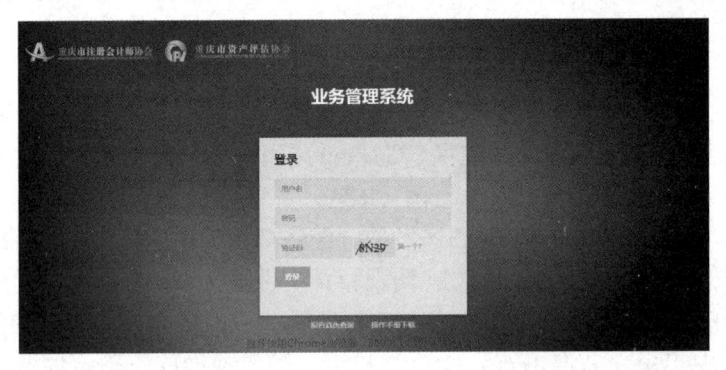

图 1-6　重庆注协业务管理系统登录窗口

DX 会计师事务所（以下简称"DX 会计所"）是我国最早设立的合伙会计师事务所之一，具有从事鉴定及咨询所具有的完备执行资质。A 会计师事务所重庆分所位列 2018 年重庆会计师事务所综合评价排名前 10 位，拥有 100 多名员工，实现了审计项目管理信息化。2020 年审计收入近 6000 万元。

QH 会计师事务所（以下简称"QH 会计所"）于 2019 年成立，拥有一支年轻、高效、执业经验丰富的会计师专业团队，目前还没有实现审计项目管理信息化，主要使用 Office 软件进行日常办公和业务处理。2020 年总收入近 200 万元。

根据工作安排，DX 会计所行政部的小肖和 QH 会计所的小汤，分别负责在重庆注协的业务管理系统进行年报审计、专项审计和验资等项目信息的录入，以及报告防伪标识信息页的打印工作。2020 年，尽管受新冠肺炎疫情影响，但 DX 会计所还是获得了较大的增长，圆满完成了 747 个年报审计、1336 个专项审计、30 个验资审验，共 2113 个项目，因此，小肖几乎每天都要打开重庆注协的业务管理系统进行工作。而 QH 会计所作为一家才成立的小所，业务还处于发展阶段，主要集中在专项审计，项目数量还不太多，小汤只需要每周集中处理一次。

1.3.2 业务描述与痛点分析

每当工作时，DX 会计所的小肖需要同时打开和登录事务所内部使用的审计项目管理系统及重庆注协的业务管理系统，然后将质管部审核通过的如图 1-7 所示的项目报告等相关信息一一"复制粘贴"到如图 1-8 所示的业务管理系统窗口，这样来回在两个系统窗口之间切换，不断重复"复制/粘贴"操作，接着经过系统检查必填项和人工检查数据是否一致，确保信息完全填写无误后保存，最后生成并打印如图 1-9 所示的业务报告防伪标识信息页面，并将生成的防伪标识信息文件保存到本地计算机文件夹中，以及将生成的防伪标识编码回填到事务所审计项目管理系统中，方便以后信息查询，其详细业务流程如图 1-10 所示。

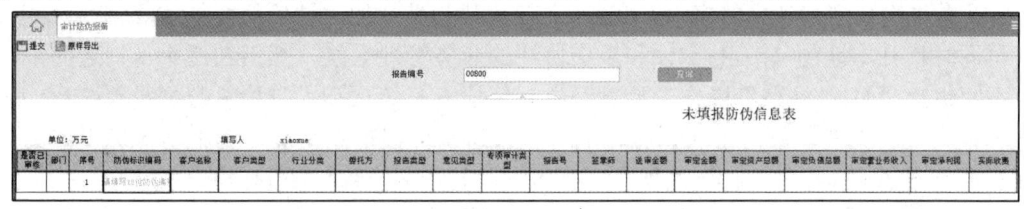

图 1-7　DX 会计所项目管理系统审计报告信息界面

图 1-8　重庆注协业务管理系统审计报告添加界面

图 1-9　重庆注协业务管理系统业务报告防伪标识信息界面

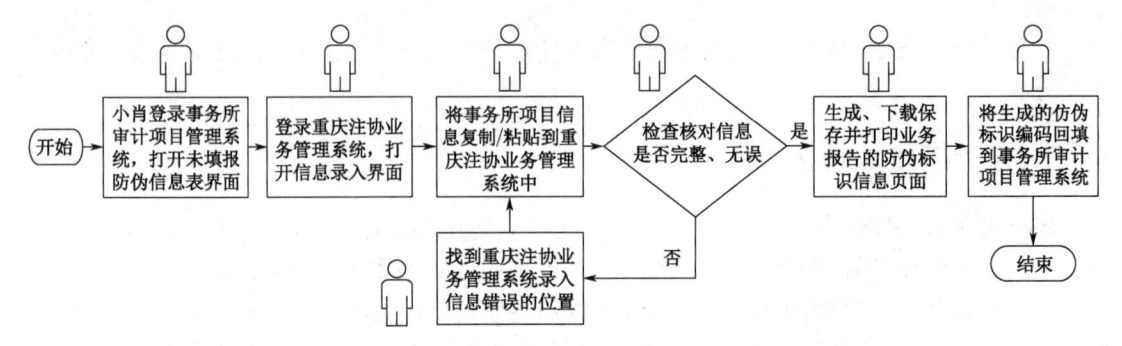

图 1-10　DX 会计所项目信息备案与防伪标识页打印业务流程

QH 会计所的小汤，根据年报、专项和验资三种项目类型分别建立了 3 个 Excel 表单（报表审计表如图 1-11 所示），其内容和顺序与重庆注协业务管理系统的信息登记保持一致。在工作时，首先需要把报告中的 Word 和 Excel 等格式文件中的关键信息复制/粘贴到 Excel 表单上，再同时打开本地的 Excel 文件和重庆协注的业务管理系统，然后在两个窗口之间来回切换，不断进行"复制/粘贴"操作，接着经过系统检查必填项和人工检查数据是否一致，确保信息填报完整、无误，最后生成并打印业务报告防伪标识信息页面，并把防伪标识信息页面下载到本地计算机的指定文件夹内保存以供查询，其业务流程如图 1-12 所示。

2021年度报表审计报告登记表																
序号	客户名称	统一社会信用代码	客户类型	行业分类	委托方	报告类型	意见类型	报告文号	复核	签字师	资产总额（万元）	负债合计（万元）	营业收入（万元）	净利润（万元）	收费金额	报告出具日期	发票号码	项目负责人	收费金额	收费日期	项目来源

图 1-11　QH 会计所年报审计登记信息登记表

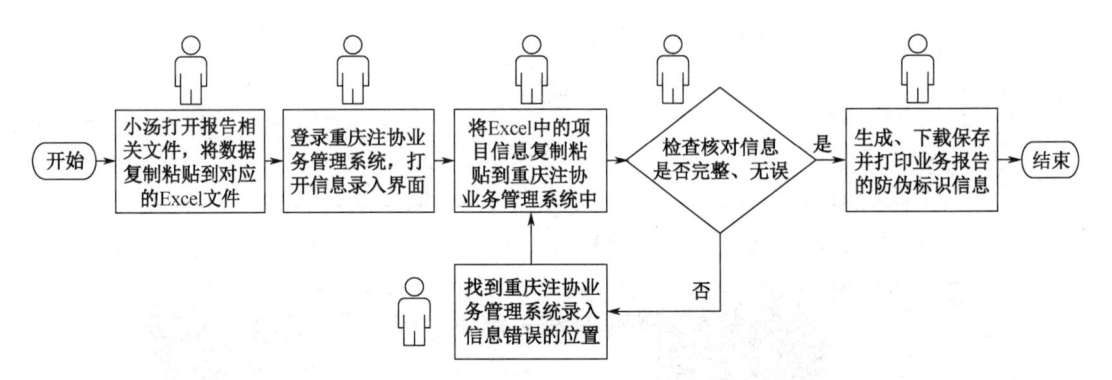

图 1-12　QH 会计所项目信息备案与防伪标识信息页面打印业务流程

从上述 DX 会计所和 QH 会计所项目信息备案和防伪标识信息页面打印的业务描述来看，由于异构系统的存在，都面临着在事务所项目管理系统和重庆注协业务管理系统，以及 Excel 软件与重庆注协业务管理系统之间频繁地切换，需要人工进行数据迁移，人工进行数据核对，效率较低，容易出错。并且由于 DX 会计所涉及的项目数量较多，需要耗费大量的时间去处理，特别是在年报期间，往往时间紧，小肖经常面临着加班。此外，由于人工处理，数据输入和核对难免出错，而根据重庆注协规定，会计师事务所录入报备的报告信息需要修改的，可以在 30 日内由会计所自行修改 1 次，超过这个时间进行修改就需要在业务管理系统中上传证明文件,并由协会审核确认后才能修改。这种因为人工处理出错带来的额外时间耗费很多,流程更烦琐。

1.3.3 机器人自动化流程设计

对会计所在重庆注协进行项目信息备案和防伪标识信息页面打印的业务进行分析可以发现,这些业务规则明确、标准化程度高、重复性强,但存在异构系统未实现连接、人工处理容易出错、人工处理耗费时间较多等问题。基于以上业务流程和痛点分析,结合 RPA 技术的特征,分别设计了如图 1-13 和图 1-14 所示的 DX 会计所和 QH 会计所的项目信息备案与防伪标识信息页面打印机器人自动化流程。

图 1-13　DX 会计所项目信息备案与防伪标识信息页面打印自动化流程

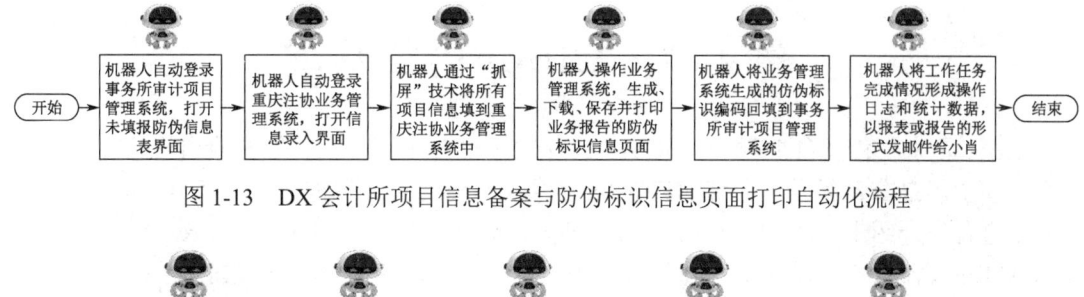

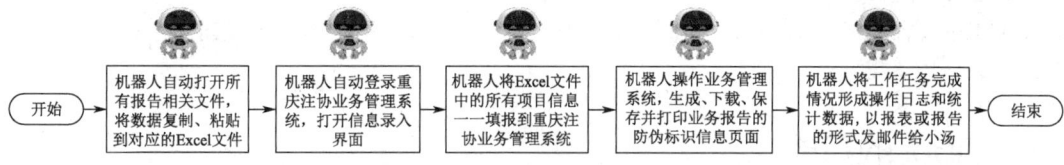

图 1-14　QH 会计所项目信息备案与防伪标识信息页面打印自动化流程

1.3.4 机器人流程自动化后的收益

在流程自动化前,DX 会计所的小肖完成重庆注协的项目信息备案与防伪标识信息页面打印工作,每个项目的业务处理平均耗费时间为 3 分钟,全年 2100 多个项目,至少需要花费小肖 106 个工时。在流程自动化后,机器人完成该单个项目的平均处理时间大概需要 20 秒,全年花费时间不到 12 个小时,工作效率提高 8 倍,并且错误率降为 0,而小肖也可以完全从这种简单、重复的工作解放出来。而 QH 会计所作为一个小型事务所,通过流程自动化也可以实现工作效率和工作质量的较大改善。

第二部分

审计机器人开发技术

第 2 章 UiBot 语法基础

UiBot 是来也科技自主研发的 RPA+AI 平台，也是中国 RPA 行业的领导品牌，深受中国企业和中国办公者喜爱，它推动着 RPA 技术在中国的普及和推广。

本章首先介绍来也 UiBot 产品的组成部分及如何下载与安装 UiBot Creator 软件。然后介绍 UiBot Creator 的界面及一些基础的语法知识。学习和了解了基础的语法知识，才能为后面的学习打下基础。

2.1 UiBot 的组成

来也 UiBot 提供低代码或无代码的自动化流程开发，无论是财务人员还是审计人员，都可以在来也 UiBot 平台上创造出不同复杂程度的 RPA 机器人，以满足工作中的自动化需求。

UiBot 产品主要包含 UiBot Creator（创造者）、UiBot Worker（劳动者）、UiBot Commander（指挥官）、UiBot Mage（魔法师）四个部分，分别为机器人的生产、执行、分配、智能化提供相应的工具和平台。

1. UiBot Creator

创造者，即机器人开发工具，用于搭建流程自动化机器人。它采用中文可视化界面，同时支持拖拽式低代码或无代码的流程开发及专业开发模式，支持一键录制流程并自动生成机器人，支持 C、Java、Python、.Net 扩展插件及第三方 SDK 接入，兼顾入门期的简单易用和进阶后的快速开发需求。

2. UiBot Worker

劳动者，即机器人运行工具，用于运行搭建好的机器人。它具备人机交互和无人值守两种模式，在人机交互模式下，通过人机协同的方式，完成桌面任务。在无人值守模式下，能够根据 UiBot Commander 的指挥，自动登录工作站，并自动完成任务。两种模式均支持定时启动、错误重试、任务编排等功能。

3. UiBot Commander

指挥官，即控制中心，用于部署与管理多个机器人。它能够指挥多个 UiBot Worker 协同工作,既可以让多个 UiBot Worker 完成相同的工作,也可以把不同的工作自动分配给不同的 UiBot Worker。它支持多租户和灵活的权限控制,拥有安全审计系统,支持机器人工作日志追踪与实时监控。

4. UiBot Mage

魔法师,即 AI 能力平台,为机器人提供执行流程自动化所需的各种 AI 能力。它内置光学文字识别 OCR、自然语言处理 NLP 等多种适合 RPA 机器人的 AI 能力;提供预训练模型,无须 AI 经验,开箱即用;能与 UiBot Creator 无缝衔接,通过拖拽即可让机器人具备 AI 能力。

2.2 下载与安装 UiBot Creator

2.2.1 下载 UiBot Creator

步骤一:访问 UiBot 官网 https://www.UiBot.com.cn/,并点击【立即下载】,如图 2-1 所示。

图 2-1 访问 UiBot 官网

步骤二:新用户点击【立即注册】后生成一个新账号,然后在用户登录窗口输入账号进入,如图 2-2 所示。

图 2-2 登录系统

步骤三:进入 UiBot Creator 下载页面后,点击 Windows x64(64 位)版本后面的【点击下载】,如图 2-3 所示。

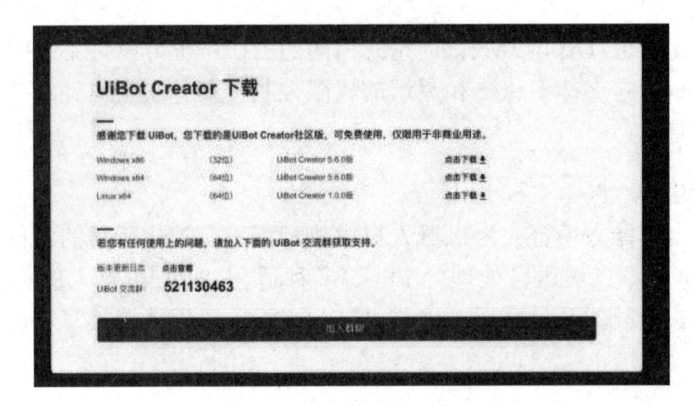

图 2-3 点击【点击下载】

2.2.2 安装 UiBot Creator

步骤一：打开安装程序下载的存储位置，双击运行如图 2-4 所示的 UiBot Creator 的可执行文件，然后在弹出的 UiBot 用户协议窗口勾选【我已阅读并知晓用户协议】，点击【立即安装】进行安装，如图 2-5 所示。

图 2-4 UiBot Creator 的可执行文件　　　　图 2-5 安装程序启动界面

步骤二：安装完成后，打开 UiBot Creator Community(x64)界面，输入账户，一定要在联网状态下登录后才可以使用 UiBot Creator，如图 2-6 所示。

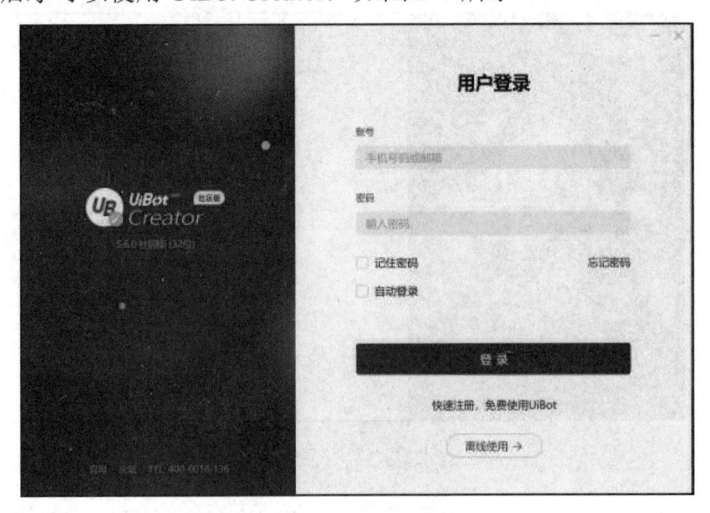

图 2-6 点击【登录】

步骤三：成功登录后，自动进入软件界面，如图 2-7 所示。

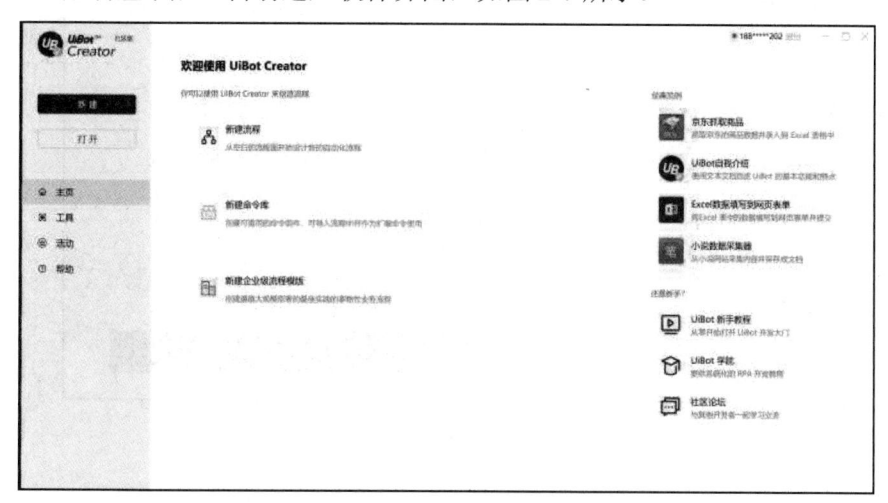

图 2-7　登录成功后自动弹出的网页界面

步骤四：打开 UiBot Creator 后，点击软件主界面左边的【工具】会打开新页面。里面有应用程序和扩展程序，当使用对应工具的时候，需要将对应的扩展程序按要求安装后方可正常使用，如图 2-8 所示。

图 2-8　工具安装界面

2.3　UiBot Creator 界面介绍

2.3.1　启动界面

1. 新建流程

点击 UiBot Creator 主界面上的【新建】，在弹出的【新建】对话窗内输入新流程的名称，存放目录位置，然后点击【创建】，就可以新建一个流程，如图 2-9 所示。

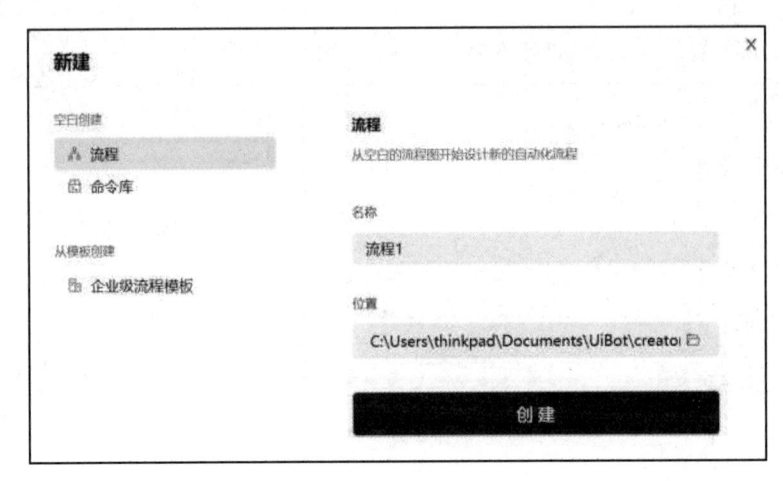

图 2-9 新建流程界面

2. 打开历史流程

点击主界面的【打开】,选择历史流程存放的文件夹,UiBot Creator 将读取整个文件夹,如图 2-10 所示。如果操作的流程存在最近使用的流程里,则可以直接进行操作。在最近使用的流程内,可以进行文件路径查看、删除、置顶操作。

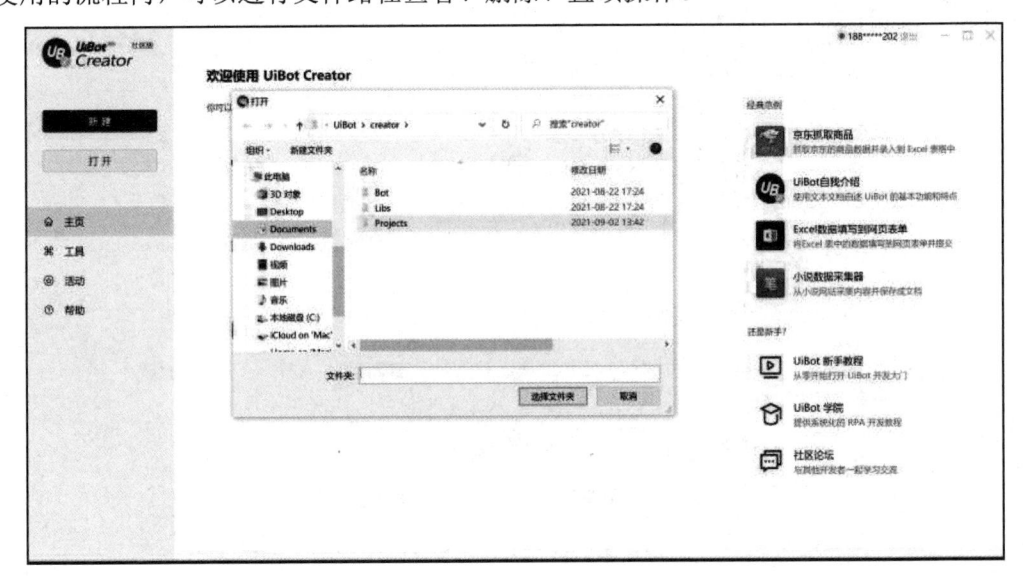

图 2-10 打开流程界面

2.3.2 软件主界面

UiBot Creator 的主界面包括五部分:菜单栏、快捷栏(见后面介绍)、流程图设计区、基本信息、流程图变量,如图 2-11 所示。

1. 菜单栏

菜单栏一共有五种元素:文件、编辑、视图、运行、帮助,如图 2-12 所示。元素功能如表 2-1 所示。

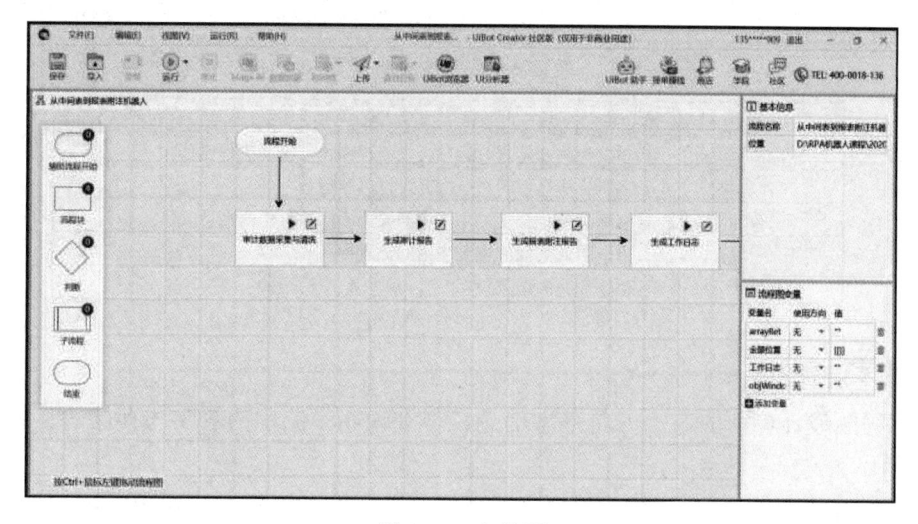

图 2-11　主界面

图 2-12　菜单栏界面

表 2-1　菜单栏界面元素

菜单栏元素	功　　能
文件	包括新建流程、打开流程、关闭流程、最近打开流程、导入流程块、保存和退出
编辑	用于流程块内开发时的复制、剪切、粘贴和删除
视图	用于控制是否显示调试输出信息窗、开发流程过程中善用调试信息窗定位关键数据、分析复杂流程输出结果等
运行	用于控制全流程的常规运行、调试运行或者停止
帮助	包括新手教程、命令手册、快捷键说明、开发者社区和关于。命令手册用于快速打开开发手册，进行所有预制件对应的参数、用法查找，当开发过程中不确认预制件用法时可以进行查找

2. 流程图设计区

流程图设计区一共有五种元素：辅助流程开始、流程块、判断、子流程、结束，如图 2-13 所示。元素对应的功能如表 2-2 所示。辅助流程开始元素只能有一个，流程块最少有一个，判断和结束可以有一个或多个，也可以没有，开发者主要在流程块中编写程序。

选中流程块，可以在主界面右侧看到流程块的相关信息。描述是主界面中间区域流程块显示的名称。文件名为流程块编号，如果需要导入该流程块，或者使用 Function 函数对其进行调用，则应输入文件名，而非流程块描述。输入为同流程导入该流程块的数据，输出为该流程块执行后输出的数据。流程块上方的箭头为运行该流程块的快捷钮，点击则可进入该流程块的编辑界面。

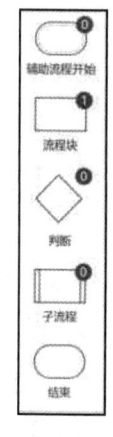

图 2-13　流程图设计界面

表 2-2 流程图设计类型

流程图设计元素	功　能
辅助流程开始	与主流程开始同时运行，主流程停止，辅助流程则停止
流程块	编辑你所需要的命令，并可以单独运行
判断	判断有两个分支，可根据结果的不同执行不同的分支
子流程	可以引入其他流程到当前的流程中
结束	整个流程的结束

3. 基本信息

在流程图设计界面的右上方是基本信息，详细说明了流程的名字与存储的目录位置，如图 2-14 所示。

4. 流程图变量

在流程图设计区的右下方为流程图变量设置区，变量分为全局变量和局部变量，如图 2-15 所示。流程图变量是全局变量，可以被所有流程块调用。在流程块中创建的变量是局部变量，只能在该流程块中使用。全局变量和局部变量的名称不能相同，否则会引起错误。

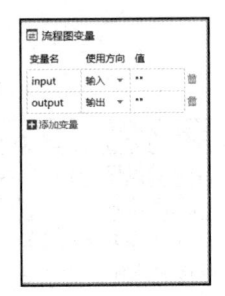

图 2-14 基本信息界面　　　　图 2-15 流程图变量设置区

2.3.3 流程编辑界面

点击流程块右上方的【流程编辑】，进入流程编辑页面，流程编辑界面包括四部分：快捷栏、预制件、命令区、属性与变量，如图 2-16 所示。

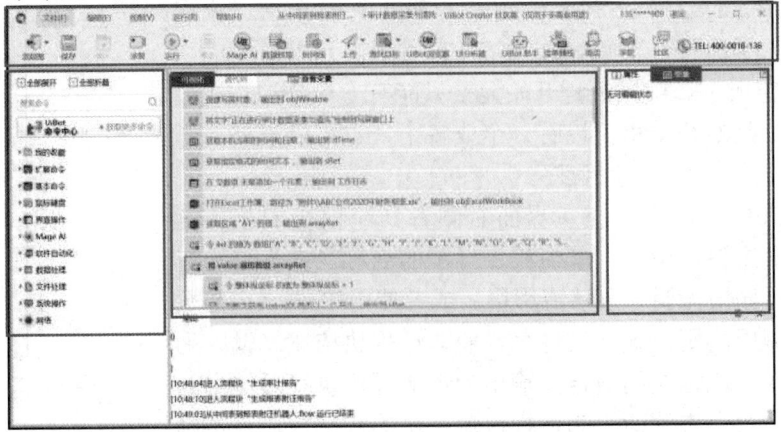

图 2-16 流程编辑界面

1. 快捷栏

流程编辑界面的快捷栏包括保存、导入等多种元素，如图 2-17 所示。部分元素功能如表 2-3 所示。

图 2-17 流程编辑快捷栏界面

表 2-3 流程编辑界面快捷栏的部分元素功能

元素	功 能
保存	保存已经编写好的程序
导入	可以导入其他流程内的流程块，流程块可复用。所以我们在制作流程的时候，可以将一些可能在将来同类流程里复用的功能写到一个流程块里进行导入。流程块是 UiBot 开头的扩展名以.task 结尾的文件
录制	点击【录制】后，会弹出录制窗口，内部可以选择对应需要录制的功能选择，可以帮我们快速地获取对应功能实现时的代码，并在结束后自动保存到编辑代码区
运行	点击后可以直接运行程序，对程序进行调试
Mage AI	UiBot 的 AI 组件
数据抓取	可以快速地帮我们抓取 B/S 端结构化表格数据
时间线	该功能用于记录该模块编辑过程中的源代码，默认时间为 5 分钟一次，可手动点击记录，只记录该模块的源代码。方便用于在编写过程中，调整个别功能后前后代码的对比
查找目标	可以查找元素、窗口、图像、区域
UiBot 浏览器	UiBot 自带的浏览器
UI 分析器	可以对 UI 界面元素进行分析

2. 预制件

预制件是在低代码开发背景下面向场景应用的功能单元。通过 UiBot Creator 进行审计机器人开发是通过一系列预制件的有机组合来实现的。

进入流程块编辑界面后，左侧列表为预制件，如图 2-18 所示。通过左侧搜索栏可以进行预制件快速定位，也可以通过鼠标右键进行预制件的收藏和取消收藏。使用需要的预制件时，可以通过鼠标拖拽到编辑区或者双击实现导入。当需要在可视化编辑区删除一条指令时，只需选中命令后删除即可。

图 2-18 预制件界面

2.4 UiBot Creator 基本语法

2.4.1 常量与变量

1. 命名规则

标识符是用于对常量、变量、函数和数组等命名的有效字符序列。标识符命名需要遵循一定规则：
- 非关键字，非数字开头，不区分大小写，直观有意义；
- 支持中英文、数字、下画线组合；
- 非 UiBot 保留字，易于分辨，关键字常以蓝色显示。

2. 常量

常量是指运算过程中值不能改变的量。常量可以为数值型、字符型、逻辑型、数组、字典等数据类型。常量定义后必须要对其赋值，其有效范围只在该流程块内有效。

常量的定义方式：

  const 常量名 = 常量值

3. 变量

变量是指运算过程中值可以被改变的量。变量的类型可以为数值型、字符型、逻辑型、数组、字典、null 等数据类型。变量的有效范围只在该流程块内有效。

变量的定义方式：

  dim 变量名
  dim 变量名 = 变量值
  dim 变量名 = 变量值 ，变量名 1= 变量值

2.4.2 数据类型

数据类型是所有计算机语言都必须涉及的内容，它用于确定变量在内存中的存放方式和占用内存的大小。UiBot 常用的数据类型包括数值型、字符型、布尔型、数组和字典等。

1. 数值型

数值型包括整数型和小数型。整数型由正整数、零、负整数构成。小数型是带小数点的数字。

2. 字符型

字符型由任意字符组成，用单引号(')、双引号(")、三引号("')成对表示。常用连接运算符"&"将两个字符串连接起来。

3. 布尔型

布尔型又称逻辑型，用于逻辑判断，其结果为 True 或 False。逻辑运算符包括 and、or、not 三种类型。

4. 数组

将多个同种类型或者不同种类型的数据存放到一个变量里，这个变量被称为数组，或有序元素序列。数组里每个数据称为数组的元素，每个元素的排序序号称为元素下标，元素下标从 0 开始。定义数组以中括号括起来，相邻元素以","(英文输入法下的逗号)进行间隔。获取数组中任意元素的值的方法：数组名加中括号，括号内填入对应的元素下标即可。

定义方式：dim 数组名 =[元素 1，元素 2，元素 3...]

获取数组元素值：数组名[0]= 元素 1，数组名[1]= 元素 2

例如，A=[1,2,3,4,5,6]。

如果要获取第三个元素 3，则输入数组 A[2]，这样就可以取到第三个数字。

5. 字典

将多个同种类型或者不同种类型的数据按不同的变量名存放到一个容器里，容器称为字典。字典里的每个数据对应的变量名称为"键名"，数据称为"键值"，键名要求必须为字符型，且键名是唯一的，键值无限制。

定义字典以大括号括起来，键名与键值配对出现，中间用":"间隔，两个键值对间用","间隔。获取字典中任意元素的值的方法：字典名加中括号，括号内输入对应的键名即可，且字典为无序集合。

定义方式：dim 字典名 = {键名: 键值，键名 1: 键值 1，键名 2: 键值 2}。

获取元素值：字典名[键名]= 键值 ，字典名[键名 1]= 键值 1。

例如，per_data={"name"："wang"，"age"：18}

如果要获取名字，则输入 per_data["name"]，就可以自动输出"wang"。

2.4.3 算术运算符

运算符是用于进行某种运算的符号，参与运算的数据被称为操作数。UiBot 常用的算术运算符如表 2-4 所示。

表 2-4 UiBot 常用的算术运算符

运算符	中文名称	功能描述	例子
+	加号	两个数相加	Dim a=1,b=2 a+b=3
−	减号	两个数相减	Dim a=1,b=2 b-a=1
*	乘号	两个数相乘	Dim a=1,b=2 a*b=2
/	除号	两个数相除	Dim a=1,b=2 b/a=2
mod	取余数	取余数	Dim a=1,b=2 b mod a=0
^	求幂	返回幂值	Dim a=1,b=2 a^b=1
<>	不等于	不等于	Dim a=1,b=2 a<>b

2.4.4 逻辑控制语句

用计算机解决某个具体问题时，主要包括顺序执行所有的语句【顺序结构】、选择执行部分语句（选择结构）和循环执行部分语句（循环结构）三种情况，如图 2-19 所示，其语句功能如表 2-5 所示。

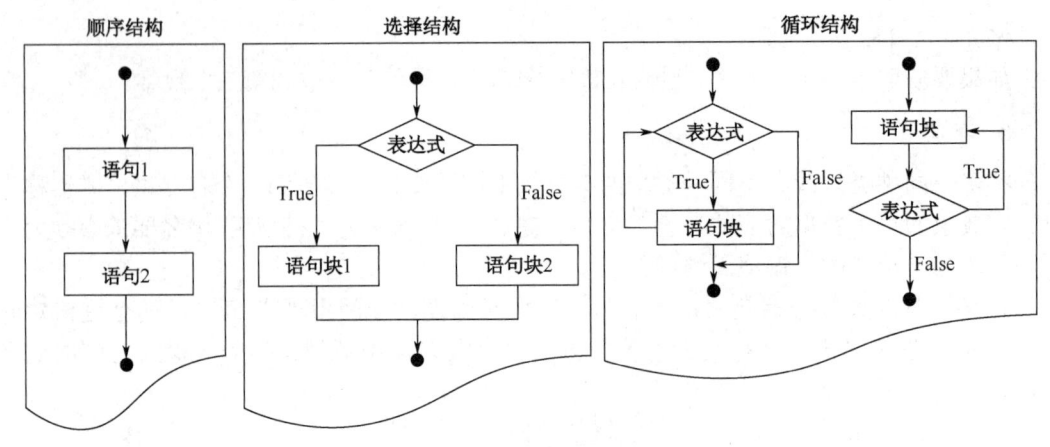

图 2-19 逻辑控制语句

表 2-5 逻辑控制语句的功能

逻辑控制语句类别	功　　能
顺序结构	按编写顺序依次执行
选择结构	根据如果条件成立的结果选择执行不同的语句（如果条件成立活动）
循环结构	在一定条件成立下，反复执行某段程序的流程结构，其中反复执行的语句称为循环体，决定循环是否终止的判断条件称为循环条件

2.4.5 条件选择语句

1. If...End If

这是最简单的判断语句，如果满足条件，则执行模块内的语句。其中判断条件可以是单纯的布尔值或者变量，也可以是比较表达式或逻辑表达式（例如：$a>b$ and $a<3$），如果判断条件为真，则执行条件内语句，如图 2-20 所示。

举例：首先定义了 $a=2$，现在 $2>1$，满足条件 $a>1$，所以就会执行 If 模块里的 $a=a+1$ 语句。当执行一次以后，a 就会变成 3，如图 2-21 所示。

图 2-20　If...End If 语句　　　　图 2-21　If...End If 语句举例

2. If...else...End If

这是最简单的如果条件成立语句，该语句的意思是如果满足条件，则执行 If 后面的语句块 1，否则，执行 else 后面的语句块 2，如图 2-22 所示。

举例：首先定义了 $a=0$，现在 $a=0$，不满足 $a>1$ 的条件，所以就不会执行 $a=a+1$ 的语句，而是执行 $a=a+2$ 的语句，执行一次过后，a 的值将变为 2，如图 2-23 所示。

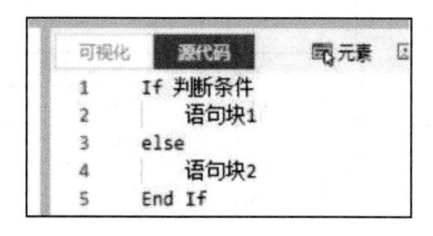

图 2-22　If...else...End If 语句

图 2-23　If...else... End If 语句举例

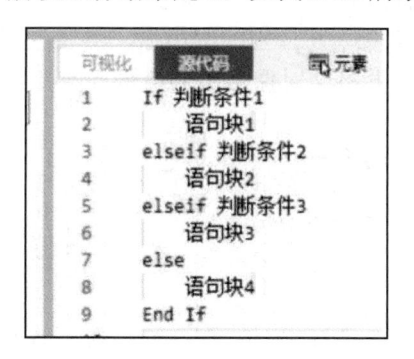

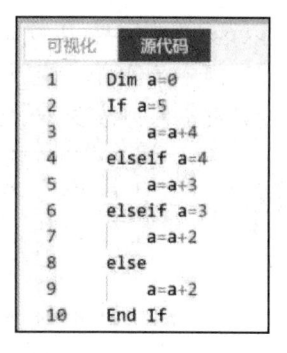

3. If...elseif....elseif...else... End If

这个语句适合遇到多种条件判断时使用。执行该语句后，如果判断条件为假，则跳过该语句，进行下一个 elseif 的判断，只有在所有的判断条件都为假的情况下才会执行 else 中的语句，适用于多条件的判断，从上到下开始判断，当满足了一个条件以后跳出条件判断，如图 2-24 所示。

举例：定义了 a=0，现在 a=0，首先判断第一个条件，a 不等于 5，所以不满足第一个条件；然后判断第二个条件 a 是否等于 4，a 不等于 4，所以第二个条件也不满足；判断第三个条件 a 是否等于 3，a 不等于 3，所以第三个条件也不满足；执行最后一个条件 a=a+2。所以运行结果是 2，如图 2-25 所示。

图 2-24　If...elseif....elseif...else... End If 语句

图 2-25　If...elseif....elseif...else... End If 语句举例

2.4.6　循环语句

1. For 循环——计次循环

计次循环一般应用在循环次数已知的情况下，通常用于依次读取数组中每个元素和字典，如图 2-26 所示。

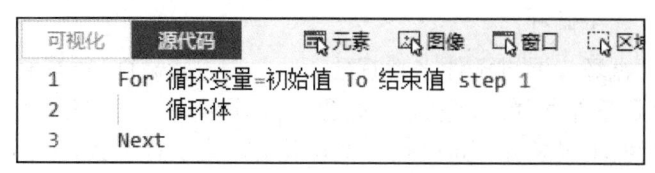

图 2-26　For 循环——计次循环

其中 step 为步阶，表示循环变量每次的变化，可为负数，也可以省略默认为 1；循环体为一组被重复执行的语句。

举例：i 一般是计次循环的默认变量，用作计数使用，这里的意思就是，i 变量从 0 变到 10，每次循环步阶为 1，意思就是增加 1。如图 2-27 所示，这里的循环语句是 $a=a+1$。i 从 0 到 10，第 0 次也要算上，所以一共循环了 11 次，最后 a 的值就会变为 11。

2. For 循环——遍历循环

遍历循环就是依次读取数组中每个元素或者字典中的每个元素，将其中的每个元素都单独拿出来进行一次操作，如图 2-28 所示。

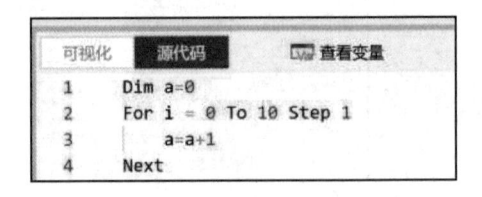

图 2-27　For 循环——计次循环举例

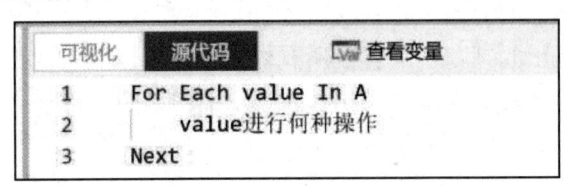

图 2-28　For 循环——遍历循环

举例：定义了一个空的数组 B 和一个数组 A，数组 A 里面有元素 1、2、3、4、5、6。现在对数组 A 进行遍历循环。意思就是将数组里面的每个元素都单独提取出来，放进变量 value 中。所以这段程序的意思就是将 1、2、3、4、5、6 分别抽取出来，然后进行加 1，再放进一个新的数组中。注意，遍历循环只是取值，并不会对原数组的值进行改变，就是数组 A 内的内容没有发生任何改变，如图 2-29 所示。

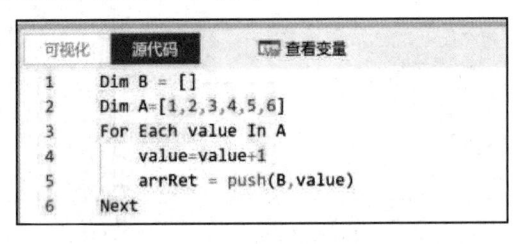

图 2-29　For 循环——遍历循环举例

结果如图 2-30 所示：数组 B 的值变成了 2、3、4、5、6、7。

[21:16:52]流程块4.task 第7行：[2, 3, 4, 5, 6, 7]

图 2-30　For 循环——遍历循环举例结果

3. Do 循环——无限循环

Do 循环是条件循环，通过条件来判断循环体是否停止。Do 循环有三种：无限循环、满足条件循环、不满足条件循环。无限循环如图 2-31 所示。

举例：Loop 后面不跟条件，这个循环语句就会一直执行下去，a 就会不断地自增 1，一直执行下去，这就叫无限循环，也叫死循环，如图 2-32 所示。

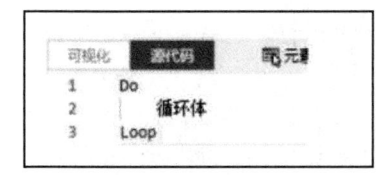

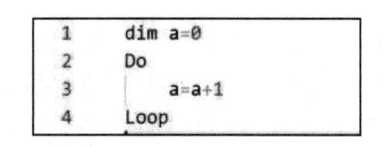

图 2-31　Do 循环——无限循环　　　　图 2-32　Do 循环——无限循环举例

4. Do 循环——满足条件循环

满足条件循环，顾名思义，就是当满足 Do While 后的条件时，循环就会自动停止。满足条件循环分为先条件循环和后条件循环。先条件循环就是先判断，再执行循环；而后条件循环则是先执行，再判断条件，如图 2-33 所示。

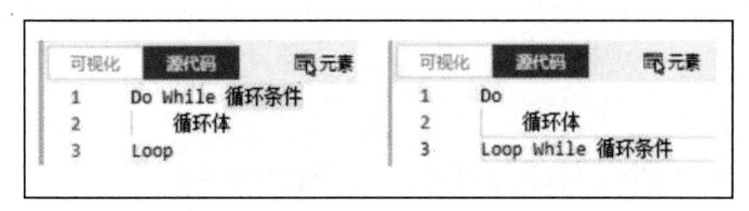

图 2-33　Do 循环——满足条件循环

举例 1：这是一个满足先条件循环，先判断再运行。首先判断 a 是否等于 0，a=0 则执行循环体。a=a+1，此时 a=1，然后再判断 a 是否等于 0，此时 a 已经等于 1，不满足循环条件，所以跳出循环，如图 2-34 所示。

举例 2：这是一个满足后条件循环，先运行再判断。首先执行 a=a+1，此时 a=1，然后判断 a 是否小于 3，如果小于 3，则继续循环；如果大于等于 3，则跳出循环。此时 a=1，小于 3，则继续循环，如图 2-35 所示。

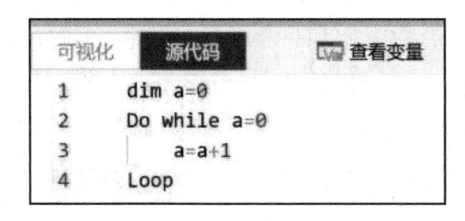

图 2-34　满足先条件循环　　　　图 2-35　满足后条件循环

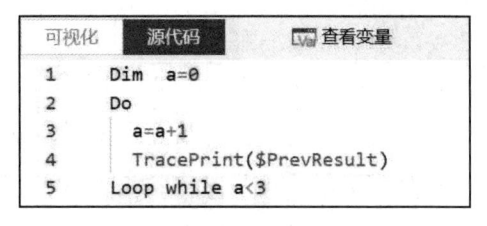

5. Do 循环——不满足条件循环

不满足条件循环，顾名思义，就是当不满足 Do While 后的条件时，循环就会自动停止。它和满足条件循环相同，只是一个是满足条件进行循环，一个是不满足条件进行循环，如图 2-36 所示。

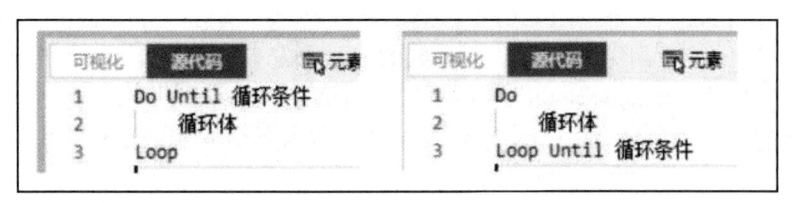

图 2-36　Do 循环——不满足条件循环

举例 1：这是一个不满足先条件循环，先判断再运行。首先判断 a 是否等于 8，a=0，不满足条件，所以执行循环体，如图 2-37 所示。

举例 2：这是一个不满足后条件循环，先运行再判断。首先执行 a=a+1，此时 a=1，不满足 a=3 的条件，则继续执行循环体，直到 a=3 才结束循环，如图 2-38 所示。

```
1    Dim  a=0
2    Do Until  a=8
3        a=a+1
4        TracePrint($PrevResult)
5    Loop
```

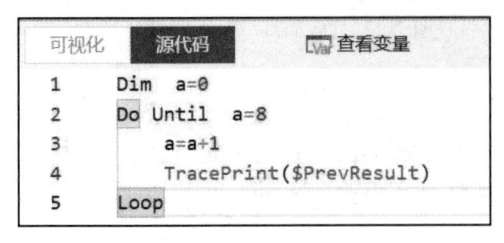

图 2-37 不满足先条件循环

```
1    Dim  a=0
2    Do
3        a=a+1
4        TracePrint($PrevResult)
5    Loop Until a=3
```

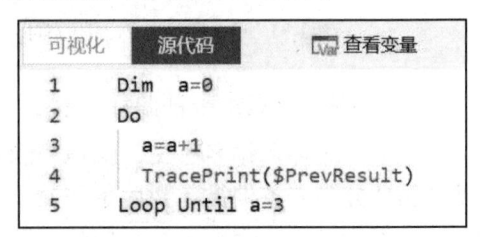

图 2-38 不满足后条件循环

6. Break 语句

当 For 或者 Do 循环所产生的操作已经满足业务要求时，可以通过 Break 语句立刻终止并跳出循环语句，避免过度循环次数的发生，提高处理效率。

7. Continue 语句

Continue 语句是循环语句的另外一种控制循环方向的语句，当满足指定条件时，Continue 使循环回到开始处，继续循环，忽略 Continue 语句后的执行代码。

2.5 模拟实训

2.5.1 场景描述

某被审计单位明细账中中国建设银行的短期借款应计利息相关信息如表 2-6 所示。本金、利率、计息天数已知，计算应计利息，核对被审计单位的利息数据是否正确。

表 2-6 应计利息计算表

贷款银行	本金	利率	计息天数	应计利息
中国建设银行	3 650 000.00	3.00%	90	27 375.00

2.5.2 技术思路

首先，定义本金、利率、计息天数、账面应计利息四个变量，并对其赋初值。然后，定义变量实际应计利息，根据公式计算得到，并用输出调试信息语句 TracePrint 将结果在控制台输出。最后，通过如果条件成立语句对账面应计利息和实际应计利息是否相等进行判断，如果相等，则输出"经测算，该笔短期借款的应计利息数据准确。"；如果不相等，则输出"经测算，该笔短期借款的应计利息数据有误，需调整。"。

本案例涉及 5 个变量、1 个赋值语句和 1 个如果条件成立判断语句。

2.5.3 开发步骤

步骤一：在可视化界面右边的变量窗口中依次添加 5 个变量，即本金、利率、计息天数、账面应计利息和实际应计利息，并对本金、利率、计息天数、账面应计利息 4 个变量赋初值，如图 2-39 所示。

步骤二：在可视化界面的第一行拖入【变量赋值】，令实际应计利息的值为"本金*利率*计息天数/365"。

步骤三：在可视化界面的第二行拖入【输出调试信息】，在控制台上输出上一条命令的结果。

步骤四：在可视化界面的第三行拖入【如果条件成立】，将属性窗口的判断表达式设置为"实际应计利息等于账面应计利息"。

图 2-39 变量添加窗口

步骤五：在【如果条件成立】的【则】和【否则】下方分别拖入【输出调试信息】，根据设计思路，分别修改输出提示信息。

完成以上五个步骤后，程序的可视化和源代码界面分别如图 2-40、2-41 所示。

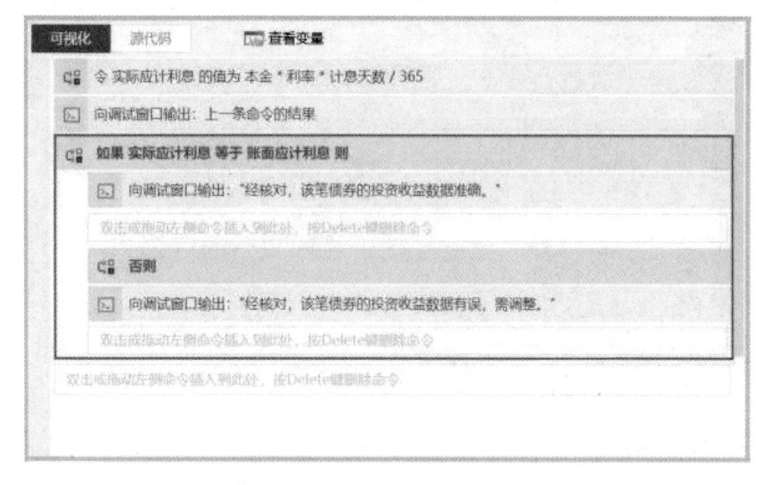

图 2-40 程序的可视化界面

图 2-41 程序的源代码界面（"="在可视化界面展现就是"等于"）

点击 UiBot Creator 主界面上方快捷栏上的【运行】，控制台显示实际应计利息为 27000，与账面数据不符合，所以输出结果"经测算，该笔短期借款的应计利息数据有误，需调整。"，如图 2-42 所示。

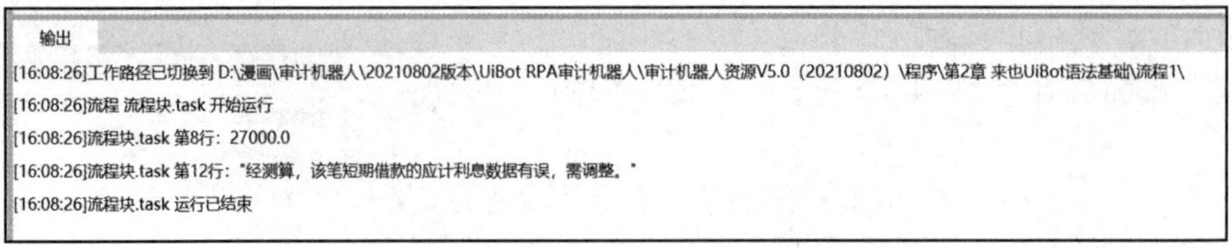

```
输出
[16:08:26]工作路径已切换到 D:\漫画\审计机器人\20210802版本\UiBot RPA审计机器人\审计机器人资源V5.0 (20210802) \程序\第2章 来也UiBot语法基础\流程1\
[16:08:26]流程 流程块.task 开始运行
[16:08:26]流程块.task 第8行: 27000.0
[16:08:26]流程块.task 第12行: "经测算，该笔短期借款的应计利息数据有误，需调整。"
[16:08:26]流程块.task 运行已结束
```

图 2-42　程序控制台输出界面显示结果

第 3 章 UiBot 自动化技术

本章主要介绍 UiBot Creator 自动化技术，包括基本命令、鼠标键盘、界面操作、软件自动化、数据处理、文件处理、系统操作、网络、Mage AI 等预制件的组成及其主要的应用场景。通过对本章的学习，可以为后续 RPA 审计机器人的开发奠定技术基础。

3.1 基本命令预制件

基本命令预制件包括基本命令、语法词法和日志三种类别，其组成如表 3-1 所示。

表 3-1 基本命令预制件的组成

命令类型	主要活动			
基本命令	延时	转为逻辑数据	是否为空值	是否为数值
	转为小数数据	转为整数数据	取十六进制	取八进制
	转为文字数据	转为十进制数字	取随机数	输出调试信息
	复制数据	获取变量类型	垃圾回收	单元测试块
	是否为数组	是否为字典	子程序	注释
语法词法	变量赋值	如果条件成立	继续循环	跳出返回
	依次读取数组中每个元素	依次读取字典中每对键值	跳出循环	尝试执行操作
	从初始值开始按步长计数	尝试执行操作且可以重试 N 次	抛出异常	退出流程
	跳出返回	——		
日志	设置日志级别	写入警告日志	写入错误日志	写入一般日志信息

基本命令预制件主要是对数据进行处理和判断，以及对数据类型进行判断、转换等。其中，常用的有数据类型的转换命令、判断数据类型命令、输出调试信息。语法词法预制件主要涉及程序编制中的循环和条件判断，常用的有程序结构命令（如果条件成立、依次读取数组中每个元素、依次读取字典中每对键值、从初始值开始按步长计数、条件循环、继续循环、跳出循环）、流程命令（退出流程、跳出返回）和流程异常处理（异常捕获）。日志预制件通常用于对代码维护和业务流程审计。

基本命令预制件在审计机器人开发过程中，可以用于数据的计算、比较、判断和分析等。例如，在主营业务收入审计实质性程序机器人开发过程中，机器人针对毛利率进行比较分析时，可以利用【从初始值开始按步长计数】从毛利率分析表中循环读取月度毛利率数据，当循环到第 13 次时，则【跳出返回】，接着求和得到年度毛利率，然后计算并分析毛利率的同期变动比例和增长幅度情况，再通过【如果条件成立】语句对变幅情况进行判断是否为异常情况。在机器人开发过程中，如遇运行报错情况，可以利用【输出调试信息】查看错误原因。

3.2 鼠标键盘预制件

鼠标键盘预制件实现的是模拟计算机鼠标和键盘操作，其组成如表 3-2 所示。

表 3-2 鼠标键盘预制件的组成

命令类型	主要活动			
鼠标	点击目标	移动到目标上	获取鼠标位置	等待光标空闲
	模拟点击	模拟移动	模拟拖动	模拟滚轮
键盘	在目标中输入	模拟按键	在目标中按键	输入密码
	在目标中输入密码	输入文本	——	——
KeyBox	输入文本	输入密码	检查目标后输入密码	模拟按键

在鼠标预制件中，点击目标是有目标命令，鼠标点击目标界面元素。移动到目标上是有目标命令，鼠标悬停到界面元素上。它们常用于带有隐藏属性的下拉界面元素，需要获取鼠标焦点才会显示下拉列表的情况下，或者鼠标悬停显示注释说明的情况下。模拟点击和模拟移动是针对无目标命令，用于无法获取界面元素的情况下通过图形坐标定位操作，常用于 Citrix、Vmware、绘制层、DX 游戏画面，如公安系统核审身份信息。获取鼠标位置是无目标命令，返回值是字典类型。模拟拖动是无目标命令，经常配合获取鼠标位置命令使用，常用场景如验证码拖拽、银行系统用印。模拟滚动常在所需处理目标不在视野范围内，调整位置时使用。

在键盘预制件中，在目标中输入是有目标命令，实现文本内容写入，可以覆盖原内容或在原内容后添加。在目标中按键是有目标命令，在目标元素触发对应热键，如办公软件的快捷键操作。在目标中输入密码和在目标中输入功能类似，只是输入内容不以明文显示，常用于网银登录、系统登录等登录场景。输入文本、模拟按键和输入密码，对应前 3 种有目标命令的无目标情况，常配合鼠标无目标命令，用于虚拟机或者远程系统核审流程使用。

KeyBox 预制件需要配合来也科技的 RPA 专利按键盒子使用，主要涉及保密信息的使用。按键盒子可用于对公对账网银登录时，个别银行的密码输入有限制，常规 RPA 操作无法输入，可通过按键盒子触发输入。当 RPA 流程用到客户不能公开的账户信息时，可以由管理员将信息存放到按键盒子内，全流程中的其他人是无法碰触到信息的，符合等级保护要求。目前一个按键盒子可以存放 30 组账号密码。

鼠标键盘预制件在审计机器人开发过程中有着广泛的应用。例如，在审计报告生成机器人开发过程中，可以通过【模拟点击】的方式，去点击标题所在的位置，再通过【在目标中按键】发送快捷键的方式，如发送 Tab 键可以进行切换操作，发送 ↑↓←→可以进行光标的移动；再结合【从初始值开始按步长计数】就移动到表格中需要填入信息的位置，到达指定位置后使用【在目标中输入】输入审计报告的项目名称、金额等。此外，在函证程序审计机器人开发过程中，可以通过使用【模拟点击】与【输入文本】模拟人工的鼠标与键盘操作，自动从企查查网页上查找被函证方的相关信息，以方便判断被审计单位提供的应收账款被函证方是否存在、信息是否准确。

3.3 界面操作预制件

在计算机系统下，常规看到的图形部件，包括窗口、图像和文本等，我们称之为"界面元素"，在 UiBot 中，对这些图像部件进行操作的组件就叫界面操作预制件。按照操作对象和功能的差异，分为界面元素、图像、文本、窗口、OCR（百度）和智能识别等类别，其组成如表 3-3 所示。

表 3-3 界面操作预制件的组成

命令类型	主要活动			
界面元素	获取子元素	获取父元素	设置元素属性	获取元素文本
	判断元素是否存在	获取元素勾选	设置元素文本	获取元素区域
	设置元素勾选	获取元素选择	元素截图	等待元素
	设置元素选择	获取元素属性	—	—
图像	点击图像	鼠标移动到图像上	查找图像	判断图像是否存在
	等待图像	—	—	—
文本	点击文本	鼠标移动到文本上	查找文本所在位置的界面元素	判断文本是否存在
	获取文本	—	—	—
OCR（百度）	鼠标点击 OCR 文本	鼠标移动到 OCR 文本上	查找 OCR 文本位置	图像 OCR 识别
	图像特殊 OCR 识别	屏幕 OCR 识别	屏幕特殊 OCR 识别	—
智能识别	智能识别屏幕范围	智能识别后点击	智能识别后获取文本	智能识别后输入文本
	智能识别后鼠标悬停	智能识别后判断元素存在	—	—
窗口	关闭窗口	获取活动窗口	窗口置顶	获取窗口类名
	设置活动窗口	更改窗口显示状态	获取文件路径	获取进程 PID
	判断窗口是否存在	获取窗口大小	改变窗口大小	移动窗口位置
二维码识别	图像 QR 二维码识别	屏幕 QR 二维码识别	—	—

获取子元素是获取目标下所有的子元素的目标信息，并以数组的形式返回。获取元素选择是获取列表框、下拉列表框的元素选择。获取元素属性是获取目标元素的一些标签属性信息，如获取元素包含的下载地址。获取元素区域是获取元素所在的区域，返回包含元素所在位置的矩形对象，常用于判断目标元素是否在屏幕可见范围内。当不在时，通过其他功能将其显示在屏幕范围内操作。元素截图是截取指定元素的图像保存到系统中，可设置保存的图片格式等。等待元素和等待图像功能相同，通过对目标是否存在进行判断来控制程序的进度。

在窗口预制件中，关闭窗口是通过窗口的目标元素来进行关闭窗口操作的。设置活动窗口是通过窗口的目标元素。激活窗口是获取焦点的操作。更改窗口显示状态是通过目标元素对窗口进行显示、隐藏、最大化、最小化、还原操作，常用于需要固定窗口信息时的操作。获取窗口大小和改变窗口大小是对窗口边框进行调整的常用功能。移动窗口位置是将窗口移动到新的屏幕坐标位置。

在文本预制件中，点击文本是按规则搜索含有指定字符串的目标元素并点击该目标元素，点击的位置为查找到的文本位置；规则为包含文本、完全相同或正则表达式匹配三种。鼠标移动到文本上的用法与点击文本的相同，鼠标悬停在文本位置。判断文本是否存在是在指定元素中找查找文本，找到返回 true，失败返回 false。获取文本是获取指定的 UI 元素中的文本内容。

图像预制件常用于无法获取界面元素的目标、虚拟机系统、运维系统图像变化识别情景。点击图像是当点击查找目标，鼠标变成选择器时，可以通过拖拽鼠标来对需要的图像进行截图操作。鼠标移动到图像上的用法与点击图像的类似，需要鼠标悬停。等待图像是等待图片显示或消失。例如，在远程情景，判定查找内容是否出现，配合延迟活动增加程序稳定性，继而控制代码继续运行还是停止。

OCR 预制件需要在联网的环境下使用。鼠标点击 OCR 文本是使用 OCR 技术对目标范围内的内容进行指定文字识别，如识别到就点击它。鼠标移动到 OCR 文本上和鼠标点击 OCR 文本相同，找到信息后鼠标悬停到文本信息。查找 OCR 文本位置是使用 OCR 查找文本所在位置的界面元素，找到后返回字典型的坐标信息，失败则引发异常。图像 OCR 识别是对指定的图片进行 OCR 识别，提取出图片内的文本信息。屏幕 OCR 识别是指使用 OCR 技术提取系统屏幕设置范围内的文本信息。

界面操作预制件在注册会计师财务报表审计自动化中有着广泛的应用。例如，在函证程序机器人开发过程中，机器人打开浏览器搜索物流单号，然后使用【等待元素】判断网页信息中元素是否加载完成，使用【元素截图】获取物流信息截图并将截图保存到底稿中，使用【获取元素文本】【判断文本是否存在】获取物流信息中始发地的内容并判断物流信息中始发地是否存在被询证公司的地址，通过这些方式判断回函信息是否可靠。

3.4 软件自动化预制件

软件自动化预制件主要实现对第三方应用的操作，经常使用的是浏览器、Word 和 Excel，另外还有 Outlook、IBM Notes 和数据库，其组成如表 3-4 所示。

表 3-4 软件自动化预制件

命令类型	主要活动			
浏览器	启动新的浏览器	下载文件	后退	浏览器截图
	绑定浏览器	读取网页源码	刷新	获取滚动条位置
	切换标签页	获取网页 URL	停止加载页面	设置滚动条位置
	关闭标签页·	获取网页标题	打开网页	执行 JS
	获取运行状态	读取网页 Cookies	设置网页 Cookies	等待网页加载
	前进	——	——	——
Excel	打开 Excel 工作薄	插入图片	读取列	设置单元格字体颜色
	绑定 Excel 工作薄	删除图片	获取行数	设置区域字体颜色
	保存 Excel 工作薄	写入区域	获取列数	设置区域颜色
	另存 Excel 工作薄	选中区域	合并或拆分单元格	创建工作表
	激活 Excel 工作薄窗口	清除区域	写入单元格	获取所有工作表名
	关闭 Excel 工作薄	删除区域	写入行	重命名工作表
	读取单元格	设置列宽	删除行	复制工作表
	读取区域	设置行高	写入列	激活工作表
	读取行	设置单元格颜色	删除列	删除工作表
	插入行	执行宏	插入列	——
Word	打开文档	插入图片	移动光标位置	设置文字大小
	读取文档	读取选中文字	选择行	设置文字颜色
	重写文档	写入文字	全选内容	设置文字样式
	设置光标位置	文字批量替换	剪切	设置对齐方式
	查找文本后设置光标位置	设置字体	复制	保存文档
	粘贴	文档另存为	插入回车	退出 Word
	退格键删除	关闭文档	插入新页面	获取文档路径
Outlook/IBM Notes	发送邮件	获取邮件列表	移动邮件	回复邮件
	删除邮件	下载附件	——	——
数据库	创建数据库对象	执行全 SQL 查询	批量执行 SQL 语句	关闭连接
	执行单 SQL 查询	执行 SQL 语句	——	——

在浏览器预制件中，启动新的浏览器是打开一个新的浏览器（如 IE、Chrome、FireFox），使 UiBot 可以对这个浏览器进行操作，如果成功绑定则返回该浏览器句柄字符串；如果绑定失败则返回 null。绑定浏览器是绑定一个已经打开的浏览器，使 UiBot 可以对这个浏览器进行操作。如果要使用浏览器预制件的其他命令，一定要通过以上两种方式绑定浏览器后，其他浏览器指令才可以正常使用。切换标签页是当绑定的浏览器有多标签页情况时，需要切换标签页，可以通过该命令，以地址栏、标题栏信息进行匹配切换，匹配标准支持通配符"*"号。获取运行状态是获取被绑定的浏览器是否还在运行，返回值 True/False，常用于容错机制，判断绑定的浏览器是否存在，如果关闭了则通过容错代码自动拉起重新绑定。打开网页是控制已经绑定的浏览器对象加载指定的链接。下载文件是利用浏览器下载指定链接的文件，并保存到设置的路径。获取网页 URL 是获取绑定浏览器当前页面的链接地址，常用于遍历工单数据或者网页数据地址备份。浏览器截图是对已绑定的浏览器页面进行区域截图操作，常用于 B/S 端验证码图片上传、业务流程关键信息"审计备份"场景。获取滚动条位置和设置滚动条位置是获取当前绑定浏览器页面滚动条的实际位置和设置滚动条的实际位置。执行 JS 是执行 JS 语言，并返回 JS 执行结果。

在 Word 预制件中，打开文档是打开需要编辑的 Word 文档，并返回参数值用于其他 Word 命令绑定操作，如设置路径没有该文档，UiBot 会自动创建。读取文档是读取被绑定的 Word 内的全部内容。重写文档是以覆盖方式在被绑定的 Word 内写入内容。设置光标位置是设置 Word 文档光标所在位置，在这里，光标的移动以字、行、段落方式按设置的数量移动。目前对于 Word 文档内的文本操作，UiBot 常以光标确定关键字段的位置方式来进行后续操作。查找文本后设置光标位置是在 Word 文档中查找指定的文本，并将光标设置到找到的第一个对应文本的设置位置，这个功能操作的是第一个找到的文本，如果出现多个符合查找条件的文本，而要操作的又不是第一个文本的情况，就需要通过相邻的文本字段配合移动来操作。移动光标位置是以相对光标现在的位置，移动光标在 Word 文档中的位置。选择行是选择 Word 文档中指定的行范围内的文本。全选内容是选中 Word 文档的全部内容，使全部内容为被选中状态。插入图片是在当前光标所在位置插入一张图片。读取选中文字是配合光标命令将选中的区域文本信息提取出来，存放到变量里。写入文字是在光标所在位置写入文本信息，如果光标有选中区域，也会自动将选中的区域覆盖。文字批量替换是在 Word 文档内对特定字符串进行批量替换。

在 Excel 预制件中，打开 Excel 工作簿是通过指定路径打开 Excel 文件，如果该 Excel 文件不存在，则会自动创建一个 Excel 文件，并返回参数供其他 Excel 指令绑定。绑定 Excel 工作簿是绑定一个已经打开的 Excel 表，并返回绑定对象参数。激活 Excel 工作簿窗口是将绑定的 Excel 窗口前置。读取单元格是读取指定 sheet 中指定的单元格的值。读取行、读取列是读取 Excel 中指定 sheet 中指定行、列的数据，返回值为一维数组。获取行数和获取列数是读取 Excel 指定 sheet 中有数据的行数、列数。写入单元格和读取单元格用法相同，支持写入数据也支持写入 Excel 常用的计算公式。写入行是从指定的单元格开始写入一行一维数组。删除行是删除设置单元格所在的整行数据。读取区域是读取 sheet 中指定区域的数据，返回二维数组。写入区域是将一个二维数组从设置的单元格开始写入表格内的矩形区域内。

在审计机器人开发过程中，可以实现自动打开浏览器，从指定的网页上抓取被审计单位主要客户的所处行业、企业性质、企业规模等信息，并将这些数据汇总后写入 Excel 文件中，最后将这个文件以邮件形式发送给审计经理。

Excel 操作在注册会计师报表审计工作中有着广泛的应用。例如，在货币资金审计机器人开发过程中，机器人使用【读取行】和【读取列】等活动，获取银行对账单所需信息，编制发生额分析表，生成借贷方大额标准；使用【读取区域】和【写入区域】等活动，获取大额查验标准，与明细账和对账单双向核对，获取原始凭证审核记录，编制大额银行存款表；使用【发送邮件】【写入单元格】等活动，将填写完成的发生额分析表和大额查验表等审计底稿发送给审计人员，同时生成机器人运行日志。

3.5 数据处理预制件

数据处理是系统工程和自动控制的基本环节。数据处理的基本目的是从大量的、杂乱无章的、难以理解的数据中抽取并推导出对于某些特定的人们来说有价值、有意义的数据。数据处理是对数据（包括数值的和非数值的）进行分析和加工的技术过程，包括对各种原始数据的分析、整理、计算、编辑等。在 UiBot 中，数据处理预制件包括对数据表、字符串、数组、集合、正则表达式、时间、数学、自然语言处理和 JSON 的相关处理，其组成如表 3-5 所示。

表 3-5 数据处理预制件的组成

命令类型	主要活动			
数据表	构建数据表	增加列	数据表去重	获取数据表列名
	数据切片	转换列类型	转换为数组	数据表排序
	数据筛选	修改列名	复制到剪贴板	合并数据表
	选择数据列	获取行列数	比较数据表	——
时间	获取时间戳	获取分钟	时间转换为 Unix 时间戳	构造时间（无日期）
	获取时间	获取秒数	Unix 时间戳转换为时间	改变时间
	获取时间（日期)	获取本周第几天	获取年份	计算时间差
	获取时间（无日期)	获取时间中的某个单位	获取月份	判断是否能转换为时间
	格式化时间	构造日期	获取第几天	字符串转换为时间
	获取小时	——	——	——
数学	取绝对值	取余弦值	取整数部分	取四舍五入值
	取反正切值	取自然对数 e 的 N 次幂	取自然对数	取正负符号
	取正弦值	取平方根	取正切值	——
字符串	替换字符串	抽取指定位置字符	获取字符串长度	分割字符串
	查找字符串	抽取字符串中数字	获取字符串字节长度	字符串比较
	倒序查找字符串	抽取字符串中字母	将字符串转换为大写	字符串指定长度比较
	获取左侧字符串	中间裁剪	将字符串转换为小写	获取字符
	获取右侧字符串	创建空格	取 ASCII 代码	获取 MD5 值
	获取中间字符串	创建字符串	取 ASCII 字符	颠倒文字
	左侧裁剪	判断字符串	两侧裁剪	判断以指定后缀结尾
	右侧裁剪	判断以指定前缀开头	抽取指定长度字符	——
数组	插入元素	在数组头部添加元素	删除并返回最后元素	过滤数组数据
	截取数组	在数组尾部添加元素	将数组合并为字符串	获取数组长度
	合并数组	删除并返回第一个元素	获取数组最大下标	——

续表

命令类型	主要活动			
集合	创建集合	删除元素	判断是否为子集	取并集
	获取集合大小	取交集	判断是否为父集	转为数组
	添加元素到集合	判断是否有交集	取差集	——
正则表达式	正则表达式查找	正则表达式查找测试	设置支持更灵活的格式	设置本地化识别
	设置匹配换行	正则表达式查找子串	设置使用 Unicode 字符集	设置多行匹配
	设置忽略大小写	正则表达式查找全部	——	——
自然语言处理	分词&词性标注	实体抽取	——	——
JSON	JSON 字符串转换为对象	对象转换为 JSON 字符串	——	——

数据处理预制件主要用于数据分析与数据处理，例如，先将数据从表格中读取出来，将字符串进行处理，将年、月、日进行分割，然后把字符串转化成数字，通过计算贷款日和还款日之间的时间差计算出天数，最后计算得到应付利息。

数据处理是审计工作的重要内容，也是审计机器人开发的重点功能。例如，在应收账款分析程序中，机器人筛选应收账款会计分录时，首先使用到【遍历循环】活动遍历序时账中的每条会计分录，其次通过【如果条件成立】活动，逐一判断科目编码是否为"1131"（应收账款）且贷方发生额不等于零，即可找出应收账款的所有贷方分录，然后通过【在组尾部添加元素】活动将应收账款贷方分录的日期和凭证号组合后添加到数组中，接下来使用【将数组合并为字符串】活动将数组转为字符串，最后通过【正则表达式查找测试】活动，用每笔会计分录的日期和凭证号测试是否在字符串中，即可找出应收账款的所有借贷方分录。

3.6 文件处理预制件

文件处理是运用计算机对各类文件进行修改加工、分类整理和编制索引。在 UiBot 中，文件处理预制件包括对通用文件、PDF 格式、INI 格式、CSV 格式进行处理，包括读写、复制、移动、删除、命名、查找、判断文件是否存在、判断路径是否存在等，其组成如表 3-6 所示。

表 3-6 文件处理预制件的组成

命令类型	主要活动			
通用文件	读取文件	创建文件夹	复制文件	获取文件列表
	写入文件	创建文件	移动文件	获取文件夹列表
	追加写入文件	判断文件是否存在	重命名	查找文件
	获取文件大小	判断路径是否存在	删除文件	——
PDF 格式	获取总页数	将指定页另存为图片	获取指定页文本	合并 PDF
	获取所有图片	获取指定页图片	——	——
INI 格式	读键值	枚举小节	删除小节	删除键
	写键值	枚举键	——	——
CSV 格式	打开 CSV 文件	保存 CSV 文件	——	——

文件处理预制件可以用于文件的处理。例如，将指定页数的 PDF 文件中的文字抓取出

来，同时将所有的图片保存下来，自动创建一个新的文件夹，并将这些文件都重命名保存在新的文件夹中。

注册会计师财务报表审计涉及大量的文件处理工作，文件处理预制件为该审计工作实现自动化提供了方便。例如，在应付职工薪酬审计机器人开发过程中，机器人可以使用【复制文件】来获取 2020 年的应付职工薪酬底稿的模板文件，以便后续机器人进行底稿填写；可以使用【判断文件是否存在】检查"数据"文件夹中是否存在所需要的蛮先进智能制造有限公司 2020 年的明细账与序时账文件；根据机器人数据处理需要，可以使用【获取文件列表】获取相应的文件，或者使用【查找文件】寻找指定文件。

3.7 系统操作预制件

系统操作是对计算机系统进行操作，在 UiBot 中，系统操作预制件包括对系统、应用、对话框、剪切板、文字写屏和锁屏解锁进行处理，包括播放声音、获取系统文件夹路径、启动应用程序、打开文件网址、关闭应用、打开文件对话框、屏幕锁屏、屏幕解锁、剪贴板文本操作、关闭窗口等，其组成如表 3-7 所示。

表 3-7 系统操作预制件的组成

命令类型	主要活动			
系统	播放声音	设置环境变量	执行 PowerShell	获取临时文件夹路径
	读取环境变量	执行命令行	获取系统文件夹路径	获取用户文件夹路径
应用	启动应用程序	获取应用运行状态	打开文件网址	关闭应用
对话框	消息框	打开文件对话框	打开文件对话框[多选]	保存文件对话框
	消息通知	——	——	——
剪贴板	设置剪贴板文本	读取剪贴板文本	图片设置到剪贴板	保存剪贴板图像
文字写屏	创建写屏对象	绘制文字	清楚文字	关闭窗口
锁屏解锁	屏幕锁屏	屏幕解锁		

系统操作预制件可以用于数据的输出显示，如自动启用应用程序，对应用程序中的流程进行自动化操作，并且可以通过文字写屏的方式在机器人运行中将运行阶段展示在屏幕上，便于更好地监控机器人的运行过程。

在会计分录测试审计机器人开发过程中，机器人使用【启动应用程序】打开金蝶 K/3 Cloud 系统，进入系统设置-人员权限模块，选取财务部相关人员权限信息，将信息导出到财务部用户系统权限 Excel 表，完成后使用【关闭应用】关闭金蝶 K/3 Cloud；继续使用【启动应用程序】，打开 OA 系统，进入人力资源管理模块，将公司财务部相关职员信息导出到公司职员信息 Excel 表，最后使用【关闭应用】关闭 OA 系统。

3.8 网络预制件

在 UiBot 中，网络预制件包括 FTP、SMTP/POP、IMAP、HTTP，主要是使用网络协议进行文件传输下载操作，发送接收邮件，获取邮件标题、正文、地址、时间等信息，其组成如表 3-8 所示。

表 3-8 网络预制件的组成

命令类型	主要活动			
FTP	连接 FTP 服务器	列举远程目录下的内容	下载文件夹	删除文件
	创建远程文件夹	判断远程文件是否存在	上传文件	关闭连接
	下载文件	判断远程文件夹是否存在	上传文件夹	
SMTP/POP	发送邮件	获取邮件标题	获取邮件发送人	获取邮件时间
	连接邮箱	获取邮件正文	获取邮件地址	保存附件
IMAP	获取邮件列表	连接邮箱	查找邮件	删除邮件
	移动邮件	获取邮箱文件夹列表	下载附件	断开邮箱链接
HTTP	Get 获取数据	Get 下载文件	设置 Cookies	设置 Headers
	Post 提交表单	Post 提交 JOSN 表单	——	——

网络组件可以用于邮件自动化，如自动收取邮件，将邮箱中的邮件按照标题、正文、地址、时间等信息统计后写入 Excel 表格中，同时将附件保存在指定的位置。

在初步业务活动审计机器人开发过程中，机器人远程连接客户内网，使用【判断远程文件是否存在】来判断初步业务活动分析阶段所需要的文件是否存在，结合【下载文件】远程下载那些需要的文件；在与前任注册会计师沟通的过程中，使用【获取邮件正文】【获取邮件标题】结合条件判断语句筛选关于客户更换事务所的相互沟通函邮件；而在初步业务活动结束后，使用【上传文件】【上传文件夹】传输工作底稿及对机器人工作日志定期存档。

3.9 Mage AI 预制件

2020 年 5 月 7 日，来也科技举行 RPA+AI 平台产品发布会"Laiye Lead 2020"，推出了全新的 RPA+AI 平台产品——UiBot Mage。这是全球首个专为 RPA 机器人打造的 AI 能力平台，通过与来也科技 RPA 平台的 UiBot 无缝衔接，将 AI 能力快速应用到自动化流程中。

UiBot Mage 的诞生，使 RPA 通过与文字识别、文本理解、人机对话等技术相结合，迅速实现了 AI 应用场景落地。例如，某大型零售企业，由于各地商场打折力度不同，导致销售小票与实际价格不符，人工核对繁杂且容易出错。在使用 RPA+AI 技术后，RPA 能直接读取 POS 系统的销售记录，AI 能识别、分析差别原因，并记录到系统，大幅度减少了人的工作量。

在 UiBot 中，Mage AI 预制件包括通用文字识别、通用表格识别、通用多票据识别、通用卡证识别、验证码识别等，其组成如表 3-9 所示。

表 3-9 Mage AI 预制件的组成

命令类型	主要活动			
通用文字识别	屏幕文字识别	PDF 文字识别	获取段落文本	获取所有文本元素
	图像文字识别	获取全部文本	获取每行文本	——
通用表格识别	屏幕表格识别	获取表格区域	获取非表格文字	获取表格行
	图像表格识别	获取表格行数	获取所有表格	获取表格列
	PDF 表格识别	获取表格列数	获取表格数	获取表格单元格
	获取指定表格	提取表格结果至 Excel	——	——

续表

命令类型	主要活动			
通用多票据识别	屏幕多票据识别	图像多票据识别	查找邮件	删除邮件
	获取票据内容	——	——	——
通用卡证识别	屏幕卡证识别	图像卡证识别	PDF 卡证识别	获取卡证类型
	获取卡证内容	——	——	——
验证码识别	屏幕验证码识别	图像验证码识别	——	——
标准地址	地址标准化	提取地址信息	——	——
文本分类	文本分类	获取排名结果	——	——
配额信息	获取剩余配额	——	——	——

Mage AI 预制件可以用于各种智能识别，如员工发票报销，通过 OCR 识别发票上的姓名、金额、购买的商品名称等信息，并将识别结果写入 Excel 文件中，比对员工报销标准生成员工报销明细表。

在销售与管理费用审计机器人开发过程中，机器人根据事先设定的被审计单位重要性水平，选择财务报表日前后 10 天的 10 张记账凭证数据，使用【获取表格区域】将选择的 10 张记账凭证的相关数据保存至 Excel 文件中。然后利用【PDF 文字识别】读取合同文件中的商品金额、数量等信息，利用【图像文字识别】将发票中的纳税识别号、金额、发票代码、发票号码等信息写入 Excel 文件中，进行账证核对，以便验证被审计单位是否存在跨期或提前入账的情况。

第 4 章 审计机器人研发策略

审计机器人是基于 RPA 软件平台，面向审计业务场景的流程自动化技术融合应用，其高需求分析与低代码开发的研发理念与传统的信息系统开发有着显著区别。本章在介绍审计机器人的框架模型与研发流程的基础上，详细介绍了审计机器人的分析、设计、开发和运用。

4.1 审计机器人框架模型与研发流程

4.1.1 框架模型

面向注册会计师审计的财务报表审计应用，结合机器人流程自动化功能，考虑审计工作的过程本质上是数据采集、数据处理、数据分析与数据输出的过程，融合 RPA 机器人开发、部署与管理的要求，构建了审计机器人框架模型，如图 4-1 所示。

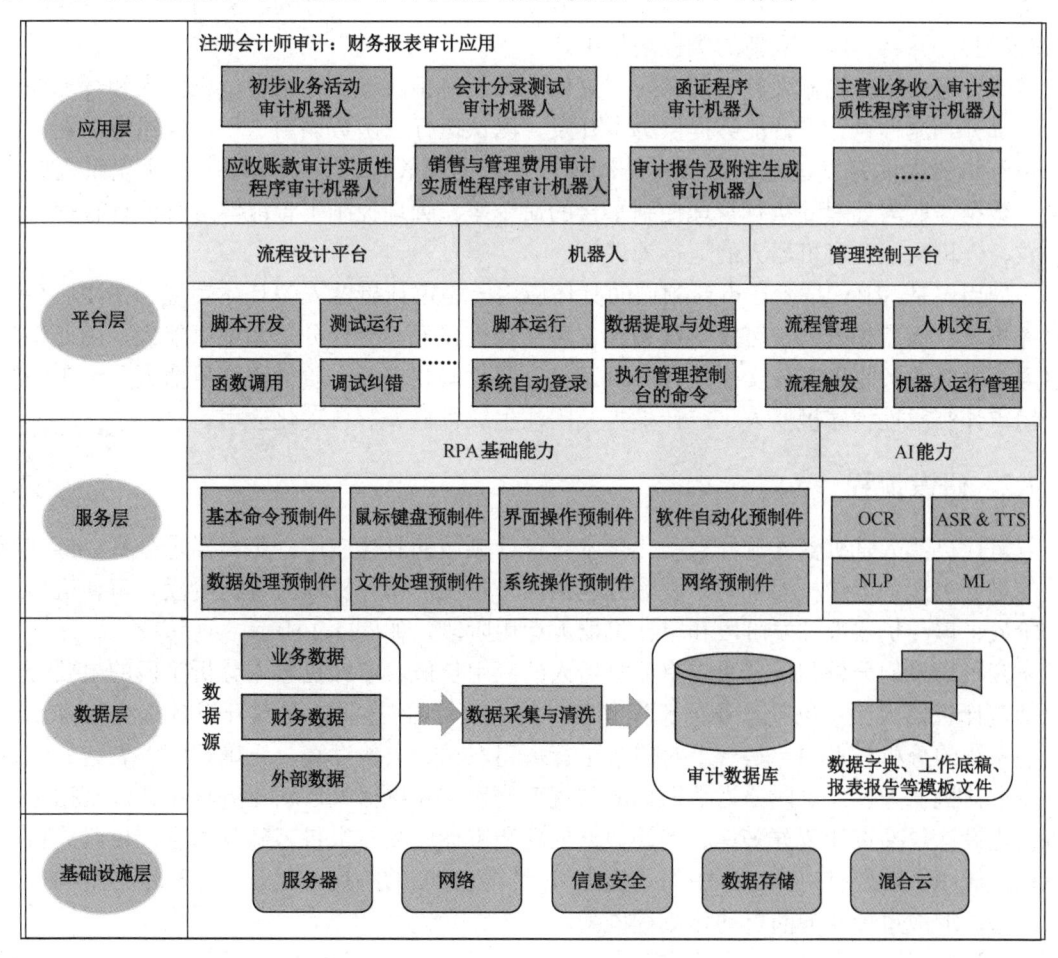

图 4-1 审计机器人框架模型

如图 4-1 所示，审计机器人框架模型分为五层：基础设施层、数据层、服务层、平台层和应用层，形成了审计机器人完整的应用体系架构。

基础设施层是审计机器人的运行环境，包括服务器、网络、信息安全、数据存储和混合云，它保障机器人能够安全、可靠地实现 7×24 小时全天候工作。

数据层为审计机器人的工作提供数据保障。该层实现从被审计单位的信息系统和相关文件中采集业务数据和财务数据，以及从互联网上采集审计业务相关的外部数据，这些数据包括结构化数据、半结构化数据和非结构化数据三种类型，通过数据预处理过程后形成结构化的数据存储，保存在数据库或者形成数据字典、工作底稿和报表报告等模板文件。

服务层为审计机器人开发提供所见即所得、即插即用的功能组件。审计机器人的开发涉及 RPA 基础能力和 AI 能力，其面向应用场景进行开发的过程是对基本命令预制件、鼠标键盘预制件、界面操作预制件、软件自动化预制件、数据处理预制件、文件处理预制件、系统操作预制件和网络预制件进行组装使用的过程。在开发审计机器人的过程中，AI 能力的 OCR 光学字符识别技术能够将图像识别成文本；NLP 技术能够进行文本处理，包括自然语言理解和自然语言生成；ASR 语音识别技术可以将声音转化为文字，而 TTS 技术能将文字转化为声音；ML 机器学习主要是决策树、随机森林、人工神经网络、贝叶斯学习等算法的应用，其关注的核心问题是如何用计算的方法模拟人类的学习行为，从历史经验中获取规律（或模型），并将其应用到新的类似场景中。

平台层为审计机器人的开发和应用提供支撑，包括流程设计平台、机器人和管理控制平台三部分。流程设计平台能够提供脚本开发、测试运行、函数调用、调试纠错等功能，服务于审计机器人的开发过程。机器人是流程开发后的部署，通过脚本运行，实现系统自动登录、数据提取与处理并执行管理控制平台的命令等。管理控制平台能够进行流程管理、流程触发、人机交互及对机器人的运行管理等。

应用层是 RPA 技术在审计领域的具体应用，是审计机器人的具体实现。在注册会计师财务报表审计工作方面，可以实现初步业务活动机器人、会计分录测试机器人、函证程序机器人、主营业务收入审计实质性程序机器人、应收账款审计实质性程序机器人、销售与管理费用审计实质性程序机器人、审计报告及附注生成机器人等自动化应用。

4.1.2 研发流程

审计机器人是机器人流程自动化技术在审计领域的具体应用，是高需求分析、低代码开发的融合实现。审计机器人的研发流程包括四个阶段：审计机器人分析阶段、审计机器人设计阶段、审计机器人开发阶段和审计机器人运用阶段，如图 4-2 所示。

应用场景的分析和选择决定审计机器人的应用价值。审计机器人分析阶段的主要分析点包括审计机器人应用场景、业务流程和存在的"痛点"，该阶段是对开发什么样的审计机器人的系统的分析与设想，是一个对需求进行去粗取精、去伪存真、正确理解并表达的过程。

审计机器人设计阶段分为数据标准与规范化设计和机器人自动化流程设计。数据标准与规范化设计包括审计数据采集、审计数据处理和审计底稿与报告三部分内容。机器人自动化流程设计是针对现有审计工作中的"痛点"，结合 RPA 的特点，对业务流程进行重构、优化或改进，形成审计业务的自动化流程框架。

审计机器人开发阶段是在确定开发规范的基础上，采用 RPA 开发软件进行低代码开发实现，验证和修正测试中发现的问题。

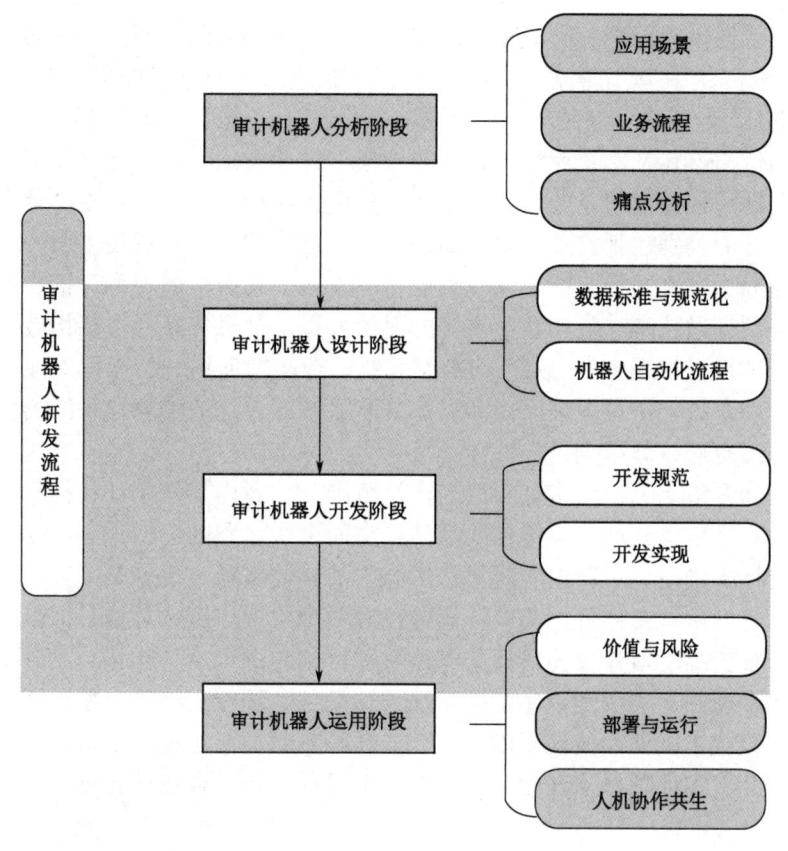

图 4-2　审计机器人研发流程

审计机器人运用阶段分为价值与风险、部署与运行、人机协作共生三个部分。价值与风险分析审计机器人在效率、效益、质量方面的提升和 ROI 投资回报情况，以及针对审计机器人在运用过程中的风险如何进行识别、分析和应对。部署与运行分析机器人在客户端或控制端的部署形式，以及集中式、分散式或联合式运行模式的选择。人机协作共生是该机器人运用后，重新定义岗位及职责，与其他审计机器人和审计人员开展协作。

4.2　审计机器人分析

审计机器人分析包括三个方面：应用场景、业务流程和痛点分析。通过应用场景分析、业务流程梳理和详细的"痛点"分析，为审计机器人设计做准备。

4.2.1　应用场景

应用场景指审计机器人被会计师事务所使用的时候"最可能的"所处场景，包括会计师事务所情况、被审计单位情况和项目情况等方面。为了真正了解会计师事务所在注册会计师审计中的"痛点"及 RPA 的应用需求，我们需要对应用场景进行详细的分析或预期。

会计师事务所情况包括对组织形式、业务服务类型、人员规模及结构、审计信息化等方面进行重点分析。组织形式包括有限责任公司制、有限责任合伙制、普通合伙制和个人独资等类别。业务服务类型涉及财务报表审计、税务审计、IPO 审计和尽职调查等类别。人员规模及结构涉及普通审计助理、高级审计助理、项目经理、部门经理、合伙人和注册会计师等方面的人数和占比。审计信息化涉及会计师事务所目前使用的信息系统情况，包括 Microsoft Office、鼎信诺、新纪元、E 审通、中普、Ecpa、天易和用友等方面的软件。

被审计单位情况包括对企业性质、企业规模、行业类别、经营情况和信息化条件进行重点分析。企业性质包括国有企业、民营企业、外资企业等类别。企业规模分为大型企业和中小企业两类。行业类别包括农业、互联网和相关服务、软件和信息技术服务业等，可以借鉴证监会的行业分类标准。经营情况涉及企业营业收入、总资产周转率、销售毛利率、成本费用利润率、净利润增长率、资产负债率等方面的分析。信息化条件主要指被审计单位目前的信息系统应用情况，涉及 OA 系统、ERP 系统、合同管理系统、工程管理系统、资金管理系统、预算管理系统、资产管理系统和财务共享系统等，这些信息化系统的使用对审计机器人的开发和应用有着显著影响。

项目情况需要重点分析该审计项目的审计范围、审计内容、审计目标、审计程序等。审计范围是对被审计单位开展的审计实践活动在空间上所达到的广度，它需要依据不同的审计对象和审计目标来确定。审计内容是审计实施中的具体事项，也就是审计机构提供的服务类别。审计目标包括审计总体目标和审计具体目标两个层次。审计总体目标就是被评价的受托经济责任的履行情况。审计具体目标是审计总体目标的进一步具体化。财务报表的一般审计目标包括总体合理性、真实性、完整性、权利和义务、计价正确性、截止期正确性、过账和汇总正确性、分类正确性、披露正确性、合法性等方面。审计程序是指审计人员实施审计工作的步骤，贯穿于审计项目从开始到结束的整个过程，还包含审计人员在实施审计具体工作中所采取的审计方法。

本书后面的审计机器人开发案例是以"重庆数字链审会计师事务所"（以下简称数链会计所）作为审计单位，以"重庆蛮先进智能制造股份有限公司"（以下简称"蛮先进公司"）作为被审计单位，主要进行财务报表审计服务。

数链会计所拥有注册会计师 25 名、项目经理 42 名、高级审计助理 15 名、中级审计助理 20 名，普通审计助理 50 名，主要提供财务报表审计和专项审计两类服务。目前，会计所信息化条件程度较低，主要还依赖于 Microsoft Office 和鼎信诺辅助审计软件开展审计工作。蛮先进公司是一家大型国有企业，委托了数字链审会计所进行 2020 年度财务报表审计服务。

4.2.2 业务流程

1. 业务流程概述

业务流程是为实现特定的价值目标而由不同的人分工协同完成的，能够被重复执行、逻辑上相互关联的一组业务活动序列。它将明确的输入转换为明确的输出，从而实现为客户创造和向客户交付价值（产品和服务）的业务目的。这些活动之间不仅有严格的先后顺序限定，而且活动的内容、方式、责任等也都有明确的安排和界定，以使不同活动在不同岗位角色之间进行转手交接成为可能。活动与活动之间在时间和空间上的转移可以有较大的跨度。

业务流程是有层次性的，这种层次性体现在由上至下、由整体到部分、由宏观到微观、由抽象到具体的逻辑关系。人是业务流程的驱动者，组织中的每个人都会在业务流程中充当一个角色。通常良好的业务流程里每个人会有自己清晰的职责，要求具有良好的沟通协作意识和团队意识，明确自己在一个个业务流程中所担当的角色。业务流程不只是对关键业务的一种描述，更在于对运营管理工作有着指导意义，这种意义体现在对资源的优化、对组织机构的优化及对管理制度的一系列改变。

业务流程图是业务流程的可视化呈现，是一种描述人员之间的业务关系、作业顺序和管理信息流向的图。它通常用一些规定的符号及连线表示某个具体业务的处理过程，帮助分析人员找出业务流程中的不合理流向。业务流程图基本上按业务的实际处理步骤和过程绘制，是一种用图形方式反映实际业务处理过程的"流水账"。绘制这本"流水账"对于理顺和优化业务过程是非常有帮助的。

2. 审计业务流程步骤

审计业务流程是指审计人员在具体的审计过程中采取的行动和步骤。注册会计师财务报表审计业务流程包括接受业务委托、计划审计工作、识别和评估重大错报风险、应对重大错报风险、编制审计报告五个步骤，具体如下：

（1）接受业务委托

审计机构一旦决定接受业务委托，注册会计师就应当与被审计单位就审计约定条款达成一致意见。对于连续审计，注册会计师应当根据具体情况确定是否需要修改业务约定条款，以及是否需要提醒被审计单位注意现有的业务约定书。

（2）计划审计工作

审计人员在执行具体审计程序之前，必须根据具体情况制订科学、合理的计划，使审计业务以有效的方式执行。

（3）识别和评估重大错报风险

审计人员必须实施风险评估程序，以此作为评估财务报表层次和认定层次重大错报风险的基础。所谓风险评估程序，是指注册会计师实施的了解被审计单位及其环境并识别和评估财务报表重大错报风险的程序。

（4）应对重大错报风险

审计人员实施风险评估程序本身并不足以为发表审计意见提供充分、适当的审计证据，还应当实施进一步审计程序，包括实施控制测试和实质性程序，以将审计风险降至可接受的低水平。

（5）编制审计报告

审计人员在完成进一步审计程序后，还应当按照有关审计准则的规定做好审计完成阶段的工作，并根据所获取的审计证据，合理运用职业判断，形成适当的审计意见并出具相关的审计报告。

以上流程步骤是财务报表审计在总体上的要求，而会计师事务所会因为在组织结构、管理模式和质量控制方面的差异而有所不同，基本流程如图4-3所示。在进行审计机器人开发时，需要在每个具体步骤上结合实际内容进行具体的业务流程分析。

3. 审计业务流程分析与梳理

在审计项目开展过程中，需要对审计业务需求进行全面分析，识别出最完整的业务流，目的是确保业务需求定义完整、清晰，且能够平衡和调和不同业务的需求差异，并可以将所有业务活动及场景覆盖，为机器人自动化流程设计奠定基础。审计业务流程梳理分为四个步骤——定边界、识活动、识场景、理规格，具体内容如下。

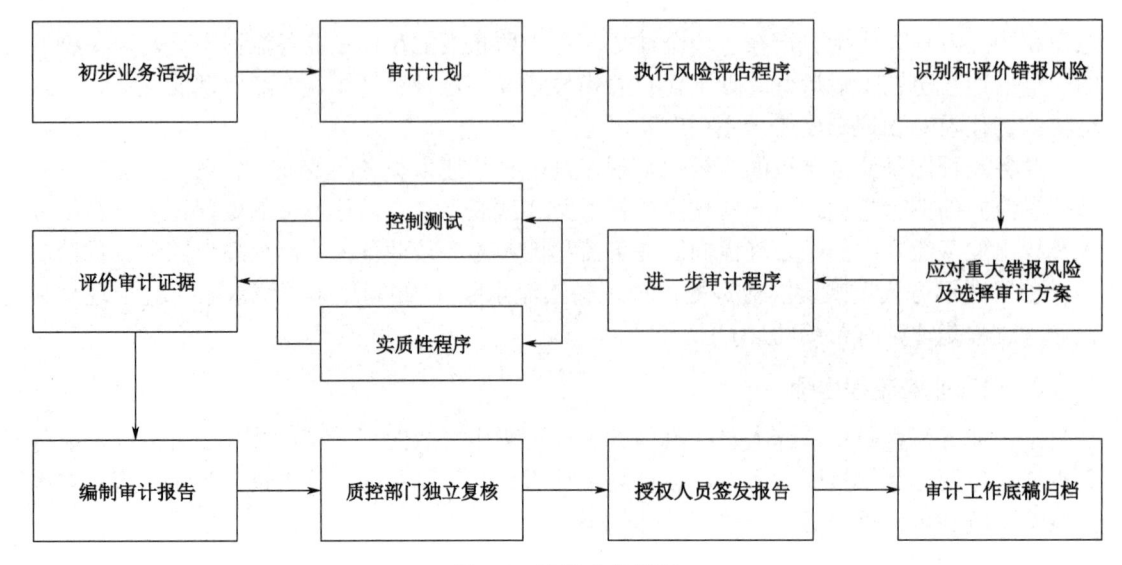

图 4-3 审计业务流程

（1）定边界

在对审计业务流程进行分析时要考虑业务目的，并结合流程架构说明识别业务的上下游关系、输入输出和业务环境依赖。在进行需求分析时，要考虑已有的流程架构，明确流程设计的边界，原则上不能出现流程断点、流程重复等情况，保证流程之间接口清晰。

（2）识活动

在边界确定清楚后，就要在边界范围内识别具体的活动。在进行活动识别时，要遵循以下原则：各业务活动内部无分支，分支条件要在流程上体现出来；各业务活动仅由单一角色持续完成；作为业务活动输入输出的数据细节（如表单的关键字段）要清晰；业务规则清晰，易被理解和可执行等。

（3）识场景

识场景的主要目的是要根据审计范围和内容，梳理出所有财务报表审计的典型业务场景，确保未来流程能够覆盖它们，这是使流程具有灵活性的关键。场景识别包括识别业务场景要素和识别业务场景清单。识别业务场景要素是通过分析业务流和活动图识别的。识别业务场景清单是通过场景要素组合与业务专家判断形成的。

（4）理规格

流程一方面固化一些优秀实践，提升集成效果；另一方面作为一个管控载体，管控的诉求是可以通过流程去实现的，那如何实现？就要通过识别风险，建立审计业务活动的业务规则。所以说，在进行审计业务流程分析与梳理时就要把这些因素考虑进来。在对审计业务流程进行全面分析和梳理后，可以将结果通过业务流程图和表单的形式记录下来。

识别风险可以从正向和逆向两个方面进行。正向梳理包括业务问题、痛点、用户期望和内审、客户重大投诉等内容。逆向梳理包括识别内控相关风险，如 KCP 风险（关键控制点）、SOD（职责分离）、质量风险分析、数据风险分析、信息安全风险分析等内容。

业务规则包括每个活动的处理逻辑，以及执行活动时应遵循的政策；对于一些关键活动，要明确活动处理步骤及运算规则，并在流程说明文件中加以说明；数据管理人员要对每个活动输出的业务对象（数据）进行整体分析和管控，规范关键属性生成规则，统一数据源。此外，业务规则还包括分支判断规则、审批规则、标准/规范及评审与批准标准等。

4.2.3 痛点分析

现行的审计工作模式给审计人员和会计师事务所都带来了严峻的挑战。在审计工作中，大多数审计人员往往从事的是"简单"工作，其内容比较重复，工作时间较长。而会计师事务所受制于人力成本的增加、市场竞争的加剧及监管的加强等方面的影响，面临着成本控制、效率提高和质量控制等方面的挑战。在进行审计机器人分析时，需要根据会计师事务所的情况、被审计单位情况和审计项目情况，基于审计业务流程，针对性地分析业务活动存在的"痛点"并进行详细描述，以方便基于 RPA 技术进行审计业务流程的优化和改进，为审计机器人流程自动化设计提供思路。

在现行的审计工作模式下，审计工作面临的"痛点"涉及数据量大、操作烦琐、耗时较长、人工阅读、重复性强、错误率高、效率较低和成本较高等方面，如图 4-4 所示。

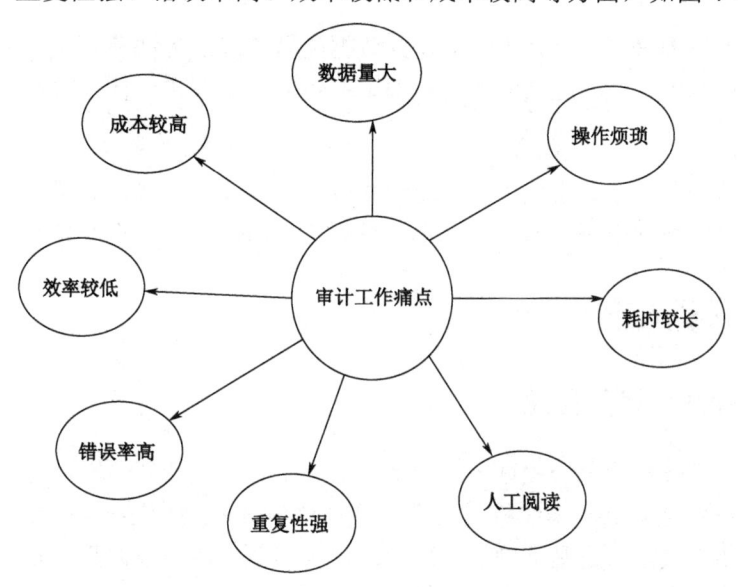

图 4-4 审计工作的"痛点"

1. 数据量大

审计人员经常需要从众多数据中筛选出需要的数据进行计算和分析。因为数据量大，并且主要依赖 Microsoft Excel 软件进行数据处理，使得审计人员数据处理速度较慢，效率较低，且容易出错。

2. 操作烦琐

审计人员一般借助 Microsoft Office 和辅助审计软件开展工作。由于审计内容较多，任何一项审计任务的完成往往都需要审计人员频繁地在多个软件间切换，频繁进行数据处理工作，尽管经常只是复制、粘贴、输入公式、计算等简单操作。

3. 耗时较长

目前很多审计工作主要依靠审计人员以手工方式进行，并且由于监管加强，涉及的工作内容较多，因此耗时往往较长。

4. 人工阅读

当前在审计过程中，对合同、发票、文件等纸质资料的审阅，往往以人工方式进行，工作效率较低，准确性较差。

5. 重复性强

就本质而言，从技术的视角看，审计人员从事的工作大多数是数据的采集、处理、分析和呈现，重复性强。

6. 错误率高

当前的审计工作主要依赖审计人员去进行数据采集、数据核对、数据录入，在工作量大、时间紧迫的情况下，出错在所难免。

7. 效率较低

从整个审计过程来看，审计工作涉及的数据类型较多，数据量较大，而数据处理、数据计算、数据分析及审计工作底稿的编写等都主要依靠人工方式进行，因此往往效率较低。

8. 成本较高

当前开展审计工作往往是以项目组的形式进行的，项目越多，需要的审计人员就越多。在当前审计项目收费并未增长而人力成本居高不下的情况下，面临着成本控制的挑战。

4.3 审计机器人设计

4.3.1 数据标准与规范化设计

在审计机器人分析阶段，梳理形成的业务流程中各作业活动的输出是数据，数据包括结构化数据、半结构化数据和非结构化数据（文档资料等）。数据是信息的载体，要想获取准确的信息，就要求数据一定是准确的，理想的情况是每个活动根据其功能定位刚好输出下游需要的信息，不冗余、不缺失，满足下游业务环节的质量要求。如果数据缺乏规范，造成数据对象多份存储，存储结构各异，会影响数据共享；如果数据标准依据各异，会造成统计口径无法匹配。如果业务口径不统一，就会造成沟通困难，发生歧义。因此，审计机器人的开发需要从数据的对象、代码、指标等多方面进行标准与规范化处理。

1. 建立数据标准与规范化的作用和价值

数据标准是为了使企业内外部使用和交换的数据是一致和准确的，经协商一致制定并由相关主管机构批准，共同使用和重复使用的一种规范性文件。数据标准不仅仅是一套规范，而是一套由管理规范、管控流程、技术工具共同组成的体系，是通过这套体系逐步实现信息标准化的过程。数据标准与规范化通过一整套的数据规范、管控流程和技术工具来确保各种重要信息。RPA 技术在审计领域的应用对数据标准与规范化有着较高的要求，这是审计机器人开发的前提条件。

数据标准可以为审计的业务、技术和管理提供支持。在业务方面，通过标准可以提升审计业务的规范性，提升数据对业务分析的支持度，提升信息共享度。在技术方面，通过标准可以促进数据在项目层面和会计师事务所层面上的共享，提升项目实施效率，提升数据质量。在管理方面，数据标准更多的是能提供完整、及时、准确、高质量的数据，为审计项目管理和风险管理提供支撑。

数据标准中有了技术和业务信息，还需要有效的关联才能发挥效用。审计机器人的开发和运用，需要进行科学、有效的数据标准化及其持续的数据管理。技术能弄懂业务的前提是技术与业务之间要对应，这种对应不能靠大量的审计人员梳理完成，否则工作量太大。需要通过技术手段，利用数据治理工具，形成审计业务与 RPA 技术的自动关联库，自动完成业务与技术对应，这将大大减少审计人员的工作量，同时提升 RPA 技术与审计业务关联的准确度。

2. 审计数据标准与规范化策略

根据 RPA 审计机器人开发的要求，结合数据标准的内涵与财务报表审计项目的工作内容，审计数据标准与规范化过程可以分为三个阶段：审计数据采集、审计数据处理、审计底稿与报告。

审计数据采集需要关注数据来源、数据内容、文件类型三部分内容。审计数据来源可谓是多种多样，既有从被审计单位获得的，也有从审计单位或者同行业获得的，审计科目不同，获取的相关数据也不同。例如，会计分录测试需要获取会计人员信息表、序时账等文件，应收账款审计要获取被审计单位利润及分配表，函证要获取发函清单、被审计单位提供的询证者信息等。需要从这些文件中提取需要的数据内容，如序时账中的主营业务收入、成本数据，会计人员信息表中的学历、职称、岗位等数据。审计机器人基于固定规则实现自动化操作，其针对 Excel、Word、PDF、图像等文件的数据处理方法不一样，所以在进行数据处理前，还需要对文件按照类型进行分类。

审计数据处理是对数据采集之后到编制工作底稿前的一系列工作，包括数据清洗、数据计算、数据分析。数据清洗是对数据进行重新审查和校验的过程，目的在于删除重复信息、纠正存在的错误，并保证数据的一致性。通常来说，数据清洗可以采用拆分、抽取、合并、转换、筛选等方法。另外，数据清洗完毕，对审计人员来说，重新计算、重新执行是必要的审计程序之一，审计人员需要通过数据来判断此处是否存在重大错报，数据计算的准确性是否影响了审计工作质量，所以机器人的数据输出一致性很好地解决了这个问题。简单的数据计算一般分为求和、求差值、求比值三类。计算完比值后，需要利用对比分析、判断分析、结构分析等方法来判断该数值或者该指标是否异常，若异常则重点关注该数据。

审计工作的最后输出是审计底稿与报告。审计底稿是审计人员对其执行的审计工作所做的完整记录，是出具审计报告的基础。审计机器人的最后输出也是审计底稿的编制，只不过是初步编制，将相关数据填入底稿，并做重点标注，然后交给审计人员进行复核及查找审计证据。此外，还会生成机器人工作日志，记录每个工作节点的运行时间和完成状态，跟踪和记录机器人和用户在自动化中执行的每个操作，用于监督审计机器人是否进行正常工作，确保可以追溯导致特定问题的步骤。

4.3.2 机器人自动化流程设计

流程设计的核心是追求最有效率和效果的流程，以实现流程目标。每个业务流程都可以视作一条价值链，流程中的每一步都会增加价值。流程同时也是资源的消耗者，因此既要关注价值增加，也要关注资源的消耗。良好的自动化流程设计是保证审计机器人灵活运行的关键。清晰地定义流程之间的数据接口，可以降低审计项目各业务之间的耦合度，使得局部业务流程的改变不会对全局的流程产生灾难性后果。

审计自动化流程设计的过程，本质上是基于 RPA 技术驱动的业务再造或优化的实施过程，也是实现降低成本、提高效率、加强质量控制的过程。组织结构和业务模式的变化，最终都会在流程中体现，反过来说，可以利用流程优化的手段来规范和提升管理体系。自动化流程需要根据在机器人分析中梳理出的业务流程设计，从痛点入手，解决审计人员根本上的业务难点。自动化流程设计不是完全按照业务流程的顺序进行开发的，需要从整体上进行思考，考虑审计人员在其中扮演的角色，判断现有业务流程中是否存在不合理的规划，该业务流程是否完整、全面等，接着重构业务流程，形成自动化流程。

在进行自动化流程设计时，需要首先确定流程细节逻辑，然后再确定基于 RPA 模式的新业务流程。在确定了审计业务流程每个环节的 RPA 替换逻辑后，需对业务环节连点成线，确定新的基于 RPA 模式的业务流程。特别要注意的是，RPA 业务流程无须与人工业务流程环节完全一致，在保证流程完整的基础上，可考虑 RPA 自身优势，进行一些环节的合并或拆分。

4.4 审计机器人开发

审计机器人开发是指利用 RPA 软件的各种组件实现审计业务流程的自动化。RPA 软件一般都会确定某种开发语言，所以首先要熟悉这类语言相关的语法和类库，其次是要对 RPA 工具本身的功能做到熟练掌握，包括开发组件和管理功能。本书使用的 RPA 开发软件是 UiBot Creator，下面从开发规范和开发实现来具体讲解审计机器人的开发过程。

4.4.1 开发规范

开发规范对审计机器人的开发和运维都有着显著影响。构建一套审计机器人开发规范，需要从整个项目考虑命名规范、排版规范、代码注释规范、日志记录规范、配置信息规范和目录结构规范等多个方面的内容，从而提高工作效率和工作质量。

1. 命名规范

命名规范有助于高效开发。变量、参数、流程名、文件名等要严格遵循命名规范。所有命名均只包含字母、数字和下画线，并且不能以数字开头。项目名建议采用大驼峰式命名（由一个或多个单词连接在一起，每一个单词的首字母都采用大写字母）。子流程命名建议全部小写，如有多个单词，使用下画线隔开。

2. 排版规范

排版规范用以实现代码易读。在本书中，为了方便阅读和查看，将审计机器人开发流程编排为四部分：审计数据采集与清洗、生成过程底稿、编制工作底稿、生成机器人运行日志。

3. 代码注释规范

代码注释规范的目的是提升质量。例如，UiBot Creator 包含可视化开发和编码开发，所以在开发的时候要注意流程的注释、每个活动的注释及业务逻辑的注释。

4. 日志记录规范

日志记录规范则有助于快速进行异常处理。日志记录包含两种：系统日志和业务日志。完善的框架中的系统日志功能一般比较齐全，一般情况下不需要再次记录，但是业务日志需要根据项目记录关键性的操作。在本书中，主要是通过机器人运行日志来记录机器人每个节点的运行时间及运行状态的。

5. 配置信息规范

对于项目需要的配置信息，需要存储到配置文件中，但是需要分清楚哪些是可以存储到本地文件的，哪些是需要存储到服务器的。例如，用户账号和密码是需要存储到服务器的，对于经常修改的信息也可以存储到服务器。

6. 目录结构规范

目录结构规范方便交接运维。创建流程之后，软件会自动生成几个文件夹，一般包括存储配置文件、存储相关文档、存储框架文件、存储操作系统的文件、存储工具集、存储业务日志及存储异常信息和异常截屏的文件夹。例如，在 UiBot Creator 中，一般会用根目录下的 res 文件夹来存储准备文件。

4.4.2 开发实现

审计机器人的开发实现需要注意软件配置、人员配置和开发配置三个方面。

1. 软件配置

确定了审计机器人自动化流程之后，需要对新流程各环节中的 IT 系统或应用程序进行相应的软件配置，并确定审计机器人开发的工作量。

新流程中并非每个环节都需要配置相应的软件系统。通常情况下，多个环节可在同一个 IT 系统或互联网平台上完成，需确定自动化流程所需的软件配置及各软件的开发工作量。此项工作一般需参考 IT 专家的意见，以此为基础来确定是由 IT 部门配合业务部门完成新流程开发工作，还是寻求第三方供应商支持。

2. 人员配置

审计机器人的实施上线需要审计人员、IT 部门及供应商协调完成。通常需要的人员包括基础架构团队、RPA 开发人员、业务分析师、IT 自动化经理、应用合规专家、项目经理等。其中，RPA 开发人员负责设计、开发、测试自动化工作流，支持 RPA 方案的实施；与业务分析师并肩工作，记录流程细节，在实施测试及维护期间协助项目团队。RPA 实施过程中的关键人员优化配置，有利于 RPA 部署的顺利实现。

3. 开发配置

从启动开发流程，就需要建立统一的工作目录及配置管理，构建出清晰的工作目录结构，并且按照配置管理的要求对关键文件进行版本控制，在更新后对关键信息进行标注。当整个项目的进行都处在一个标准化的要求下，整个开发项目实施周期的各个阶段都可从中受益，包括开发阶段的效率提升，到测试阶段的迅速解决异常情况，再到运维阶段的代码易读等。

4.5 审计机器人运用

4.5.1 机器人的部署与运行

1. 部署形式

审计机器人的产品包括客户端、管理控制台和设计器。客户端部署形式包括无人值守型机器人和有人值守型机器人两种类型。"无人值守",即无须人为干预,或者至少在给定场景或背景的情况下尽可能少的人为干预。无人值守型机器人,由机器人自行触发,并且以批处理模式连续完成相关工作,机器人可以全天候地执行操作。"有人值守",即需要人工干预。有人值守型机器人通常需要员工或管理员的命令或输入才能执行任务,这类软件机器人通常会在员工的工作站上工作,访问权限仅限于特定部门或工作站的员工。管理控制台则是对客户端和设计器进行监控、调度、警告和安全等方面的管理。管理控制台的部署形式分为三种:公有云部署、私有云部署、混合云部署。

在部署审计机器人时,需要根据具体应用场景分配实现机器人资源的共享,不在同一个时间段的执行场景,尽可能共用一个机器人,场景部署尽可能集中化部署,尽可能实现机器人的满负载运行。

2. 运行模式

审计机器人的运行模式是建立治理规范的关键所在。审计机器人的运行有三种基本运行模式:集中式、分散式和联合式。

集中式是指由审计机器人管理中心集中调度机器人。分散式是指各个部门分别建立管理中心,自行维护各自领域的机器人。联合式是指以中央管理为中心,各个部门协同管理。三个模式之间的根本区别在于,是否由一个核心团队负责机器人的管理和实施,或由一个核心枢纽专注于管理组织内不同团队,让它们领导各自业务领域的机器实施,或是由各业务部门或团队内部自行管理和实施机器人。

通过审计机器人管理控制平台,可实现用资源池方式管理运行中的机器人。对于集中化部署的机器人,建立资源池模式和任务队列模式,平台会先查询空闲的机器人,查询到有空闲的机器人就直接执行,若没有空闲的则排队等待空闲,最大化地实现了机器人的重复使用。

4.5.2 机器人的价值与风险

1. 价值分析

审计机器人的价值可以从效率、效益、质量和投资回报率(Return on Inverstement, ROI)分析四个方面来衡量。在效率上,主要体现在减少数据录入、数据计算和数据分析的时间和加快数据处理速度等方面。在效益上,主要体现为能够节约人工成本,减少不必要的损失,释放更多的人力。在质量上,主要体现为能够降低审计工作的错误率、提高审计工作的准确度、提高审计工作的满意度。

审计机器人能为会计师事务所节约更多的时间成本和人力成本。通常来说,会计师事务所"加班是常态"的刻板印象已经深入人心,使机器人能够更好地去辅助审计人员工作,融入审计人的工作生活,得益于机器人的低编程性、高扩展性及数据的输出/输入一致性,它能帮审计人员解决审计数据处理中存在的难点,提高工作效率。另外,出具审计报告的速度提高,质量得到保障也会使得客户满意度大幅度提升,并且审计过程中的合规性、安全性和连续性也能够获得客户的信赖。

ROI 分析是企业通过投资审计机器人得到的经济回报,它是评估是否开发与应用审计机器人的财务指标。ROI 的评定目前做得还相对比较简单,主要的统计模式还是通过对业务流程在 RPA 实施的前后数据进行比对评估 ROI,即比对人工执行和机器人执行的数据形成 ROI。评估指标通常包括业务流程的执行时间、业务处理的出错率、业务流程的人员投入等方面。

审计机器人的投入主要包括 RPA 软件授权费、场景开发费用和维护成本。RPA 软件授权费分为按年收取和按项目收取,这部分的成本在整个 ROI 计算中会占很大的比例。场景开发费用是在审计机器人开发前期需要对流程的数量和复杂度进行开发工时的评估,并结合投入人员的类型和数量进行总体的成本评估。开发成本的比重在总成本中的比例也比较大。维护成本包括 RPA 项目日常维护和需求变更、IT 设施的运营等,贯穿在整个使用周期中。审计机器人的收益主要体现在相关岗位减少耗时、成本降低和收入增长等方面。

2. 风险分析

审计机器人在运用过程中要建立系统的风险识别、风险分析和风险应对机制。审计机器人的风险主要体现在流程风险和使用风险两个方面。流程风险存在于审计机器人部署阶段,开发 RPA 的方法是否合适、是否忽略了 IT 系统设施、是否对机器人的投资回报率期望过高等都是开发者在部署阶段需要思考的。而使用风险主要是在机器人使用过程中(不排除部署过程)存在此类风险,主要包括机器人程序资源管理不善、以欺诈方式引导机器人程序提供审计报告、变更业务等风险,这些都需要开发者的重视。

审计机器人的使用风险需要重点关注。当任务流程出现异常的情况,一般在流程设计时会配置好任务异常的处理机制,可以通过短信、邮件、微信或者语音进行通知,只需要设置好通知的路径即可。当任务流程出现异常时会告警,然后任务暂停,或者是记录异常并告警后跳过,开始下一个任务。针对系统或机器出现异常的情况,平台应具备硬件基础指标监控,如机器 CPU 资源占用过高、内存不足、网络异常等情况可通过机器人管理控制平台进行统一展示告警。建议针对机器人的运行硬件环境,提供数据备份、系统容灾切换功能,主机出现故障时,备机无缝接管,任务流程执行不中断,确保流程执行的安全。此外,还应该提供完备的任务流程安全控制机制,包括执行时段、执行次数、执行双人复核、执行权限等。同时,让机器人执行结果全程可视化,支持系统日志、流程执行、流程关键节点和操作截屏、操作全程录像,以供事后查询和审计。

4.5.3 人机协作共生

在审计行业中,自动化技术的应用正在使审计流程变得更快、更智能,并降低出错的风险。普华永道的 Aura 审计系统就是很好的例证。在普华永道全球网络中,每位审计人员都会使用 Aura 抓取及整合审计活动。该系统为每项审计活动提供单一的信息来源,并确保每位审计人员在工作时均采用相同的方法。这有助于实时、集中监控进度和质量,从而提高审计质量。

人机协作共生主要指审计人员与审计机器人的分工协作,共同完成审计工作。既然机器人对大量数据的采集、计算、分析的质量高且速度快，那就利用机器人去开展审计中耗时、所需判断性低且具有重复性的工作及以往花费数周才能完成的财务信息提取和分析工作。然而，当会计师事务所应用了审计机器人之后，审计人员会被取代吗？当然不是。审计人员更多的工作是利用其创造力和经验，解释机器人生成的数据，向企业及其主要利益相关者提供更深刻的见解，同时将新的见解反馈给机器人，使其分析能力越发强大。

当前，人机协作具备这样的特征：审计机器人能快速、准确地完成重复性工作，实时获取数据，解放审计人员的双手；审计人员的判断力、抽象思维和创造力能有效弥补机器人的不足。人机协作、融合共生，审计人员不会被审计机器人所取代，只会因为机器人的辅助而变得更加强大。

人机协作共生主要体现在以下三个方面：

1. 为实现 RPA 流程自动化，审计人员间协作增强

自动化端到端的流程本身的行为将迫使审计人员进行协作，包括彼此从未有过互动的人。为了实现流程自动化，组织必须将不同部门的员工聚集在一起，组成跨职能团队，并仔细考虑整个业务流程的重构与优化。

2. 部署 RPA 实现审计业务与 IT 之间的协作增强

审计机器人的部署往往需要 IT 人员和审计人员合作，以便保障自动化技术的应用能够真正改善审计业务流程。

3. RPA 增强审计人员和机器人之间的协作

RPA 能够解决基于固定流程的业务，更多涉及判断的节点依然需要依靠审计人员。审计机器人执行完任务，将结果传递给审计人员，审计人员仔细评判后再将结果传递回审计机器人以进行另一个行动思考，并做出选择，开始行动。

# 第三部分

审计机器人开发实战

第 5 章 初步业务活动机器人

5.1 场景描述

周一上午九点半，在重庆数字链审会计师事务所（简称"数字链审"）开放办公室里，一群人在紧张忙碌着……

突然一阵有节奏的敲门声传来，"大家都先放一下手头的工作，我们来新同事啦！"行政人事总监胡赛楠笑着走进了办公室，"这是咱们所新来的初级审计助理袁瑞繁，她刚从重庆理工大学会计学院审计学专业毕业，专业知识很扎实，实践经验也很丰富，接下来由郑毅作为师傅带一下新人，让她尽快适应所里的工作。"说完，袁瑞繁和大家依次打了招呼。

中级审计助理郑毅笑着说道："哈哈，欢迎袁瑞繁，我终于不是"酸菜鱼"了，又酸又菜又多余。"

胡赛楠也笑了笑，然后对袁瑞繁说道："郑毅比你早来了一年，他为人阳光大方，沟通能力和业务能力都很出众，在咱们所锻炼这么久也差不多出师了，接下来就由他负责，带你先熟悉下咱们所的业务。"

胡赛楠刚说完，事务所合伙人、副所长姚斌星就抱着一大摞资料走了进来，把资料放在桌上伸了个懒腰说道："今天这么热闹啊，话说最近几个月来找咱们所委托审计的公司也太多了，我忙都忙不过来，又要评估风险水平，又要计算审计费用，还得给新委托咱们的公司打电话沟通，我感觉整个人都要不行了。小胡你赶紧给我安排两个业务助理来帮帮忙！"

胡赛楠说："正好，袁瑞繁你就和郑毅一起去姚所那里给他当业务助理吧，业务承接也是所里非常重要的工作，你们去帮忙长长见识。"

在办公室一阵寒暄后不知不觉就到十点了……

袁瑞繁："姚所，业务承接？是不是类似于销售去揽业务啊？"

副所长姚斌星："是，也不全是，来吧，让我来展示给你看！会计师事务所在接到被审计单位委托审计业务意向后，首先事务所合伙人会咨询被审计单位所属行业、企业规模、审计目标和审计报告的用途等信息，然后根据其所处行业及审计目标等制定基本资料清单，并发送给被审计单位以获取财务报表等基本资料。当然，后续如果确认要承接后，经过深入了解会再补充资料。接下来，业务助理会通过财务报表分析速动比率、流动比率、应收账款周转率等风险水平指标,通过净资产或者净利润指标分析重要性水平,再计算审计费用;之后,合伙人会综合以上指标,并结合他的职业判断进行初步风险评估,决定是否承接该项业务。注意哦,这只是第一轮判断是否承接,因为如果不经过初步筛选就进行后续的初步业务活动,派你们去搜集大量资料的话,审计成本就太高了。在初步确定可以承接审计业务后,才会实施初步业务活动程序,业务助理会与被审计单位的相关负责人及财务人员进行面谈,初步了解和评价客户、就需要达成一致的事项进行细致的沟通。在征得被审计单位同意后,与客户的前任注册会计师进行沟通。然后,开始了解被审计单位及其环境,初步调查的信息有客户的主要股东及实际控制人基本资料,公司或集团组织架构等基本信息,客户公司所处的行业状况、公司的财务风险、经营风险及被审计单位关键管理人员的诚信风险等。最后,以问卷形式对项目小组成员承接该项审计业务的独立性与专业胜任能力进行评价,如果不完全具备承接该项业务的独立性与专业胜任能力,则放弃承接该项业务。"

郑毅:"啥?都是些啥?我脑袋快没了,原来是有两道评估程序啊。那是不是上面说的都没问题就可以承接了呢?还有万一弄错,接了不该接的项目怎么办呢?"

姚斌星:"小朋友你是否有很多问号,当然没那么简单,你们只负责协助资料收集、填写底稿的工作,在这之后是由我,也就是本合伙人来整合以上工作底稿,完成业务承接评价表、业务承接核准单。最后真正的评估承接程序是由注册会计师、合伙人、所长、质控部经理召开小组会议,分析以上得到的信息,并结合本所的人力资源与审计收费等情况进行会议讨论,综合各方面因素来判断最终是否承接该项审计业务,若确定要承接业务,则要在与被审计单位就审计业务约定条款达成一致意见之后签订审计业务约定书,否则放弃承接该项业务。所以说,就算要担责也轮不到你们啦,这点放心就好。"

数字链审的初步业务活动的业务流程如图 5-1 所示。

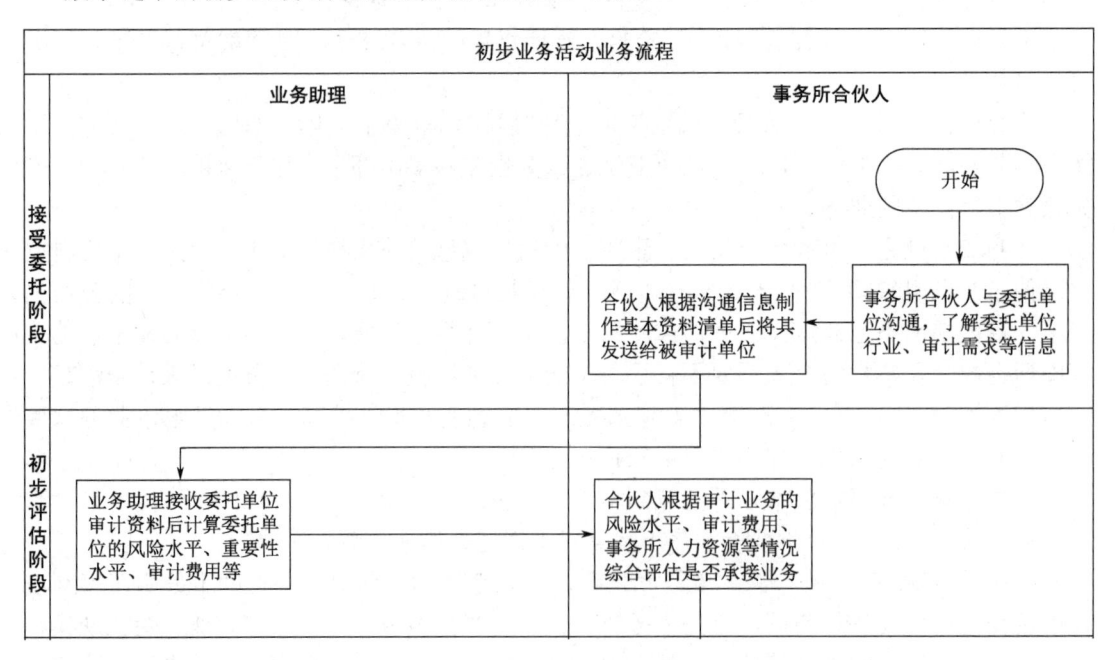

图 5-1 初步业务活动的业务流程

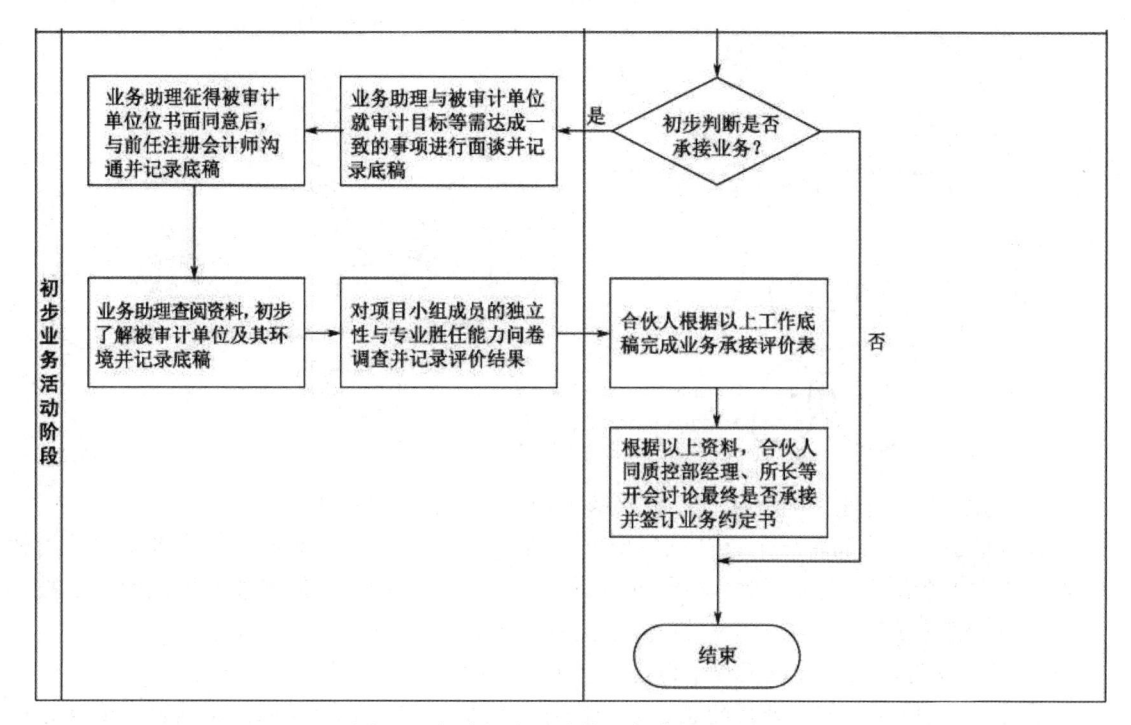

图 5-1 初步业务活动的业务流程（续图）

5.2 机器人分析

③ 人工阅读 效率极低
业务承接？是不是类似于销售，去揽业务啊？
???

④ 操作烦琐 错误率高
万一弄错，接了不该接的单子该怎么办呢？

今天又是个普普通通的星期一，数字链审的合伙人和助理们正在忙碌。

姚斌星皱着眉头翻着一个审计项目资料，摇摇头说道："这次对面又没给齐资料，给他们点儿压力才会配合。"袁瑞繁作为一个刚来没几天的业务助理，似懂非懂地点点头，被委以重任的郑毅更是忙得不可开交，这不，郑毅面前的电话又响了。

郑毅："您好，这边是重庆数字链审会计师事务所。"

卢鹰："我是重庆蛮先进智能制造公司的财务经理卢鹰，前天我们公司的曹宇瑶向你们事务所姚所长咨询了我们公司今年年报审计的事儿，我看这都过去两天了，你们那边还没给出一个方案，怎么审？需要哪些资料？审计怎么收费的？所以今天我特地打电话过来问问。"

郑毅："原来是卢经理，您说审计资料和费用的事情啊，我昨天刚弄完交给姚所长，他很忙所以还没来得及审核给我回复？您等会儿，我马上问问姚所长。"

郑毅正说着，对面传来了嘟嘟嘟的挂机忙音。看着郑毅失落的样子，姚斌星觉得奇怪，把郑毅叫过来问话，郑毅叹了口气，说道："这才刚接手业务承接工作一个星期，但已经是第三个放弃找我们所做审计的公司了。年底这几天本来就忙成狗，我这种没经验的助理，光知道他们公司的行业和审计需求，怎么可能一下子告诉他们审计需要什么资料、大概需要收多少审计费用。姚所长，业务承接沟通这种工作就不该让我这样的菜鸟来做啊。"说完，郑毅一副深受打击的样子。袁瑞繁也深表同感地点点头。

姚斌星顿时笑了起来，正准备拉着郑毅聊一聊，正巧审计一部经理聂琦听到了，聂经理笑着说道："不要生气，不要生气，气坏身体没人替。现在所里的合伙人都是承接业务的高手，其实和被审计单位谈业务的过程就是一个知己知彼的过程、相互了解的过程。就像谈恋爱，你得先了解一下双方是不是适合，避免谈到一半又痛苦地分手。"郑毅疑道："客户都不给我机会了解就直接放弃我了，死在襁褓里的爱情我这哪儿有机会呀？"聂琦仍保持微笑："用心，懂吗？了解被审单位的方法有很多，可以试试信息技术，初步业务活动着重在了解其管理层的诚信，而对自己能力的了解也很重要。"

聂琦顿了顿又说："然后讨论审计目标、审计报告用途、审计范围、管理层提供必要协助、资料、审计收费等。后面的初步业务活动也是，你说我们注册会计师哪有时间来做这多事情。只是，你要想着你是代表我们所，客户如果认为你专业不足，就会对我们所失去信任，失去一个客户背后的危机可能是失去整个市场。经验是在试错中不断总结成长的，但你要敢于去做啊！我们所机构完善，专业能力在业内也是数一数二的，有我们这些前辈给你做后盾，你怕什么呢？如果发现哪方面不足，就赶紧马上充电去，把短板补足了，你不就有胜任能力了吗？"

"成年人的生活，除了容易胖、容易穷，其他的都不容易，我也是这么过来的，加油，打工人！"说完聂琦走了过去。

郑毅本是聪明人，被点了一下，仿佛突然找到了方向……

数字链审的初步业务活动中承接业务的流程如图 5-2 所示。

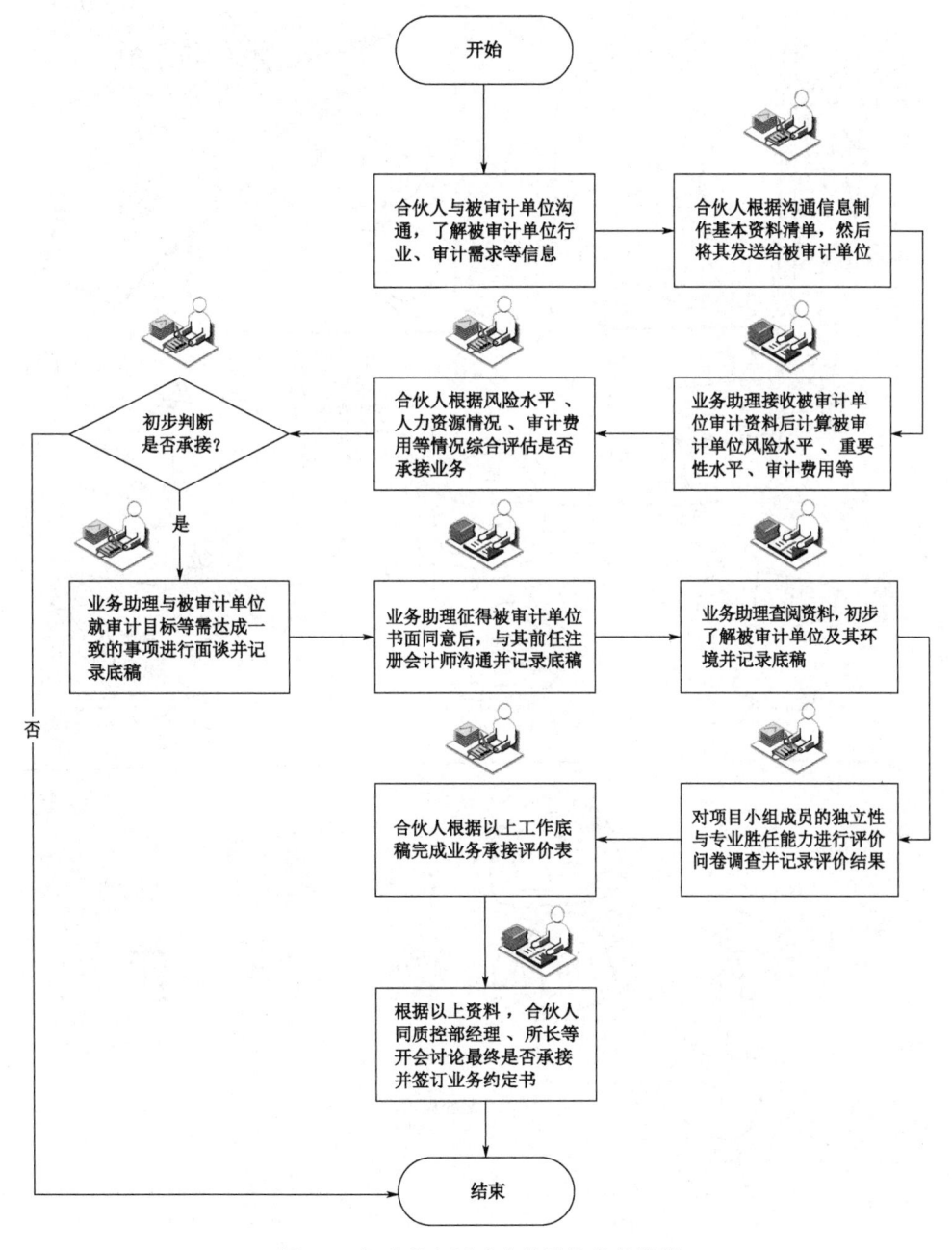

图 5-2 初步业务活动中的承接业务流程

5.3 机器人设计

5.3.1 自动化流程

郑毅想立刻去充电补自己能力不足的短板，只是对被审计单位的了解，以自己目前的方法的确是没有时间来快速完成，这可怎么办呢？也不知什么力量，让他不由自主地走向数字化赋能中心，他在门口叹了一口气。

恰好被走过来的事务所数字化赋能中心 RPA 中级工程师常吉听到了，常吉好奇地问："What's matter，honey？"郑毅说道："事事如意料之外，年年有余额不足。刚才有个公司找我们问两天前咨询的审计业务的事情，我们姚所长因为这几天需要做的底稿太多，没时间回复他，就让我来和公司联络人沟通，但是公司联络人和我打了电话之后觉得我专业性不足，就放弃找我们所给他们公司做审计了。我既没有三头六臂，也没有什么经验，怎么能一下子想到审计他们公司需要什么资料，还有大概多少审计费用，要是有一个注册会计师老师能和我一起做这个工作就好了。"

常吉笑道："你在想啥呢？小弟弟，我们这小所还没奢侈到把注册会计师派来做这事儿。不过我们所正在研发的审计机器人也许能帮上你，你给我说说现在你这工作的流程是怎么样的。"在郑毅和常吉深度交流一番之后，常吉打断了郑毅，然后站起来说道："我明白了，你就等着我神奇的小蛮吧。"

三天后，常吉一大早就找到郑毅，然后兴高采烈地说道："郑毅，快来看看本工程师的审计机器人作品。"说完就打开电脑对着键盘一阵乱敲，只见屏幕上出现了一个"精灵"，不断闪来闪去、动来动去，郑毅的眼睛有点儿模糊，头有点儿眩晕的感觉。

常吉："郑毅，一看你这个表情就知道你没有搞懂，这样吧，我给你详细讲一下小蛮的工作流程吧。先说清楚哈，因为在初步业务活动中，合伙人、质控部经理、所长等人的讨论与职业判断很重要，所以这个机器人没法做，只能做既定规则下的数据采集与清洗、数据处理及给出参考意见，最后是否承接还要领导们说了算。小蛮首先登录工作邮箱，根据关键词判断未读邮件的主题内容，若是新业务委托邮件，机器人就会下载并读取委托单位业务信息表中的委托单位的审计需求及所属行业信息，并将其与事务所知识库表中的数据进行匹配，提取出对应审计需求与行业痛点，生成基本资料清单，再发送给委托单位；若是初步评估邮件，那么小蛮会下载并读取资产负债表、利润表中相关数据，计算风险水平、重要性水平，并根据审计服务收费标准，计算审计费用，然后小蛮根据这些数据生成业务承接初步评估表，再发送给合伙人审核；若是初步业务活动阶段的邮件，那么小蛮就会下载并读取初步业务活动程序中人工填写的面谈记录、前任注册会计师沟通函、独立性与专业胜任能力调查问卷等底稿，将其中的关键信息填入业务承接评价表中，然后自动生成审计业务约定书，再发送给合伙人审核；若是其他邮件，小蛮就会自动跳过。在邮件处理完毕，小蛮会将此次运行的全部工作记录写入机器人运行日志。"

郑毅看着小蛮一阵儿眼花缭乱的操作，一会儿工夫就把事情办得妥妥的，不禁说道："有了小蛮，怕是没有人会质疑我们所的效率和专业性了。"说着郑毅挽了挽袖子，"不行，我要把场子找回来，袁瑞繁，帮我联系早上挂我们电话的公司。"

数字链审的初步业务活动机器人自动化流程如图 5-3 所示。

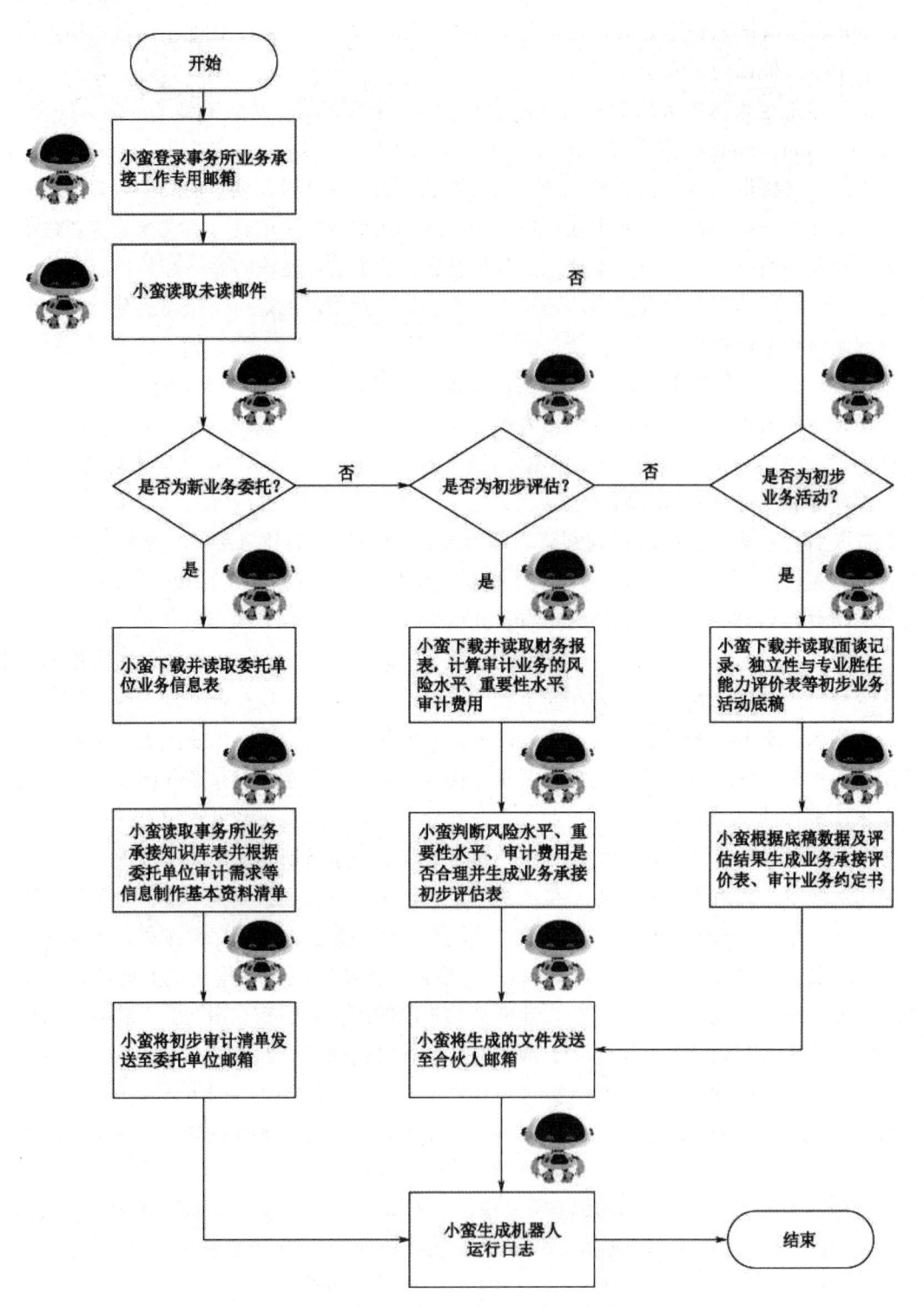

图 5-3 初步业务活动机器人自动化流程

5.3.2 数据标准与规范

1. 审计数据采集

初步业务活动机器人的数据来源分为两大类：账表和其他。该机器人从 Excel 文件类型的账表中提取收入等数据进行计算；从其他的工作底稿中读取行业痛点等资料，并进行核对计算数据迁移；从调查问卷中读取是否具备独立性与专业胜任能力的数据；从沟通函中读取前任注册会计师回函等信息。初步业务活动机器人数据采集如表 5-1 所示。

表 5-1 初步业务活动机器人数据采集

数据来源	数据内容	文件类型
账表	财务报表	Excel
其他	工作底稿	Excel
其他	调查问卷	Excel
其他	沟通函	Excel

2. 审计数据处理

初步业务活动机器人获取数据后，首先需要进行数据清洗，主要是将非结构化数据转化为结构化数据等；数据计算主要是对流动比率、应收账款周转天数进行计算，同时计算风险水平、重要性水平、审计费用，同时判断这三个指标是否合理，然后将结果送至合伙人处审核。初步业务活动机器人数据处理如表 5-2 所示。

表 5-2 初步业务活动机器人数据处理

数据清洗		数据计算		数据分析	
方法	主要内容	方法	主要内容	方法	主要内容
转换	将非结构化数据转为结构化数据	求比值	流动比率	判断	分析是否具备独立性与专业胜任能力
拆分	将单位基本信息拆分为名称、地址		应收账款周转天数		分析风险水平是否合理
		求和	审计费用计费基数		分析重要性水平是否合理
		其他	审计费用、风险水平、重要性水平		分析审计费用是否合理

3. 审计底稿与报告

初步业务活动机器人审计的工作底稿包括初步审计需求文件、业务承接初步评估表、业务承接评价表、审计业务约定书、委托单位业务信息表、机器人运行日志等，如表 5-3 所示。

表 5-3 初步业务活动机器人主要审计的底稿与报告

底稿名称	底稿描述
初步审计需求文件	记录委托单位审计需求、行业审计痛点、初步审计需求文件列表等信息
业务承接初步评估表	记录审计费用、风险水平、重要性水平等信息

续表

底稿名称	底稿描述
业务承接评价表	记录初步业务活动其他工作底稿信息及评价指标等信息
审计业务约定书	记录审计业务双方合同信息
委托单位业务信息表	记录委托单位名称、行业、审计需求等信息
机器人运行日志	记录机器人运行状况信息

4. 表格设计

（1）审计费用计算表

审计人员在收到被审计单位财务报表后，根据国家发改委、财政部印发的《会计师事务所服务收费管理办法》（渝价[2011]257号文件）提到的计价依据，依照被审计单位资产、收入的一定份额进行梯度计价，并计算折后价格等，如图5-4所示。

重庆数字链审会计师事务所服务标准——报表审计、专项审计费计算表

计价依据:重庆市物价局、重庆市财政局贯彻《国家发改委、财政部关于印发<会计师事务所服务收费管理办法>的通知》（渝价[2011]257号文件）

档次	计费额度（万元）	最大计费额	计费率	累计收费（元）
1	100万（含）以下	1 000 000	固定	3 000
2	100万-500万（含）	5 000 000	0.25	13 000
3	500万-1000万（含）	10 000 000	0.15	20 500
4	1000万-5000万（含）	50 000 000	0.05	40 500
5	5000万-10000万（含）	100 000 000	0.02	50 500
6	10000万-100000万（含）	1 000 000 000	0.015	185 500
7	10亿以上			面谈

计费基础	资产总额		收入总额	
计费基数（万元）	0	折扣率	0.07	
标准收费（元）		折后收费(元)	0	

图5-4 审计费用计算样表

（2）风险水平、重要性水平计算表

审计人员在收到被审计单位基本资料后，需要简要分析被审计单位的风险水平与重要性水平，作为评价是否开展初步业务活动的依据。这需要审计人员根据财务报表的数据计算出财务指标，并填入表中计算风险水平与重要性水平，如图5-5所示。

风险水平、重要性水平计算表

流动比率				
档次	风险区间	区间最大值	风险值	风险得分
1	小于0.5（含）	0.5	高	3
2	0.5到1之间（含）	1	中	2
3	大于1	10000000	低	1
流动比率得分				

应收账款周转天数				
档次	风险区间	区间最大值	风险值	风险得分
1	小于90（含）	90	低	1
2	90天到180天之间（含）	180	中	2
3	大于半年	10 000 000	高	3
应收账款周转天数得分				

| 风险水平 | 0 |
| 重要性水平 | |

注：上述风险水平计算方式仅供参考示例，与实际处理有所省略。

图5-5 风险水平、重要性水平计算样表

5.4 机器人开发

5.4.1 技术路线

初步业务活动机器人开发主要分为五步：首先是利用读取区域、读取单元格、查找字符串等活动实现邮件下载分类；其次是通过读取单元格、依次读取数组中每个元素针对取到的元素进行操作、文字批量替换等活动完成新业务委托业务处理；接着通过如果条件成立则执行后续操作、变量赋值等活动计算审计费用、风险水平、重要性水平，完成业务初步评估处理；再次，机器人利用读取区域、写入单元格等活动完成初步业务活动处理；最后机器人通过获取时间、格式化时间等活动生成机器人运行日志，如表 5-4 所示。

表 5-4 初步业务活动机器人技术路线

模块	功能描述	使用的活动
邮件下载分类	根据关键字查找符合要求的邮件	连接邮箱
		查找邮件
	将邮件附件分类下载	右侧裁剪
		下载附件
新业务委托	读取委托单位基本信息、知识库资料	打开 Excel 工作簿
		读取区域
		读取单元格
	匹配对应审计需求与行业特征等信息	依次读取数组中每个元素
		如果条件成立
		查找字符串
	将匹配到的信息填入报告	复制文件
		打开文档
		文字批量替换
初步评估业务	读取资产负债表、利润表、收费标准等数据信息	读取区域
		读取单元格
	根据读取的数据计算风险水平、重要性水平、审计费用	依次读取数组中每个元素
		如果条件成立
	判断风险水平、重要性水平、审计费用是否合理	变量赋值
		如果条件成立
	自动生成业务承接初步评估表	复制文件
		写入单元格
初步业务活动	读取面谈记录、专业性与独立性调查文件等数据	读取单元格
		读取区域
	将提取的数据填入业务承接评价表、审计业务约定书	打开 Excel 工作簿
		写入单元格
生成机器人运行日志	将机器人运行起止时间、运行时长等信息写入工作日志	获取时间
		格式化时间
		写入行

5.4.2 开发步骤

1. 搭建流程整体框架

步骤一：打开 UiBot Creator 软件，新建流程，并将其命名为"初步业务活动机器人"。

步骤二：拖入 5 个"流程块"和 1 个"结束"至流程图设计主界面，并连接起来。流程块描述修改为：邮件下载分类、新业务委托处理、初步评估业务处理、初步业务活动处理和生成机器人运行日志，如图 5-6 所示。

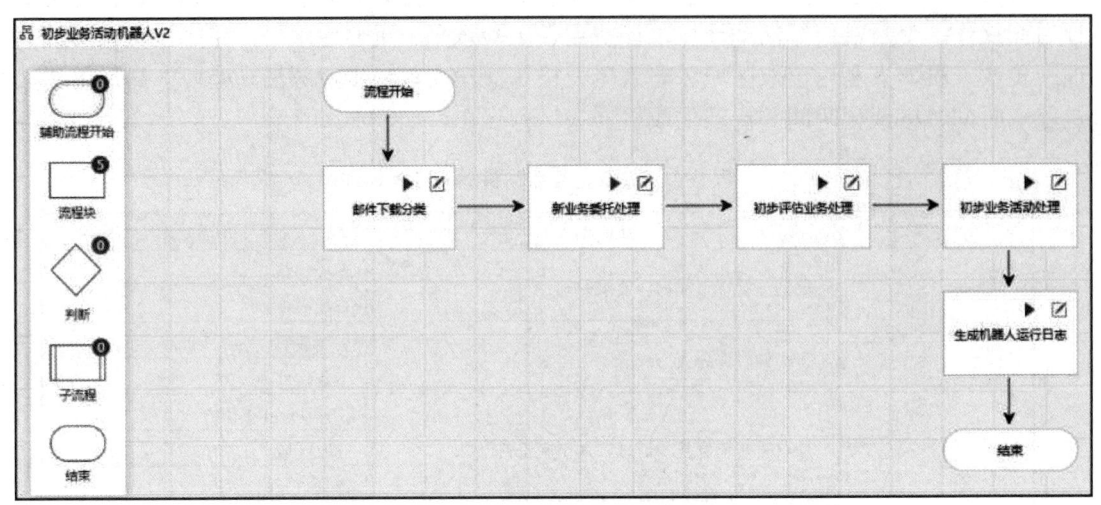

图 5-6 初步业务活动机器人流程图设计主界面

步骤三：创建 4 个流程图变量，分别命名为：dTime1、n1、n2、n3，如图 5-7 所示。

2. 邮件下载分类

步骤四：首先准备一个邮箱用于收发邮件，在设置中点击 POP3/SMTP/IMAP，将 2 个服务全部开启，如图 5-8 所示，并记录授权密码。（注：后续邮箱相关密码使用授权码而不是邮箱本身的密码。）

图 5-7 流程图变量界面

步骤五：使用另一个邮箱向准备好的邮箱发送三个邮件，并将其设置为未读邮件。业务信息表邮件中仅包含委托单位业务信息表，其中包含委托单位邮箱，请自行更改为自己的邮箱号码以便程序运行后查看，如图 5-9 所示；财务报表邮件中包含委托单位的资产负债表和利润表；初步业务活动底稿邮件中包含与被审计单位的面谈记录、与前任注册会计师沟通函回函、独立性与专业胜任能力调查问卷、被审计单位及其环境调查表这几个文件，邮件主题格式参考图 5-10 所示。

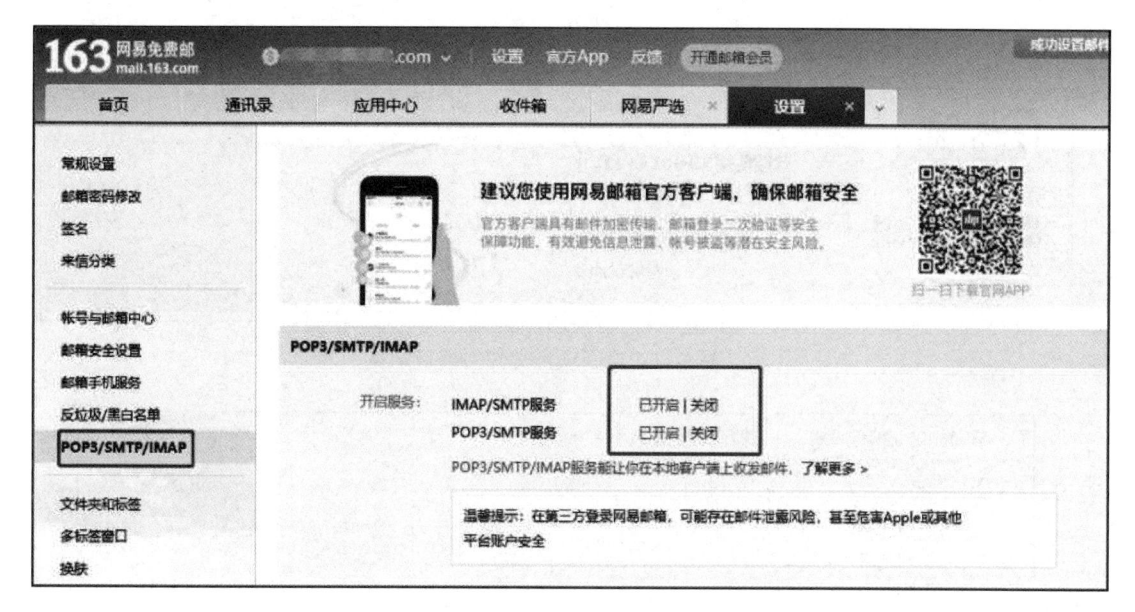

图 5-8　开启相关协议服务

图 5-9　修改邮箱号码

图 5-10　准备未读邮件

步骤六：保存后关闭流程图编辑界面，点击"文件夹"按钮，进入项目文件夹根目录，如图 5-11 所示。点击"res 文件夹"按钮，在该目录下创建 5 个空文件夹，文件夹名称如

第 5 章　初步业务活动机器人　　69

图 5-12 所示，分别用于保存对应文件。

图 5-11　返回项目文件夹根目录

图 5-12　新建用于分类的文件夹

步骤七：点击进入模板文件夹，将如图 5-13 所示的文件全部放入。

图 5-13　准备模板文件

步骤八：点击"流程编辑"按钮，进入"邮件下载分类"流程编辑界面，如图 5-14 所示。

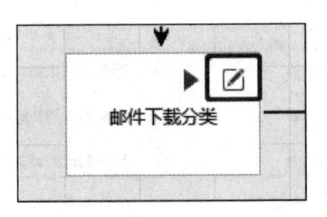

图 5-14　进入"邮件下载分类"流程编辑界面

步骤九：在"搜索命令"处输入【获取时间】，如图 5-15 所示。将【获取时间】拖入中间流程编辑界面，并在右侧属性栏中设置属性为"dTime1"，如图 5-16 所示。（注：后续不再赘述搜索、添加及设置属性步骤。)

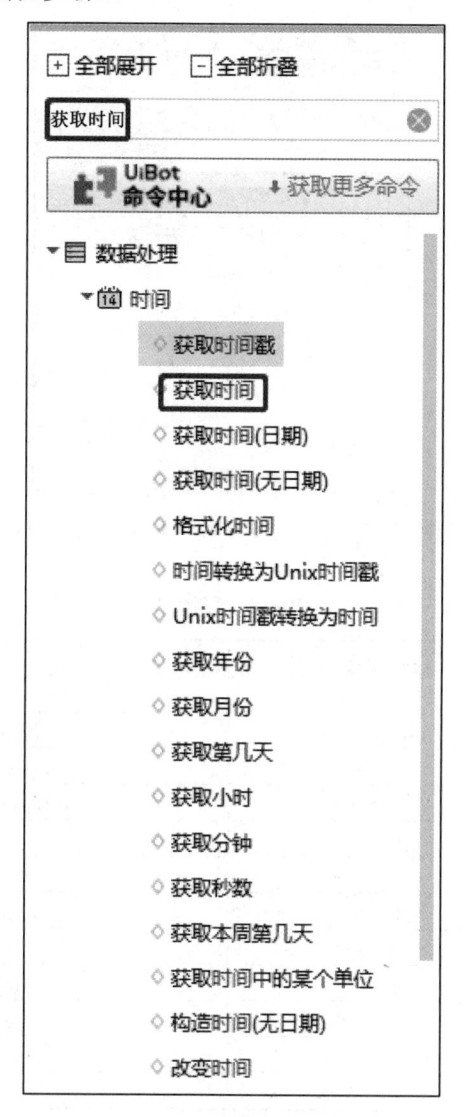

图 5-15　搜索【获取时间】

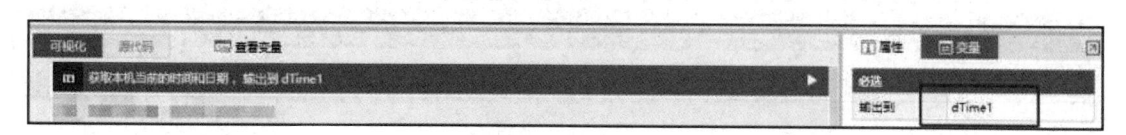

图 5-16　设置【获取时间】属性

步骤十：搜索"IMAP"，顺序拖入【连接邮箱】【查找邮件】，如图 5-17 所示。设置【连接邮箱】【查找邮件】的属性，如表 5-5 所示。要注意，根据使用邮箱的种类不同，此处的"inbox"若是报错则换成"收件箱"。该步骤的目的是根据邮件主题关键词找到关于委托单位发来的业务信息表。最后效果如图 5-18 所示。

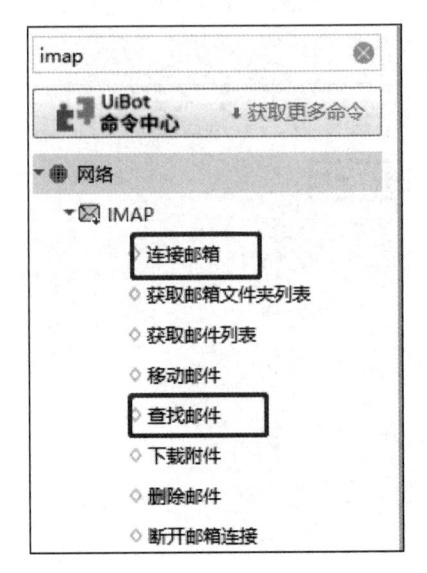

图 5-17 拖入【连接邮箱】【查找邮件】

表 5-5 属性设置

活动名称	属性	值
连接邮箱	输出到	objIMAP
	服务器地址	"imap.163.com"
	登录账号	"example@163.com"
	登录密码	"HEQSBREZMXCHVV"
	服务器端口	143
	SSL 加密	否
	邮箱地址	"mail.163.com"
查找邮件	输出到	YWXX
	邮箱对象	objIMAP
	字符集	"gb2312"
	邮箱文件夹	"inbox"
	查找关键字	"业务信息"

图 5-18 效果图

步骤十一：拖入【获取数组长度】，属性设置如图 5-19 所示，该步骤的目的是获取总共收到了多少家公司的委托基本业务信息。

图 5-19 设置【获取数组长度】的属性

步骤十二：在上一步下方拖入【从初始值开始按步长计数】，属性设置如图 5-20 所示，在该循环内按顺序拖入：【右侧裁剪】，该步骤用于获取委托公司名称；【创建文件夹】，该步骤用于创建一个与委托公司同名的文件夹用于保存相关文件；IMAP 中的【下载附件】，属性设置如表 5-6 所示，该步骤用于将委托单位附件下载至指定文件夹中。

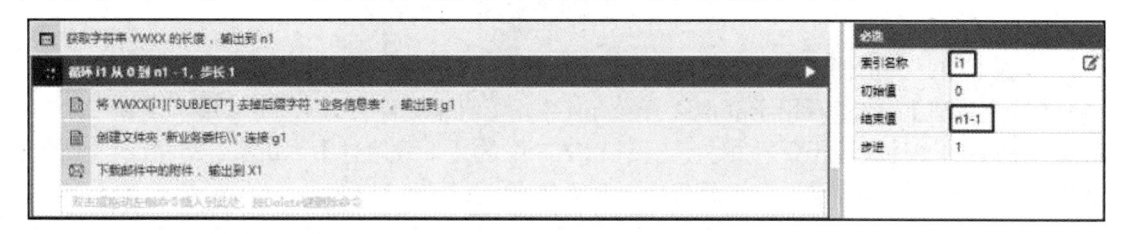

图 5-20　构建循环

表 5-6　属性设置

活动名称	属性	值
从初始值开始按步长计数	索引名称	i1
	初始值	0
	结束值	n1-1
	步进	1
右侧裁剪	输出到	g1
	目标字符串	YWXX[i1]["SUBJECT"]
	裁剪字符	"业务信息表"
创建文件夹	路径	@res"新业务委托\\"&g1
下载附件	输出到	X1
	邮箱对象	objIMAP
	邮件对象	YWXX[i1]
	存储路径	@res"新业务委托\\"&g1
	字符集	""

步骤十三：在上面的步骤中我们下载了关于初次承接的委托公司文件，同理，这里要下载财务报表文件。在上一个循环的外部拖入【查找邮件】【获取数组长度】。设置【查找邮件】属性，查找关键字属性设置为"财务报表"，其他属性设置如图 5-21 所示。设置【获取数组长度】属性，如图 5-22 所示。

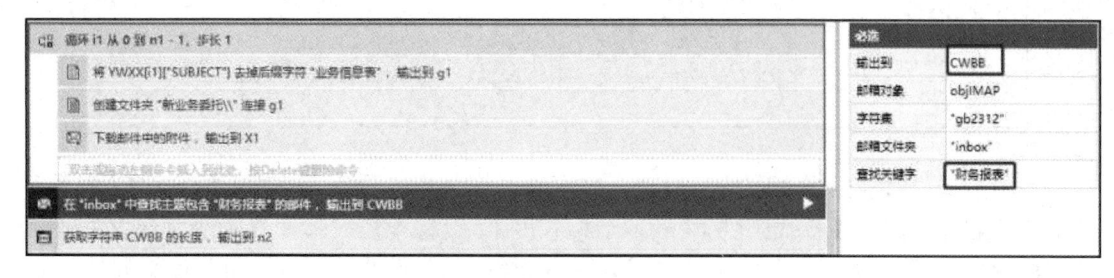

图 5-21　设置【查找邮件】属性

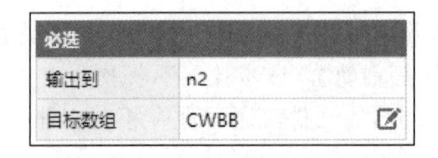

图 5-22 设置【获取数组长度】属性

步骤十四：和前面步骤一致，拖入【从初始值开始按步长计数】，在该循环内按顺序拖入：【右侧裁剪】，该步骤用于获取委托公司名称；【创建文件夹】，该步骤用于创建一个与委托公司同名的文件夹用于保存相关文件；IMAP 中的【下载附件】，如图 5-23 所示，属性设置如表 5-7 所示，该步骤用于将财务报表附件下载至指定文件夹。

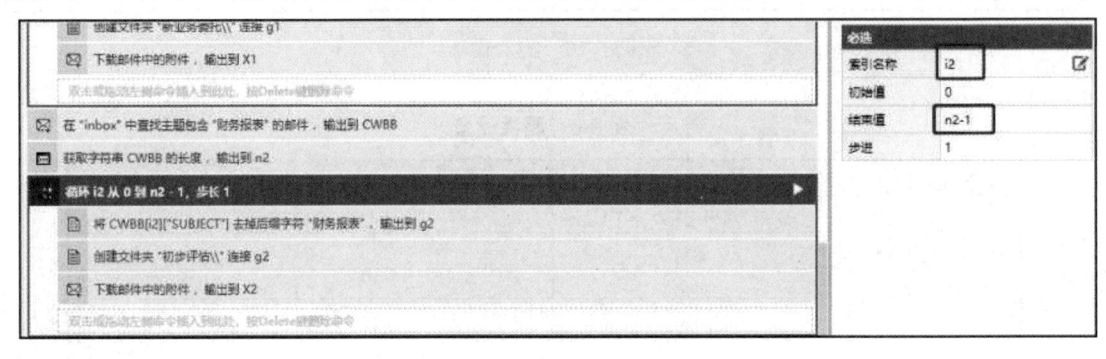

图 5-23 构建第二组循环

表 5-7 属性设置

活动名称	属性	值
从初始值开始按步长计数	索引名称	i2
	初始值	0
	结束值	n2-1
	步进	1
右侧裁剪	输出到	g2
	目标字符串	CWBB[i2]["SUBJECT"]
	裁剪字符	"财务报表"
创建文件夹	路径	@res"初步评估\\"&g2
下载附件	输出到	X2
	邮箱对象	objIMAP
	邮件对象	CWBB[i2]
	存储路径	@res"初步评估\\"&g2
	字符集	""

步骤十五：与前面步骤一致，同理，这里要下载与初步业务活动相关的工作底稿。在上一个循环的外部拖入【查找邮件】【获取数组长度】。设置【查找邮件】属性，查找关键字属性设置为""工作底稿""，其他属性设置如图 5-24 所示。设置【获取数组长度】属性，如图 5-25 所示。

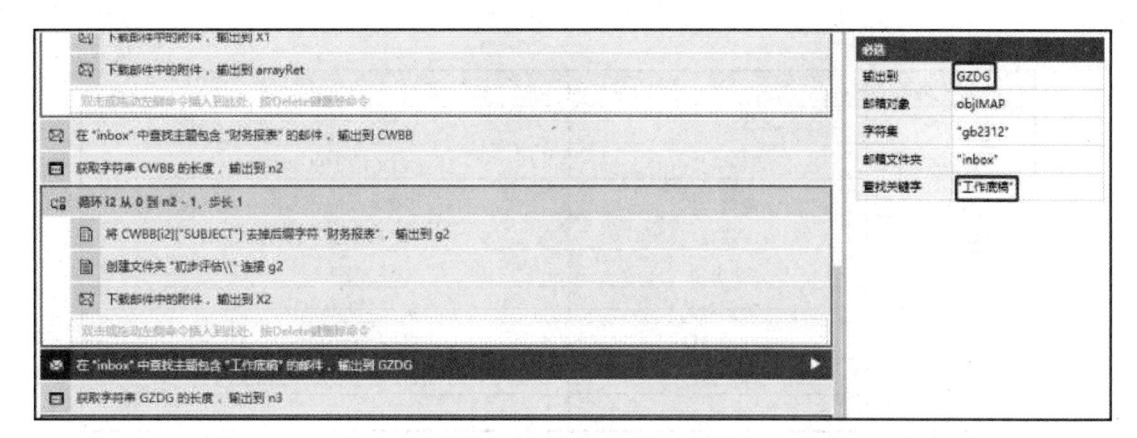

图 5-24 设置【查找邮件】属性

步骤十六：和前面步骤一致，拖入【从初始值开始按步长计数】，在该循环内按顺序拖入：【右侧裁剪】，该步骤用于获取与初步业务活动相关的被审计单位的名称；【创建文件夹】，该步骤用于创建一个与被审计单位同名的文件夹用于保存相关文件；IMAP 中的【下载附件】，如图 5-26 所示，属性设置如表 5-8 所示，该步骤用于将初步业务活动工作底稿附件下载至指定文件夹。

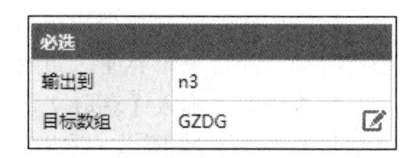

图 5-25 设置【获取数组长度】属性

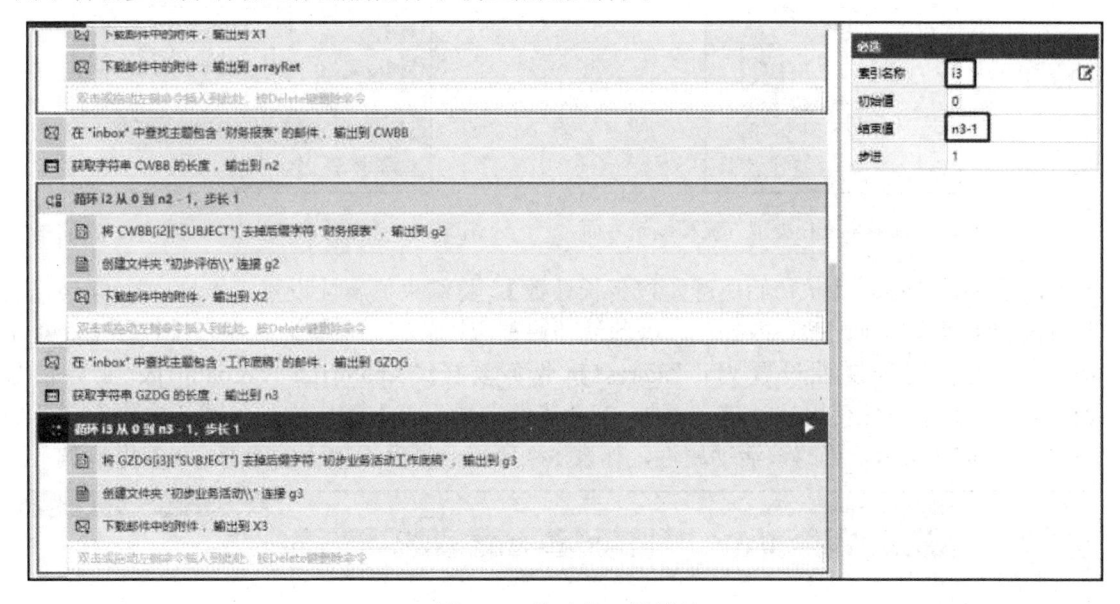

图 5-26 构建第三组循环

表 5-8 属性设置

活动名称	属性	值
从初始值开始按步长计数	索引名称	i3
	初始值	0
	结束值	n3-1
	步进	1

第 5 章 初步业务活动机器人 ▶ 75

续表

活动名称	属性	值
右侧裁剪	输出到	g3
	目标字符串	GZDG[i3]["SUBJECT"]
	裁剪字符	"初步业务活动工作底稿"
创建文件夹	路径	@res"初步业务活动\\"&g3
下载附件	输出到	X3
	邮箱对象	objIMAP
	邮件对象	GZDG[i3]
	存储路径	@res"初步业务活动\\"&g3
	字符集	""

3. 新业务委托处理

步骤十七：保存后退出该编辑块，回到流程图界面，点击"流程编辑"，进入"新业务委托处理"流程编辑界面，如图5-27所示。

步骤十八：拖入【获取文件或文件夹列表】，将路径属性设置为"@res"新业务委托""，其他设置如图5-28所示，该步骤用于获取需要进行处理的新委托列表。

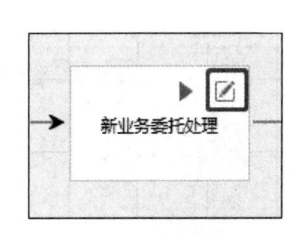

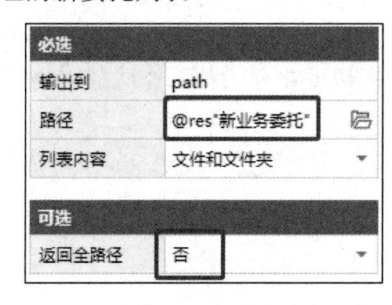

图5-27 进入"新业务委托处理"流程编辑界面

图5-28 设置【获取文件或文件夹列表】属性

步骤十九：拖入【从初始值开始按步长计数】，将结束值属性设置为"n1-1"，新委托处理阶段剩余操作均在此循环内处理，因此活动块都应该放在循环里面。拖入【打开Excel工作簿】，文件路径属性设置为："@res"新业务委托\\"&path[i]&"\\"&path[i]&"业务信息表.xlsx""，其余属性使用默认值；添加 7 个【读取单元格】读取文件中委托单位的业务信息，如图5-29所示，更改该活动属性，如表5-9所示，最后添加【关闭Excel工作簿】。

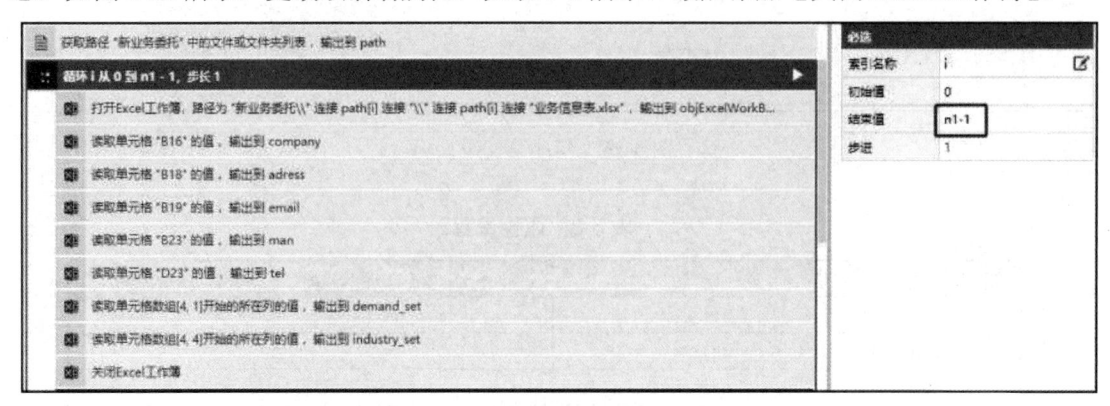

图5-29 设置循环、【打开Excel工作簿】、【读取单元格】

表 5-9 【读取单元格】属性设置

活动名称	工作簿对象	工作表	单元格	输出到
读取单元格	objExcelWorkBook	"基本信息表"	"B16"	company
	objExcelWorkBook	"基本信息表"	"B18"	adress
	objExcelWorkBook	"基本信息表"	"B19"	email
	objExcelWorkBook	"基本信息表"	"B23"	man
	objExcelWorkBook	"基本信息表"	"D23"	tel
	objExcelWorkBook	"基本信息表"	[4,1]	demand_set
	objExcelWorkBook	"基本信息表"	[4,4]	industry_set

步骤二十：在上一步活动下方拖入【依次读取数组中每个元素】，对上一步所读取的审计需求信息进行提取；在依次读取数组中每个元素内添加【查找字符串】；在该活动下方添加【如果条件成立】，该步骤用以筛选选中的审计需求；在"否则"上方添加【右侧裁剪】【变量赋值】【跳出循环】，如图 5-30 所示，该步骤的整体功能是用于提取委托单位的审计需求，属性设置如表 5-10 所示。

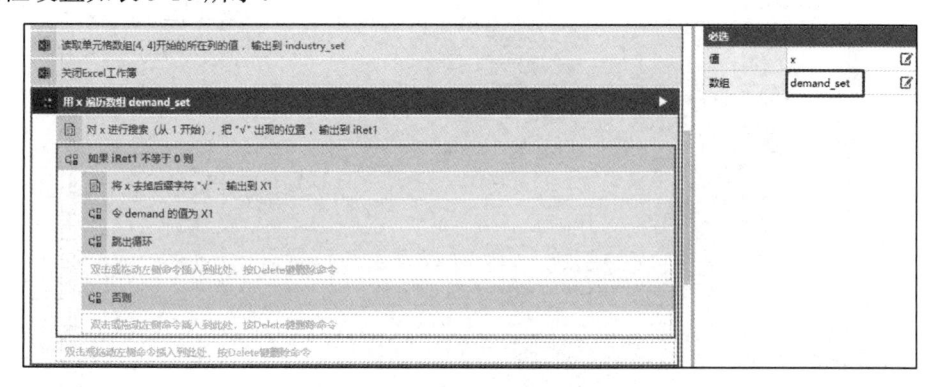

图 5-30 设置循环

表 5-10 属性设置

活动名称	属性	值
依次读取数组中每个元素	值	x
	数组	demand_set
查找字符串	输出到	iRet1
	目标字符串	x
	查找内容	"√"
	开始查找位置	1
	区分大小写	否
如果条件成立	判断表达式	iRet1 <> 0
右侧裁剪	输出到	X1
	目标字符串	x
	裁剪字符	"√"
变量赋值	变量名	demand
	变量值	X1

步骤二十一：同理，用相同方法提取委托单位所属行业信息。添加【依次读取数组中每个元素】，对上一步所读取的审计需求信息进行提取；在依次读取数组中每个元素的操作内添加【查找字符串】；在该活动下方添加【如果条件成立】，用以筛选选中的审计需求；在"否则"上方添加【右侧裁剪】【变量赋值】【跳出循环】，如图 5-31 所示。设置属性，如表 5-11 所示，以上两步骤完成后，循环效果图如图 5-32 所示。

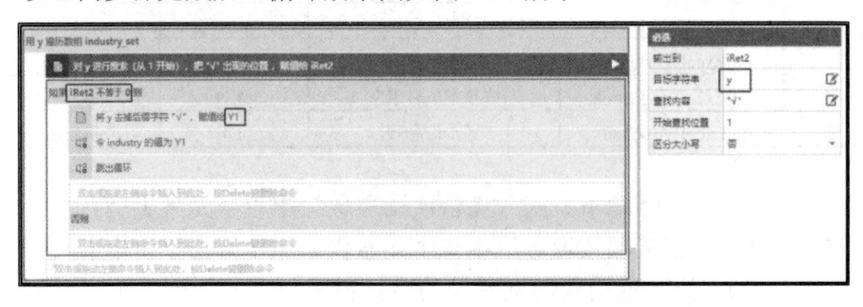

图 5-31　重复设置循环

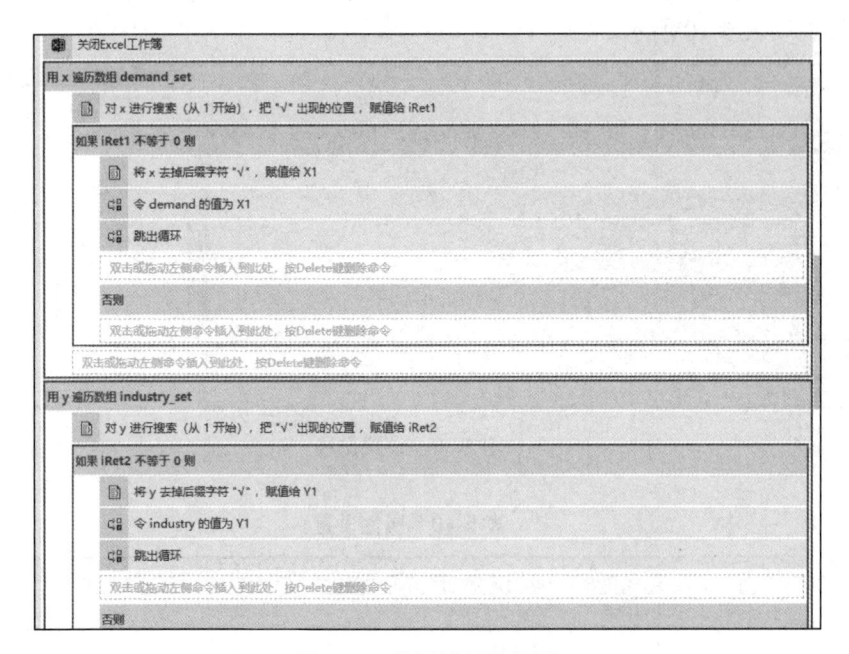

图 5-32　设置循环效果图

表 5-11　属性设置

活动名称	属性	值
依次读取数组中每个元素	值	y
	数组	industry_set
查找字符串	输出到	iRet2
	目标字符串	y
	查找内容	"√"
	开始查找位置	1
	区分大小写	否
如果条件成立	判断表达式	iRet2 <> 0

续表

活动名称	属性	值
右侧裁剪	输出到	Y1
	目标字符串	y
	裁剪字符	" √ "
变量赋值	变量名	industry
	变量值	Y1

步骤二十二：添加【打开 Excel 工作簿】，读取知识库表文件；添加【读取区域】，属性设置如表 5-12 所示；最后添加【关闭 Excel 工作簿】，如图 5-33 所示。

表 5-12 属性设置

活动名称	属性	值
打开 Excel 工作簿	输出到	objExcelWorkBook2
	文件路径	@res"模板文件夹\\知识库表.xlsx"
	是否可见	是
	打开方式	Excel
	密码	""
	编辑密码	""
读取区域	输出到	k_base
	工作簿对象	objExcelWorkBook2
	工作表	"Sheet1"
	区域	"A3:G5"
关闭 Excel 工作簿	工作簿对象	objExcelWorkBook2
	立即保存	是

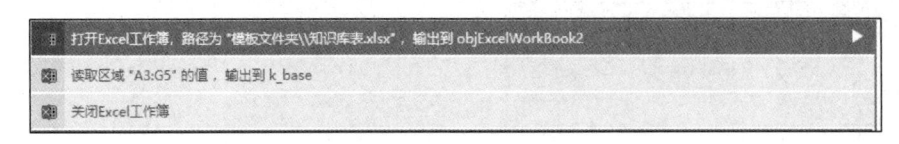

图 5-33 读取知识库文件

步骤二十三：拖入【依次读取数组中每个元素】，提取知识库文档中符合委托单位审计需求与行业的相关信息；在循环中添加【如果条件成立】；在"否则"上方添加 3 个【变量赋值】，如图 5-34 所示，属性设置如表 5-13 所示。最后添加【跳出循环】。

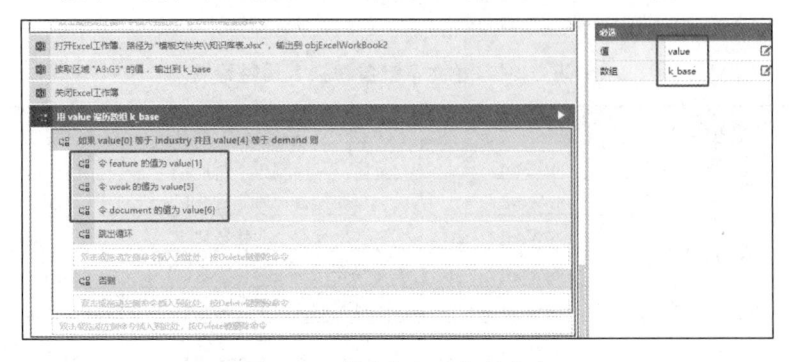

图 5-34 提取知识库相关信息

表 5-13 属性设置

活动名称	属性	值
依次读取数组中每个元素	值	value
	数组	k_base
如果条件成立	判断表达式	value[0] = industry And value[4] = demand
变量赋值	变量名	feature
	变量值	value[1]
变量赋值	变量名	weak
	变量值	value[5]
变量赋值	变量名	document
	变量值	value[6]

步骤二十四：在上一步的循环外，拖入【复制文件】，用于生成"初步审计清单"，如图 5-35 所示，属性中的"路径"设置为"@res"模板文件夹\\初步审计清单.docx""，为源文件路径，"复制到的路径"为"@res"生成文件夹""；拖入【打开文档】，文件路径为"@res"生成文件夹\\初步审计清单.docx""。添加 6 个【文字批量替换】，用于将前面提取的数据写入"初步审计需求文件"中，属性设置如表 5-14 所示；添加【关闭文档】。拖入【重命名】，拖入 SMTP 中的【发送邮件】，用于将初步审计需求文件发送至委托单位，属性设置如表 5-15 所示。

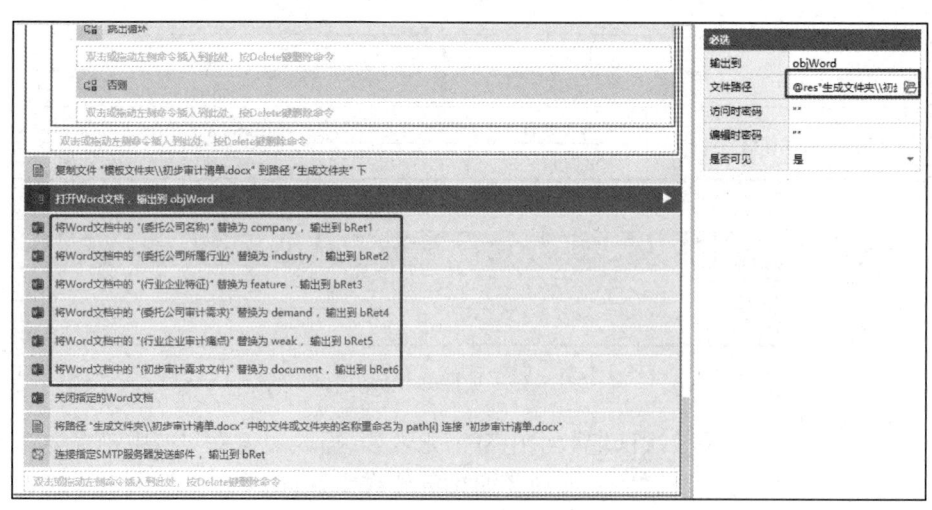

图 5-35 生成初步审计清单

表 5-14 【文字批量替换】属性设置

活动名称	文档对象	匹配字符串	替换字符串
文字批量替换	objWord	"{委托公司名称}"	company
	objWord	"{委托公司所属行业}"	industry
	objWord	"{行业企业特征}"	feature
	objWord	"{委托公司审计需求}"	demand
	objWord	"{行业企业审计痛点}"	weak
	objWord	"{初步审计需求文件}"	document

表 5-15　属性设置

活动名称	属性	值
重命名	路径	@res"生成文件夹\\初步审计清单.docx"
	名称重命名为	path[i]&"初步审计清单.docx"
发送邮件	输出到	bRet
	SMTP 服务器	"smtp.163.com"
	服务器端口	25
	SSL 加密	否
	登录账号	"example@163.com"
	登录密码	"HEQSBRESXCVWMHVV"
	发件人	"example@163.com"
	收件人	email
	抄送	""
	邮件标题	"初步审计清单"
	邮件正文	"请根据清单内容发送资料至本事务所并等待回复"
	邮件附件	@res"生成文件夹\\"&path[i]&"初步审计清单.docx"

4. 初步评估业务处理

步骤二十五：保存后退出该编辑块，回到流程图界面，点击"流程编辑"，进入"初步评估业务处理"流程编辑界面。如图 5-36 所示。

步骤二十六：拖入【获取文件或文件夹列表】，将路径属性设置为"@res"初步评估""，其他设置如图 5-37 所示，该步骤用于获取需要进行处理的初步评估业务列表。

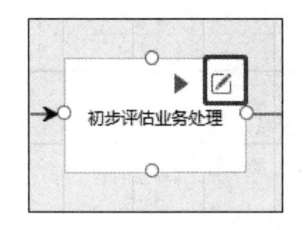

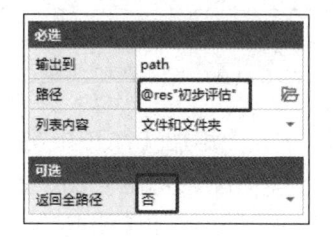

图 5-36　进入"初步评估业务处理"流程编辑界面　　图 5-37　设置【获取文件或文件夹列表】属性

步骤二十七：拖入【从初始值开始按步长计数】，将结束值属性设置为"n2-1"，初步评估阶段剩余操作均在此循环内处理，因此活动块都应该放在循环里面。拖入【打开 Excel 工作簿】，文件路径属性设置为："@res"初步评估\\"&path[i]&"\\资产负债表.xls""，输出属性设置为 BS；添加 4 个【读取单元格】读取资产负债表的信息，更改该活动属性，如图 5-38、表 5-16 所示。最后添加【关闭 Excel 工作簿】，工作簿对象设置为"BS"。

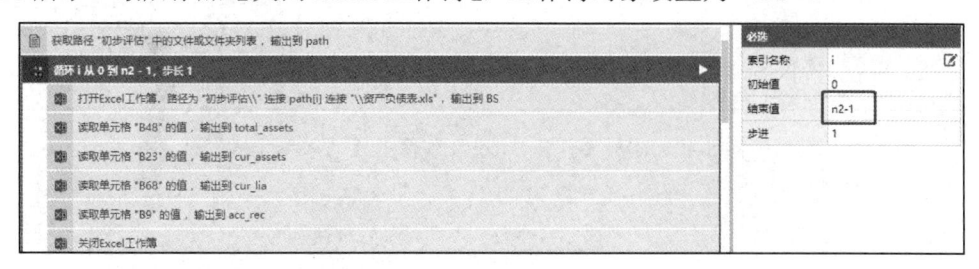

图 5-38　设置循环、【打开 Excel 工作簿】、【读取单元格】

表 5-16 【读取单元格】属性设置

活动名称	输出到	工作簿对象	工作表	单元格
读取单元格	total_assets	BS	"资产负债表"	"B48"
	cur_assets	BS	"资产负债表"	"B23"
	cur_lia	BS	"资产负债表"	"B68"
	acc_rec	BS	"资产负债表"	"B9"

步骤二十八：用同样方法提取利润表中所需数据，添加【打开 Excel 工作簿】，提取资产负债表中所需提取数据，路径设置为"@res"初步评估\\"&path[i]&"\\利润表.xls""，输出到设置为"PL"。如图 5-39 所示，添加 2 个【读取单元格】，属性设置如表 5-17 所示；添加【关闭 Excel 工作簿】，工作簿对象设置为"PL"。

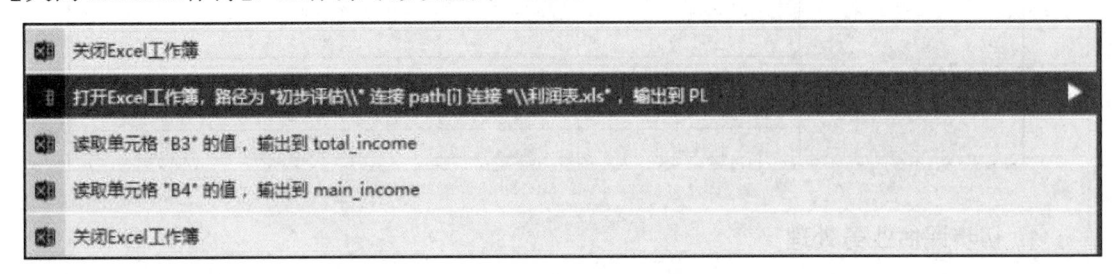

图 5-39 读取利润表

表 5-17 【读取单元格】属性设置

活动名称	输出到	工作簿对象	工作表	单元格
读取单元格	total_income	PL	"利润表"	"B3"
	main_income	PL	"利润表"	"B4"

步骤二十九：添加【打开 Excel 工作簿】，路径设置为"@res"模板文件夹\\审计费用计算表.xlsx""，输出到设置为"cost_cont"，添加 2 个【写入单元格】，如图 5-40 所示，属性设置如表 5-18 所示；添加【读取单元格】，属性设置如图 5-41 所示。添加【读取区域】读取审计费用计算梯度表，属性设置如图 5-42 所示。

图 5-40 添加【打开 Excel 工作簿】【写入单元格】

表 5-18 属性设置

活动名称	数据	工作簿对象	工作表	单元格	立即保存
写入单元格	total_assets	cost_cont	"Sheet1"	"C11"	否
	total_income	cost_cont	"Sheet1"	"E11"	否

图 5-41 设置【读取单元格】属性

图 5-42 设置【读取区域】属性

步骤三十：添加【依次读取数组中每个元素】；在其中添加 2 个【变量赋值】；添加【如果条件成立】，其中"否则"上方添加两个【变量赋值】，"否则"下方添加一个【取四舍五入值】，拖入 3 个【变量赋值】，如图 5-43 所示，属性设置如表 5-19 所示，添加【跳出循环】，这一步是为了计算出审计费用。

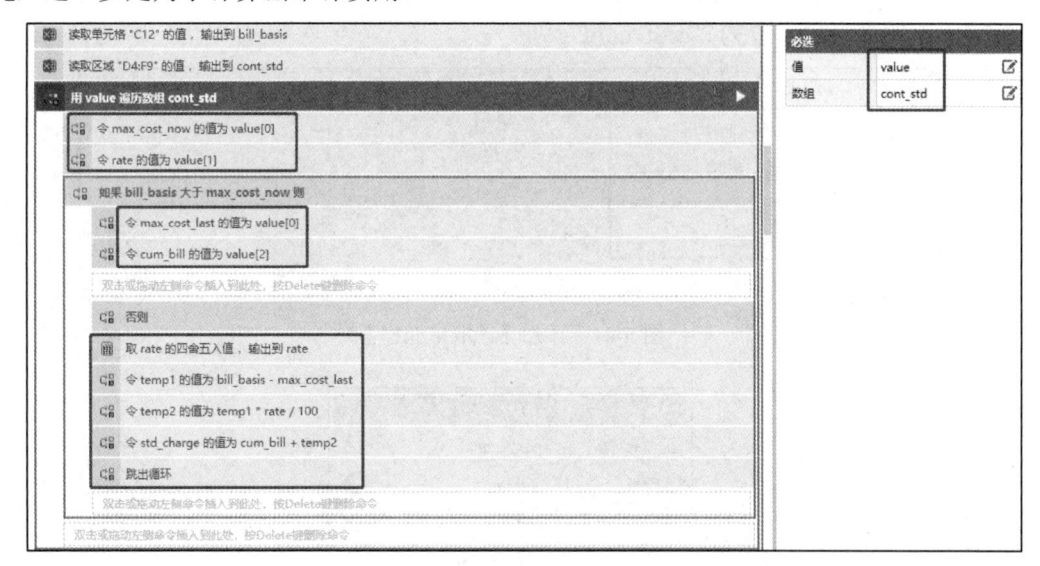

图 5-43 计算审计费用

表 5-19 属性设置

活动名称	属性	值
依次读取数组中每个元素	值	value
	数组	cont_std
变量赋值	变量名	max_cost_now
	变量值	value[0]
变量赋值	变量名	rate
	变量值	value[1]

续表

活动名称	属性	值
如果条件成立	判断表达式	bill_basis>max_cost_now
变量赋值	变量名	max_cost_last
	变量值	value[0]
变量赋值	变量名	cum_bill
	变量值	value[2]
取四舍五入值	输出到	rate
	目标数据	rate
	保留位数	2
变量赋值	变量名	temp1
	变量值	bill_basis-max_cost_last
变量赋值	变量名	temp2
	变量值	temp1*rate/100
变量赋值	变量名	std_charge
	变量值	cum_bill+temp2

步骤三十一：在上述循环外，添加【写入单元格】，拖入 4 个【读取单元格】，如图 5-44、图 5-45 所示，属性设置如表 5-20 所示，这一步为了读取折后收费数据；添加【关闭 Excel 工作簿】，工作簿对象设置为"cost_cont"。

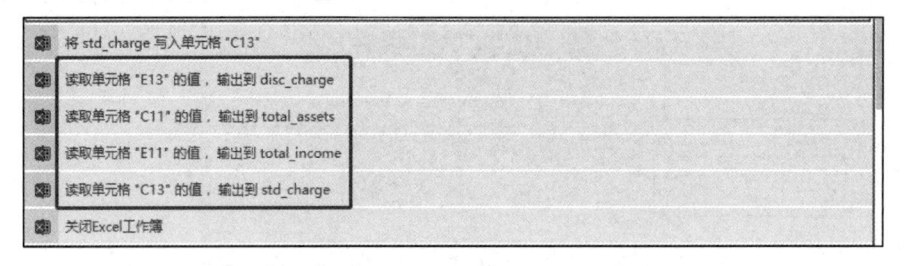

图 5-44　添加【读取单元格】

图 5-45　设置【写入单元格】属性

表 5-20　【读取单元格】属性设置

活动名称	输出到	工作簿对象	工作表	单元格
读取单元格	disc_charge	cost_cont	"Sheet1"	"E13"
	total_assets	cost_cont	"Sheet1"	"C11"
	total_income	cost_cont	"Sheet1"	"E11"
	std_charge	cost_cont	"Sheet1"	"C13"

步骤三十二：添加 3 个【变量赋值】，如图 5-46 所示，属性设置如表 5-21 所示。计算流动比率、应收账款周转天数、重要性水平。

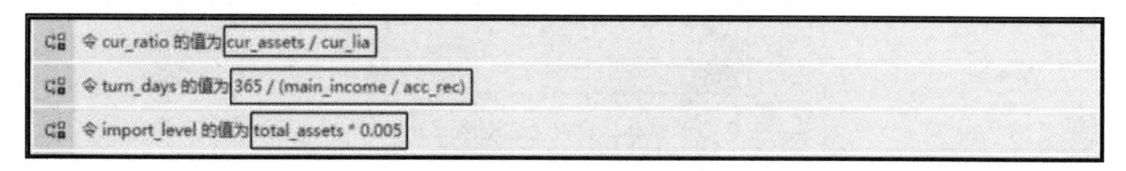

图 5-46　计算财务指标

表 5-21　属性设置

活动名称	属性	值
变量赋值	变量名	cur_ratio
	变量值	cur_assets/cur_lia
变量赋值	变量名	turn_days
	变量值	365/(main_income/acc_rec)
变量赋值	变量名	import_level
	变量值	total_assets/200

步骤三十三：添加【打开 Excel 工作簿】，用于打开风险水平计算表，路径设置为："@res"模板文件夹\\风险水平计算表.xlsx""，其余属性设置如图 5-47；添加 3 个【写入单元格】，将前面计算得出的流动比率、应收账款周转天数、重要性水平写入风险水平计算表中，属性设置如表 5-22 所示；添加【读取区域】，读取风险评分标准，属性设置如图 5-48 所示。

图 5-47　读取风险水平计算表活动配置

表 5-22　属性设置

活动名称	数据	工作簿对象	工作表	单元格	立即保存
写入单元格	cur_ratio	risk_cont	"Sheet1"	"B2"	否
	turn_days	risk_cont	"Sheet1"	"B10"	否
	import_level	risk_cont	"Sheet1"	"B19"	否

图 5-48 设置【读取区域】

步骤三十四：添加【依次读取数组中每个元素】，添加【如果条件成立】，在"否则"上方添加【变量赋值】，在右侧的变量设置中，将该变量的默认值设置为"3"，如图 5-49、图 5--50 所示；下方添加【跳出循环】，这一步为了计算流动比率得分。在循环外添加【写入单元格】，属性设置如表 5-23 所示，将得分写入对应位置。

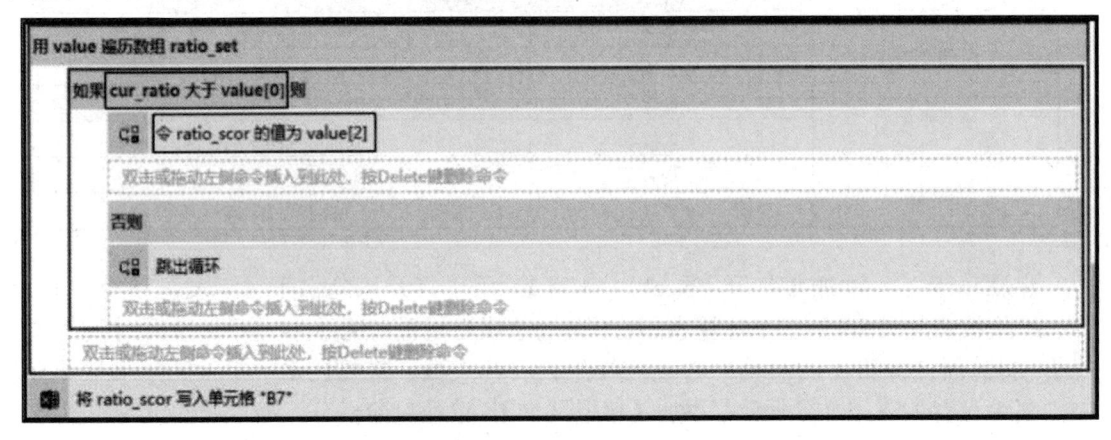

图 5-49 计算风险水平

表 5-23 属性设置

活动名称	属性	值
依次读取数组中每个元素	值	value
	数组	ratio_set
如果条件成立	判断表达式	cur_ratio>value[0]
变量赋值	变量名	ratio_scor
	变量值	value[2]
写入单元格	工作簿对象	risk_cont
	工作表	"Sheet1"
	单元格	"B7"
	数据	ratio_scor

图 5-50 设置变量

步骤三十五：用同样的方法计算应收账款周转天数得分，添加【读取区域】【依次读取数组中每个元素】，添加【如果条件成立】，在"否则"上方添加【变量赋值】，如图 5-51 所示，在右侧的变量设置中，将该变量的默认值设置为"1"，如图 5-52 所示；在"否则"下方添加【跳出循环】，这一步为了计算流动比率得分。在循环外添加【写入单元格】，将得分写入对应位置，拖入 2 个【读取单元格】，以上属性设置如表 5-24 所示。最后添加【关闭 Excel 工作簿】，工作簿对象设置为"risk_cont"。点击"保存",退出流程块编辑。

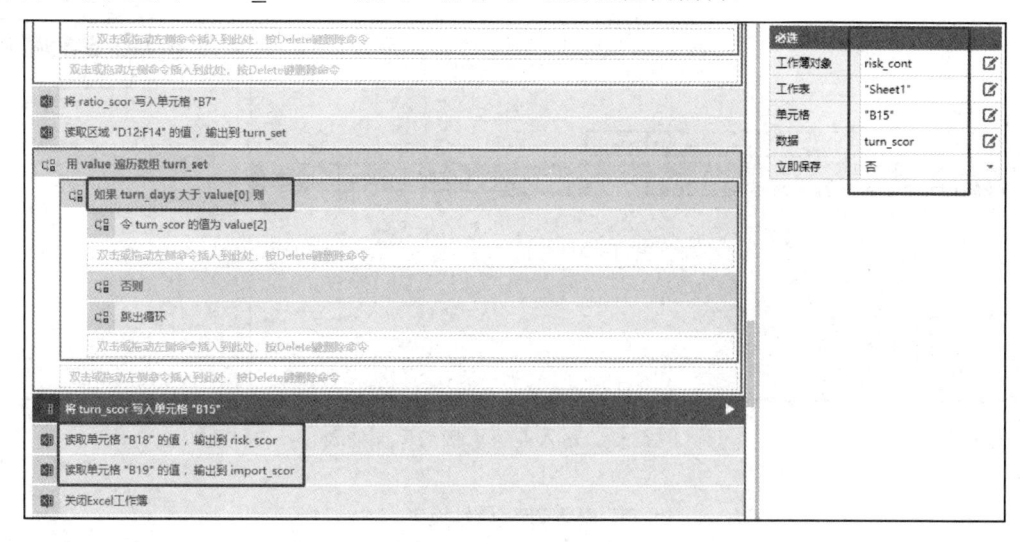

图 5-51　写入风险水平

表 5-24　属性设置

活动名称	属性	值
读取区域	输出到	turn_set
	工作簿对象	risk_cont
	工作表	"Sheet1"
	区域	"D12:F14"
依次读取数组中每个元素	值	value
	数组	turn_set
如果条件成立	判断表达式	turn_days>value[0]
变量赋值	变量名	turn_scor
	变量值	value[2]
写入单元格	工作簿对象	risk_cont
	工作表	"Sheet1"
	单元格	"B15"
	数据	turn_scor
读取单元格	输出到	risk_scor
	工作簿对象	risk_cont
	工作表	"Sheet1"
	单元格	"B18"
读取单元格	输出到	import_scor
	工作簿对象	risk_cont
	工作表	"Sheet1"
	单元格	"B19"

图 5-52　设置变量

步骤三十六：添加【复制文件】，路径设置为""@res"模板文件夹\\业务承接初步评估表.xlsx""，复制到的路径设置为""@res"生成文件夹""。添加【打开 Excel 工作簿】，文件路径设置为：""@res"模板文件夹\\业务承接初步评估表.xlsx""，其余设置如图 5-53 所示。添加

6个【写入单元格】，设置如表5-25所示。

图5-53 写入业务承接初步评估表

表5-25 属性设置

活动名称	数据	工作簿对象	工作表	单元格	立即保存
写入单元格	total_assets	Eval_tab	"Sheet1"	"C8"	否
	total_income	Eval_tab	"Sheet1"	"C9"	否
	std_charge	Eval_tab	"Sheet1"	"C10"	否
	disc_charge	Eval_tab	"Sheet1"	"C11"	否
	risk_scor	Eval_tab	"Sheet1"	"C12"	否
	import_scor	Eval_tab	"Sheet1"	"C13"	否

步骤三十七：添加【如果条件成立】，在其中添加【变量赋值】，属性设置如图5-54所示，用于判断审计费用是否符合承接标准；添加【写入单元格】，属性设置如表5-26所示，将结论写入报告。

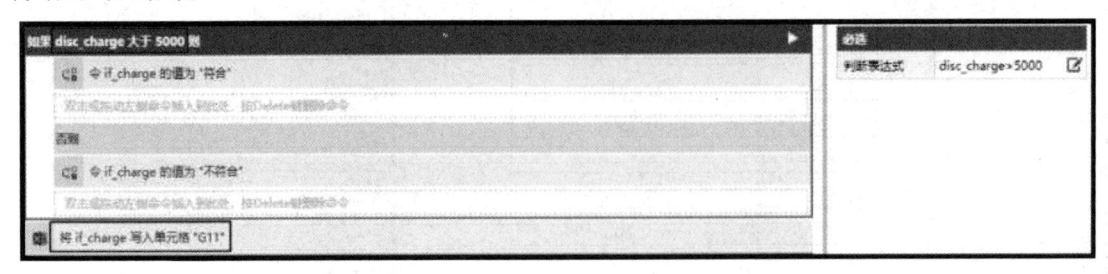

图5-54 判断审计费用是否符合承接标准

表5-26 属性设置

活动名称	属性	值
如果条件成立	判断表达式	disc_charge>5000
变量赋值	变量名	if_charge
	变量值	"符合"
变量赋值	变量名	if_charge
	变量值	"不符合"

续表

活动名称	属性	值
写入单元格	工作簿对象	Eval_tab
	工作表	"Sheet1"
	单元格	"G11"
	数据	if_charge

步骤三十八：用同样的方法判断风险水平、重要性水平是否符合承接标准。添加【如果条件成立】，在其中添加【变量赋值】；添加【写入单元格】，如图 5-55 所示，属性设置如表 5-27 所示，将结论写入报告。

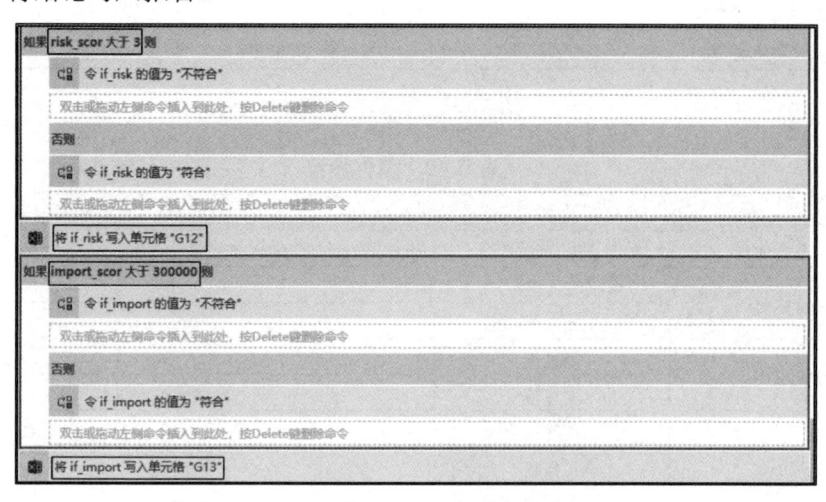

图 5-55 判断风险水平是否符合承接标准

表 5-27 属性设置

活动名称	属性	值
如果条件成立	判断表达式	risk_scor>3
变量赋值	变量名	if_risk
	变量值	"不符合"
变量赋值	变量名	if_risk
	变量值	"符合"
写入单元格	工作簿对象	Eval_tab
	工作表	"Sheet1"
	单元格	"G12"
	数据	if_risk
如果条件成立	判断表达式	import_scor>300000
变量赋值	变量名	if_import
	变量值	"不符合"
变量赋值	变量名	if_import
	变量值	"符合"
写入单元格	工作簿对象	Eval_tab
	工作表	"Sheet1"
	单元格	"G13"
	数据	if_import

步骤三十九：根据以上3个条件的结论，生成是否承接该委托单位的审计任务的建议。添加【如果条件成立】，在其中添加【变量赋值】；添加【写入单元格】，属性设置表5-28所示，将结论写入报告。添加【关闭Excel工作簿】，如图5-56所示。

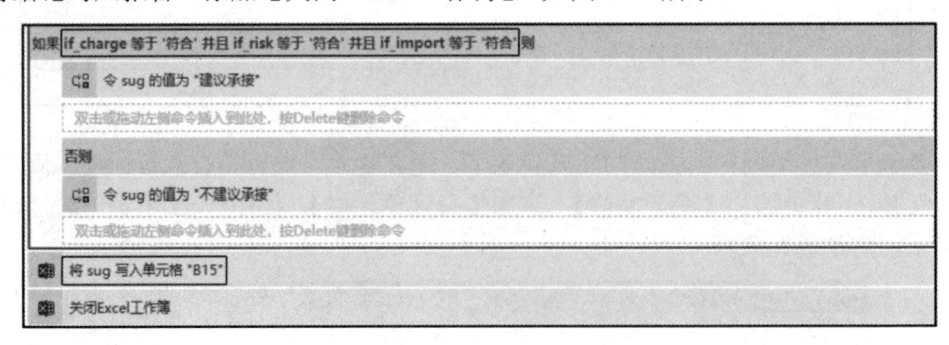

图 5-56　写入评价结论

表 5-28　属性设置

活动名称	属性	值
如果条件成立	判断表达式	if_charge ='符合' And if_risk = '符合' And if_import = '符合'
变量赋值	变量名	sug
	变量值	"建议承接"
变量赋值	变量名	sug
	变量值	"不建议承接"
写入单元格	工作簿对象	Eval_tab
	工作表	"Sheet1"
	单元格	"B15"
	数据	sug
关闭Excel工作簿	工作簿对象	Eval_tab
	立即保存	是

步骤四十：最后，添加【重命名】。拖入【发送邮件】，如图5-57所示，输入准备的邮箱账号及授权码，其他属性设置如表5-29所示。

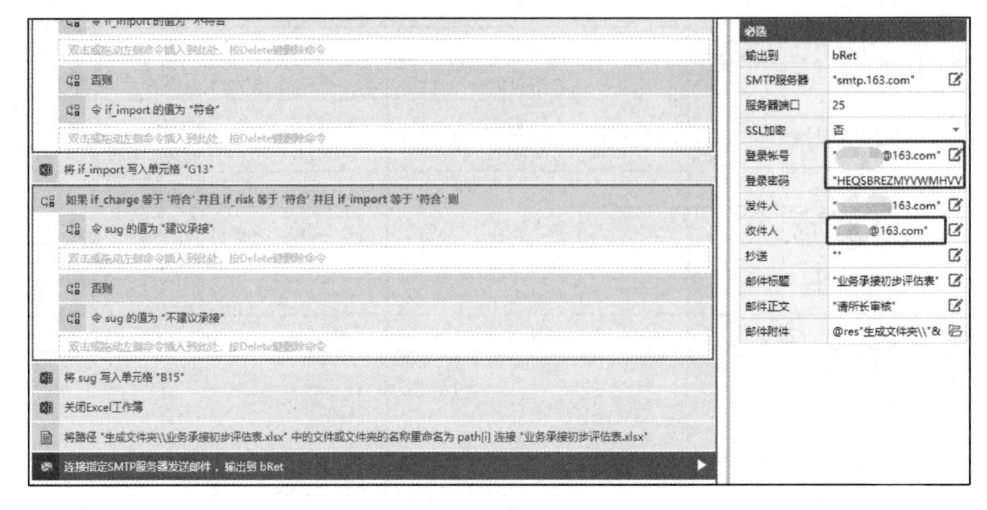

图 5-57　重命名后发送邮件

表 5-29 属性设置

活动名称	属性	值
重命名	路径	@res"生成文件夹\\业务承接初步评估表.xlsx"
	名称重命名为	path[i]&"业务承接初步评估表.xlsx"
发送邮件	输出到	bRet
	SMTP 服务器	"smtp.163.com"
	服务器端口	25
	SSL 加密	否
	登录账号	"example@163.com"
	登录密码	"HEQSBRESXCVWMHVV"
	发件人	"example@163.com"
	收件人	"example@163.com"
	抄送	""
	邮件标题	"业务承接初步评估表"
	邮件正文	"请所长审核"
	邮件附件	@res"生成文件夹\\"&path[i]&"业务承接初步评估表.xlsx"

5. 初步业务活动处理

步骤四十一：保存后退出该编辑块，回到流程图界面，点击"流程编辑"，进入"初步业务活动处理"流程编辑界面，如图 5-58 所示。

步骤四十二：拖入【获取文件或文件夹列表】，将路径属性设置为"@res"初步业务活动"'"，其他设置如图 5-59 所示，该步骤用于获取需要进行处理的初步评估业务列表。

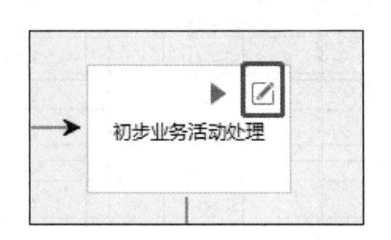

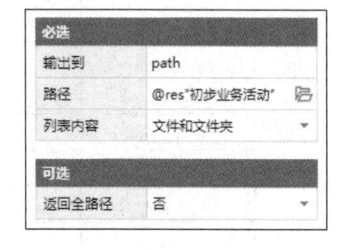

图 5-58 进入"初步业务活动处理"流程编辑界面　　图 5-59 设置【获取文件或文件夹列表】

步骤四十三：拖入【从初始值开始按步长计数】，将结束值属性设置为"n3-1"，初步业务活动阶段剩余操作均在此循环内处理，因此活动块都应该放在循环里面。拖入 2 个【复制文件】，第一个【复制文件】路径属性设置为："@res"模板文件夹\\业务承接评价"，复制到的路径设置为"@res"生成文件夹""；第二个【复制文件】路径属性设置为："@res"模板文件夹\\审计业务约定书.docx""，复制到的路径设置为"@res"生成文件夹""，如图 5-60 所示。

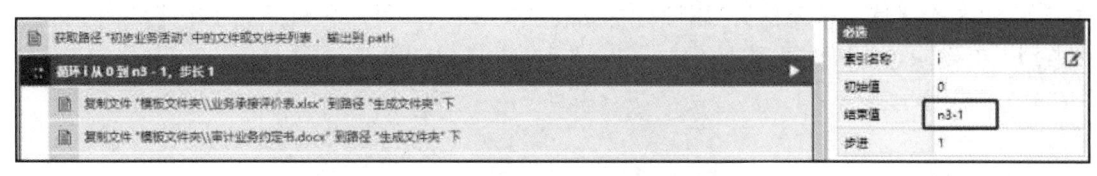

图 5-60 设置循环、【复制文件】

步骤四十四：添加【打开 Excel 工作簿】，文件路径属性设置为"@res"初步业务活动\\"&path[i]&"\\被审计单位及其环境调查表.xlsx"。其他设置如图 5-61 所示。为了获取"被审计单位及其环境调查表"中的信息，添加 1 个【读取区域】，以及 7 个读取单元格。属性设置如表 5-30 所示。最后添加【关闭 Excel 工作簿】，工作簿对象设置为"envir_survey"。

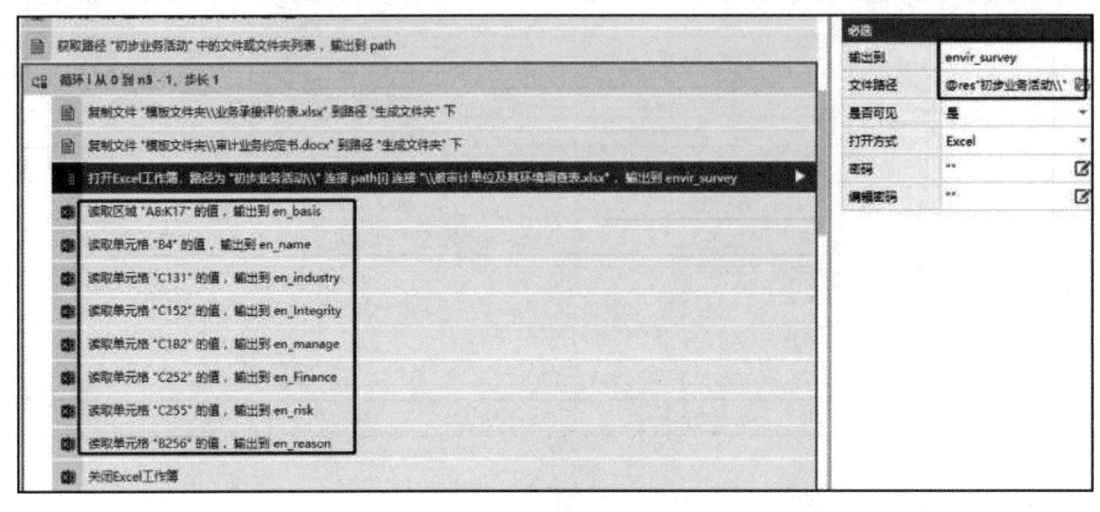

图 5-61　读取工作底稿

表 5-30　【读取单元格】【读取区域】属性设置

活动名称	输出到	工作簿对象	工作表	单元格或区域
读取区域	en_basis	envir_survey	"Sheet1"	"A8:K17"
读取单元格	en_name	envir_survey	"Sheet1"	"B4"
	en_industry	envir_survey	"Sheet1"	"C131"
	en_Integrity	envir_survey	"Sheet1"	"C152"
	en_manage	envir_survey	"Sheet1"	"C182"
	en_Finance	envir_survey	"Sheet1"	"C252"
	en_risk	envir_survey	"Sheet1"	"C255"
	en_reason	envir_survey	"Sheet1"	"B256"

步骤四十五：用同样的方法获取"面谈记录""沟通函回函""独立性与专业胜任能力调查表"中的信息，添加 3 个【打开 Excel 工作簿】，"面谈记录"的路径属性设置为"@res"初步业务活动\\"&path[i]&"\\面谈记录.xlsx"，变量名设置为"Interview"；"沟通函回函"的路径设置为"@res"初步业务活动\\"&path[i]&"\\沟通函回函.xlsx"，变量名设置为"reply"；"独立性与专业胜任能力调查表"的路径设置为"@res"初步业务活动\\"&path[i]&"\\独立性与专业胜任能力调查问卷.xlsx"，变量名设置为"ability"，如图 5-62 所示，其余设置默认。添加 5 个【读取单元格】，属性设置如表 5-31 所示，最后各自添加 3 个【关闭 Excel 工作簿】，工作簿对象依次设置为"Interview""reply""ability"。

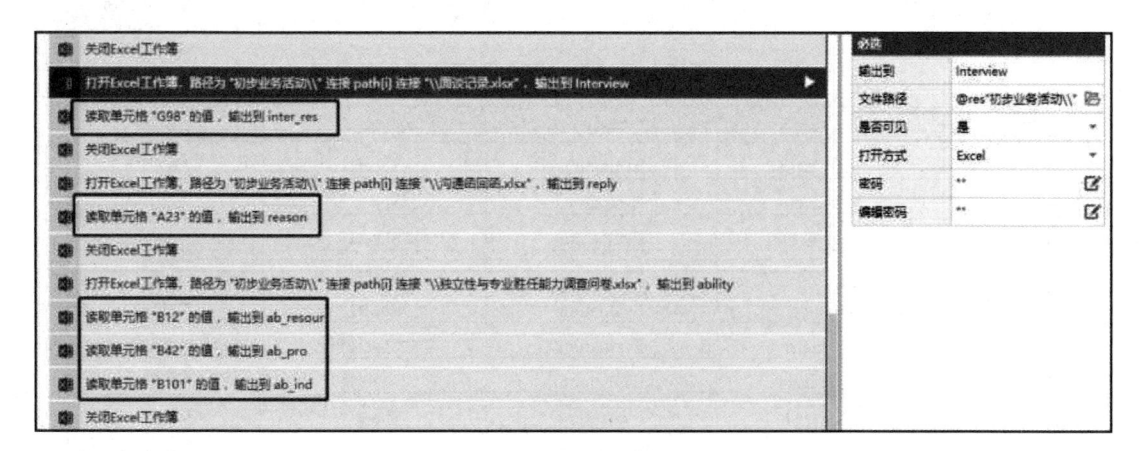

图 5-62 读取工作底稿

表 5-31 【读取单元格】属性设置

活动名称	输出到	工作簿对象	工作表	单元格
读取单元格	inter_res	Interview	"Sheet1"	"G98"
	reason	reply	"Sheet1"	"A23"
	ab_resour	ability	"Sheet1"	"B12"
	ab_pro	ability	"Sheet1"	"B42"
	ab_ind	ability	"Sheet1"	"B101"

步骤四十六：接下来是将前面读取到的信息填入生成的业务承接表中，添加【打开 Excel 工作簿】，文件路径设置为"@res"生成文件夹\\业务承接评价表.xlsx""，其余属性设置如图 5-63 所示。添加 1 个【写入区域】，以及 12 个【写入单元格】，属性设置如表 5-32 所示。

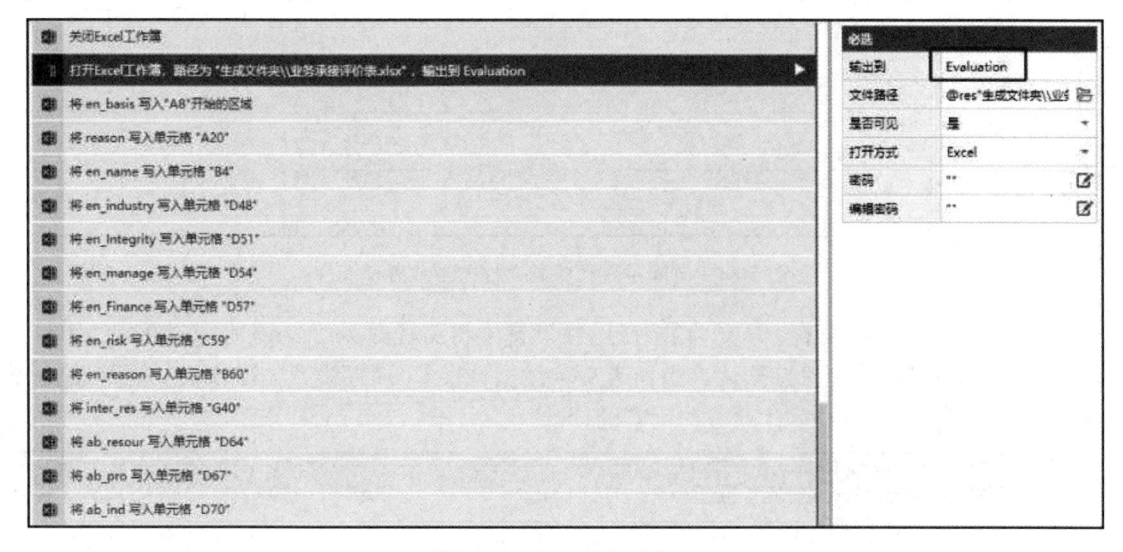

图 5-63 写入业务承接表

表 5-32 【写入区域】【写入单元格】属性设置

活动名称	数据	工作簿对象	工作表	单元格
写入区域	en_basis	Evaluation	"Sheet1"	"A8"
写入单元格	reason	Evaluation	"Sheet1"	"A20"
	en_name	Evaluation	"Sheet1"	"B4"
	en_industry	Evaluation	"Sheet1"	"D48"
	en_Integrity	Evaluation	"Sheet1"	"D51"
	en_manage	Evaluation	"Sheet1"	"D54"
	en_Finance	Evaluation	"Sheet1"	"D57"
	en_risk	Evaluation	"Sheet1"	"C59"
	en_reason	Evaluation	"Sheet1"	"B60"
	inter_res	Evaluation	"Sheet1"	"G40"
	ab_resour	Evaluation	"Sheet1"	"D64"
	ab_pro	Evaluation	"Sheet1"	"D67"
	ab_ind	Evaluation	"Sheet1"	"D70"

步骤四十七：添加【如果条件成立】，判断表达式为"ab_resour = '是' And ab_pro = '是' And ab_ind = '是'"，在其中正反位置添加两个【变量赋值】。添加【写入单元格】，属性设置除图 5-64 中所示外，均和上一步一致。将得到的是否具备审计该业务的独立性与专业胜任能力的结论写入"业务承接表"中。最后添加【关闭 Excel 工作簿】，工作簿对象设置为"Evaluation"。

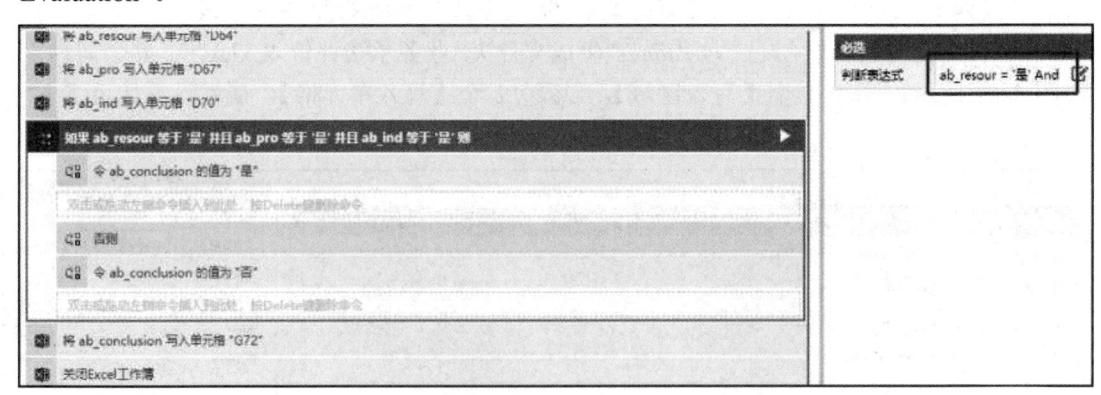

图 5-64 判断是否具备独立性与专业胜任能力

步骤四十八：添加【打开文档】，在属性设置中将路径改为"@res"生成文件夹\\审计业务约定书.docx""，其他保持默认。添加【文字批量替换】，属性设置如图 5-65 所示。最后添加【关闭文档】，完成对审计业务约定书的修改。

图 5-65 生成审计业务约定书

步骤四十九：添加 2 个【重命名】；拖入【发送邮件】，账号密码为准备的账号及授权码

（如图 5-66 所示），属性设置如表 5-33 所示。

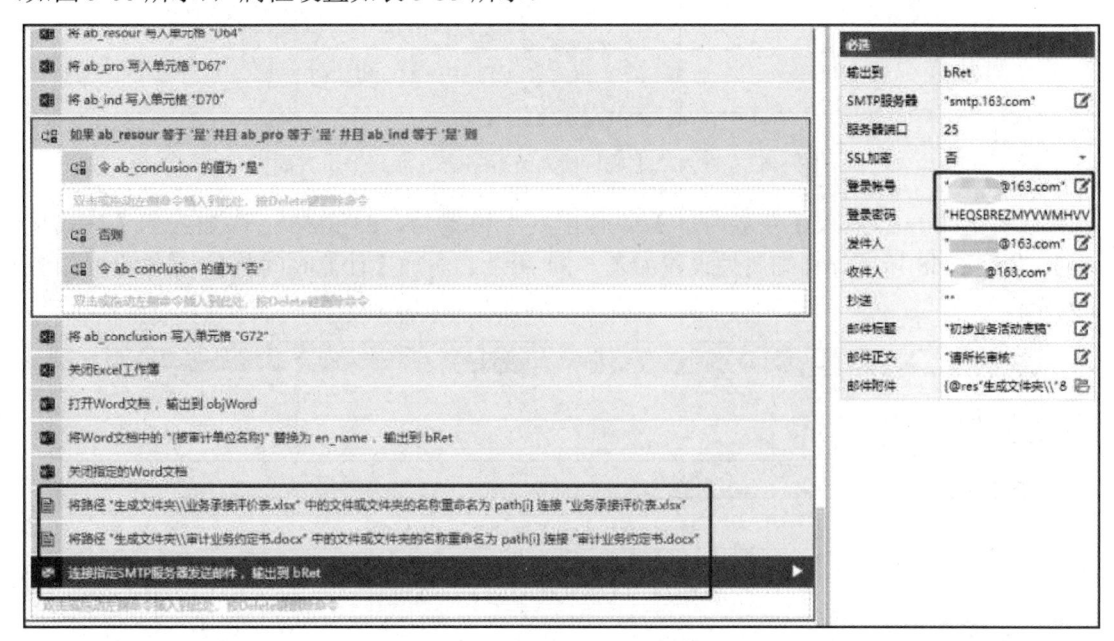

图 5-66 设置【重命名】【发送邮件】

表 5-33 属性设置

活动名称	属性	值
重命名	路径	@res"生成文件夹\\业务承接评价表.xlsx"
	名称重命名为	path[i]&"业务承接评价表.xlsx"
重命名	路径	@res"生成文件夹\\审计业务约定书.docx"
	名称重命名为	path[i]&"审计业务约定书.docx"
发送邮件	输出到	bRet
	SMTP 服务器	"smtp.163.com"
	服务器端口	25
	SSL 加密	否
	登录账号	"example@163.com"
	登录密码	"HEQSBRESXCVWMHVV"
	发件人	"example@163.com"
	收件人	"example@163.com"
	抄送	""
	邮件标题	"初步业务活动底稿"
	邮件正文	"请所长审核"
	邮件附件	[@res"生成文件夹\\"&path[i]&"审计业务约定书.docx",@res"生成文件夹\\"&path[i]&"业务承接评价表.xlsx"]

6. 生成机器人运行日志

步骤五十：保存后退出该编辑块，回到流程图界面，点击"流程编辑"，进入"生成机器人运行日志"流程编辑界面，如图 5-67 所示。

图 5-67　进入"生成机器人运行日志"流程编辑界面

步骤五十一：拖入【获取时间】，"输出到"设置为"dTime2"。添加三个【格式化时间】，如图 5-68 所示，详细属性设置如表 5-34 所示。添加【计算时间差】，属性设置如图 5-69 所示。

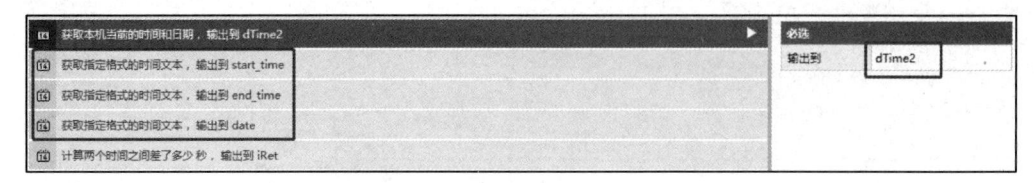

图 5-68　添加【格式化时间】

表 5-34　【格式化时间】属性设置

活动名称	输出到	时间	格式
格式化时间	start_time	dTime1	"hh:mm:ss"
	end_time	dTime2	"hh:mm:ss"
	date	dTime2	"yyyy-MM-dd"

图 5-69　设置【计算时间差】

步骤五十二：添加【打开 Excel 工作簿】，文件路径设置为"@res"模板文件夹\\机器人运行日志.xlsx""，其余属性设置如图 5-70 所示。添加【获取行数】；添加【写入行】，属性设置如表 5-35 所示。最后添加【关闭 Excel 工作簿】，工作簿对象设置为"log_note"，完成对机器人运行日志的生成。

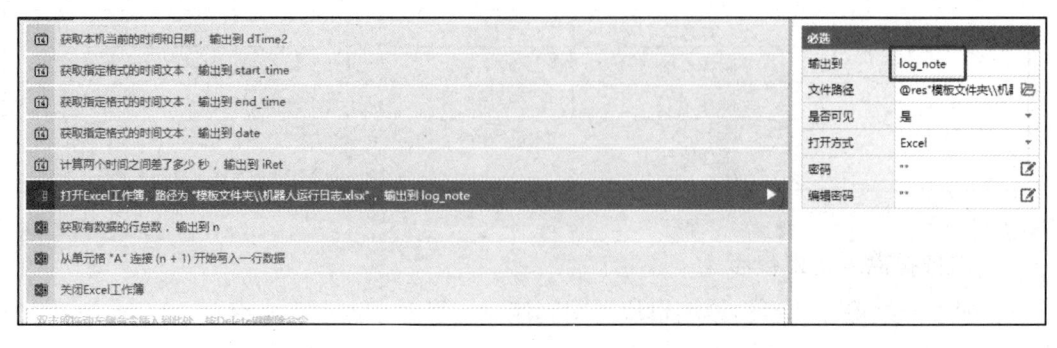

图 5-70　添加【打开 Excel 工作簿】

表 5-35 属性设置

活动名称	属性	值
获取行数	输出到	n
	工作簿对象	log_note
	工作表	"Sheet1"
写入行	工作簿对象	log_note
	工作表	"Sheet1"
	单元格	"A"&(n+1)
	数据	[date,start_time,end_time,iRet,n1,n2,n3]
	立即保存	否

步骤五十三：至此所有程序结束，点击"保存"，退到流程图界面，点击"运行"，等待机器人运行完毕，即可查看机器人运行结果。在生成文件夹中，可以看到机器人运行后，根据委托单位名称生成了业务承接评价表等文件，如图 5-71 所示；打开其他相关文件，可以看出机器人运行的每个阶段的数据均完成了填写，如图 7-72 所示。

图 5-71 机器人运行结果

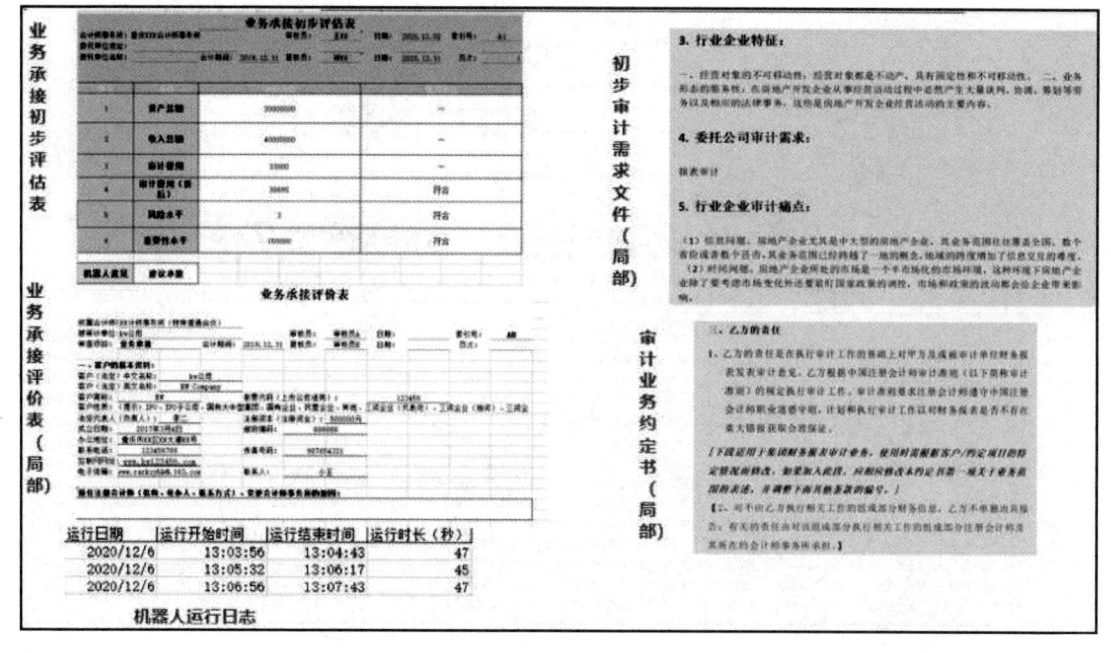

图 5-72 机器人运行结果一览

第 5 章 初步业务活动机器人　97

5.5 机器人运用

在重庆蛮先进智能制造公司总经理办公室里，总经理和财务总监正在午后闲聊。

"我听卢鹰说了,昨天数字链审会计师事务所的那个小伙子打电话过来说他们所使用了RPA审计机器人小蛮,能够保证审计工作又快又好,你说那个小蛮真有那么神奇吗?"总经理姜亭杉笑着说。

"谁知道呢,试试就试试,反正咱们不愁找不到人审计。"财务总监万梦竹道。

说着万梦竹就把自己公司的审计需求、报表资料发送了过去,结果一个小时不到,就收到了审计基本资料清单,这可把姜亭杉给震惊了。她连忙打电话给郑毅说道:"你们事务所这审计机器人的功能也太强大了吧,以往我们找的审计事务所基本上都得2天左右才会给回复,你们这才一个小时的时间就做好了基本资料清单,甚至连审计费用都计算好了。搞得我也想把机器人引进我们公司了。你们使用这审计机器人就没有什么风险吗?"

郑毅:"要说风险,当然也是有的,就像世界上没有完美的人,审计机器人也一样。比如在机器人部署之前,需要对存在的风险进行识别、分析、应对,我刚才用的初步业务活动机器人容易发生的错误主要包括邮件发送失败、邮件未找到、运行流程中断三类。可能产生的原因是邮件密集发送、文件路径改变、网络连接异常。所以在机器人的开发过程中,我们应该着重关注邮件间隔发送情况、相对路径的设置及网络连接的恢复。也可能存在文件打开错误、文件未找到运行流程中断的风险,可能是因为版本不兼容、文件路径改变、网络连接异常的原因,这时需要更换软件的版本、设置相对路径、恢复网络连接来应对风险。"

姜亭杉:"审计机器人真是太神奇了,冒昧问一句,这个机器人大概提高了多少工作效率啊?"

郑毅:"说到这个我就来劲了,这个机器人可以承担 2~5 个人的工作量,并且机器人集群可以自由调度,实现多个机器人同时运行,就 ROI 来说,在初步业务活动审计工作中,原来每周需要3个人分别耗时2天(每天4个小时),共计24个工时才能完成工作,现在只需要1个人忙3个小时就可以完成,效率提高了7倍!至于人工成本,您知道我们事务所的薪酬待遇在同行业也处于较高水平了,可以板起手指算算节约多少。"

姜亭杉:"我的天,机器人的效率也太高了吧,那是不是说现在你们所的业务助理都要被淘汰了啊?"

郑毅:"不不不,机器始终不会替代人。实际上,机器人的使用过程是一个人机协作共生的过程,只是业务助理和承接业务的合伙人的岗位职责都发生了改变。业务助理负责与被审计单位负责人、前任注册会计师进行沟通,填制工作底稿,监督机器人的运行工作。合伙人负责对承接评价表进行审核,以确定最终是否承接。和之前的工作比起来,又轻松又高效,最关键的是,现在年轻人不是都觉得在所里又累又学不到东西吗?现在大家都有时间去学习提升自我,再也不愁招不到新人了。"

听完郑毅的分享,姜亭杉和万梦竹对视了一眼,点点头一起说道:"RPA 技术真是厉害啊,看来我们公司也得让财务部门人员学习一下才行,听说你们所数字化赋能中心的 RPA 工程师都是在重庆理工大学那里培训的?看来以后咱们少不了找他们合作了。"

【思维拓展】

本章案例中审计费用的计算是依照《事务所管理办法》核算的,除此之外,在实务审计承接过程中,审计费用往往还需要考虑项目的难度与人力投入,请思考机器人在计算审计费用的过程中如何考虑这些情况?

第6章 会计分录测试机器人

6.1 场景描述

年复一年,一年一度的年报审计高峰期又来了。

上午九点,刚刚到上班时间,重庆数字链审会计师事务所审计一部办公室已经是案牍劳形了。有的人紧盯电脑,啪啪地打着字;有的人头埋在一大箱凌乱的资料里;有的人不停地穿梭在过道中。

项目经理黄鑫和中级审计助理陈奕竹也在办公室忙得不可开交。办公室的桌子和各个角落都堆满了从被审计单位收上来的凭证、发票、合同和文件等资料。

嘀嘀嘀!嘀嘀嘀!嘀嘀嘀!

"喂,您好,重庆数字链审审计一部黄鑫。"黄鑫赶紧拿起电话机夹在头和肩之间应道,然后左手继续整理资料,右手操作着鼠标。

"您好,是黄经理吧,我是重庆蛮先进智能制造有限公司会计主管蒋佳,上周已经和你们姚所长签订了业务约定书,听说您是项目经理,负责我们公司的年报审计,公司急着出报告呢,这都一周了,您看是不是明天……"

黄鑫皱着眉头,强颜欢笑道:"蒋主管,非常抱歉,现在同时进行的项目太多,这样,明天上午刚好有空当,我们进场!"

"那我们可说定了,明早 8:30 我在公司财务部等你们。"蒋主管回道。

挂完电话,黄经理立马打开重庆蛮先进智能制造有限公司的项目文档,并抬头大声喊道:"小陈,你准备一下会计分录测试的审计程序和底稿模板,我们明天去蛮先进智能制造公司进行会计分录测试。"

陈奕竹眼前一黑,苦应道:"黄经理,我这里还有好几个项目的收尾工作没有忙完,今天凌晨 2 点才睡觉,快不行了。这个能不能缓一缓呀?"

黄经理安慰道:"小陈,没办法啊,你也看到了,就只有我们几个 uu(友友)。你也听到了,他们公司的人都在催我们了。"

"黄经理,所里给我们配的初级审计助理什么时候到呀,这么多项目,就我们几个人,这实在是……累觉不爱(已经很累了,不想再继续做了)了,这都一个月没休息过了,天天熬夜到凌晨,都要 emo(抑郁)了。"陈奕竹苦不堪言道。

"我也不知道呀,都问过好几次了。不管来不来人,项目还是不能落下的,特别是会计分录测试，上次所里开质控会还特别强调了要重视会计分录测试。由于很多被审计单位都存在管理层凌驾于控制之上的风险，所以要求所有的财务报表审计项目，注册会计师都需要专门针对管理层凌驾于控制之上的风险设计和实施严格的会计分录测试。"黄鑫说道。

陈奕竹无奈地说道："看来今天晚上又是一个不眠夜了，月亮不睡我不睡，我是秃顶小宝贝！"

黄经理继续道："这样，我现在再详细讲一下会计分录测试的步骤，你回去就按照我说的整理成PPT。首先是要了解被审计单位对会计分录的使用情况。然后，考虑控制，即了解被审计单位的财务报告流程及针对分录和其他调整的控制，向参与财务报告过程的人员询问与处理会计分录和其他调整分录相关的不恰当或异常活动，测试与生成、记录和处理计入总分类账的会计分录相关的控制活动。其次是确定总体，包括确定待测试分录和其他调整的总体，并测试总体的完整性。再次，确定测试的方法和时间，从总体中选取待测试的会计分录及其他调整。最后是执行测试，测试选取的分录及调整并记录测试结果，同时根据测试结果考虑是否修改计划的审计程序及考虑测试整个会计期间的会计分录和调整分录的必要性。在实施测试时，可以采用计算机辅助审计技术或电子表格，来提高会计分录测试的效率和效果。而会计分录的控制包括五个内容，第一是职责分离，针对分录和其他调整的授权、过账、审核、核对等方面设置职责分离；第二是访问权限，在会计系统中设置系统访问权限，用以控制会计分录的记录权和审批权；第三是控制措施，用以防止并发现虚假分录或未经授权的更改的控制措施；第四是持续监督，由管理层、治理层或其他适当人员对分录记录和过入总账以及在编制财务报表过程中做出其他调整的过程进行监督；第五是定期测试，由内部审计人员定期测试控制运行的有效性。"

黄经理刚讲完，事务所行政人事总监胡赛楠带着一个满脸青涩的小伙子走了过来说道："黄经理，这是刚来的初级审计助理家桐，你们部不是一直要人吗？他来了他来了，他像个礼物走来了；他来了他来了，他脚踏祥云过来了！"

"来得早不如来得巧，这就是你之前说的要来所里的重庆理工大学审计毕业生吗，正好把他安排给陈奕竹一起做会计分录测试。陈奕竹，来来来认识一下你的新 uu。"黄经理对着胡总监和陈奕竹喊道。

陈奕竹腾地一下从座位上跳起来，拉着家桐的手转圈圈，说道："什么是快乐星球？现在我就带你研究！"

家桐摸了摸头，傻傻地笑着，心里有些摸不着头脑。

数字链审的会计分录测试业务流程如图 6-1 所示。

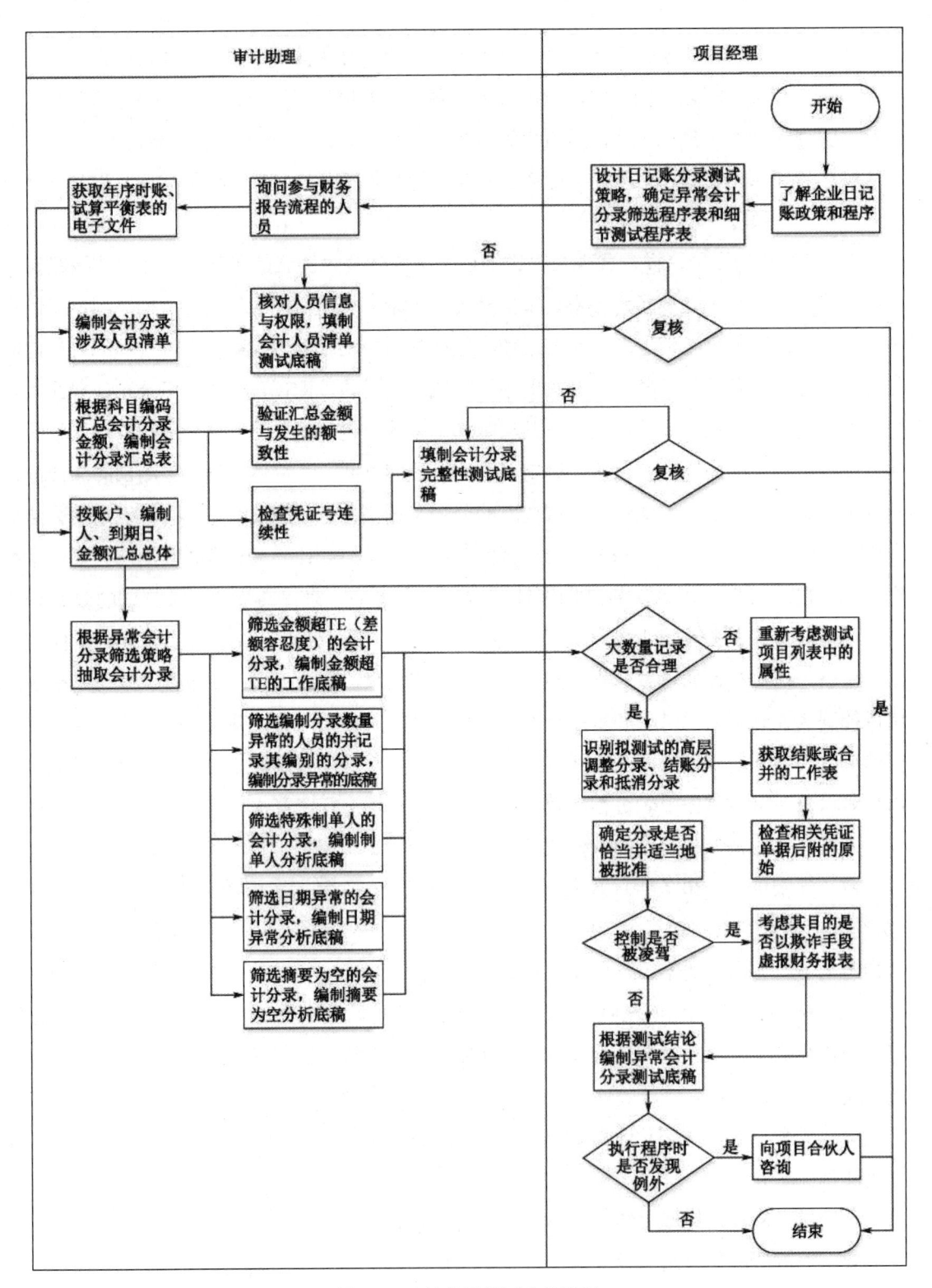

图 6-1 会计分录测试业务流程

6.2 机器人分析

①好的,黄经理。
小陈,家桐刚来,你先给他介绍一下会计人员清单测试流程。

②序时账、公司职员信息表、制作会计分录涉及人员清单、核对会计分录涉及人员及权限清单、核对专业胜任能力评价

③会计分录涉及人员清单出错可如何是好?

④核对信息这么多,这不得看出白内障呀!

一大早,黄鑫、陈奕竹和家桐三人就到了重庆蛮先进智能制造有限公司(简称"蛮先进公司")财务部。

见到会计主管蒋佳,黄鑫说道:"蒋主管,我就开门见山了,今天我们进场就正式开展工作,马上安排进行会计分录测试中的会计人员清单测试,这个需要你们配合一下。"

蒋佳惊讶了一下,回应道:"行,黄经理,我安排三个会计人员配合你们。另外,有什么事也可以直接和我说。"蒋佳分别指了指赵欣、廖雪邑和曹宇瑶。

黄鑫笑着说道:"好的,蒋主管,您先忙吧。"然后转头对陈奕竹说道,"小陈,家桐刚来,还是个小萌新,你先给他讲一下今天要做的会计人员清单测试流程,我先和他们三位会计沟通一下。"

陈奕竹回答:"好的,黄经理。"

说完,陈奕竹对着家桐滔滔不绝地讲起了会计人员清单测试的流程:"首先,要从蛮先

第 6 章 会计分录测试机器人 ▶ 103

进公司 2020 年序时账中获取会计分录制单、审核、过账人员名单，同时从蛮先进公司的职员信息表获取会计人员的岗位、职称、学历等信息，汇总生成会计分录涉及人员清单，并将会计分录涉及人员清单填入会计人员清单测试工作底稿。然后，将会计分录涉及人员清单与财务部提供的金蝶 K3/Cloud 用户及权限清单对比，核对人员信息和权限是否相符，若核对无误则在工作底稿中写入结果：人员清单核对相符并且权限未见异常；若发现问题，则需要在工作底稿中写入不相符的会计分录制单、审核、过账人员姓名和异常情况。接着，需要询问相关人员在招聘财务人员时，是否设定专业、人员素质等要求，是否考虑胜任能力，是否考虑财务人员学历、工作经验及内部岗位职责，以此评价会计分录涉及人员的专业胜任能力，并将结果写入工作底稿。最后，将会计人员清单测试总体结果写入工作底稿。"说完陈奕竹嘴角不自觉地上扬起来，眼神 buling buling 的，"怎么样家桐？你先做个整体了解，暂时记不住没关系，熟能生巧嘛。"

数字链审的会计人员清单测试业务流程如图 6-2 所示。

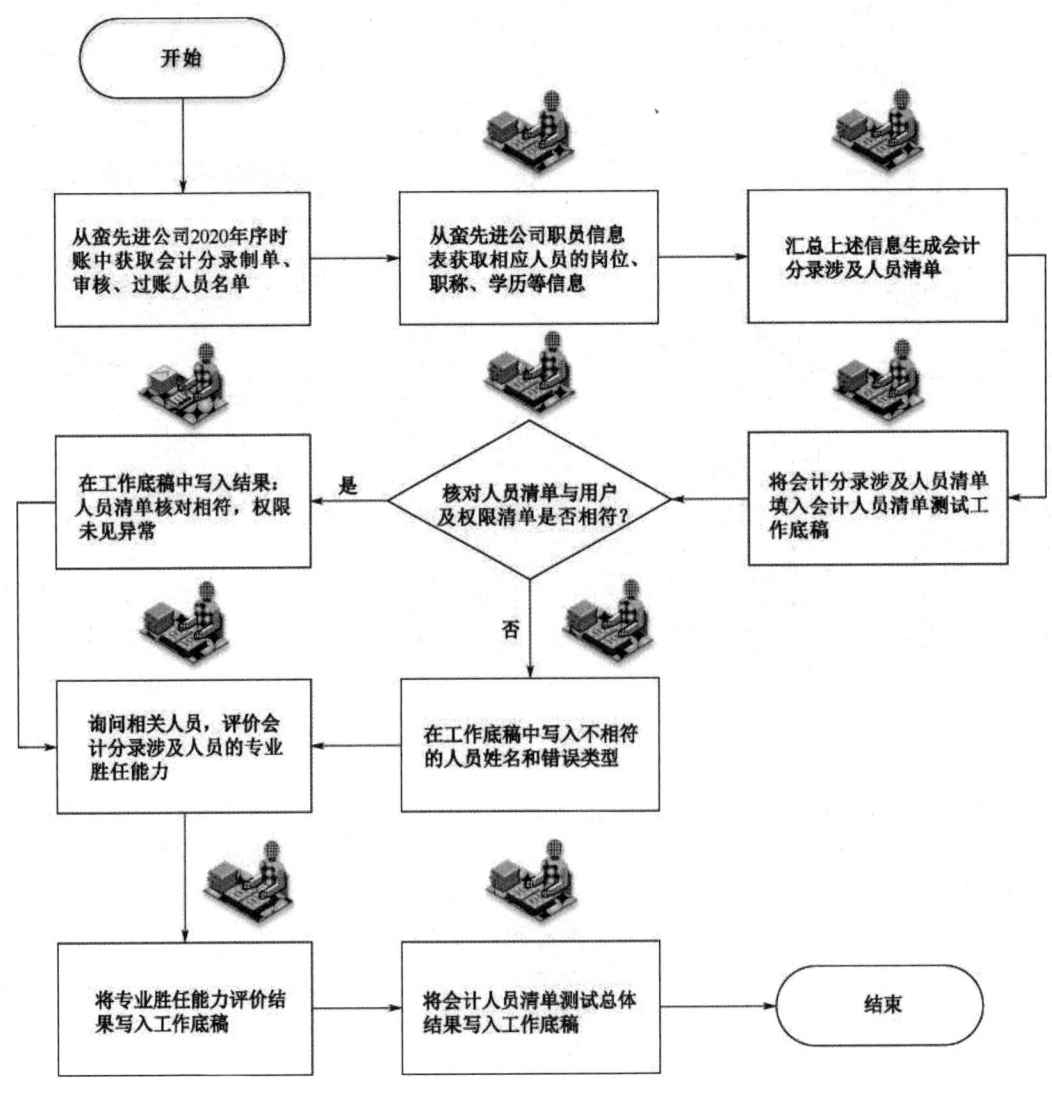

图 6-2　会计人员清单测试业务流程

6.3 机器人设计

6.3.1 自动化流程

昨天，数字链审的项目经理黄鑫一行在重庆蛮先进智能制造有限公司获取到了会计分录测试需要的资料，并针对在招聘财务人员时是否设定专业、人员素质等要求，是否考虑胜任能力，是否考虑财务人员学历、工作经验及内部岗位职责等问题对会计人员进行了详细询问。今天，项目组将根据从重庆蛮先进智能制造有限公司获取的资料进行会计分录测试及底稿编制。

正忙得不可开交的时候，一位戴着黑框眼镜，穿着格子衬衫和白色裤子，身高175cm左右，整个身材似乎有些单薄的帅哥走到黄鑫的办公桌旁边，说道："黄经理，您好！我是事务所数字化赋能中心的 RPA 中级工程师谭智杰，我们中心在事务所数字化转型管理委员会的领导下，正在陆续研发一些财务报表审计自动化机器人产品，目前研发出的小蛮机器人已经能够完成会计人员清单测试工作了，听说你们实施的蛮先进公司年报审计项目刚好在进行会计分录测试工作，我们想让小蛮试一下身手，看看他到底威武不威武。"

黄鑫抬起头来，仔细打量着这个眼睛炯炯有神、目光有些坚毅的谭智杰，心里暗道："这个人以前没有接触过，怎么感觉一天说话像在演戏似的？"有点不明白现在的新新人类，但是嘴上却不动声色地说道："可以呀，我们全力支持事务所的审计数字化战略转型，不过小蛮怎么做呢？快快给我讲一讲，说道说道。"

谭智杰兴奋地拿出笔记本电脑，打开 VISIO 软件，指着流程图讲道："黄经理，让我先给您讲一讲小蛮的工作流程。首先，小蛮会从蛮先进公司的 2020 年序时账提取会计分录制单、审核、记账人员名单，从被审计单位职员信息表中提取相应人员岗位、职称、学历等信息，然后，小蛮汇总上述获取的信息并生成会计分录涉及人员清单，接着，将会计分录涉及人员清单填入审计工作底稿。再接着，将会计分录涉及人员与财务部用户及权限清单对比，检查人员信息和权限是否相符，若结果相符在工作底稿中写入结果：人员清单核对相符同时权限未见异常；若结果不相符，则在工作底稿中写入不相符的人员姓名和错误类型。最后，小蛮会统计会计分录各涉及人员处理凭证数量，根据各人员岗位、职称、学历和处理凭证数量，并根据预设模型评价专业胜任能力，以及根据清单核对结果和专业胜任能力评价结果，将会计人员清单测试结果写入工作底稿。"

话语结束良久，黄鑫依然盯着眼前的机器人流程图，露出一丝不可思议的神色后则是兴奋的眼神，不言而喻。突然，黄鑫转过头对谭智杰说道："厉害了 word（我的）哥，这也太神奇了吧！所有审计流程毫无遗漏，你们也太厉害了吧！赶快！赶快！给我演示一下。"

"嘿嘿嘿！这一点点小功能不足为奇，我们还在持续研发多款机器人呢，你别急，我立马给你运行机器人。"

数字链审的会计人员清单测试机器人自动化流程如图 6-3 所示。

6.3.2 数据标准与规范

1. 审计数据采集

会计人员清单测试机器人数据采集包括：序时账、单位职员信息表、财务部用户与权限清单和现场询问情况，文件类型均为 Excel；数据内容包括制单人姓名、岗位、职称、学历等，如表 6-1 所示。

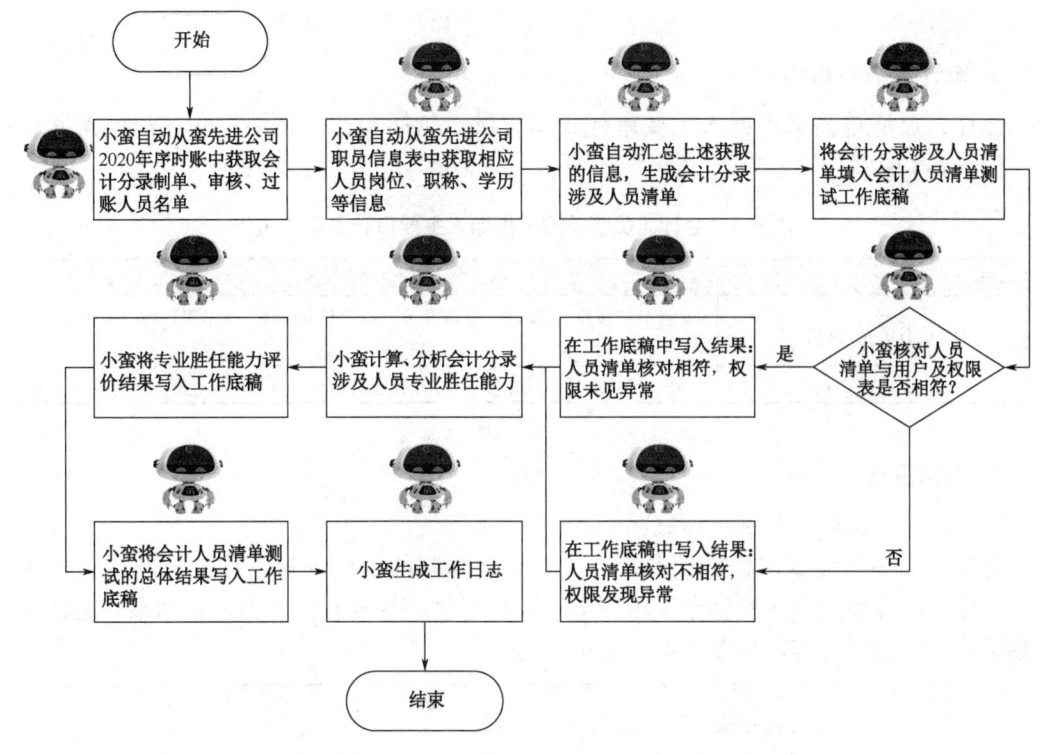

图 6-3　会计人员清单测试机器人自动化流程

表 6-1　会计人员清单测试机器人数据采集

数据来源	数据内容				文件类型
序时账	制单人姓名				Excel
单位职员信息表	性别	岗位	职称	学历	Excel
财务部用户与权限清单	姓名		权限		Excel
现场询问情况	涉及人员专业胜任能力		对财务人员授权频率		Excel

2. 审计数据处理

机器人获取数据后,首先需要进行数据清洗,包括数据拆分和合并。主要是将制单人姓名从序时账中拆分出来,并进行去重筛选处理,得到需要的人员姓名。然后将姓名与职员信息表对比,将相应人员的学历、职称、职位合并,形成人员清单。之后将人员清单与财务部用户及权限清单对比,核对权限是否相符。同时对相关人员专业胜任能力进行分析评价。最后综合得出审计结果,如表 6-2 所示。

表 6-2　会计人员清单测试机器人数据处理

数据清洗		数据计算		数据分析	
方法	主要内容	方法	主要内容	方法	主要内容
拆分	制单人姓名	求和	核对情况	对比	分录涉及人员信息与用户及权限
合并	制单人姓名/学历/职称/职位	求比值	专业胜任能力	分析	专业胜任能力

第 6 章　会计分录测试机器人

3. 审计底稿与报告

会计人员清单测试机器人主要审计底稿与报告包括会计人员清单测试和机器人运行日志，如表 6-3 所示。

表 6-3　会计人员清单测试机器人主要审计底稿与报告

底稿名称	底稿描述
DY-会计人员清单测试	会计分录涉及人员信息、人员信息与权限核对结果、专业胜任能力评价结果、审计结果
机器人运行日志	会计分录涉及人员信息、人员信息与权限核对结果、专业胜任能力评价结果

4. 表格设计

（1）会计人员清单测试工作底稿

会计人员清单测试工作底稿是审计人员需要编制的工作底稿，作为出具审计报告的基础。审计人员要按照程序实施结果填写会计人员清单、专业胜任能力评价结果、会计人员清单测试审计结论等内容，如图 6-4 和图 6-5 所示。

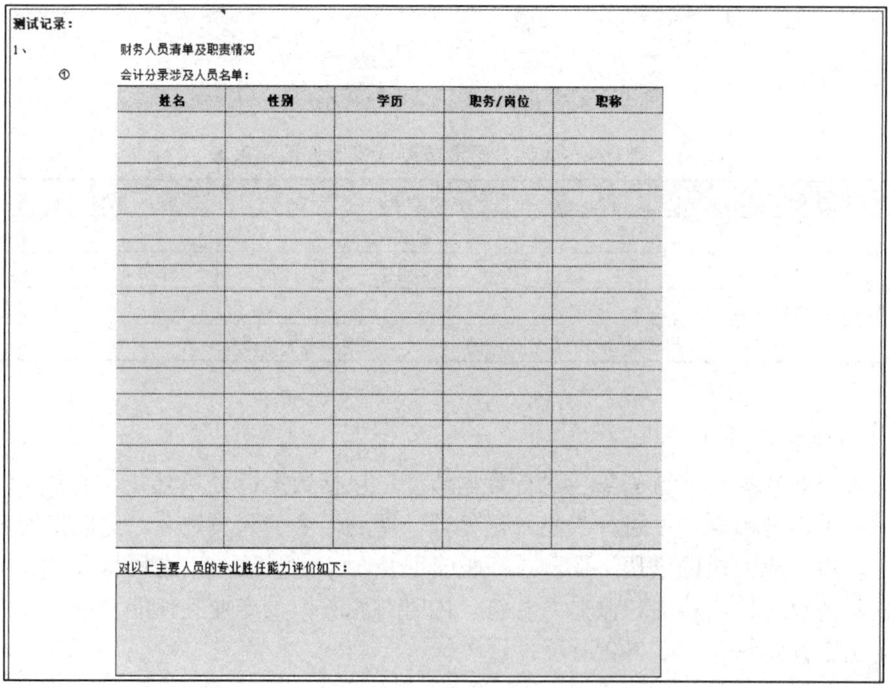
测试记录：

1、　财务人员清单及职责情况

①　会计分录涉及人员名单：

姓名	性别	学历	职务/岗位	职称

对以上主要人员的专业胜任能力评价如下：

图 6-4　会计人员清单测试工作底稿样表（1）

（2）机器人运行日志

机器人运行日志主要是用于记录机器人从开始运行到结束的一系列状态，包括姓名、性别、学历、职务、职称、与权限清单核对结果和专业胜任能力评价结果，如图 6-6 和图 6-7 所示。

2、		与SAP系统财务人员权限设置及人员情况核对					
		a					
		b					
3、		对以上主要人员的专业胜任能力评价如下：					
4、		确认多久将对被批准可访问应用程序的职员名单进行审核以及由谁担任审核人员。					
		询问财务经理关于8询问财务经理关于授权审核的频率，如有授权调整（增加、减少、变动），是否得到相关人员审批，获取解释						
		CON：对财务人员授权频率：					
测试结果及分析：							
测试结论Conclusion：							

图 6-5　会计人员清单测试工作底稿样表（2）

姓名	性别	学历	职务/岗位	职称	与权限清单核对结果	专业胜任能力评价结果

图 6-6　机器人运行日志样表（1）

审计数据采集与清洗		编制会计分录涉及人员清单中间表		编制会计人员清单测试表		生成机器人运行日志	
运行开始时间	状态	运行开始时间	状态	运行开始时间	状态	运行开始时间	状态

图 6-7　机器人运行日志样表（2）

6.4　机器人开发

6.4.1　技术路线

会计人员清单测试机器人开发包括审计数据采集与清洗、编制会计分录涉及人员清单中间表、编制会计人员清单测试表和生成机器人运行日志四个模块。

审计数据采集与清洗主要完成打开并读取 2020 年序时账、单位职员信息表、财务部用户与权限清单和现场询问情况表，使用到的活动有打开 Excel 工作簿、读取区域、读取单元格、读取行、关闭 Excel 工作簿、构建数据表、数据表去重、数据表筛选和将数据表转为数组。

编制会计分录涉及人员清单中间表主要完成从单位职员信息表中筛选出序时账中涉及的制单人的相关信息，同时编制会计分录涉及人员清单中间表，然后复制会计分录涉及人员清单底稿模板，将会计分录涉及人员清单写入工作底稿。使用到的活动有依次读取数组中每个元素、如果条件成立、变量赋值、在数组尾部添加元素、打开 Excel 工作簿、写入行和关闭 Excel 工作簿。

编制会计人员清单测试表主要完成将会计分录涉及人员清单与财务部用户与权限清单进行核对并生成核对结果、分析会计分录涉及人员专业胜任能力并生成分析结果和将审计结果写入工作底稿，使用的活动有依次读取数组中每个元素、如果条件成立、变量赋值、在数组尾部添加元素、打开 Excel 工作簿、写入单元格和关闭 Excel 工作簿。

生成机器人运行日志主要完成复制机器人运行日志模板，然后将机器人运行的中间结果写入机器人运行日志，使用的活动有依次读取数组中每个元素、变量赋值、打开 Excel 工作簿、另存 Excel 工作簿、写入行和关闭 Excel 工作簿。

会计人员清单测试机器人开发的详细技术路线如表 6-4 所示。

表 6-4　会计人员清单测试机器人开发技术路线

模块	功能描述	使用的主要活动
审计数据采集与清洗	打开并读取 2020 年序时账、单位职员信息表、财务部用户与权限清单和现场询问情况表	打开 Excel 工作簿
		读取区域
		读取单元格
		读取行
		关闭 Excel 工作簿
	筛选出序时账中涉及的制单人	构建数据表
		数据表去重
		数据表筛选
		将数据表转为数组
编制会计分录涉及人员清单中间表	从单位职员信息表中筛选出序时账中涉及的制单人的相关信息，同时编制会计分录涉及人员清单中间表	依次读取数组中每个元素
		如果条件成立
		变量赋值
		在数组尾部添加元素
	将会计分录涉及人员清单写入工作底稿	打开 Excel 工作簿
		复制文件
		变量赋值
		依次读取数组中每个元素
		写入行
		关闭 Excel 工作簿
编制会计人员清单测试表	将会计分录涉及人员清单与财务部用户与权限清单进行核对并生成核对结果	依次读取数组中每个元素
		如果条件成立
		变量赋值
		在数组尾部添加元素

续表

模块	功能描述	使用的主要活动
编制会计人员清单测试表	分析会计分录涉及人员专业胜任能力并生成分析结果	依次读取数组中每个元素
		如果条件成立
		变量赋值
		在数组尾部添加元素
	将审计结果写入工作底稿	打开 Excel 工作簿
		写入单元格
		关闭 Excel 工作簿
生成机器人运行日志	将机器人运行的中间结果和运行状态写入机器人运行日志	打开 Excel 工作簿
		另存 Excel 工作簿
		变量赋值
		依次读取数组中每个元素
		写入行
		获取时间
		格式化时间
		复制文件
		关闭 Excel 工作簿

6.4.2 开发步骤

1. 流程整体设计

步骤一：打开 UiBot Creator 软件，选择"新建"，点击"流程"，如图 6-8 所示，创建一个流程，命名为"会计分录测试_会计人员清单测试机器人"，最后点击"确定"。

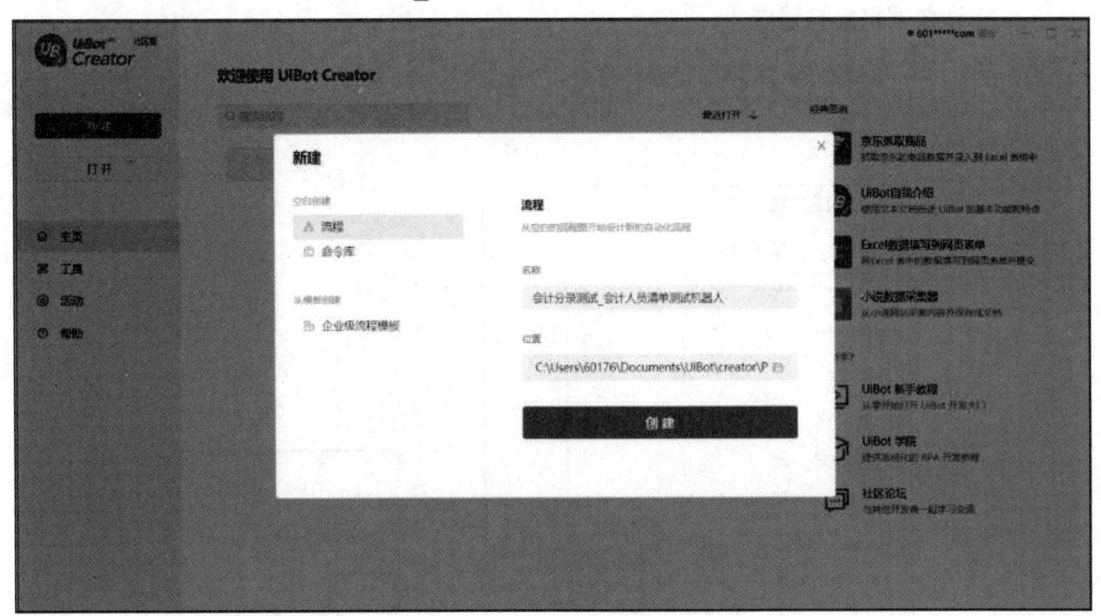

图 6-8　UiBot Creator 新建流程

步骤二：拖入 1 个辅助流程开始、4 个"流程块"和 1 个"结束"至流程图设计主界面，并连接起来。流程块描述修改为：审计数据采集与清洗、编制会计分录涉及人员信息中间表、编制会计人员清单测试表和生成机器人工作日志，如图 6-9 所示。

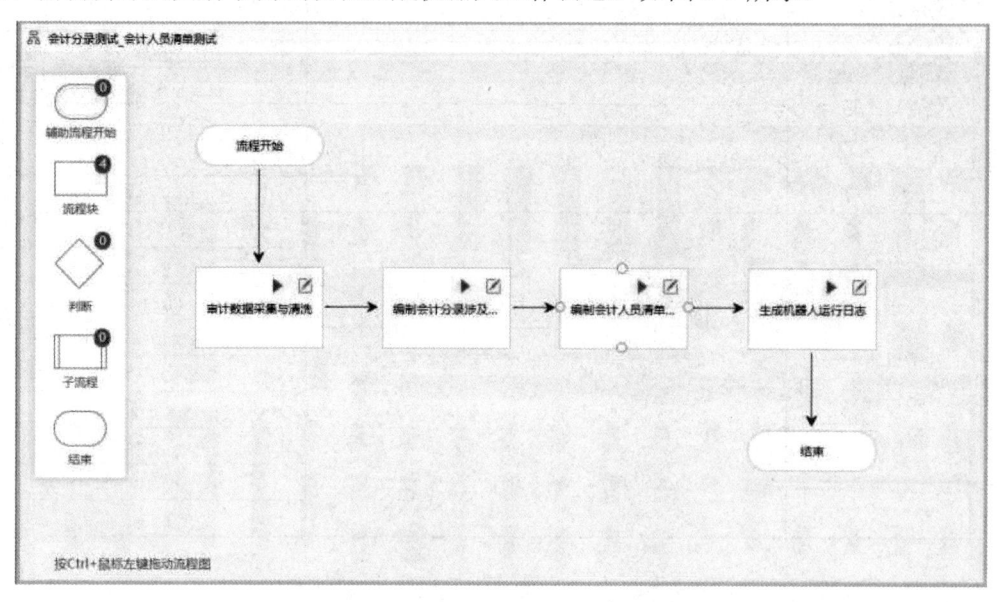

图 6-9　会计人员清单测试机器人流程图设计主界面

步骤三：在流程图界面右下方添加流程图变量，变量名、使用方向和值如图 6-10 所示。

至此，"流程整体设计"流程块编辑完毕。

2. 审计数据采集与清洗

步骤四：点击"编辑"进入"审计数据采集与清洗"流程块，如图 6-11 所示。在右侧的变量栏添加流程块变量，变量名和值如图 6-12 所示。（注：在该流程块编辑过程中可删除其他自动生成的变量。）

图 6-10　流程图变量　　　　图 6-11　点击"流程编辑"

步骤五：在"搜索命令"处输入【获取时间】，如图 6-13 所示。将【获取时间】拖入中间流程编辑界面。用同样方法搜索【格式化时间】【在数组尾部添加元素】并拖入可视化编辑界面，目的是为了记录该流程块开始运行的时间，如图 6-14 所示。

设置【获取时间】的属性"输出到"为"dTime"；设置【格式化时间】的属性"输出到"为"kssj"，"时间"为"dTime"，"格式"为""yyyy-mm-dd hh:mm:ss""，如图 6-15 所示；设置【在数组尾部添加元素】的属性"输出到"为"gzzt_arr"，"目标数组"为"gzzt_arr"，"添加元素"为"kssj"，如图 6-16 所示。

图 6-12　流程块变量 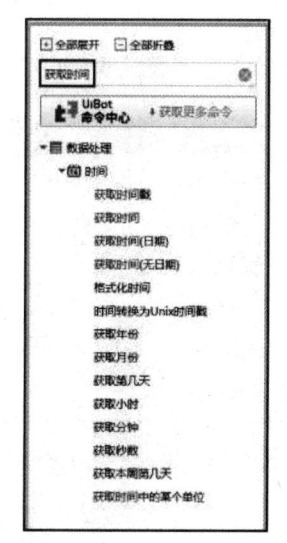　　　　　　　　　图 6-13　搜索命令

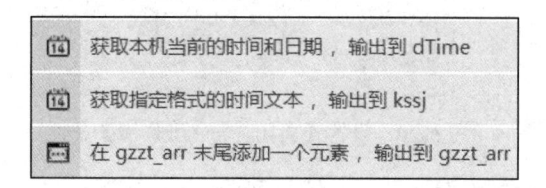

图 6-14　将命令拖入可视化编辑界面

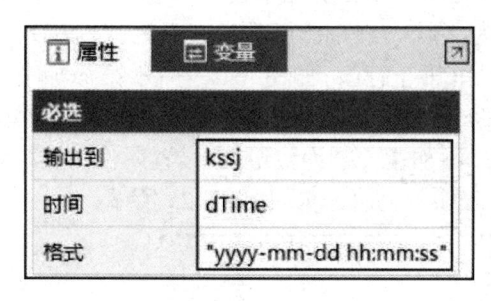

图 6-15　设置【格式化时间】属性 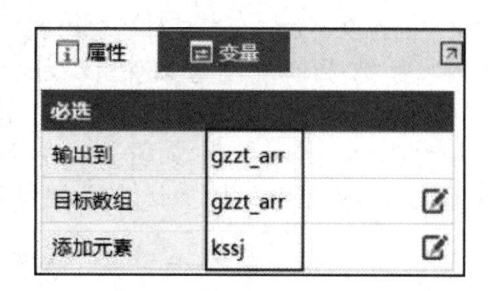　　　图 6-16　设置【在数组尾部添加元素】属性

步骤六：在左侧的搜索命令框中搜索并添加【打开 Excel 工作簿】【读取列】【关闭 Excel 工作簿】，目的是为了读取序时账制单人数据，如图 6-17 所示。设置【打开 Excel 工作簿】的属性"输出到"为""xsz_EWB""，"文件路径"为"@res"数据准备\\2020 年序时账.xlsx""，如图 6-18 所示；设置【读取列】的属性"输出到"为"xsz_arr"，"工作簿对

第 6 章　会计分录测试机器人　▶ 113

象"为"xsz_EWB","工作表"为""会计分录序时簿"","单元格"为"L1",如图 6-19 所示;设置【关闭 Excel 工作簿】的属性"工作簿对象"为"xsz_EWB",如图 6-20 所示。

> 打开Excel工作簿,路径为 "数据准备\\2020年序时账.xlsx",输出到 xsz_EWB
> 读取单元格"L1"开始的所在列的值,输出到 xsz_arr
> 关闭Excel工作簿

图 6-17 添加活动

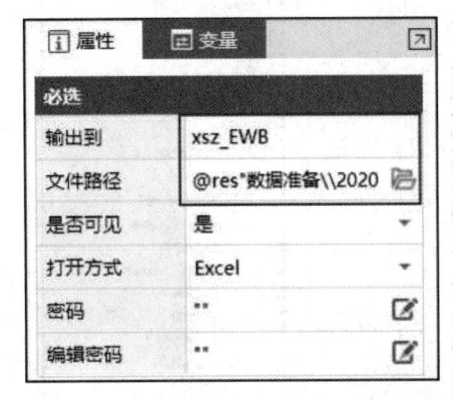

图 6-18 设置【打开 Excel 工作簿】属性   图 6-19 设置【读取列】属性

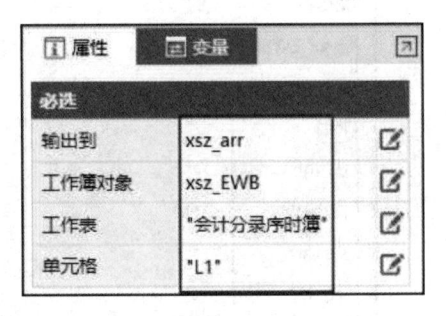

图 6-20 设置【关闭 Excel 工作簿】属性

步骤七:添加【构建数据表】,设置属性"输出到"为"xsz_DT","构建数据"为"xsz_arr","表格列头"为"["制单"]",如图 6-21 和 6-22 所示;添加【数据表去重】,目的是将重复的姓名去除,设置属性"输出到"为"xsz_DT","源数据表"为"xsz_DT","去重的列"为"["制单"]","重复保留"为"保留第一行",如图 6-23 所示;添加【数据筛选】,将列名去除,设置属性"输出到"为"xsz_DT","数据表"为"xsz_DT","筛选条件"为""\"制单\"!=制单"",如图 6-24 所示;添加【转换为数组】,设置属性"输出到"为"sjry_arr","源数据表"为"xsz_DT","包含表头"为"是",如图 6-25 所示。

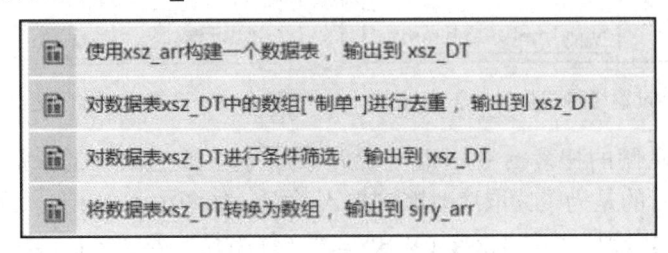

> 使用xsz_arr构建一个数据表,输出到 xsz_DT
> 对数据表xsz_DT中的数组["制单"]进行去重,输出到 xsz_DT
> 对数据表xsz_DT进行条件筛选,输出到 xsz_DT
> 将数据表xsz_DT转换为数组,输出到 sjry_arr

图 6-21 添加活动

图 6-22　设置【构建数据表】属性　　　　　图 6-23　设置【数据表去重】属性

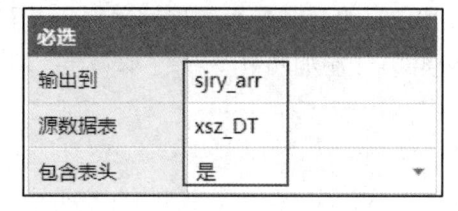

图 6-24　设置【数据筛选】属性　　　　　　图 6-25　设置【转化为数组】属性

步骤八：依次添加【打开 Excel 工作簿】【读取区域】【关闭 Excel 工作簿】，读取单位职员信息；依次添加【打开 Excel 工作簿】【读取区域】【关闭 Excel 工作簿】，读取财务部用户与权限清单；依次添加【打开 Excel 工作簿】【读取单元格】【读取单元格】【关闭 Excel 工作簿】，读取现场询问情况，如图 6-26 所示。各活动的具体属性设置如表 6-5 所示。

图 6-26　添加活动

表 6-5　属性设置

活动名称	序号	输出到	文件路径	
打开 Excel 工作簿	1	zyxx_EWB	@res"数据准备\\单位职员信息表.xlsx"	
	2	qxqd_EWB	@res"数据准备\\财务部用户与权限清单.xlsx"	
	3	xcxw_EWB	@res"数据准备\\现场询问情况.xlsx"	
活动名称	序号	输出到	工作簿对象	工作表	区域
读取区域	1	zyxx_arr	zyxx_EWB	"Sheet1"	"A2"
	2	qxqd_arr	qxqd_EWB	"Sheet1"	"A2"
活动名称	序号	输出到	工作簿对象	工作表	单元格
读取单元格	1	xcxw1	xcxw_EWB	"Sheet1"	"b2"
	2	xcxw2	xcxw_EWB	"Sheet1"	"b3"

续表

活动名称	序号	工作簿对象	立即保存
关闭 Excel 工作簿	1	zyxx_EWB	是
	2	qxqd_EWB	是
	3	xcxw_EWB	是

步骤九：添加【在数组尾部添加元素】，目的是为了记录该流程块的运行状态，如图 6-27 所示。设置【在数组尾部添加元素】的属性"输出到"为"gzzt_arr"，"目标数组"为"gzzt_arr"，"添加元素"为""成功""，如图 6-28 所示。

图 6-27　添加活动

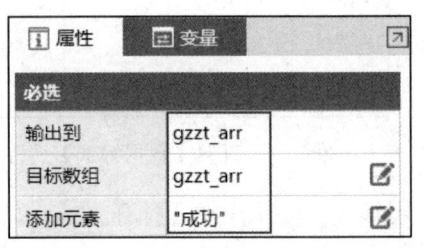

图 6-28　设置【在数组尾部添加元素】属性

至此，"审计数据采集与清洗"流程块编辑完毕。

3. 编制会计分录涉及人员信息中间表

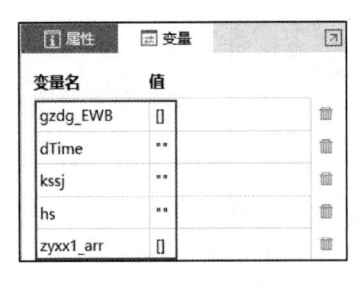

图 6-29　流程块变量

步骤十：点击退出审计数据采集与清洗流程块，重新进入编制会计分录涉及人员信息中间表流程块，在右侧的变量栏添加流程块变量，变量名和值如图 6-29 所示。（注：在该流程块编辑过程中可删除其他自动生成的变量。）

步骤十一：依次搜索并添加【获取时间】【格式化时间】【在数组尾部添加元素】，目的是记录该流程块开始运行的时间。具体操作和属性设置参考步骤五。

步骤十二：依次搜索并添加【依次读取数组中每个元素】【依次读取数组中每个元素】【如果条件成立】【变量赋值】【在数组尾部添加元素】，如图 6-30 所示，属性设置如表 6-6 所示。该步骤是为了制作会计分录涉及人员清单。

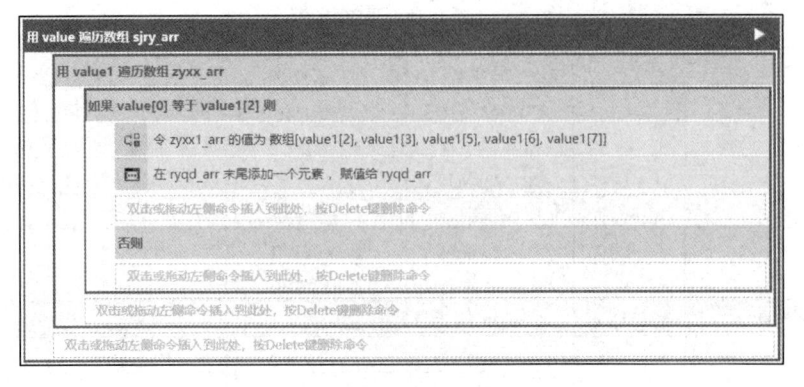

图 6-30　添加活动

表 6-6 属性设置

活动名称	属性	值
依次读取数组中每个元素	值	value
	数组	sjry_arr
依次读取数组中每个元素	值	value1
	数组	zyxx_arr
如果条件成立	判断表达式	value[0]=value1[2]
变量赋值	变量名	zyxx1_arr
	变量值	[value1[2],value1[3],value1[5],value1[6],value1[7]]
在数组尾部添加元素	输出到	ryqd_arr
	目标数组	ryqd_arr
	添加元素	zyxx1_arr

步骤十三：添加【复制文件】，目的是从模板文件复制工作底稿，如图 6-31 所示，设置属性"路径"为"@res"模板文件\\DY-会计人员清单测试工作底稿.xlsx""，"复制到的路径"为"@res"生成文件""，"同名时替换"为"是"，如图 6-32 所示。

图 6-31 添加活动

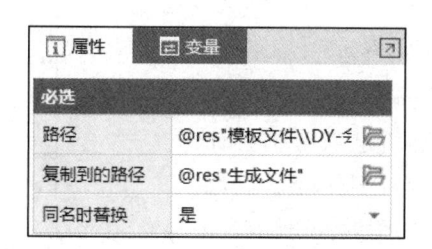

图 6-32 添加活动表

步骤十四：依次搜索并添加【打开 Excel 工作簿】【变量赋值】【依次读取数组中每个元素】【写入行】【变量赋值】【关闭 Excel 工作簿】，如图 6-33 所示，属性设置如表 6-7 所示。该步骤是为了将人员清单写入工作底稿。

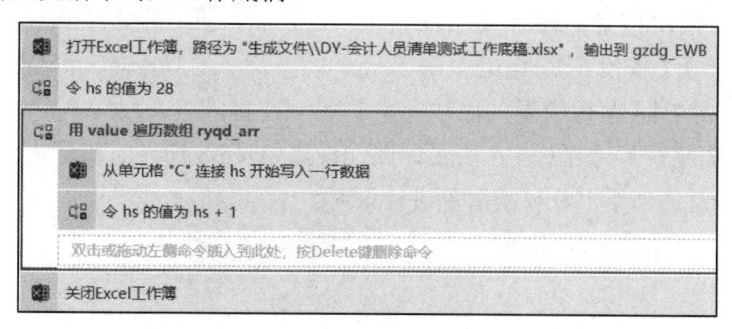

图 6-33 添加活动

表 6-7 属性设置

活动名称	属性	值
打开 Excel 工作簿	输出到	gzdg_EWB
	文件路径	@res"生成文件\\DY-会计人员清单测试工作底稿.xlsx"
变量赋值	变量名	hs
	变量值	28
依次读取数组中每个元素	值	value
	数组	ryqd_arr
写入行	工作簿对象	gzdg_EWB
	工作表	"会计人员清单测试"
	单元格	"C"&hs
	数据	value
变量赋值	变量名	hs
	变量值	hs+1
关闭 Excel 工作簿	工作簿对象	gzdg_EWB

步骤十五：添加【在数组尾部添加元素】，目的是为了记录该流程块的运行状态，具体操作和属性设置参照步骤九。

至此，"编制会计分录涉及人员信息中间表"流程块编辑完毕。

4. 编制会计人员清单测试表

步骤十六：点击退出编制会计分录涉及人员信息中间表流程块，重新进入编制会计人员清单测试表流程块，在右侧的变量栏添加流程块变量，变量名和值如图 6-34 所示。

步骤十七：依次搜索并添加【获取时间】【格式化时间】【在数组尾部添加元素】，目的是记录该流程块开始运行的时间。具体操作和属性设置参考步骤五。

步骤十八：依次搜索并添加【依次读取数组中每个元素】【依次读取数组中每个元素】【如果条件成立】【在数组尾部添加元素】

变量名	值
ryqd1_arr	[]
kssj	""
dTime	""
srnl_arr	[]
jl1	""
w	""
n	0
y	0
n1	0
y1	0
jl3	""
dg_EWB	""
w1	""
jl2b	""
jl2a	""
cs1	""
cs2	""
hdqk_arr	[]

图 6-34 流程块变量

【在数组尾部添加元素】，如图 6-35 所示，属性设置如表 6-8 所示。步骤十八至步骤二十是为了将人员清单和财务部用户及权限清单进行核对。

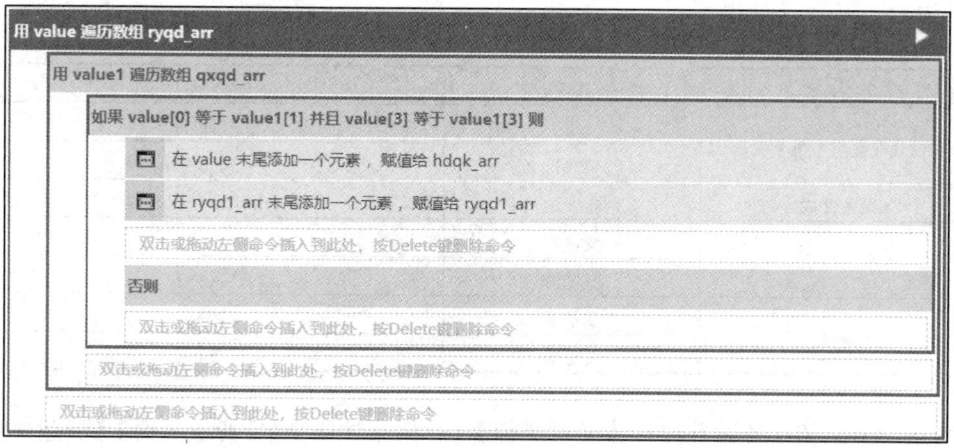

图 6-35 添加活动

表 6-8 属性设置

活动名称	属性	值
依次读取数组中每个元素	值	value
	数组	ryqd_arr
依次读取数组中每个元素	值	value1
	数组	qxqd_arr
如果条件成立	判断表达式	value[0]=value1[1] And value[3]=value1[3]
在数组尾部添加元素	输出到	hdqk_arr
	目标数组	value
	添加元素	"核对无误"
在数组尾部添加元素	输出到	ryqd1_arr
	目标数组	ryqd1_arr
	添加元素	hdqk_arr

步骤十九：依次搜索并添加【依次读取数组中每个元素】【如果条件成立】【变量赋值】【变量赋值】，如图 6-36 所示，属性设置如表 6-9 所示。

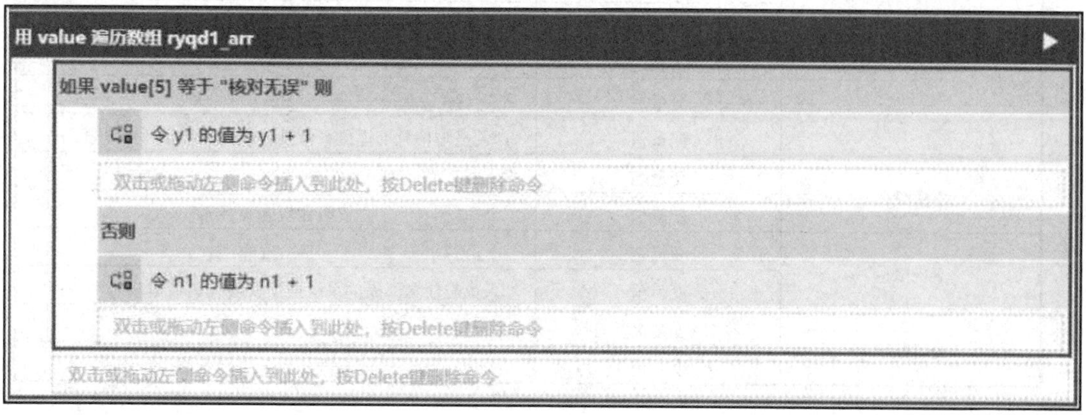

图 6-36 添加活动

表 6-9 属性设置

活动名称	属性	值
依次读取数组中每个元素	值	value
	数组	ryqd1_arr
如果条件成立	判断表达式	value[5]="核对无误"
变量赋值	变量名	y1
	变量值	y1+1
变量赋值	变量名	n1
	变量值	n1+1

步骤二十：依次搜索并添加【变量赋值】【如果条件成立】【变量赋值】【变量赋值】【变量赋值】【变量赋值】，如图 6-37 所示，属性设置如表 6-10 所示。

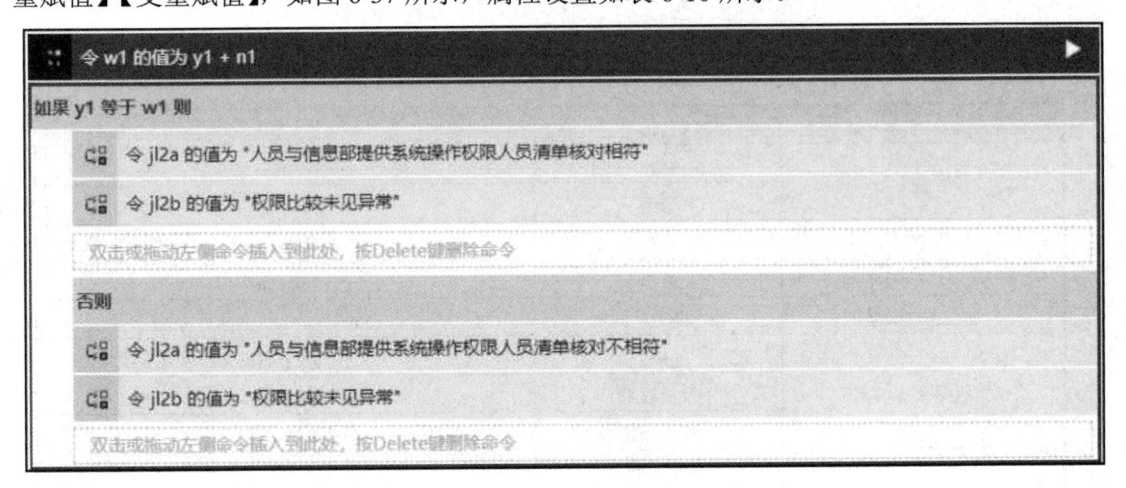

图 6-37 添加活动

表 6-10 属性设置

活动名称	属性	值
变量赋值	变量名	w1
	变量值	y1+n1
如果条件成立	判断表达式	y1=w1
变量赋值	变量名	jl2a
	变量值	"人员与信息部提供系统操作权限人员清单核对相符"
变量赋值	变量名	jl2b
	变量值	"权限比较未见异常"
变量赋值	变量名	jl2a
	变量值	"人员与信息部提供系统操作权限人员清单核对不相符"
变量赋值	变量名	jl2b
	变量值	"权限比较未见异常"

步骤二十一：依次搜索并添加【依次读取数组中每个元素】【如果条件成立】【在数组尾部添加元素】【在数组尾部添加元素】【如果条件成立】【在数组尾部添加元素】【在数组尾部

添加元素】【在数组尾部添加元素】【在数组尾部添加元素】,如图 6-38 所示,属性设置如表 6-11 所示。

```
用 value 遍历数组 ryqd1_arr
    如果 value[4] 等于 "助理会计师" 或者 value[4] 等于 "中级会计师" 或者 value[4] 等于 "中级审计师" 则
        在 value 末尾添加一个元素,赋值给 srnl_arr
        在 ryqd2_arr 末尾添加一个元素,赋值给 ryqd2_arr
        双击或拖动左侧命令插入到此处,按Delete键删除命令
    否则
        如果 value[2] 等于 "本科" 或者 value[2] 等于 "专科" 则
            在 value 末尾添加一个元素,赋值给 srnl_arr
            在 ryqd2_arr 末尾添加一个元素,赋值给 ryqd2_arr
            双击或拖动左侧命令插入到此处,按Delete键删除命令
        否则
            在 value 末尾添加一个元素,赋值给 srnl_arr
            在 ryqd2_arr 末尾添加一个元素,赋值给 ryqd2_arr
            双击或拖动左侧命令插入到此处,按Delete键删除命令
        双击或拖动左侧命令插入到此处,按Delete键删除命令
    双击或拖动左侧命令插入到此处,按Delete键删除命令
```

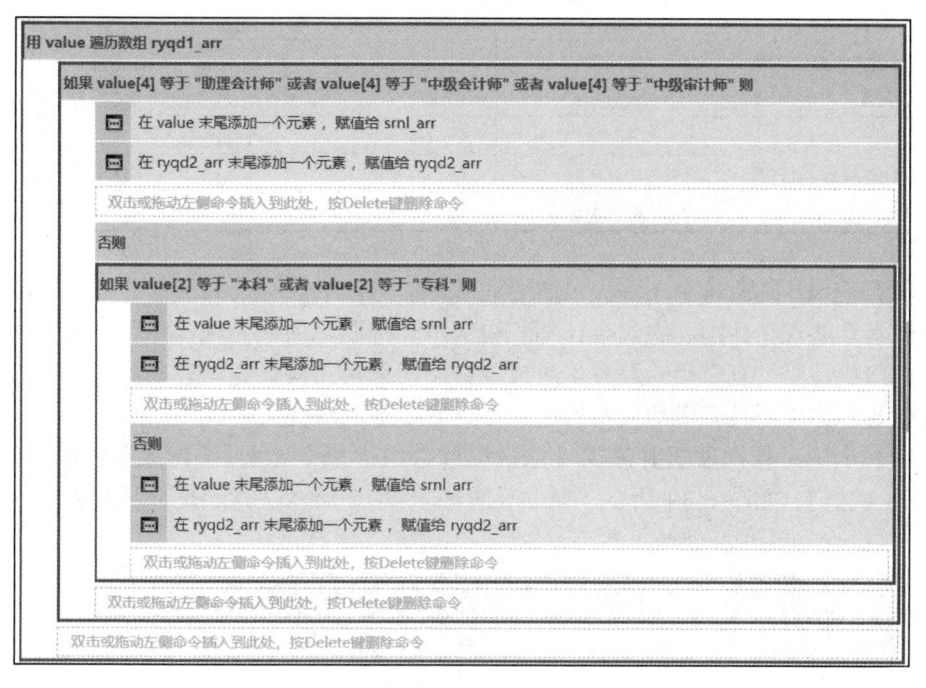

图 6-38　添加活动

表 6-11　属性设置

活动名称	属性	值
依次读取数组中每个元素	值	value
	数组	ryqd1_arr
如果条件成立	判断表达式	value[4]="助理会计师" Or value[4]="中级会计师" Or value[4]="中级审计师"
在数组尾部添加元素	输出到	srnl_arr
	目标数组	value
	添加元素	"未发现专业能力不胜任"
在数组尾部添加元素	输出到	ryqd2_arr
	目标数组	ryqd2_arr
	添加元素	srnl_arr
如果条件成立	判断表达式	value[2]="本科"Or value[2]="专科"
在数组尾部添加元素	输出到	srnl_arr
	目标数组	value
	添加元素	"未发现专业能力不胜任"
在数组尾部添加元素	输出到	ryqd2_arr
	目标数组	ryqd2_arr
	添加元素	srnl_arr

续表

活动名称	属性	值
在数组尾部添加元素	输出到	srnl_arr
	目标数组	value
	添加元素	"可能存在专业能力不胜任"
在数组尾部添加元素	输出到	ryqd2_arr
	目标数组	ryqd2_arr
	添加元素	srnl_arr

该步骤是为了判断每个相关人员的专业胜任能力，判断标准如下：首先判断是否具有专业职称，具有助理会计师、中级会计师和中级审计师职称的认为具有专业胜任能力；如果不具备，则判断是否具有学历，具有本科或专科学历的员工被认为具有专业胜任能力；如果既不具备专业职称也不具备学历，则被认为不具有专业胜任能力。

步骤二十二：依次搜索并添加【依次读取数组中每个元素】【如果条件成立】【变量赋值】【变量赋值】，如图 6-39 所示，属性设置如表 6-12 所示。目的是记录专业能力胜任和不胜任的人数。

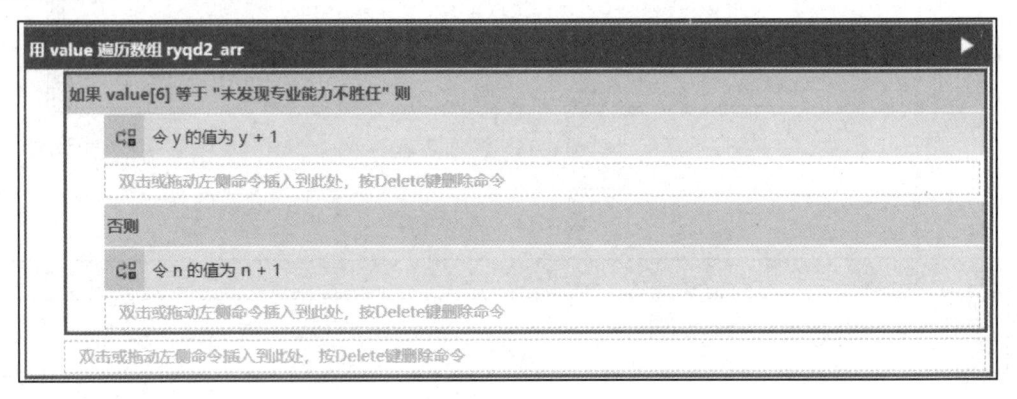

图 6-39　添加活动

表 6-12　属性设置

活动名称	属性	值
依次读取数组中每个元素	值	value
	数组	ryqd2_arr
如果条件成立	判断表达式	value[6]="未发现专业能力不胜任"
变量赋值	变量名	y
	变量值	y+1
变量赋值	变量名	n
	变量值	n+1

步骤二十三：依次搜索并添加【变量赋值】【如果条件成立】【变量赋值】【变量赋值】【变量赋值】【变量赋值】，如图 6-40 所示，属性设置如表 6-13 所示。

该步骤是为了判断审计团队整体是否具备专业胜任能力，判断标准如下：80%的人员具备专业胜任能力，则认为整体基本具备专业胜任能力；反之则可能存在专业能力不胜任的。

```
令 w 的值为 y + n
如果 y / w 大于 0.8 则
    令 jl1 的值为 "数据分析：未发现专业胜任能力不胜任的 // " 连接 xcxw1
    令 jl3 的值为 "基本均有胜任能力"
    双击或拖动左侧命令插入到此处，按Delete键删除命令
否则
    令 jl1 的值为 "数据分析：可能存在专业胜任能力不胜任的 // " 连接 xcxw1
    令 jl3 的值为 "可能存在专业胜任能力不胜任"
    双击或拖动左侧命令插入到此处，按Delete键删除命令
```

图 6-40　添加活动

表 6-13　属性设置

活动名称	属性	值
变量赋值	变量名	w
	变量值	y+n
如果条件成立	判断表达式	y/w>0.8
变量赋值	变量名	jl1
	变量值	"数据分析：未发现专业胜任能力不胜任的　　//　"&xcxw1
变量赋值	变量名	jl3
	变量值	"基本均有胜任能力"
变量赋值	变量名	jl1
	变量值	"数据分析：可能存在专业胜任能力不胜任的　　//　"&xcxw1
变量赋值	变量名	jl3
	变量值	"可能存在专业胜任能力不胜任的"

步骤二十四：依次搜索并添加【如果条件成立】【变量赋值】【变量赋值】【变量赋值】【变量赋值】，如图 6-41 所示，属性设置如表 6-14 所示。该步骤是为了得出总体审计结论。

```
如果 jl2a 等于 "人员与信息部提供系统操作权限人员清单核对相符" 并且 jl2b 等于 "权限比较未见异常" 并且 jl3 等于 "...
    令 cs1 的值为 " 经测试，应用程序设置清单与访问记录人员一致，权限审批设置有效。"
    令 cs2 的值为 "人员清单不存在异常"
    双击或拖动左侧命令插入到此处，按Delete键删除命令
否则
    令 cs1 的值为 " 经测试，应用程序设置清单与访问记录人员不一致，权限审批设置无效。"
    令 cs2 的值为 "人员清单存在异常"
    双击或拖动左侧命令插入到此处，按Delete键删除命令
```

图 6-41　添加活动

表 6-14 属性设置

活动名称	属性	值
如果条件成立	判断表达式	jl2a="人员与信息部提供系统操作权限人员清单核对相符" And jl2b="权限比较未见异常" And jl3="基本均有胜任能力"
变量赋值	变量名	cs1
	变量值	"经测试,应用程序设置清单与访问记录人员一致,权限审批设置有效。"
变量赋值	变量名	cs2
	变量值	"人员清单不存在异常"
变量赋值	变量名	cs1
	变量值	"经测试,应用程序设置清单与访问记录人员不一致,权限审批设置无效。"
变量赋值	变量名	cs2
	变量值	"人员清单存在异常"

步骤二十五：添加【打开 Excel 工作簿】，设置属性"输出到"为"dg_EWB"，"路径"为"@res"生成文件\\DY-会计人员清单测试工作底稿.xlsx"。然后添加 7 个【写入单元格】，具体属性设置如表 6-15 所示，将审计结果写入会计人员清单测试工作底稿。添加【关闭 Excel 工作簿】，设置属性"工作簿对象"为"dg_EWB"，如图 6-42 所示。

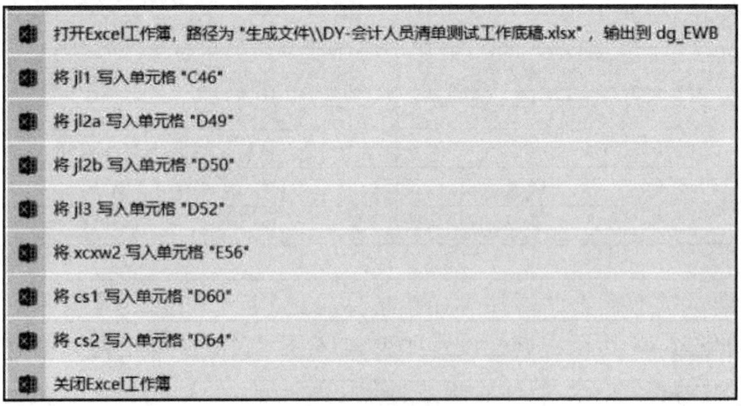

图 6-42 添加活动

表 6-15 【写入单元格】属性

序号	工作簿对象	工作表	单元格	数据
1	dg_EWB	"会计人员清单测试"	"C46"	jl1
2	dg_EWB	"会计人员清单测试"	"D49"	jl2a
3	dg_EWB	"会计人员清单测试"	"D50"	jl2b
4	dg_EWB	"会计人员清单测试"	"D52"	jl3
5	dg_EWB	"会计人员清单测试"	"E56"	xcxw2

续表

序号	工作簿对象	工作表	单元格	数据
6	dg_EWB	"会计人员清单测试"	"D60"	cs1
7	dg_EWB	"会计人员清单测试"	"D64"	cs2

步骤二十六：添加【在数组尾部添加元素】，目的是为了记录该流程块的运行状态，具体操作和属性设置参照步骤九。

至此，"编制会计人员清单测试表"流程块编辑完毕。

5. 生成机器人运行日志

步骤二十七：点击退出编制会计人员清单测试表流程块，重新进入生成机器人运行日志流程块，在右侧的变量栏添加流程块变量，变量名和值如图 6-43 所示。

变量名	值
hs	""
iRet	""
kssj4	""
dTime4	""
gzrz_EWB	""

图 6-43　流程块变量

步骤二十八：依次搜索并添加【获取时间】【格式化时间】【在数组尾部添加元素】，目的是记录该流程块开始运行的时间。具体操作和属性设置参考步骤五。

步骤二十九：添加【复制文件】的目的是从模板文件复制机器人运行日志，如图 6-44 所示，设置属性"路径"为"@res"模板文件\\机器人运行日志.xlsx""，"复制到的路径"为"@res"生成文件""，"同名时替换"为"是"，如图 6-45 所示。

复制文件 "模板文件\\机器人运行日志.xlsx" 到路径 "生成文件" 下

图 6-44　添加【复制文件】活动

必选	
路径	@res"模板文件\\机器，
复制到的路径	@res"生成文件"
同名时替换	是

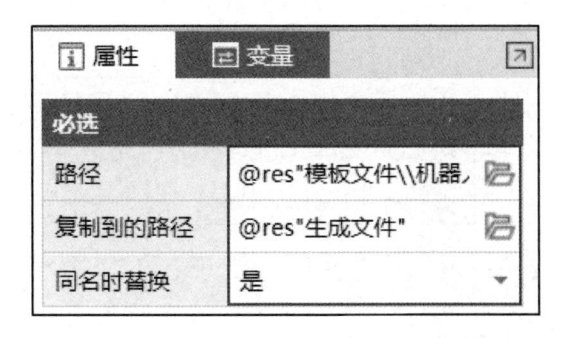

图 6-45　设置【复制文件】活动属性

步骤三十：依次搜索并添加【打开 Excel 工作簿】【变量赋值】【依次读取数组中每个元素】【写入行】【变量赋值】，如图 6-46 所示，属性设置如表 6-16 所示，目的是将机器人审计过程写入机器人运行日志。

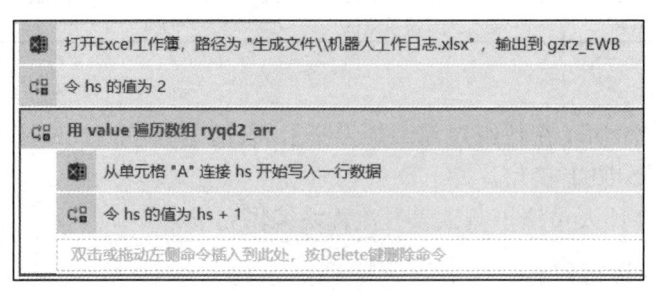

图 6-46 添加活动

表 6-16 属性设置

活动名称	属性	值
打开 Excel 工作簿	输出到	gzrz_EWB
	文件路径	@res"生成文件\\机器人运行日志.xlsx"
变量赋值	变量名	hs
	变量值	2
依次读取数组中每个元素	值	value
	数组	ryqd2_arr
写入行	工作簿对象	gzrz_EWB
	工作表	"审计过程"
	单元格	"A"&hs
	数据	value
变量赋值	变量名	hs
	变量值	hs+1

步骤三十一：添加【在数组尾部添加元素】，目的是为了记录该流程块的运行状态，具体操作和属性设置参照步骤九。添加【获取行数】【写入行】【关闭 Excel 工作簿】，目的是将机器人工作状态写入机器人工作状态表中，如图 6-47 所示。设置【获取行数】属性，如图 6-48 所示；设置【写入行】属性，如图 6-49 所示；【关闭 Excel 工作簿】的属性"工作簿对象"为"gzrz_EWB"。

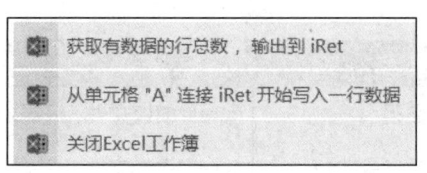

图 6-47 添加活动

属性	变量	
必选		
输出到	iRet	
工作簿对象	gzrz_EWB	
工作表	"机器人工作状态"	

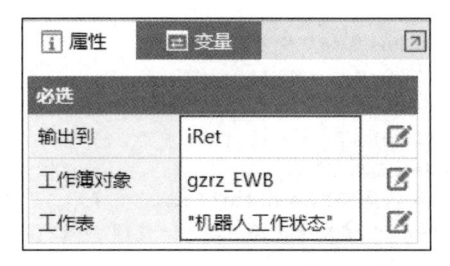

图 6-48　设置【获取行数】属性

属性	变量	
必选		
工作簿对象	gzrz_EWB	
工作表	"机器人工作状态"	
单元格	"A"&iRet	
数据	gzzt_arr	
立即保存	否	

图 6-49　设置【写入行】属性

至此，"生成机器人运行日志"流程块编辑完毕。

会计清单测试机器人运行结果如下：

（1）会计人员清单测试工作底稿

生成的会计人员清单测试工作底稿，结果如图 6-50 和 6-51 所示。

测试记录：

1、　　财务人员清单及职责情况

　① 会计分录涉及人员名单：

姓名	性别	学历	职务/岗位	职称
李宛霖	女	本科	税务会计	助理会计师
邓湘煜	女	本科	总帐会计	中级审计师
王俊苏	男	本科	费用会计	
臧俊宇	女	本科	费用会计	初级经济师
陈凤	女	本科	费用会计	
朱思懿	女	专科	成本会计	助理统计师
刘泓	女	本科	成本会计	中级会计师
邓天雨	女	本科	材料会计	
邓佳红	女	高中	材料会计	助理会计师
晏露	男	本科	材料会计	
汤远萍	男	本科	往来会计	中级会计师
谢佳芯	女	本科	费用会计	助理会计师
徐丹青	女	本科	往来会计	中级会计师
罗婷匀	女	专科	销售开票	

对以上主要人员的专业胜任能力评价如下：
数据分析：未发现专业胜任能力不胜任的　　//　人力资源部了解：公司在招聘财务人员时，均有设定专业、人员素质等要求，对于在对财务人员招聘时，也已考虑了相关人员胜任能力；　向财务吴经理了解企业招聘或岗位分配时是对相关人员胜任能力评估后才进行岗位调配的；从公司财务人员学历、工作经验以及内部岗位职责看，未发现存在专业能力不胜任的。

图 6-50　会计人员清单测试工作底稿（1）

2、	与SAP系统财务人员权限设置及人员情况核对					
	a	人员与信息部提供系统操作权限人员清单核对相符				
	b	权限比较未见异常				
3、	对以上主要人员的专业胜任能力评价如下：					
		基本均有胜任能力				
4、	确认多久将对被批准可访问应用程序的职员名单进行审核以及由谁担任审核人员。					
	询问财务经理关于 询问财务经理关于授权审核的频率，如有授权调整（增加、减少、变动），是否得到相关人员审批，获取解释					
	CON：对财务人员授权频率：	不定期				

测试结果及分析：
经测试，应用程序设置清单与访问记录人员一致，权限审批设置有效。

测试结论Conclusion：
人员清单不存在异常

图 6-51　会计人员清单测试工作底稿（2）

（2）机器人运行日志

小蛮记录审计过程和运行状态的结果如图 6-52 和 6-53 所示。

姓名	性别	学历	职务/岗位	职称	与权限清单核对结果	专业胜任能力评价结果
李宛霖	女	本科	税务会计	助理会计师	核对无误	未发现专业能力不胜任
邓湘煜	女	本科	总账会计	中级审计师	核对无误	未发现专业能力不胜任
王俊苏	男	本科	费用会计		核对无误	未发现专业能力不胜任
熊俊宇	女	本科	费用会计	初级经济师	核对无误	未发现专业能力不胜任
陈凤	女	本科	费用会计		核对无误	未发现专业能力不胜任
朱思懿	女	专科	成本会计	助理统计师	核对无误	未发现专业能力不胜任
刘泓	女	本科	成本会计	中级会计师	核对无误	未发现专业能力不胜任
邓天雨	女	本科	材料会计		核对无误	未发现专业能力不胜任
邓佳红	女	高中	材料会计	助理会计师	核对无误	未发现专业能力不胜任
晏露	男	本科	材料会计		核对无误	未发现专业能力不胜任
汤远萍	男	本科	往来会计	中级会计师	核对无误	未发现专业能力不胜任
谢佳芯	女	本科	费用会计	助理会计师	核对无误	未发现专业能力不胜任
徐丹青	女	本科	往来会计	中级会计师	核对无误	未发现专业能力不胜任
罗婷匀	女	专科	销售开票		核对无误	未发现专业能力不胜任

图 6-52　审计过程

审计数据采集与清洗		编制会计分录涉及人员清单中间表		编制会计人员清单测试表		生成机器人运行日志	
运行开始时间	状态	运行开始时间	状态	运行开始时间	状态	运行开始时间	状态
2021/1/24 14:08	成功	2021/1/24 14:08	成功	2021/1/24 14:08	成功	2021/1/24 14:08	成功

图 6-53　运行状态

6.5 机器人运用

"小蛮上线后,会计分录测试工作将会实现自动化处理,它通过既定规则完成数据处理工作,利用输入输出一致性的特点提升数据处理准确性,降低出错率。小蛮能够全天候不间

断工作的特点也极大地缩短了审计人员的工作时间，它通常可以承担2~5个审计助理的工作量，并且会计分录测试机器人集群包括了4个机器人：会计人员清单测试机器人、会计分录控制测试机器人、会计分录完整性测试机器人和异常会计分录测试机器人。机器人集群可以自由调度，实现4个会计分录测试项目实质性程序同时运行，提高其审计效率。另外，在节约时间的前提下，减少的人力成本能够转换到高附加值的审计工作中，实现了审计工作的价值增值，降低损失。"

数字化赋能中心的谭智杰在事务所组织的月度数字化转型推进会上侃侃而谈："经过一段时间的试运行，下面由黄鑫经理为大家谈谈这段时间她对审计机器人的感受吧。"

黄鑫说道："好的，首先特别感谢数字化赋能中心对我们审计一部工作的大力支持，经过这段时间对小蛮的使用，我只能说爷青回（我的青春回来了），小蛮真是前所未有地改变了我们传统的会计分录测试审计工作模式。我认为，会计分录控制测试机器人的运用，大大减少了我们的基础工作。现在有了小蛮，我只需根据项目实际情况选择好具体的会计分录测试程序、认定重要性水平，设置好需要筛选的分录数量、异常金额和时间等，就可以坐等审计底稿工作的完成了。因此，小蛮的运用可能会为所里完整执行会计分录测试程序带来契机，而不会再因为时间和人手紧张，只能通过直接执行实质性程序而替代风险评估程序。尽管可能是由于试用还不娴熟、不规范，在试用期间出现了一些小问题，但是，我依然希望小蛮能够不断改进，不断完善功能，真正成为我们工作的得力助手。"

谭智杰补充道："u1s1（有一说一），这个问题不用担心，审计机器人的使用过程也是一个与审计业务不断融合并进行自我完善、自我改进的过程。因此，我们数字化赋能中心将会专门设置审计机器人运维人员，在小蛮出现运行错误或特殊例外业务时能够及时进行处理。下面，我为各位领导和同事进行小蛮审计机器人工作情况的演示吧。"

随后谭智杰便操作起电脑，运行起小蛮，果不其然，2分钟便生成了会计人员清单测试审计工作底稿。会议室的很多人开始看得目瞪口呆，然后渐渐地相互议论起来。

审计一部经理聂琦说道："没想到这个小蛮还真行呀，以后可不用为审计助理缺少经验操心了哦。"项目经理钱涂也说道："对呀对呀！我这里全是新来的审计助理，谭智杰，什么时候能给我上线小蛮呀？""我们标准部能不能也开发出可以上线的机器人呀？"标准部经理谭果君也抢着问道。

看着领导和同事们对小蛮的一致认同，谭智杰心里乐开了花，激动地讲道："大家都别急，我们数字化赋能中心下一步就将针对各种审计业务进行机器人的立项与研发，像精灵一样工作的小蛮审计机器人在我们事务所的全面上线指日可待，敬请期待！"

听到这里，大家都万分激动，会议室响起了热烈的掌声，事务所月度数字化转型推进会也随着掌声而结束。"走，去喝春天的第一杯奶茶庆祝庆祝！"

【思维拓展】

本章案例中专业胜任能力评价考虑的是会计分录涉及人员的学历和职称，请思考如何结合相关人员涉及的分录数量进行专业胜任能力评价？

第 7 章　函证程序机器人

7.1　场景描述

　　重庆已经雾雨蒙蒙好几个月了，重庆数字链审会计师事务所员工们的情绪普遍受到天气影响，工作效率大打折扣，状态略显低迷。

　　审计重庆蛮先进智能制造公司的工作前期已经耗用大量时间，函证工作时间紧，任务重，负责这个项目的经理钱涂感到压力很大。

　　星期一一大早，钱涂就将高级审计助理赵新星单独叫到会议室，满脸严肃地说道："新星，蛮先进公司的审计工作马上进入函证阶段了，函证业务的工作量非常大，按照以前的工作模式，怕是没办法按期完成了。函证工作的方式方法得有所突破才行，我打算寻求事务所数字化赋能中心的技术支持，给我们开发一款函证程序机器人来协助工作。这样，你马上去通知项目组的同事们准备开会，我这里先给姚所长汇报一下想法，然后去邀请数字化赋能中心的 RPA 工程师和大家一起开会，还有这次你带着家桐一起做函证工作，要让他在实战中多操练，家桐这孩子心地善良、聪明又好学，好好捶打一番，争取早日独当一面。"

　　赵新星一看钱经理满脸严肃的神情，就知道这次的函证工作不容疏忽，赶紧说道："好的，钱经理，我现在就去通知大家。"

　　出了会议室，赵新星马上通知项目组的同事准备开会。

　　9:30 会议开始中……

　　赵新星清了清嗓子，主持发言："今天的会议主题是关于蛮先进公司财务报表审计项目的函证工作的，为了让我们的函证工作高效、顺利地开展，钱经理邀请了数字化赋能中心的 RPA 工程师来协助我们完成函证工作，大家掌声欢迎……这次参加会议的还有我们项目组的全体成员，下面先请钱经理讲话。"

　　"各位同事，蛮先进公司的审计工作开展有一段时间了，现在才进入函证阶段，这个工作效率实在是不敢恭维，现在开始都给我打起十二分的精神，谁都不许掉链子。"钱涂敲了敲桌子引起大家的注意，然后把目光转向数字化赋能中心的同事们，"这次我特别邀请搞 RPA 机器人研发工作的技术'大拿'何家钰等工程师来协助我们，为了让他们对函证业务的全过程有更加深入的了解，涵璐，你是函证工作方面的大师，来给大家讲一下函证审计程序。"

　　中级审计助理徐涵璐将电脑上的流程图投影到大屏幕上，然后开始讲道："数字化赋能中心的同事们，大家好！接下来由我给大家介绍。在函证工作这一块，我们主要是做银行函证和往来账款函证。在进行银行函证的时候，我们首先会获取银行账户清单和银行对账单，然后根据取得的单据制作询证函。在往来账款函证这一块，我们会在拿到被审计单位提供的明细账后，利用事务所开发的抽样机器人抽样，抽样机器人会筛选出具有代表性的单位作为被函证对象，筛选出来的单位不但要单笔金额大还要累计金额占往来账款总额的 80%才算具有代表性。抽样完成后，我们会根据其筛选出的单位，在企查查网站上查询这些单位的信息，看看企查查上的信息与被审计单位提供的信息是否一致，据此判断被审计单位提供的信息是否真实准确。如果不一致，要弄清楚是什么原因导致的；如果一致，就选择适合的函证模板来制作询证函。询证函制作好后，我们会先寄给被审计单位进行核对，提供反馈意见，并盖章确认，再寄回给我们。对于那些不回函的单位，我们会打电话或者发邮件催促他们回函，遇到催函不管用的，我们会执行替代程序。对于回函的，我们在收到询证函的时候就会及时将回函的内容记录在审计底稿中，然后核对回函信息与发函信息是否存在差异，有差异的，我们要进一步分析差异形成的原因，并在审计底稿中写上相关说明，没有差异的也要在底稿中标明，然后将写了审计结论的审计底稿交给钱经理复核，最后由质控标准部门复核组内质量，以上就是我们平时函证工作的全部开展情况。"

钱经理接着说道："我费大力气才让所领导同意调派数字化赋能中心的 RPA '大拿' 支持我们，各位同事一定要重视这次跨部门的合作，和数字化赋能中心的 RPA 工程师们一起携手开发函证程序机器人。徐涵璐负责和数字化赋能中心的 RPA 中级工程师何家钰的对接工作，有什么问题一定要及时沟通；家桐负责和蛮先进公司沟通，让他们提供资料，同时也要参与到整个函证工作中，争取早日独当一面；新星记得让行政部的柳婷联系快递公司做好发函准备，好了，各就各位。"

会议一结束，家桐就给蛮先进公司的财务总监万梦竹打电话要资料。向来雷厉风行的万总接到电话后，立刻让会计主管蒋佳和会计人员赵欣负责把资料整理出来，并发给数字链审会计师事务所。数字链审的函证程序总体业务流程如图 7-1 所示。

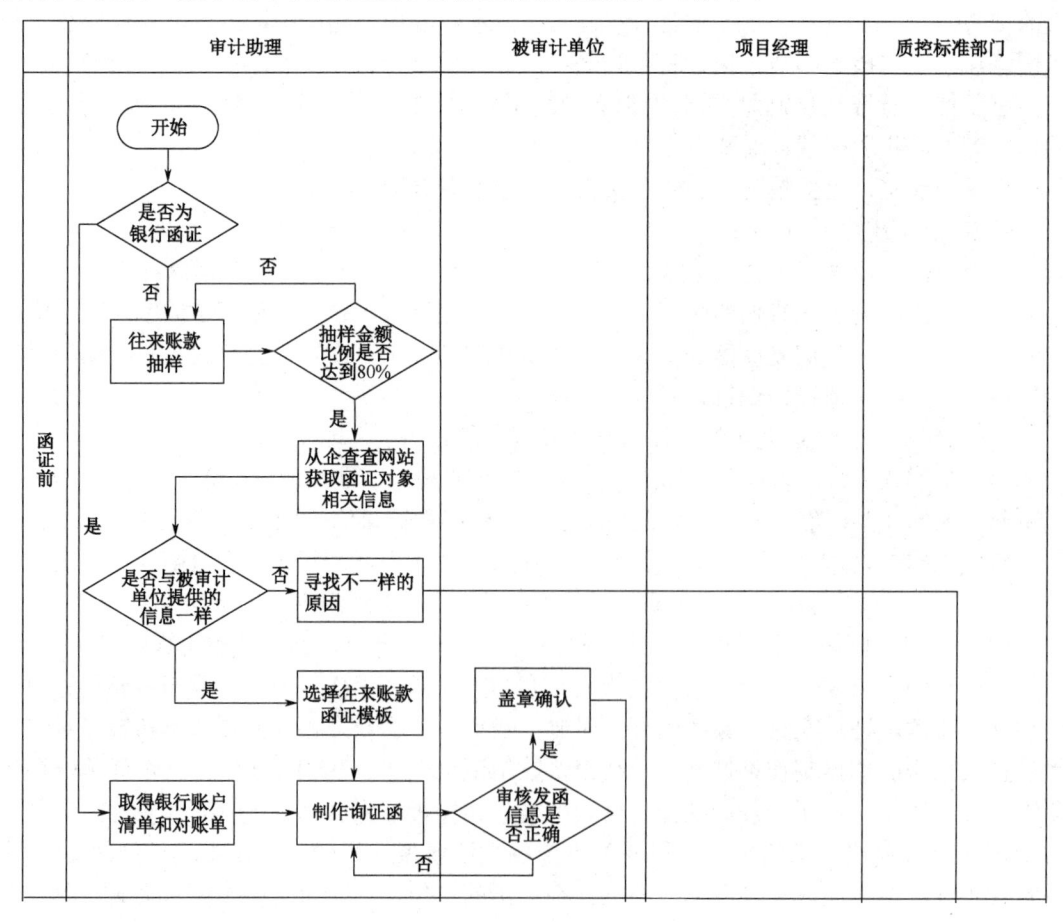

图 7-1 函证程序总体业务流程

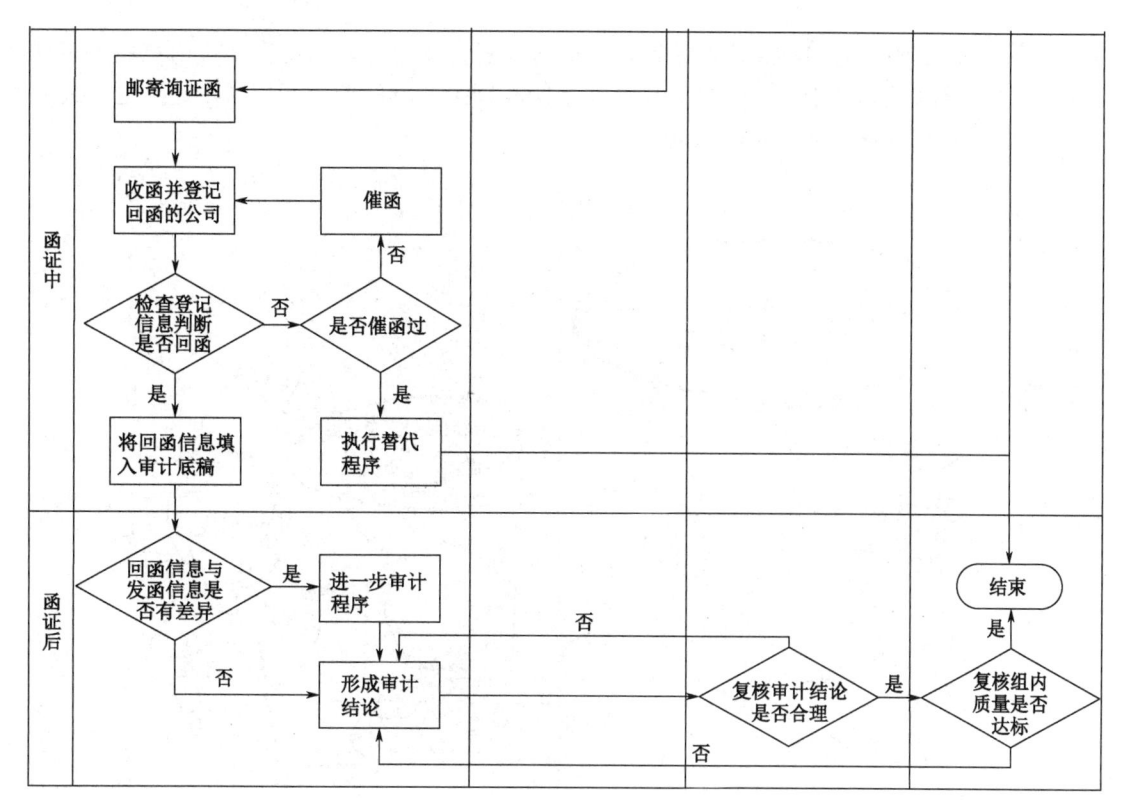

图 7-1 函证程序总体业务流程（续）

7.2 机器人分析

兵贵神速。会议结束后的第二天，事务所数字化赋能中心的RPA中级工程师何家钰一大早就来到审计一部办公室找到徐涵璐，说道："璐姐，你昨天讲的函证业务我大概听明白了，但是它涉及的内容较多，我想先选一项业务来进行试点开发，待成熟后再拓展到其他业务。你能不能推荐一项业务，结合审计底稿再给我详细讲一下流程呀。另外，我还想详细了解需要填哪些审计底稿，每张底稿具体要填什么内容？"

徐涵璐拉着何家钰凑到自己的电脑前："来，璐姐有求必应，现在就给你结合应收账款的审计底稿详细讲一讲应收账款的函证业务流程，其他几类函证，相信以你的机灵劲，一定可以举一反三，之前我们已经选取了一些具有代表性的公司作为被函证对象，家桐已经让蛮先进公司把被函证对象的信息发给我们了，我们只需要从核对信息这一步开始做。作为一名合格的审计人员，肯定不能直接用蛮先进公司提供的信息。本着谨慎性原则，我们要检查被审计单位提供的信息是否准确无误，首先我们打开企查查网站，在上面查询被函证对象的名称和地址，将查到的信息和蛮先进公司提供的信息都记录在审计底稿的被询证者名称及地址核对记录中，然后核对两个来源的信息是否一样。如果不一样，要寻找是什么原因导致不一样，并将原因记录在审计底稿中；如果一样，可以判定被审计单位提供的信息是准确无误的，就把名称、地址、金额等信息填到审计底稿的发函清单中，然后选择事务所的应收账款询证函标准模板，根据发函清单中记录的信息，填写询证函，询证函填好后，先要交给被审计单位审核，被审计单位确认无误后，盖章返回给我们，我们就可以安排发函了，等收到回函的时候，将被函证方名称、账面余额、回函金额、回函单号、回函日期等信息填入审计底稿的应收账款函证记录中，同时要计算账面余额和回函金额的差异，填写审计结论，最后交给项目经理审核。怎么样，any question？"

① 验证信息——制作询证函——发给被询证单位
发函业务？？？

② 那收到回函以后就统计回函结果，编制审计工作底稿，检查回函差异吗？
YES！！

③ ☑高正确率 ☑高效率
快去开发机器人吧！
No problem！

④ 放心！我去"闭关"开发机器人啦！
做好了请你吃"蛮好吃"火锅！

"基本上明白了，璐姐，你看我刚才根据你说的画的业务流程图有问题吗？"何家钰边说边将电脑举到徐涵璐面前。

徐涵璐看着何家钰画的业务流程图，满意地点点头："可以呀，小何，你一下就把我说的内容消化了，那你赶紧去开发应收账款函证程序机器人吧，有问题随时找我，可不能给我拖后腿哟。"

何家钰听完拍着胸脯，信心十足地保证："我办事，璐姐还信不过吗？你就放一百个心吧，我敢拍胸脯保证！"

徐涵璐边笑边摆手："去去去，少和我贫嘴，赶紧开发出来才是正理，说再多都没用，我要看到的是结果。"

何家钰一边喊着奥力给（加油）一边捧着电脑一溜烟钻进数字化赋能中心的办公室，开始闭关开发应收账款函证程序机器人。

数字链审的应收账款函证业务流程如图7-2所示。

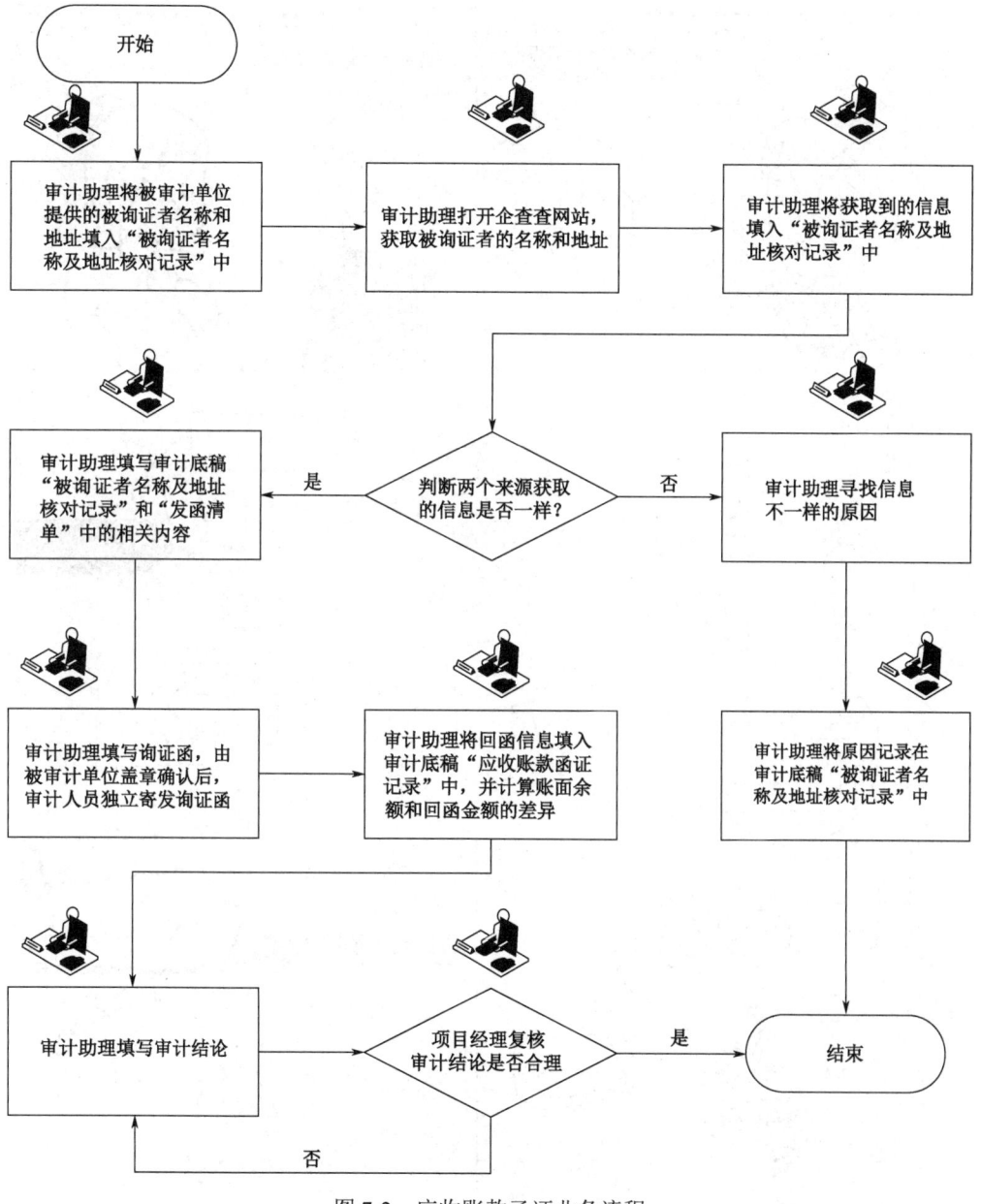

图7-2 应收账款函证业务流程

7.3 机器人设计

7.3.1 自动化流程

次日，何家钰顶着鸟窝头和一双大大的熊猫眼，欢天喜地地抱着电脑跑去找徐涵璐："璐姐，快来看我为你们量身定制的函证程序机器人。"

徐涵璐望着何家钰这副形象，忍俊不禁，调侃起何家钰："这是刚从国家熊猫保护基地跑出来呀，还是被哪个正义之士给揍的？"

何家钰捂着心脏一脸委屈地看着徐涵璐，仰天大叫："啊！璐姐，你怎么舍得这么对待为你熬夜开发应收账款函证程序机器人的我，我的小心灵受到了极大伤害，起码要一顿火锅才能抚慰我受伤的心灵，不，两顿。"

徐涵璐安抚地拍了拍何家钰的肩膀："好啦，不开玩笑了，快让我看看你的开发成果，要真能给我解决问题，'蛮好吃'网红火锅管够，一三五番茄锅，二四六红汤锅。"

"那璐姐的火锅我可吃定了。"何家钰胸有成竹地打开电脑给徐涵璐演示机器人程序，只见小蛮自动从"被审计单位提供的被询证者信息（原始信息）"Excel 文件中读取被询证者名称、地址、询证金额等信息，接着打开企查查网站提取被询证者的名称和地址，核对两个来源获取的被询证者名称和地址是否一样，并将两个来源获取的信息都写入审计底稿"被询证者名称及地址核对记录"中，核对不一致的，在审计底稿中标记后不做处理；若核对一致，将被询证者名称、地址、询证金额等信息写入审计工作底稿"发函清单"后填制询证函。发函人员发出函证后记录下发函单号，小蛮根据发函单号查询询证函是否被签收，并将发函单号和物流状态记录在审计底稿"发函清单"中。收到回函的时候，小蛮根据收函人员记录的回函单号，查询回函物流轨迹，将回函单号、被询证者名称和地址、物流轨迹等信息记录在审计底稿"回函可靠性检查中"，通过判断回函始发地是否为被询证者地址来验证回函可靠性，对于不一致的，检查结果标注为"异常"；若一致，检查结果则标注为"未见异常"。再将询证函编号、账面余额、回函金额、快递单号等信息写入审计底稿"应收账款函证记录"中，并计算账面余额和回函金额的差异，最后生成程序运行的工作日志。

数字链审的应收账款函证程序自动化流程如图 7-3 所示。

7.3.2 数据标准与规范

1. 审计数据采集与清洗

应收账款函证程序机器人的数据来源分为两大类：账表和其他。机器人从 Excel 文件类型的单位信息表中提取单位名称、函证金额等数据填写审计工作底稿；从其他类型的网页中读取单位名称、单位地址等数据核对；从 Word 类型的询证函中读取回函金额、单位名称等数据。应收账款函证程序机器人的数据采集如表 7-1 所示。

表 7-1 应收账款函证程序机器人的数据采集

数据来源	数据内容		文件类型
单位信息表	单位名称	函证金额	Excel
询证函	单位名称	回函金额	Word
网页	单位名称	单位地址	其他

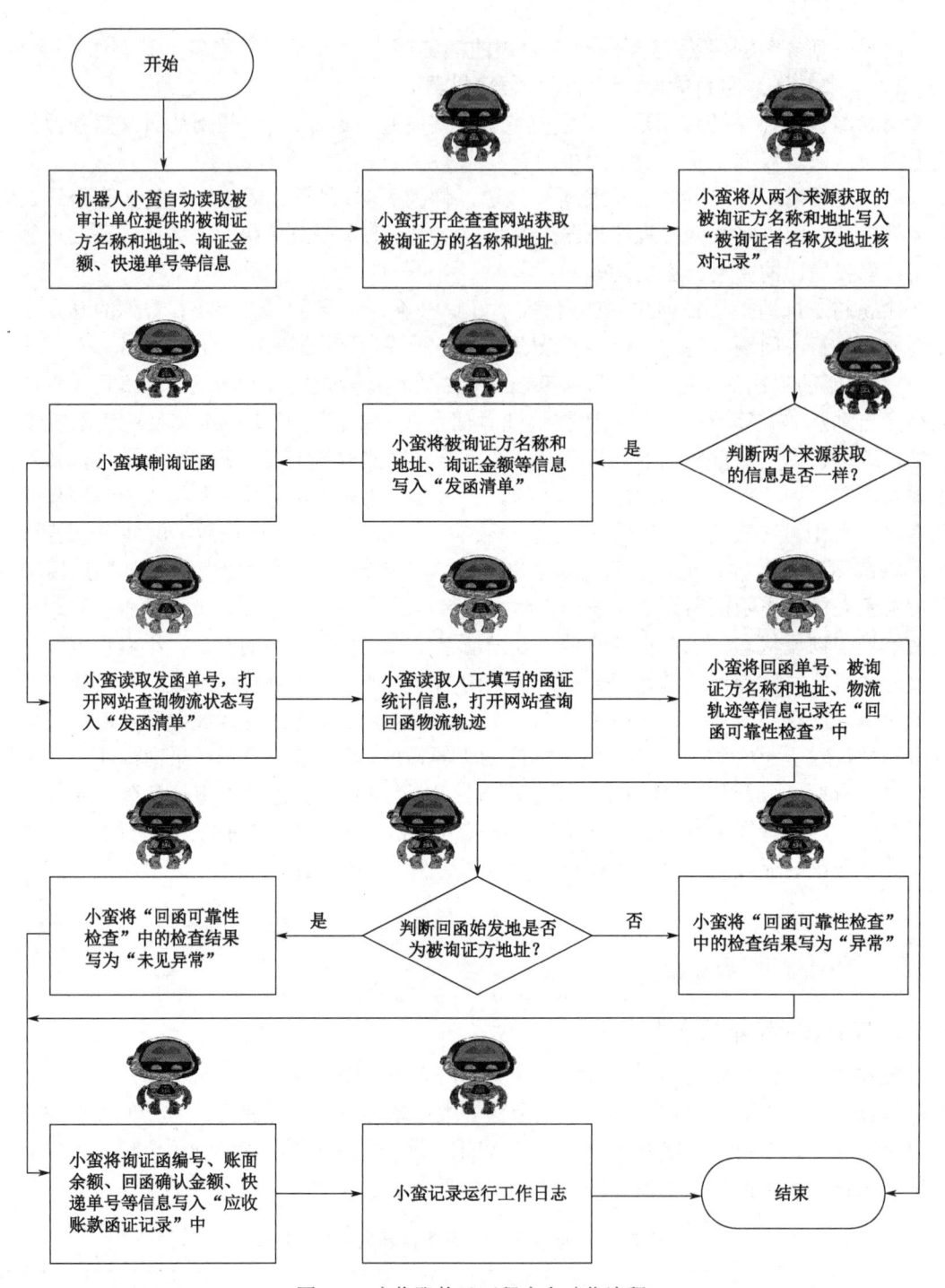

图 7-3 应收账款函证程序自动化流程

2. 审计数据处理

应收账款函证程序机器人获取数据后,首先需要进行数据清洗,可以采用分割字符串的方法,将获取的数据拆分为单位名称和单位地址;其次要进行数据计算,计算回函金额与账面余额的差额,账面余额、回函金额总和与二者差额总和;最后是数据分析,对比被询证者的基本信息是否有误，判断回函是否可靠。应收账款函证程序机器人的数据处理如表 7-2 所示。

表 7-2 应收账款函证程序机器人的数据处理

数据清洗		数据计算		数据分析	
方法	主要内容	方法	主要内容	方法	主要内容
拆分	拆分数据，分离出单位地址	求差值	回函金额与账面余额的差额	对比	被询证者的基本信息是否有误
抽取	抽取单位名称			判断	回函是否可靠
				判断	询证函是否被签收

3. 审计底稿与报告

应收账款函证程序机器人主要审计底稿与报告，包括发函清单、被询证者的名称及地址核对记录、应收账款函证记录、回函可靠性检查、询证函、机器人运行日志等，如表 7-3 所示。

表 7-3 应收账款函证程序机器人主要审计底稿与报告

底稿名称	底稿描述
发函清单	记录科目、金额、被询证者名称和地址、快递单号等信息
被询证者的名称及地址核对记录	记录从被审计单位和网站上获取的被询证者名称、地址及核对结果
应收账款函证记录	记录账面余额、回函金额、差额、快递单号等信息
回函可靠性检查	记录回函物流信息，检查回函始发地是否异常
询证函	填写被询证者名称和函证金额，用于证明账面余额是否正确
机器人运行日志	记录函证程序运行时间及状态等

4. 表格设计

（1）重庆蛮先进智能制造有限公司提供的原始数据

该数据用来模拟抽样后选取的被询证者信息，如图 7-4 所示，名称和地址栏自行填入企业名称和地址数据。

查验科目	被询证者名称	被询证者地址	询证金额
应收账款			3 598 088.03
应收账款			2 803 793.09
应收账款			1 276 249.16
应收账款			657 651.00
应收账款			382 644.00

图 7-4 重庆蛮先进智能制造有限公司提供的原始数据样表

（2）被询证者名称及地址核对记录表

被询证者名称及地址核对记录表中记录的信息包括被审计单位提供的信息、从企查查网站上获取到的信息和二者的核对结果，主要作用是确保被询证者的名称和地址准确无误，如图 7-5 所示。

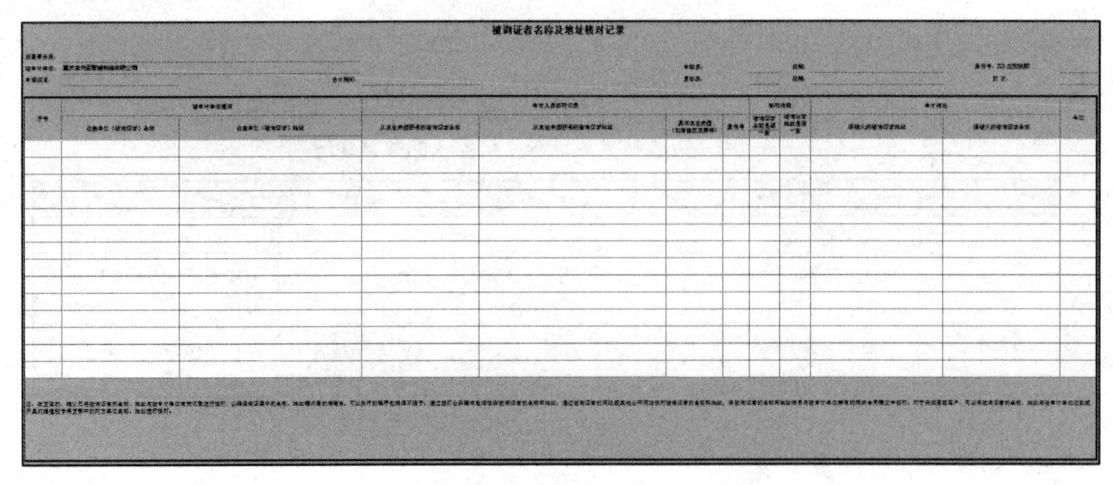

图 7-5 被询证者名称及地址核对记录样表

(3) 发函清单

发函清单中记录的信息包括核对无误的被询证者的名称和地址、询证金额、快递单号、物流状态等信息，主要作用是记录发函内容与过程及为制作询证函提供依据，如图 7-6 所示。

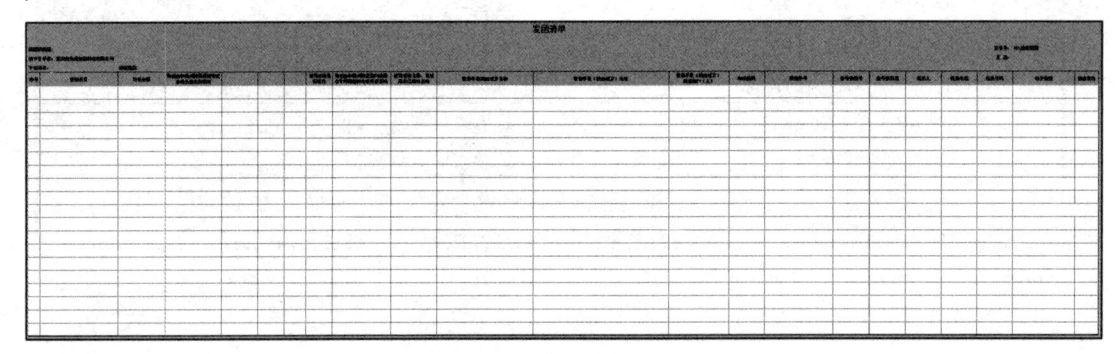

图 7-6 发函清单样表

(4) 函证统计信息（人工录入）

函证统计信息用来模拟收到询证函后，由审计助理录入的信息，包括询证函编号、回函快递单号、回函单位名称和地址、回函金额、回函日期等信息，为填写应收账款函证记录表提供依据，如图 7-7 所示。（注：快递单号、名称、地址这几栏要自行模拟并填写数据，其他信息也可进行修改。）

询证函编号	选取样本依据	发函快递单号	第一次函证日期	第二次函证日期	回函单位名称	回函单位地址	回函金额	回函日期	回函快递单号
3325M-1	A		2018/2/24				2,787,696.67	2018/3/2	
3325M-2	A		2018/2/24				1,276,249.16	2018/3/6	

图 7-7 函证统计信息（人工录入）样表

(5) 应收账款函证记录

该记录用来统计回函信息和函证结果，内容来源为发函清单样表和函证统计信息（人工录入）样表，如图 7-8 所示。

图 7-8　应收账款函证记录样表

（6）询证函模板

询证函模板用于制作询证函，如图 7-9 所示。

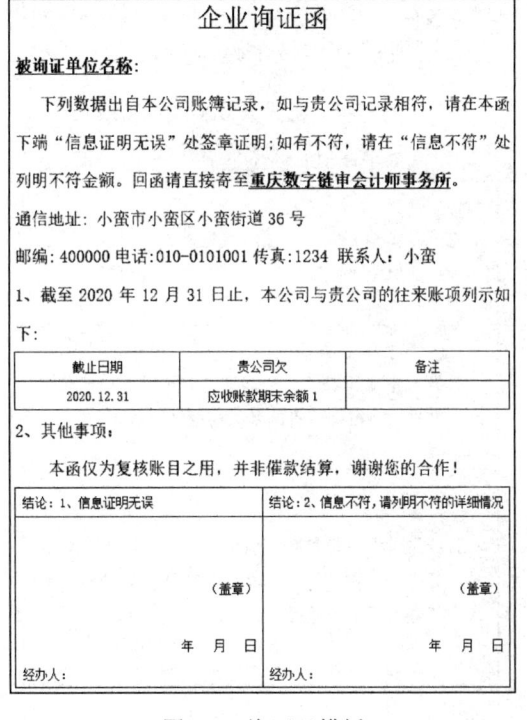

图 7-9　询证函模板

（7）机器人运行日志

机器人运行日志主要是用于记录机器人从开始运行到结束的一系列状态，包括审计数据采集与清洗、编制发函清单、生成询证函等 7 部分的开始时间和结束时间，如图 7-10 所示。

进度	开始时间	结束时间

图 7-10　机器人运行日志样表

7.4 机器人开发

7.4.1 技术路线

应收账款函证程序机器人开发包括审计数据采集与清洗、编制被询证者名称及地址核对记录表、编制发函清单、生成询证函、验证回函可靠性、编制应收账款函证记录表、生成机器人运行日志七个模块。第一步是利用打开 Excel 工作簿、读取区域等活动实现审计数据的采集与清洗；第二步是通过依次读取数组中每个元素、启动新的浏览器、录制、数据抓取、如果条件成立等活动获取被询证者信息和核对的信息真实正确性，编制被询证者名称及地址核对记录表；第三步利用变量赋值、从初始值开始按步长计数等活动编制发函清单；第四步利用如果条件成立、复制文件、打开文档、文字批量替换等活动生成询证函；第五步利用录制、元素截图、数据抓取等活动验证回函可靠性；第六步利用依次读取数组中每个元素、读取单元格、写入单元格编制应收账款函证记录表；第七步根据运行状态和运行时间生成运行日志。

应收账款函证程序机器人开发的具体技术路线如表 7-4 所示。

表 7-4 机器人开发技术路线

模块	功能描述	使用的活动
审计数据采集与清洗	打开从本地获取的"重庆蛮先进智能制造有限公司提供的原始数据"文件，读取文件中的数据	打开 Excel 工作簿
		获取行数
		读取区域
		保存 Excel 工作簿
编制被询证者名称及地址核对记录表	打开从本地获取的"被询证者名称及地址核对记录"文件，将被询证者的名称和地址写入该文件	打开 Excel 工作簿
		变量赋值
		依次读取数组中每个元素
		写入单元格
	打开浏览器查询被询证者的信息，从网页上获取被询证者的名称和地址，将获取的数据处理成标准可用的数据，将处理后的数据写入该文件	启动新的浏览器
		录制
		数据抓取
		查找字符串
		获取左侧字符串
		替换字符串
	判断从两个来源获取的数据是否一样，将判断结果写入该文件	如果条件成立
		读取单元格
		写入单元格
		保存 Excel 工作簿
编制发函清单	打开从本地获取的"发函清单"文件，将被询证者的名称、地址写入该文件	打开 Excel 工作簿
		变量赋值
		从初始值开始按步长计数
		如果条件成立
		如果条件成立
		读取单元格
		写入单元格
		保存 Excel 工作簿

续表

模块	功能描述	使用的活动
生成询证函	读取"发函清单"文件中的数据	读取单元格
		变量赋值
	复制询证函模板文件,打开复制后的文件,修改该文件中被询证者的名称和询证金额	如果条件成立
		复制文件
		打开文档
		转为文字数据
		文字批量替换
		变量赋值
		关闭文档
	打开从本地获取的"函证统计信息(人工录入)"文件,读取快递单号,打开浏览器查询快递单号,从网页上获取物流信息,将查验科目、询证金额、物流状态写入该文件	打开 Excel 工作簿
		读取单元格
		写入单元格
		启动新的浏览器
		录制
		如果条件成立
		从初始值开始按步长计数
		保存 Excel 工作簿
验证回函可靠性	打开从本地获取的"回函可靠性检查"文件,打开浏览器查询回函快递单号,获取回函物流信息,判断回函物流始发地是否为被询证者的地址,将被询证者名称和地址、回函结果、判断结果、物流轨迹截图写入该文件	打开文档
		获取行数
		读取区域
		依次读取数组中每个元素
		启动新的浏览器
		录制
		元素截图
		数据抓取
		判断文本是否存在
		如果条件成立
		写入文字
		插入图片
		保存 Excel 工作簿
		关闭文档
编制应收账款函证记录表	打开从本地获取的"应收账款函证记录"文件,将询证函编号、被询证者名称、账面余额、回函确认金额、差异、快递单号等数据写入该文件	打开 Excel 工作簿
		获取行数
		读取区域
		变量赋值
		依次读取数组中每个元素
		读取单元格
		写入单元格
		保存 Excel 工作簿

续表

模块	功能描述	使用的活动
生成机器人运行日志	记录机器人运行时间、结束时间等数据	获取时间
		格式化时间
		变量赋值
		从初始值开始按步长计数
		写入单元格
		关闭 Excel 工作簿

7.4.2 开发步骤

1. 搭建流程整体框架

步骤一：打开 UiBot Creator 软件，新建流程，并将其命名为"函证程序机器人"，如图 7-11 所示。

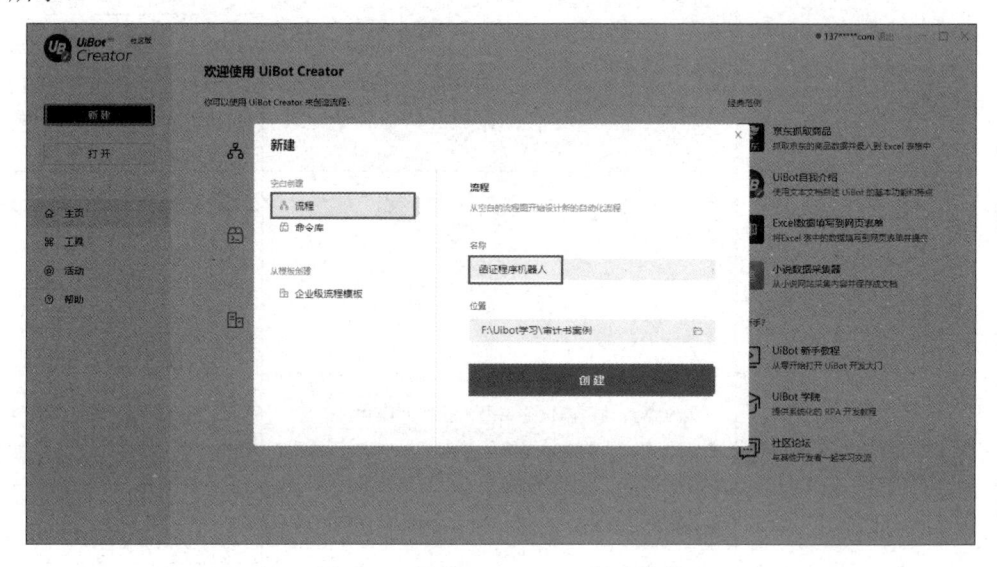

图 7-11 用 UiBot Creator 新建流程

步骤二：找到"函证程序机器人"所在的文件夹，打开名为"res"的文件夹，在文件夹中新建一个名为"审计底稿"的文件夹，然后将本章准备文件放入文件夹"审计底稿"中，打开名为"函证统计信息（人工录入）""重庆蛮先进智能制造有限公司提供的原始数据"的 Excel 文件，在名称和地址栏自行填入模拟数据后保存文件，再在"审计底稿"中新建名为"询证函"的文件夹，用来存储机器人运行过程中产生的新文件，如图 7-12 所示。

步骤三：拖入 7 个"流程块"和 1 个"结束"至流程图设计主界面，并连接起来，流程块描述修改为审计数据采集与清洗、编制被询证者名称及地址核对记录表、编制发函清单、生成询证函、验证回函可靠性、编制应收账款函证记录表和生成机器人运行日志，如图 7-13 所示。在主界面的"流程图变量"处，点击"添加变量"创建 12 个全局变量，如图 7-13 所示，变量名称如图 7-14 所示，目的是在各个流程块里面都能调用这些变量。

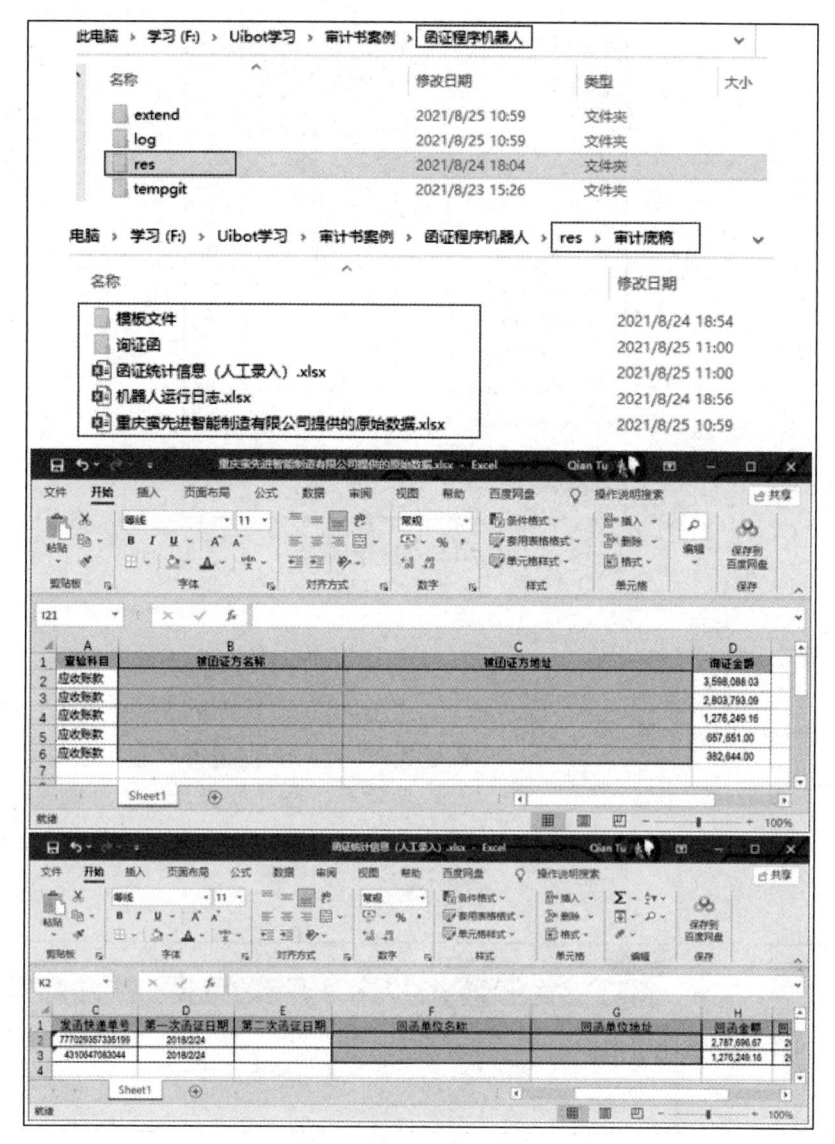

图 7-12　前期准备

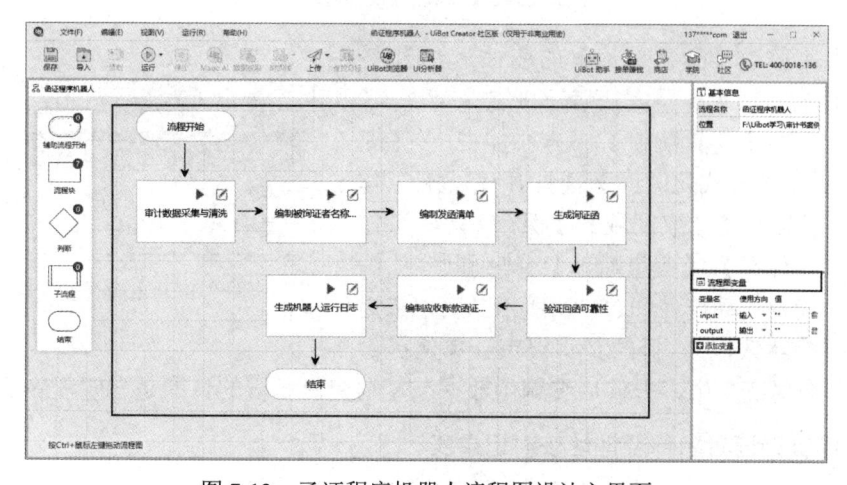

图 7-13　函证程序机器人流程图设计主界面

第 7 章　函证程序机器人　▶　145

图 7-14　流程图变量

2. 审计数据采集与清洗

步骤四：点击"审计数据采集与清洗"的"流程编辑"，进入流程编辑界面，如图 7-15 所示。

步骤五：在"搜索命令"处输入【变量赋值】，将【变量赋值】拖入中间流程编辑界面，如图 7-16 所示。

图 7-15　进入"审计数据采集与清洗"的界面

图 7-16　添加【变量赋值】

步骤六：修改【变量赋值】的属性，如图 7-17 所示。目的是记录机器人的运行日志。

步骤七：在【变量赋值】下方添加 2 个【获取时间】、2 个【格式化时间】、【打开 Excel 工作簿】、【获取行数】、【读取区域】、【保存 Excel 工作簿】、【复制文件夹】、【变量赋值】，排列顺序如图 7-18 所示，设置活动属性如表 7-5 所示（表中未提及的属性保持默认值）。目的是将被审计单位提供

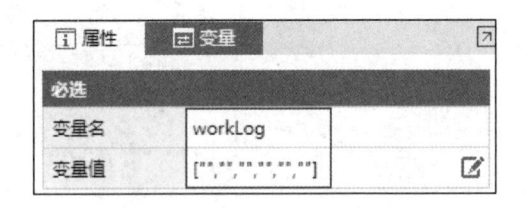

图 7-17　更改【变量赋值】属性

的信息存到全局变量中，方便后续调用数据。复制空白模板的目的是方便程序反复运行。

3. 编制被询证者名称及地址核对记录表

步骤八：保存后退出该编辑块，回到流程图界面，单击"流程编辑"，进入"编制被询

证者名称及地址核对记录表"流程编辑界面，如图 7-19 所示。

图 7-18 活动排列顺序

表 7-5 活动属性

活动名称	属性	值
获取时间	输出到	dTime
格式化时间	输出到	startTime
	时间	dTime
打开 Excel 工作簿	输出到	objExcelWorkBook
	文件路径	@res"审计底稿\\重庆蛮先进智能制造有限公司提供的原始数据.xlsx"
获取行数	输出到	rowNumber
	工作簿对象	objExcelWorkBook
	工作表	"Sheet1"
读取区域	输出到	auditeeInformation
	工作簿对象	objExcelWorkBook
	工作表	"Sheet1"
	区域	"A2:D"&rowNumber
保存 Excel 工作簿	工作簿对象	objExcelWorkBook
复制文件夹	路径	@res"审计底稿\\模板文件"
	复制到的路径	@res"审计底稿"
	同名时替换	是
获取时间	输出到	dTime
格式化时间	输出到	endTime
	时间	dTime
变量赋值	变量名	workLog[0]
	变量值	["审计数据采集与清洗",startTime,endTime]

步骤九：点击"源代码"，创建变量，如图 7-20 所示。

图 7-19 点击"流程编辑"

图 7-20 创建变量

步骤十：添加【获取时间】、【格式化时间】、【打开 Excel 工作簿】、【变量赋值】、【依次读取数组中每个元素】、3 个【写入单元格】、【启动新的浏览器】，排列顺序如图 7-21 所示，设置活动属性如表 7-6 所示。目的是将被审计单位提供的信息记录在审计底稿中。

```
获取本机当前的时间和日期，输出到 dTime
获取指定格式的时间文本，输出到 startTime
打开Excel工作簿，路径为 "审计底稿\\被询证者名称及地址核对记录.xls"，输出到 objExcelWorkBook1
令 n 的值为 9
用 value 遍历数组 auditeeInformation
    将 n - 8 写入单元格 "A" 连接 n
    将 value[1] 写入单元格 "B" 连接 n
    将 value[2] 写入单元格 "C" 连接 n
启动 Firefox 浏览器，并将此浏览器作为操控对象，输出到 hWeb
```

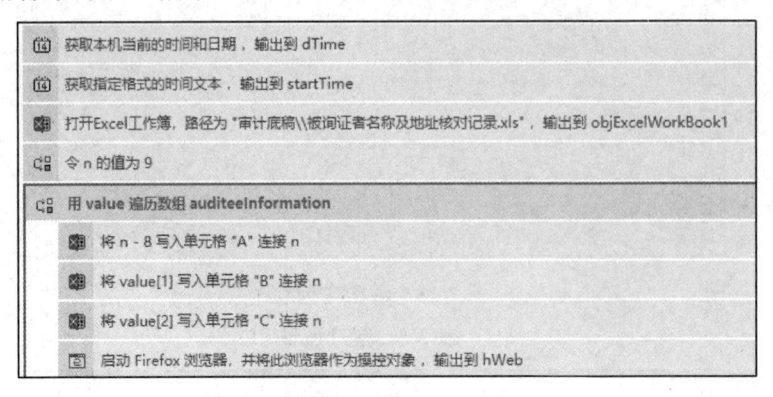

图 7-21　活动排列顺序

表 7-6　活动属性

活动名称	属性	值
获取时间	输出到	dTime
格式化时间	输出到	startTime
	时间	dTime
打开 Excel 工作簿	输出到	objExcelWorkBook1
	文件路径	@res"审计底稿\\被询证者名称及地址核对记录.xls"
变量赋值	变量名	n
	变量值	9
依次读取数组中每个元素	值	value
	数组	auditeeInformation
写入单元格	工作簿对象	objExcelWorkBook1
	工作表	"Sheet1"
	单元格	"A"&n
	数据	n-8
写入单元格	工作簿对象	objExcelWorkBook1
	工作表	"Sheet1"
	单元格	"B"&n
	数据	value[1]
写入单元格	工作簿对象	objExcelWorkBook1
	工作表	"Sheet1"
	单元格	"C"&n
	数据	value[2]
启动新的浏览器	输出到	hWeb
	浏览器类型	Firefox
	打开链接	"https://www.qcc.com/?utm_source=baidu1&utm_medium=cpc&utm_term=pzsy"

步骤十一：打开网页浏览器，输入企查查网址（https://www.qcc.com/）并打开网站，然后点击【录制】，如图 7-22 所示。目的是上企查查网搜索企业信息。

步骤十二：点击"控件"，再点击下拉框中的"输入文本"，如图 7-23 所示。

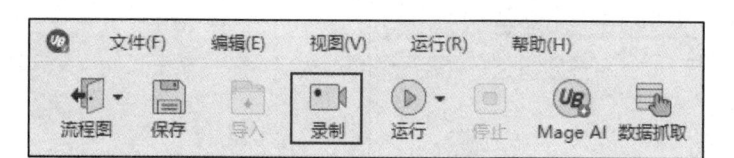

图 7-22　点击【录制】

图 7-23　点击"控件"

步骤十三：选中输出框区域并点击，如图 7-24 所示。在弹出的对话框中输入要查找的企业名称，然后点击"确定"，如图 7-25 所示。

图 7-24　选中输入框

步骤十四：点击"控件"，再点击下拉框中的"点击"，选中"查一下"并点击，在弹出的对话框中点击"确定"，最后点击"结束保存"，如图 7-26、图 7-27 所示，将【在目标元素中输入】的属性"写入文本"修改为"value[1]"，如图 7-28 所示。

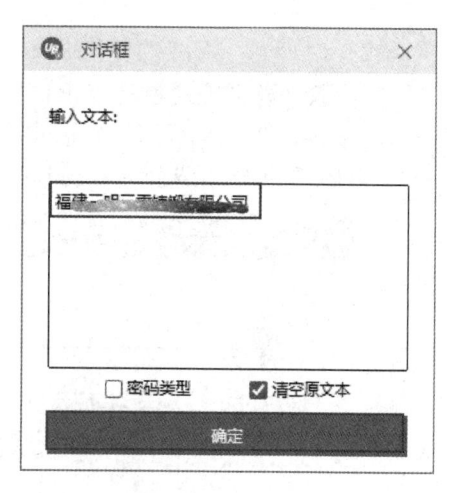

图 7-25　点击"确定"

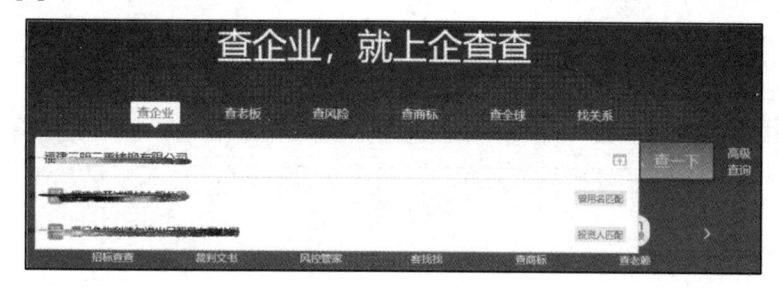

图 7-26　选中"查一下"

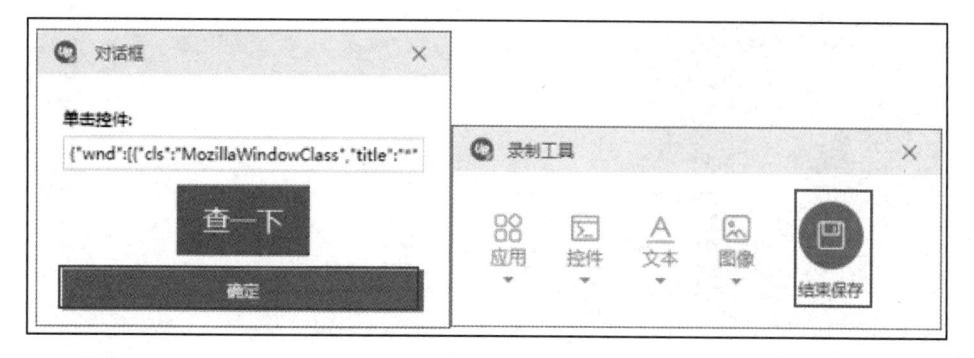

图 7-27　点击"确定""结束保存"

第 7 章　函证程序机器人　　149

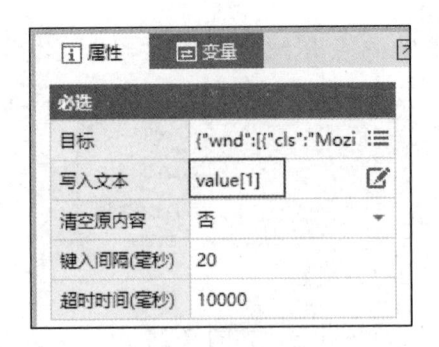

图 7-28 修改属性

步骤十五：在【鼠标点击目标】下添加【等待元素】，先手动在企查查网站搜索企业名称，进入企业信息页面，然后点击"查找目标"，如图 7-29 所示，选择区域如图 7-30 所示。目的是等网页界面元素加载完成后再抓取数据，防止抓不到数据报错。

图 7-29 点击"查找目标"

图 7-30 选择区域

步骤十六：点击【数据抓取】，再点击"选择目标"，选中企业信息区域（注意选择的区域范围要和图 7-33 完全一致），如图 7-31 至图 7-33 所示。目的是抓取公司信息。

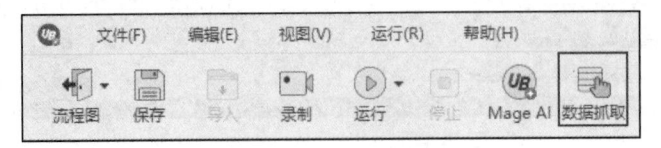

图 7-31 点击【数据抓取】

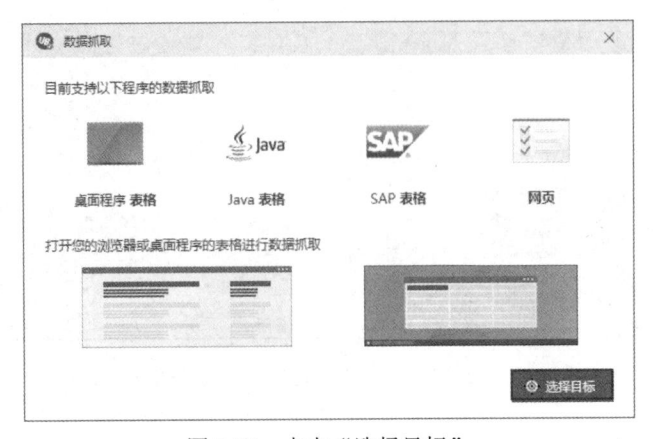

图 7-32 点击"选择目标"

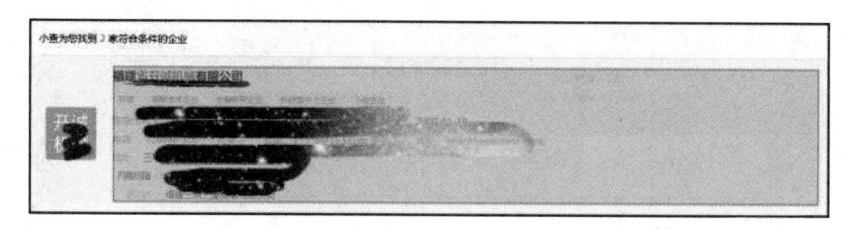

图 7-33　选中企业信息区域

步骤十七：第一次选择数据结束后，再次点击"选择目标"，选中企业信息区域（注意选择的区域范围要和图 7-35 完全一致），如图 7-34、图 7-35 所示。

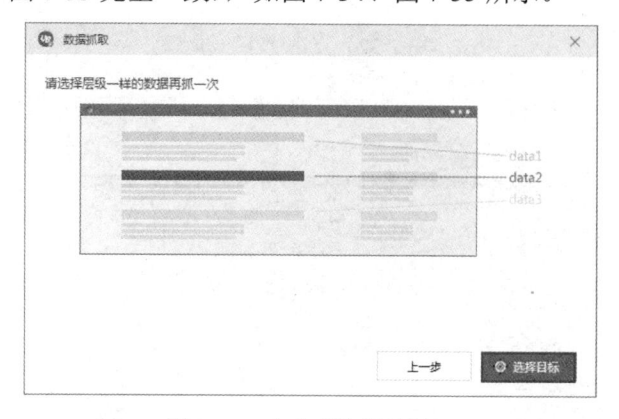

图 7-34　点击"选择目标"

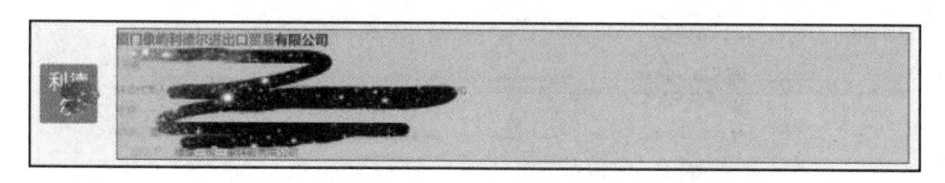

图 7-35　选中企业信息区域

步骤十八：点击"确定"，再点击"下一步"，最后点击"完成"，如图 7-36、图 7-37 和图 7-38 所示。

图 7-36　点击"确定"

步骤十九：添加【查找字符串】和【获取左侧字符串】，排列顺序如图 7-39 所示，设置活动属性如表 7-7 所示。目的是筛选出公司名称。

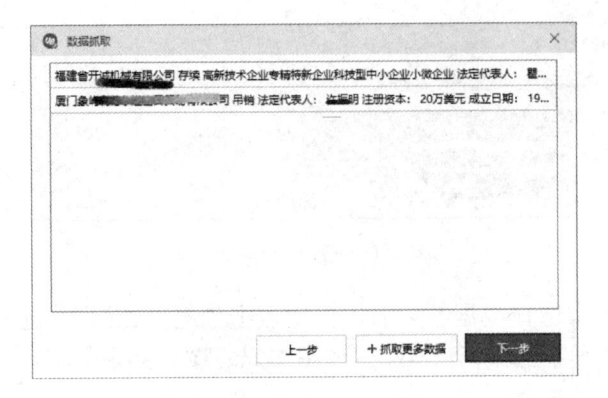

图 7-37 点击"下一步"

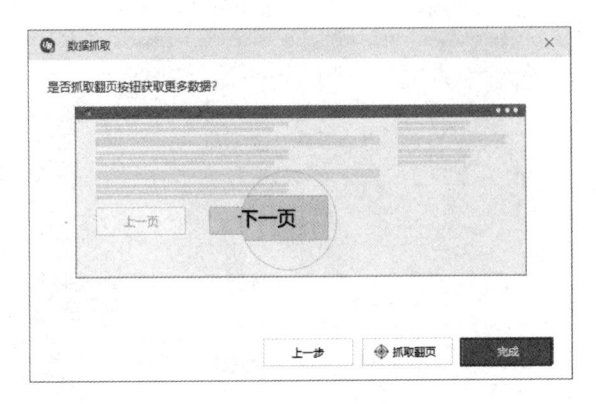

图 7-38 点击"完成"

图 7-39 活动排列顺序

表 7-7 活动属性

活动名称	属性	值
查找字符串	输出到	charactersNumber
	目标字符串	arrayData[0][0]
	查找内容	"司"
获取左侧字符串	输出到	companyName
	目标字符串	arrayData[0][0]
	截取长度	charactersNumber

步骤二十：再次进行【数据抓取】，操作步骤参照步骤十六，区别为选中区域为地址，

如图 7-40、图 7-41 所示，抓取到的信息如图 7-42 所示，抓取数据后的界面如图 7-43 所示，结束后将抓取的数据赋值给变量"address"。目的是抓取公司地址。

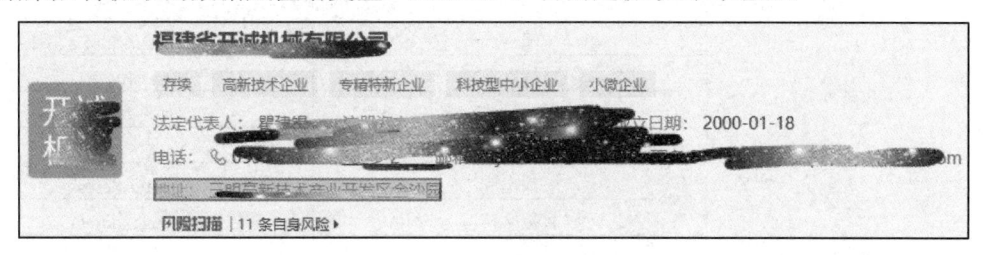

图 7-40 选中地址 1

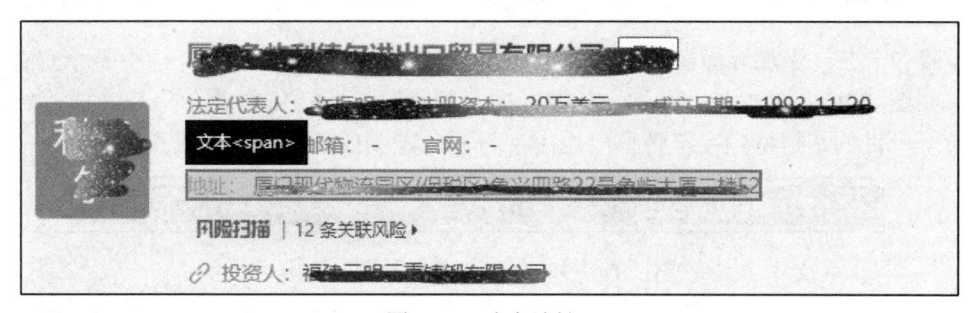

图 7-41 选中地址 2

图 7-42 抓取到的信息

图 7-43 【数据抓取】活动界面

步骤二十一：添加两个【替换字符串】，排列顺序如图 7-44 所示，设置活动属性如表 7-8 所示。目的是删掉不需要的字符。

图 7-44 活动排列顺序

表 7-8 活动属性

活动名称	属性	值
替换字符串	输出到	companyAddress
	目标字符串	address[0][0]
	查找内容	"地址："
	替换内容	""
替换字符串	输出到	companyAddress
	目标字符串	companyAddress
	查找内容	" "
	替换内容	""

步骤二十二：添加界面操作中的【关闭窗口】，点击"查找目标"，选中整个企查查网页界面，如图 7-45、图 7-46 所示，完成后进入源代码视图，将企业名称替换成"*"，如图 7-47 所示。目的是把特定字符替换成通用字符后，能关闭任意一个企查查网页。

图 7-45 点击"查找目标"

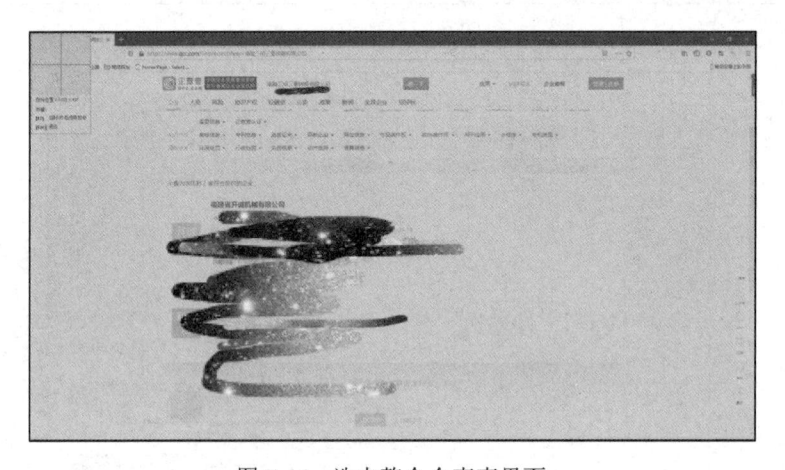

图 7-46 选中整个企查查界面

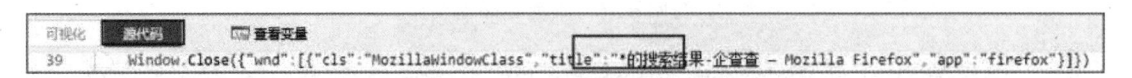

图 7-47 替换成"*"

步骤二十三：添加 9 个【写入单元格】、3 个【如果条件成立】、2 个【读取单元格】、2 个【变量赋值】、【保存 Excel 工作簿】、【获取时间】、【格式化时间】，排列顺序如图 7-48、图 7-49 所示，设置活动属性如表 7-9 所示。目的是将从企查查网站上获取的信息记录在审计底稿中，并核对其与被审计单位提供的信息是否一致，将核对结果记录在审计底稿中。

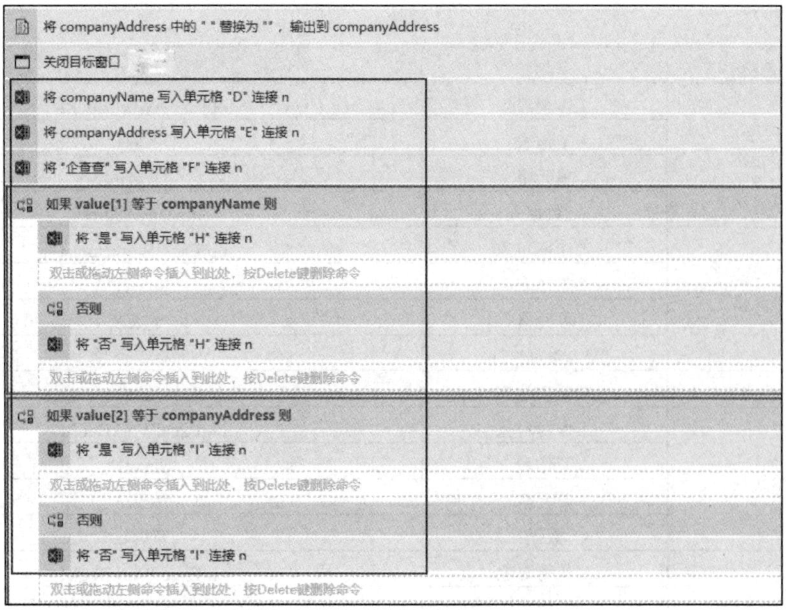

```
将 companyAddress 中的 " " 替换为 " "，输出到 companyAddress
关闭目标窗口
将 companyName 写入单元格 "D" 连接 n
将 companyAddress 写入单元格 "E" 连接 n
将 "企查查" 写入单元格 "F" 连接 n
如果 value[1] 等于 companyName 则
    将 "是" 写入单元格 "H" 连接 n
    双击或拖动左侧命令插入到此处，按Delete键删除命令
否则
    将 "否" 写入单元格 "H" 连接 n
    双击或拖动左侧命令插入到此处，按Delete键删除命令
如果 value[2] 等于 companyAddress 则
    将 "是" 写入单元格 "I" 连接 n
    双击或拖动左侧命令插入到此处，按Delete键删除命令
否则
    将 "否" 写入单元格 "I" 连接 n
    双击或拖动左侧命令插入到此处，按Delete键删除命令
```

图 7-48 活动排列顺序（1）

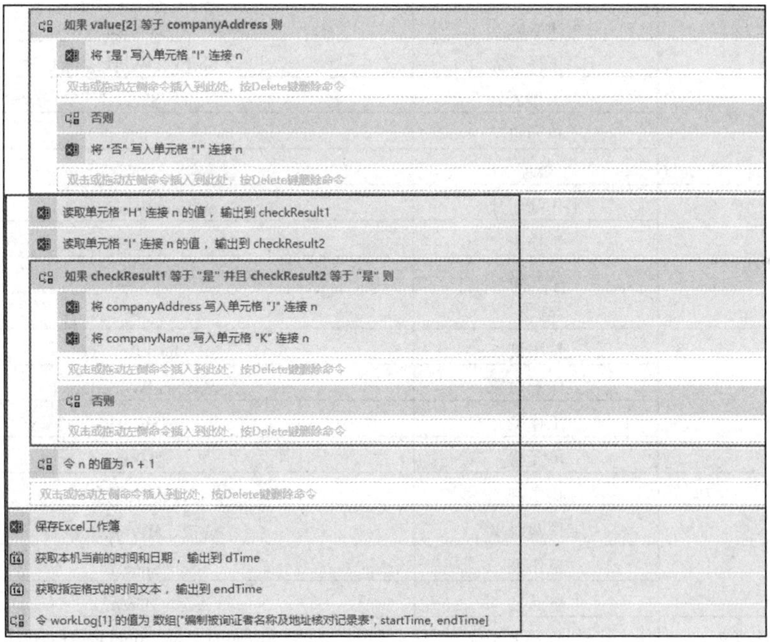

```
如果 value[2] 等于 companyAddress 则
    将 "是" 写入单元格 "I" 连接 n
    双击或拖动左侧命令插入到此处，按Delete键删除命令
否则
    将 "否" 写入单元格 "I" 连接 n
    双击或拖动左侧命令插入到此处，按Delete键删除命令
读取单元格 "H" 连接 n 的值，输出到 checkResult1
读取单元格 "I" 连接 n 的值，输出到 checkResult2
如果 checkResult1 等于 "是" 并且 checkResult2 等于 "是" 则
    将 companyAddress 写入单元格 "J" 连接 n
    将 companyName 写入单元格 "K" 连接 n
    双击或拖动左侧命令插入到此处，按Delete键删除命令
否则
    双击或拖动左侧命令插入到此处，按Delete键删除命令
令 n 的值为 n + 1
双击或拖动左侧命令插入到此处，按Delete键删除命令
保存Excel工作簿
获取本机当前的时间和日期，输出到 dTime
获取指定格式的时间文本，输出到 endTime
令 workLog[1] 的值为 数组["编制被询证者名称及地址核对记录表", startTime, endTime]
```

图 7-49 活动排列顺序（2）

表 7-9 活动属性

活动名称	属性	值
写入单元格	工作簿对象	objExcelWorkBook1
	工作表	"Sheet1"
	单元格	"D"&n
	数据	companyName

续表

活动名称	属性	值
写入单元格	工作簿对象	objExcelWorkBook1
	工作表	"Sheet1"
	单元格	"E"&n
	数据	companyAddress
写入单元格	工作簿对象	objExcelWorkBook1
	工作表	"Sheet1"
	单元格	"F"&n
	数据	"企查查"
如果条件成立	判断表达式	value[1]=companyName
写入单元格	工作簿对象	objExcelWorkBook1
	工作表	"Sheet1"
	单元格	"H"&n
	数据	"是"
写入单元格	工作簿对象	objExcelWorkBook1
	工作表	"Sheet1"
	单元格	"H"&n
	数据	"否"
如果条件成立	判断表达式	value[2]=companyAddress
写入单元格	工作簿对象	objExcelWorkBook1
	工作表	"Sheet1"
	单元格	"I"&n
	数据	"是"
写入单元格	工作簿对象	objExcelWorkBook1
	工作表	"Sheet1"
	单元格	"I"&n
	数据	"否"
读取单元格	输出到	checkResult1
	工作簿对象	objExcelWorkBook1
	工作表	"Sheet1"
	单元格	"H"&n
读取单元格	输出到	checkResult2
	工作簿对象	objExcelWorkBook1
	工作表	"Sheet1"
	单元格	"I"&n
如果条件成立	判断表达式	checkResult1="是" And checkResult2="是"
写入单元格	工作簿对象	objExcelWorkBook1
	工作表	"Sheet1"
	单元格	"J"&n
	数据	companyAddress
写入单元格	工作簿对象	objExcelWorkBook1
	工作表	"Sheet1"
	单元格	"K"&n
	数据	companyName

续表

活动名称	属性	值
变量赋值	变量名	n
	变量值	n+1
保存 Excel 工作簿	工作簿对象	objExcelWorkBook1
获取时间	输出到	dTime
格式化时间	输出到	endTime
	时间	dTime
变量赋值	变量名	workLog[1]
	变量值	["编制被询证者名称及地址核对记录表",startTime,endTime]

4. 编制发函清单

步骤二十四：保存后退出该编辑块，回到流程图界面，点击"流程编辑"，进入"编制发函清单"的流程编辑界面，如图 7-50 所示。

步骤二十五：点击"源代码"，创建变量，如图 7-51 所示。

图 7-50　点击"流程编辑"　　　　图 7-51　创建变量

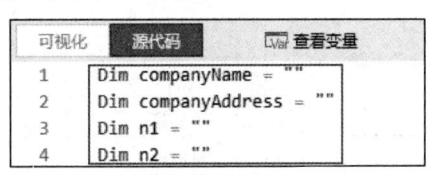

步骤二十六：添加【获取时间】、【格式化时间】、【打开 Excel 工作簿】、4 个【变量赋值】、【从初始值开始按步长计数】、2 个【读取单元格】、【如果条件成立】、2 个【写入单元格】，排列顺序如图 7-52 所示，设置活动属性如表 7-10 所示。目的是将核对一致的信息记录在发函清单中。

图 7-52　活动排列顺序

表 7-10 活动属性

活动名称	属性	值
获取时间	输出到	dTime
格式化时间	输出到	startTime
	时间	dTime
打开 Excel 工作簿	输出到	objExcelWorkBook2
	文件路径	@res"审计底稿\\发函清单.xls"
变量赋值	变量名	n1
	变量值	9
变量赋值	变量名	n2
	变量值	7
从初始值开始按步长计数	索引名称	i
	初始值	0
	结束值	rowNumber-1
读取单元格	输出到	companyName
	工作簿对象	objExcelWorkBook1
	工作表	"Sheet1"
	单元格	"K"&n1
读取单元格	输出到	companyAddress
	工作簿对象	objExcelWorkBook1
	工作表	"Sheet1"
	单元格	"J"&n1
如果条件成立	判断表达式	companyName<>""
写入单元格	工作簿对象	objExcelWorkBook2
	工作表	"Sheet1"
	单元格	"K"&n2
	数据	companyName
写入单元格	工作簿对象	objExcelWorkBook2
	工作表	"Sheet1"
	单元格	"L"&n2
	数据	companyAddress
变量赋值	变量名	n2
	变量值	n2+1
变量赋值	变量名	n1
	变量值	n1+1

步骤二十七：添加 3 个【变量赋值】、2 个【读取单元格】、【当满足条件时循环执行操作】、【如果条件成立】、【依次读取数组中每个元素】、6 个【写入单元格】、【保存 Excel 工作簿】、【获取时间】、【格式化时间】，排列顺序如图 7-53 所示，设置活动属性如表 7-11 所示。目的是将科目、金额等信息记录在发函清单中。

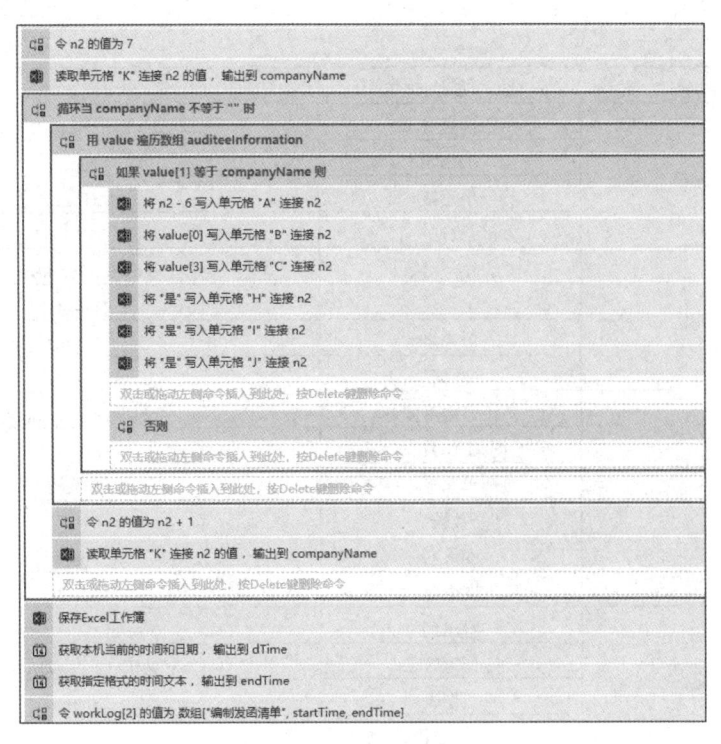

图 7-53　活动排列顺序

表 7-11　活动属性

活动名称	属性	值
变量赋值	变量名	n2
	变量值	7
读取单元格	输出到	companyName
	工作簿对象	objExcelWorkBook2
	工作表	"Sheet1"
	单元格	"K"&n2
当满足条件时循环执行操作	判断表达式	companyName<>""
依次读取数组中每个元素	值	value
	数组	auditeeInformation
如果条件成立	判断表达式	value[1]=companyName
写入单元格	工作簿对象	objExcelWorkBook2
	工作表	"Sheet1"
	单元格	"A"&n2
	数据	n2-6
写入单元格	工作簿对象	objExcelWorkBook2
	工作表	"Sheet1"
	单元格	"B"&n2
	数据	value[0]
写入单元格	工作簿对象	objExcelWorkBook2
	工作表	"Sheet1"
	单元格	"C"&n2
	数据	value[3]

续表

活动名称	属性	值
写入单元格	工作簿对象	objExcelWorkBook2
	工作表	"Sheet1"
	单元格	"H"&n2
	数据	"是"
写入单元格	工作簿对象	objExcelWorkBook2
	工作表	"Sheet1"
	单元格	"I"&n2
	数据	"是"
写入单元格	工作簿对象	objExcelWorkBook2
	工作表	"Sheet1"
	单元格	"J"&n2
	数据	"是"
变量赋值	变量名	n2
	变量值	n2+1
读取单元格	输出到	companyName
	工作簿对象	objExcelWorkBook2
	工作表	"Sheet1"
	单元格	"K"&n2
保存 Excel 工作簿	工作簿对象	objExcelWorkBook2
获取时间	输出到	dTime
格式化时间	输出到	endTime
	时间	dTime
变量赋值	变量名	workLog[2]
	变量值	["编制发函清单",startTime,endTime]

5. 生成询证函

步骤二十八：保存后退出该编辑块，回到流程图界面，点击"流程编辑"，进入"生成询证函"的流程编辑界面，如图 7-54 所示。

步骤二十九：点击"源代码"，创建变量，如图 7-55 所示。

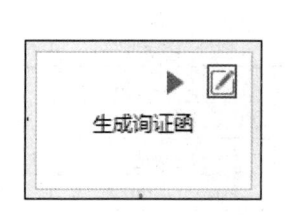

图 7-54　点击"流程编辑"　　　　图 7-55　创建变量

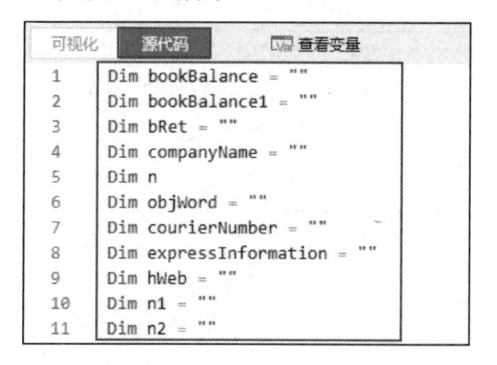

步骤三十：添加【获取时间】、【格式化时间】、【变量赋值】、【打开 Excel 工作簿】、3 个【读取单元格】、【当满足条件时循环执行操作】、【复制文件】、【格式化时间】、【重命名】、

【打开文档】、2 个【文字批量替换】、【取四舍五入值】、【转为文字数据】、【关闭文档】、【变量赋值】，排列顺序如图 7-56 所示，设置活动属性如表 7-12 所示。目的是复制询证函模板，在各公司对应的询证函模板中填写公司名称、函证金额。

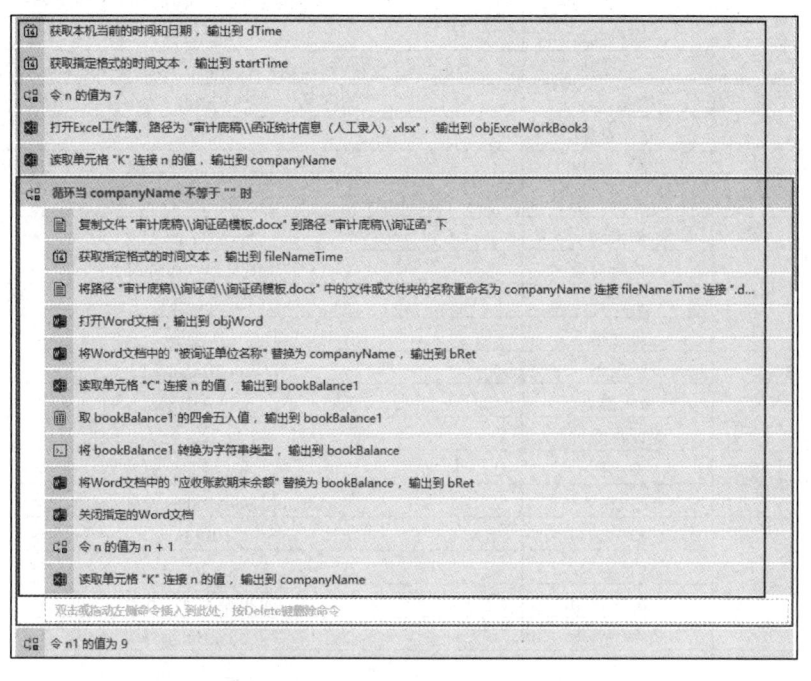

图 7-56　活动排列顺序

表 7-12　活动属性

活动名称	属性	值
获取时间	输出到	dTime
格式化时间	输出到	startTime
	时间	dTime
变量赋值	变量名	n
	变量值	7
打开 Excel 工作簿	输出到	objExcelWorkBook3
	文件路径	@res"审计底稿\\函证统计信息（人工录入）.xlsx"
读取单元格	输出到	companyName
	工作簿对象	objExcelWorkBook2
	工作表	"Sheet1"
	单元格	"K"&n
当满足条件时循环执行操作	判断表达式	companyName<>""
复制文件	文件路径	@res"审计底稿\\询证函模板.docx"
	复制到路径	@res"审计底稿\\询证函"
	是否覆盖	是
格式化时间	输出到	fileNameTime
	时间	dTime
	格式	"yyyy-mm-dd hhmmss"

续表

活动名称	属性	值
重命名	路径	@res"审计底稿\\询证函\\询证函模板.docx"
	名称重命名为	companyName&fileNameTime&".docx"
打开文档	输出到	objWord
	文件路径	@res"审计底稿\\询证函\\"&companyName&fileNameTime&".docx"
文字批量替换	输出到	bRet
	文档对象	objWord
	匹配字符串	"被询证单位名称"
	替换字符串	companyName
读取单元格	输出到	bookBalance1
	工作簿对象	objExcelWorkBook2
	工作表	"Sheet1"
	单元格	"C"&n
取四舍五入值	输出到	bookBalance1
	目标数据	bookBalance1
	保留小数位	2
转为文字数据	输出到	bookBalance
	转换对象	bookBalance1
文字批量替换	输出到	bRet
	文档对象	objWord
	匹配字符串	"应收账款期末余额"
	替换字符串	bookBalance
关闭文档	文档对象	objWord
	关闭进程	是
变量赋值	变量名	n
	变量值	n+1
读取单元格	输出到	companyName
	工作簿对象	objExcelWorkBook2
	工作表	"Sheet1"
	单元格	"K"&n

步骤三十一：添加 2 个【变量赋值】、【从初始值开始按步长计数】、2 个【读取单元格】、【如果条件成立】、【写入单元格】、【启动新的浏览器】，排列顺序如图 7-57 所示，设置活动属性如表 7-13 所示。目的是读取快递单号，并打开百度网页。

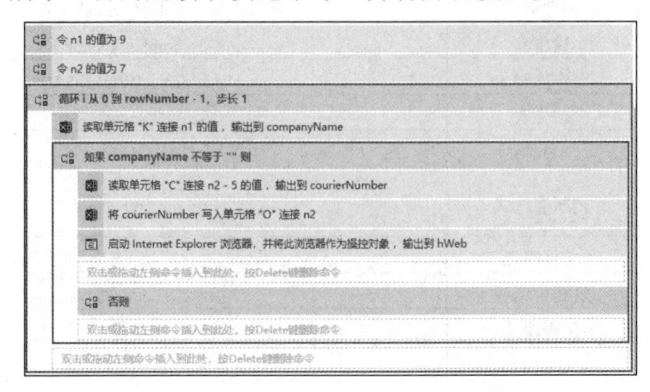

图 7-57　活动排列顺序

表 7-13 活动属性

活动名称	属性	值
变量赋值	变量名	n1
	变量值	9
变量赋值	变量名	n2
	变量值	7
从初始值开始按步长计数	索引名称	i
	初始值	0
	结束值	rowNumber-1
读取单元格	输出到	companyName
	工作簿对象	objExcelWorkBook1
	工作表	"Sheet1"
	单元格	"K"&n1
如果条件成立	判断表达式	companyName<>""
读取单元格	输出到	courierNumber
	工作簿对象	objExcelWorkBook3
	工作表	"Sheet1"
	单元格	"C"&n2-5
写入单元格	工作簿对象	objExcelWorkBook2
	工作表	"Sheet1"
	单元格	"O"&n2
	数据	courierNumber
启动新的浏览器	输出到	hWeb
	浏览器类型	Firefox
	打开链接	"www.baidu.com"

步骤三十二：手动打开百度网页(www.baidu.com)，点击【录制】，操作步骤参照步骤十一到步骤十四（注意将目标元素中输入文本处的"写入文本"修改为"courierNumber"），完成后活动界面如图 7-58 所示。目的是查找单号的物流信息。

图 7-58 活动界面

步骤三十三：在【鼠标点击目标】下添加【等待元素】，先用百度网页手动搜索快递单号，参照步骤十五选中物流区域，如图 7-60 所示，添加【判断文本是否存在】，然后点击"查找目标"，选中物流区域，如图 7-59、图 7-60 所示。目的是等物流信息加载完后，检查物流签收状态。

图 7-59 点击"查找目标"

图 7-60 选中物流区域

步骤三十四：修改【判断文本是否存在】属性"输出到"为"expressInformation"，"查找文本"为""已签收""，如图 7-61 所示。目的是检查询证函是否被签收。

图 7-61 修改活动属性

步骤三十五：在【判断文本是否存在】下添加【关闭窗口】，选中整个百度网页，参照步骤二十二，将快递单号替换成"*"，如图 7-62 所示。

```
Window.Close({"wnd":[{"cls":"MozillaWindowClass","title":"*_百度搜索 - Mozilla Firefox","app":"firefox"}]})
```

图 7-62 替换"*"

步骤三十六：添加【如果条件成立】、2 个【写入单元格】、3 个【变量赋值】、【保存 Excel 工作簿】、【获取时间】、【格式化时间】，排列顺序如图 7-63 所示，设置活动属性如表 7-14 所示。目的是将物流状态记录在发函清单中。

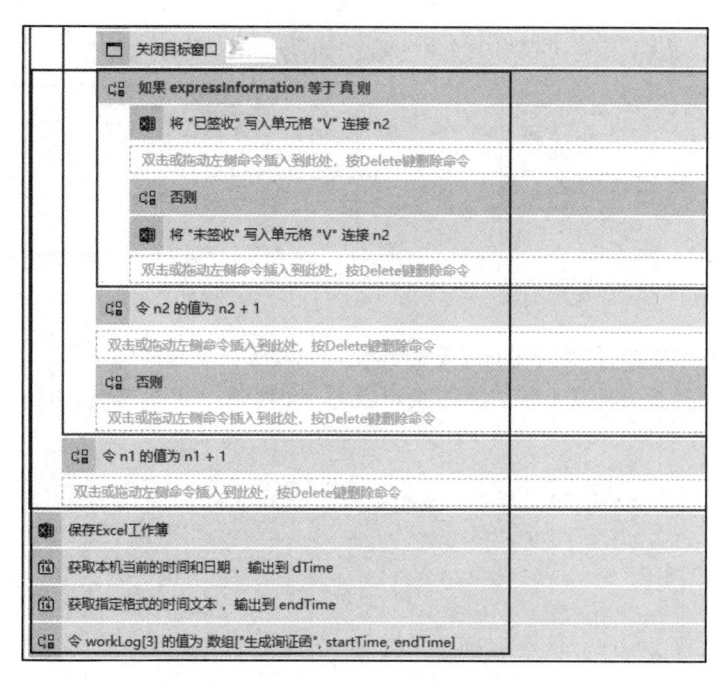

图 7-63 活动排列顺序

表 7-14 活动属性

活动名称	属性	值
如果条件成立	判断表达式	expressInformation= True
写入单元格	工作簿对象	objExcelWorkBook2
	工作表	"Sheet1"
	单元格	"V"&n2
	数据	"已签收"
写入单元格	工作簿对象	objExcelWorkBook2
	工作表	"Sheet1"
	单元格	"V"&n2
	数据	"未签收"
变量赋值	变量名	n2
	变量值	n2+1
变量赋值	变量名	n1
	变量值	n1+1
保存 Excel 工作簿	工作簿对象	objExcelWorkBook2
获取时间	输出到	dTime
格式化时间	输出到	endTime
	时间	dTime
变量赋值	变量名	workLog[3]
	变量值	["生成询证函",startTime,endTime]

6. 验证回函可靠性

步骤三十七：保存后退出该编辑块，回到流程图界面，点击"流程编辑"进入"验证回函可靠性"的流程编辑界面，如图 7-64 所示。

第 7 章 函证程序机器人 ▶ 165

步骤三十八：点击"源代码"，创建变量，如图7-65所示。

图7-64 点击"流程编辑"　　　　图7-65 创建变量

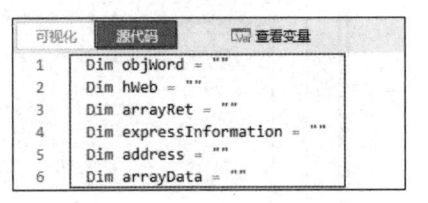

步骤三十九：添加【获取时间】【格式化时间】【打开文档】【获取行数】【读取区域】【依次读取数组中每个元素】【启动新的浏览器】，排列顺序如图7-66所示，设置活动属性如表7-15所示。

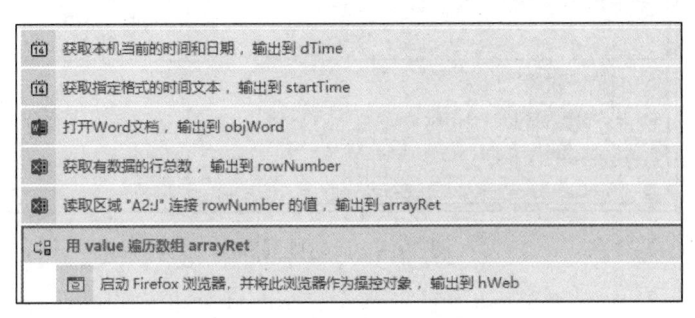

图7-66 活动排列顺序

表7-15 活动属性

活动名称	属性	值
获取时间	输出到	dTime
格式化时间	输出到	startTime
	时间	dTime
打开文档	输出到	objWord
	文件路径	@res"审计底稿\\回函可靠性检查.docx"
获取行数	输出到	rowNumber
	工作簿对象	objExcelWorkBook3
	工作表	"Sheet1"
读取区域	输出到	arrayRet
	工作簿对象	objExcelWorkBook3
	工作表	"Sheet1"
	区域	"A2:J"&rowNumber
依次读取数组中每个元素	值	value
	数组	arrayRet
启动新的浏览器	输出到	hWeb
	浏览器类型	Firefox
	打开链接	"www.baidu.com"

步骤四十：先手动打开百度网页（www.baidu.com），然后执行【录制】和【数据抓取】，相关操作参照之前的步骤十一至步骤十八，【录制】完成后修改【在目标元素中输入】

的"写入文本"为"value[9]",如图 7-67 所示,在【鼠标点击目标】下添加【等待元素】,参照步骤十五选中物流区域,如图 7-68 所示,然后添加【元素截图】,点击"查找目标",如图 7-69 所示,选取物流信息页面,如图 7-68 所示,修改【元素截图】的"保存路径"为"@res"物流截图\\物流"&value[5]&".jpg"",数据抓取后的结果如图 7-70 所示,数据抓取完成后添加【抽取指定长度字符】【判断文本是否存在】,修改属性如图 7-67 所示,最后添加【关闭窗口】,将快递单号替换成"*",参照步骤三十五,(录制的功能是在百度上搜索快递单号的物流,数据抓取的功能是获取物流信息)。目的是检查物流信息的始发地与被询证公司的地址是否一样。

图 7-67　活动界面

图 7-68　截取物流信息

图 7-69　点击查找目标

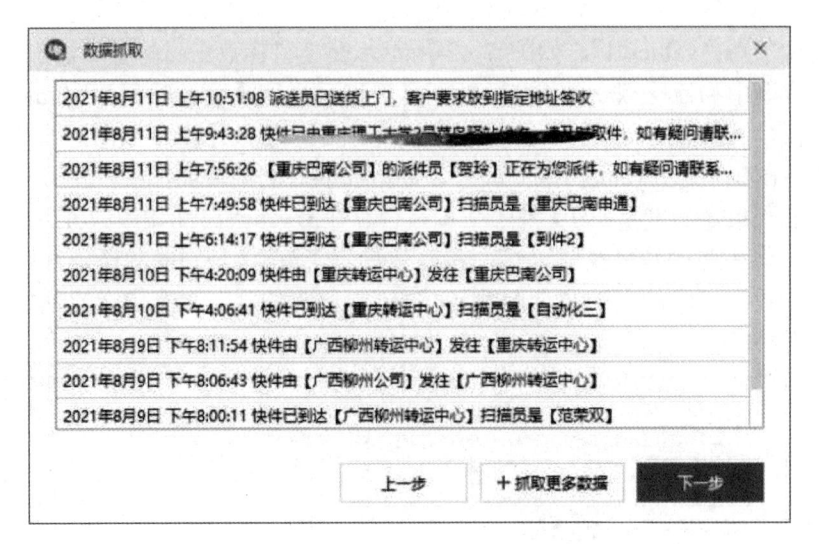

图 7-70 数据抓取界面

步骤四十一：添加【如果条件成立】、2 个【设置对齐方式】、2 个【写入文字】、【插入图片】、【设置光标位置】、【插入回车】、【保存 Excel 工作簿】、【关闭文档】、【获取时间】、【格式化时间】、【变量赋值】，排列顺序如图 7-71 所示，设置活动属性如表 7-16 所示。目的是将物流信息截图保存在 word 文档中。

图 7-71 活动排列顺序

表 7-16 活动属性

活动名称	属性	值
如果条件成立	判断表达式	expressInformation=True
设置对齐方式	文档对象	objWord
	对齐方式	左对齐

续表

活动名称	属性	值
写入文字	文档对象	objWord
	写入内容	"被询证单位："&value[5]&"\n 被询证单位地址："&value[6]&"\n 回函单号："&value[9]&"\n 检查结果：未见异常&"\n 回函快递物流轨迹：\n"
设置对齐方式	文档对象	objWord
	对齐方式	左对齐
写入文字	文档对象	objWord
	写入内容	"被询证单位："&value[5]&"\n 被询证单位地址："&value[6]&"\n 回函单号："&value[9]&"\n 检查结果：异常&"\n 回函快递物流轨迹：\n"
插入图片	文档对象	objWord
	图片路径	@res"物流截图\\物流"&value[5]&".jpg"
设置光标位置	文档对象	objWord
	移动次数	6
	移动方式	行
插入回车	文档对象	objWord
保存 Excel 工作簿	工作簿对象	objExcelWorkBook3
关闭文档	文档对象	objWord
获取时间	输出到	dTime
格式化时间	输出到	endTime
	时间	dTime
变量赋值	变量名	workLog[4]
	变量值	["验证回函可靠性",startTime,endTime]

7. 编制应收账款函证记录表

步骤四十二：保存后退出该编辑块，回到流程图界面，点击"流程界面"，进入"编制应收账款函证记录表"的流程编辑界面，如图 7-72 所示。

步骤四十三：点击"源代码"，创建变量，如图 7-73 所示。

图 7-72　点击"流程编辑"　　　　图 7-73　创建变量

步骤四十四：添加【获取时间】、【格式化时间】、【打开 Excel 工作簿】、【获取行数】、【读取区域】、【变量赋值】、【依次读取数组中每个元素】、【读取单元格】、2 个【写入单元格】、【转为小数数据】，排列顺序如图 7-74 所示，设置活动属性如表 7-17 所示。目的是将公司名称、询证函编号记录在应收账款函证记录中。

```
获取本机当前的时间和日期，输出到 dTime
获取指定格式的时间文本，输出到 startTime
打开Excel工作簿，路径为 "审计底稿\\应收账款函证记录.xlsx"，输出到 objExcelWorkBook4
获取有数据的行总数，输出到 rowNumber
读取区域 "A2:J" 连接 rowNumber 的值，输出到 replyMessage
令 n 的值为 12
用 value 遍历数组 replyMessage
    读取单元格 "C" 连接 n - 5 的值，输出到 bookBalance1
    将 value[0] 写入单元格 "C" 连接 n
    将 value[5] 写入单元格 "D" 连接 n
    将 bookBalance1 转换为数值类型，输出到 bookBalance
```

图 7-74　活动排列顺序

表 7-17　活动属性

活动名称	属性	值
获取时间	输出到	dTime
格式化时间	输出到	startTime
	时间	dTime
打开 Excel 工作簿	输出到	objExcelWorkBook4
	文件路径	@res"审计底稿\\应收账款函证记录.xlsx"
获取行数	输出到	rowNumber
	工作簿对象	objExcelWorkBook3
	工作表	"Sheet1"
读取区域	输出到	replyMessage
	工作簿对象	objExcelWorkBook3
	工作表	"Sheet1"
	区域	"A2:J"&rowNumber
变量赋值	变量名	n
	变量值	12
依次读取数组中每个元素	值	value
	数组	replyMessage
读取单元格	输出到	bookBalance1
	工作簿对象	objExcelWorkBook2
	工作表	"Sheet1"
	单元格	"C"&n-5
写入单元格	工作簿对象	objExcelWorkBook4
	工作表	"Sheet1"
	单元格	"C"&n
	数据	value[0]
写入单元格	工作簿对象	objExcelWorkBook4
	工作表	"Sheet1"
	单元格	"D"&n
	数据	value[5]
转为小数数据	输出到	bookBalance
	转换对象	bookBalance1

步骤四十五：添加 10 个【写入单元格】、2 个【变量赋值】、【保存 Excel 工作簿】、【获取时间】、【格式化时间】，排列顺序如图 7-75 所示，设置活动属性如表 7-18 所示（写入单元格的工作簿对象的值都是"objExcelWorkBook4"）。目的是将账面余额、回函金额、快递单号、函证日期等信息记录在应收账款函证记录中。

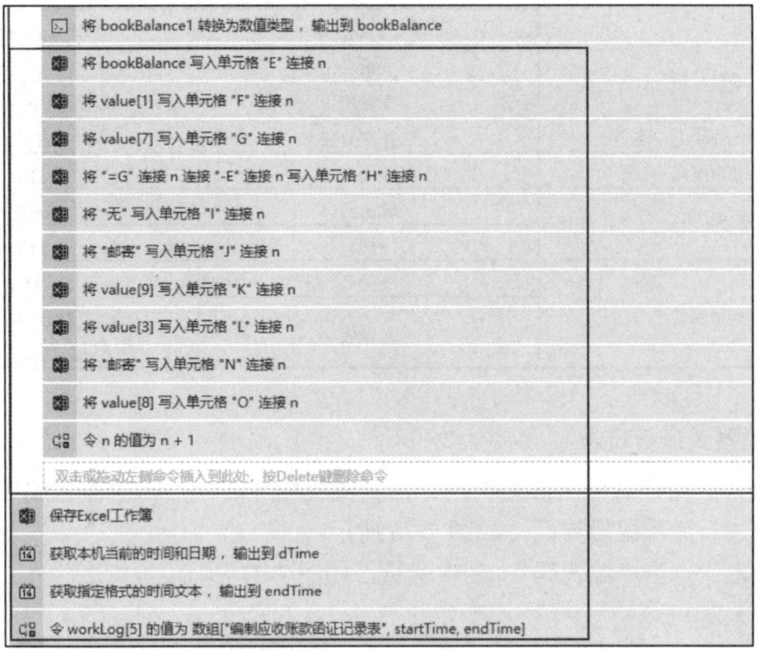

图 7-75　活动排列顺序

表 7-18　活动属性

活动名称	属性	值
写入单元格	工作簿对象	objExcelWorkBook4
	单元格	"E"&n
	数据	bookBalance
写入单元格	单元格	"F"&n
	数据	value[1]
写入单元格	单元格	"G"&n
	数据	value[7]
写入单元格	单元格	"H"&n
	数据	"=G"&n&"-E"&n
写入单元格	单元格	"I"&n
	数据	"无"
写入单元格	单元格	"J"&n
	数据	"邮寄"
写入单元格	单元格	"K"&n
	数据	value[9]
写入单元格	单元格	"L"&n
	数据	value[3]

续表

活动名称	属性	值
写入单元格	单元格	"N"&n
	数据	"邮寄"
写入单元格	单元格	"O"&n
	数据	value[8]
变量赋值	变量名	n
	变量值	n+1
保存 Excel 工作簿	工作簿对象	objExcelWorkBook4
获取时间	输出到	dTime
格式化时间	输出到	endTime
	时间	dTime
变量赋值	变量名	workLog[5]
	变量值	["编制应收账款函证记录表",startTime,endTime]

8. 生成机器人运行日志

步骤四十六：保存后退出该编辑块，回到流程图界面，点击"流程编辑"，进入"生成机器人运行日志"流程编辑界面，如图 7-76 所示。

步骤四十七：点击"源代码"，创建变量，如图 7-77 所示。

图 7-76　点击"流程编辑"　　　　图 7-77　创建变量

步骤四十八：添加【打开 Excel 工作簿】、【获取行数】、3 个【变量赋值】、【从初始值开始按步长计数】、【写入行】、6 个【关闭 Excel 工作簿】，排列顺序如图 7-78 所示，设置活动属性如表 7-19 所示。目的是生成机器人运行日志。

图 7-78　活动排列顺序

表 7-19 活动属性

活动名称	属性	值
打开 Excel 工作簿	输出到	objExcelWorkBook5
	文件路径	@res"审计底稿\\机器人运行日志.xlsx"
获取行数	输出到	rowNumber
	工作簿对象	objExcelWorkBook5
变量赋值	变量名	n
	变量值	5
从初始值开始按步长计数	索引名称	i
	初始值	0
	结束值	n
变量赋值	变量名	rowNumber
	变量值	rowNumber+1
写入行	工作簿对象	objExcelWorkBook5
	工作表	"Sheet1"
	单元格	"A"&n-3
	数据	[workLog[n-5][0],workLog[n-5][1],workLog[n-5][2]]
变量赋值	变量名	n
	变量值	n+1
关闭 Excel 工作簿	工作簿对象	objExcelWorkBook
关闭 Excel 工作簿	工作簿对象	objExcelWorkBook1
关闭 Excel 工作簿	工作簿对象	objExcelWorkBook2
关闭 Excel 工作簿	工作簿对象	objExcelWorkBook3
关闭 Excel 工作簿	工作簿对象	objExcelWorkBook4
关闭 Excel 工作簿	工作簿对象	objExcelWorkBook5

至此,"生成机器人运行日志"流程块编辑完毕。

函证程序机器人运行结果如下:

(1) 被询证者名称及地址核对记录

小蛮核对被询证者信息生成被询证者名称及地址核对记录表,结果如图 7-79 所示。

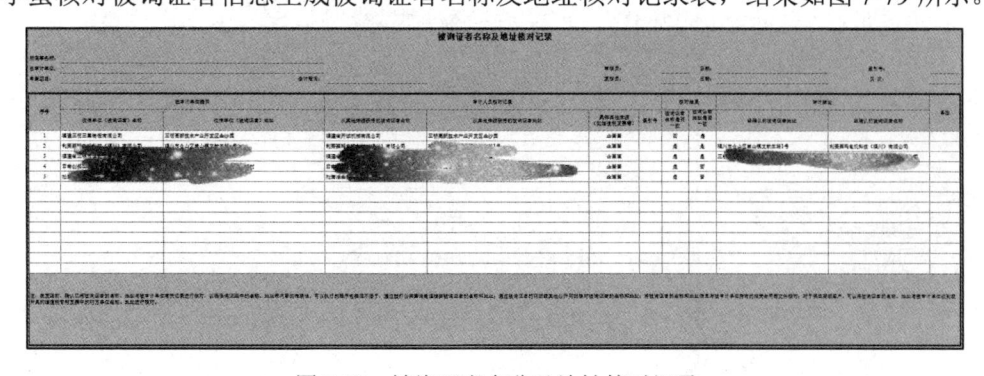

图 7-79 被询证者名称及地址核对记录

(2) 发函清单

小蛮获取函证金额、收函单位名称和地址、快递单号、物流状态等信息生成发函清单,结果如图 7-80 所示。

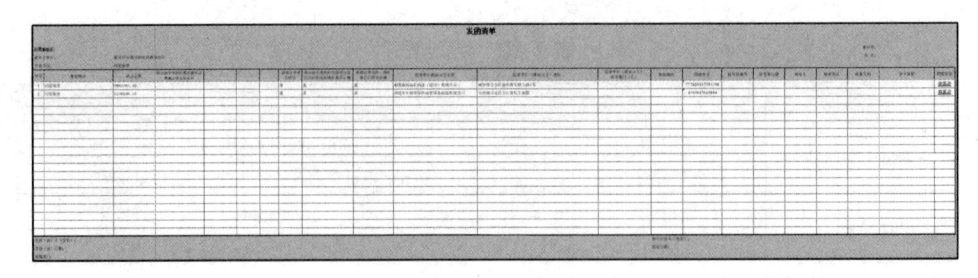

图 7-80 发函清单

（3）应收账款函证记录

小蛮读取发函清单和函证统计信息（人工录入）表中的信息，生成应收账款函证记录表，结果如图 7-81 所示。

图 7-81 应收账款函证记录

（4）询证函

小蛮依据发函清单生成询证函，结果如图 7-82 所示。

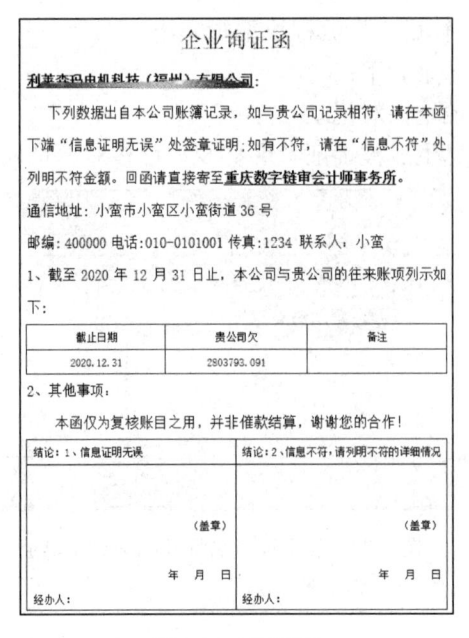

图 7-82 询证函

（5）回函可靠性检查

小蛮检查回函物流轨迹信息，生成回函可靠性检查文档，结果如图 7-83 所示。

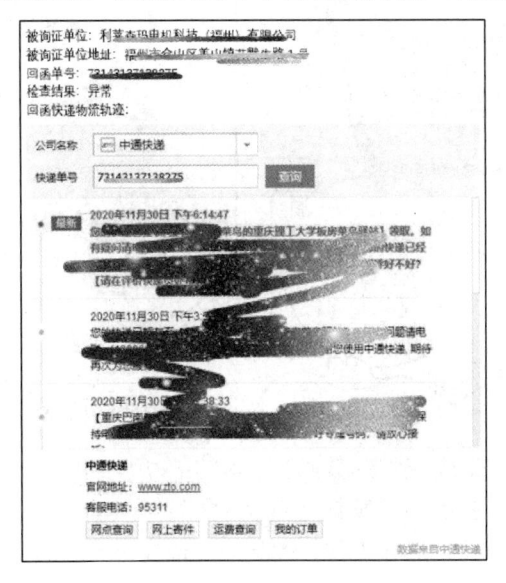

图 7-83　回函可靠性检查

（6）机器人运行日志

小蛮记录每个模块运行的开始时间和结束时间，结果如图 7-84 所示。

进度	开始时间	结束时间
审计数据采集与清洗	2021/2/10 11:14	2021/2/10 11:14
编制被询证者名称及地址核对记录表	2021/2/10 11:14	2021/2/10 11:14
编制发函清单	2021/2/10 11:14	2021/2/10 11:14
生成询证函	2021/2/10 11:14	2021/2/10 11:15
验证回函可靠性	2021/2/10 11:15	2021/2/10 11:15
编制应收账款函证记录表	2021/2/10 11:15	2021/2/10 11:15

图 7-84　机器人运行日志

7.5　机器人运用

> 遇到文件打开错误、文件未找到、运行流程中断这些问题，需要更换软件版本、设置相对路径、恢复网络链接等操作来应对哦

> 别忘了我的蛮好吃火锅

　　看到审计机器人小蛮完成应收账款函证程序工作后，审计一部的徐涵璐由衷地对事务所数字化赋能中心的 RPA 工程师何家钰竖起大拇指："要说厉害，还是小蛮厉害，一盏茶功夫，就把函证程序工作做了大部分工作，平时我们做这些工作，忙里忙外的可得搞好几天，这小蛮真香啊。"

　　何家钰骄傲地扬起脸，一脸自豪地说："那是，也不看看是谁研发的！我给你讲，将审计抽样机器人和函证程序机器人组成机器人集群，u1s1,不是我吹，从应收账款函证抽样到填写审计底稿，那都不叫事儿，这两个机器人就是天生一对，在他们的配合下，不管你应收账款函证工作量有多大，都能轻松搞定，而且他们减少了审计人员的参与度，再也不用担心人为犯错导致应收账款函证的准确性下降了。我给你说，这还没完呢，他们比工作模范标兵还尽职尽责，24 小时工作都不带歇的，给应收账款函证工作节省老多时间了，原来要 3 个人分别耗时 3 天共计 72 小时才能完成函证工作，现在只需要 1 个人工作 3 天，共计 24 小时就可以完成，效率提高了 2 倍。还有还有，他们让审计人员有时间去做其他更有价值的工作，这得给你们创造多少效益呀！"

　　"小蛮这么厉害，那我们岂不是都得下岗成无业游民了？"徐涵璐满怀担忧地问道。

　　"那不至于，只不过项目组中的审计助理和项目经理的职责会发生改变。审计机器人的工作是一个人机协作共生的过程，审计助理将纸质文档扫描成电子文档，上传到电脑；审计机器人通过这些电子文档完成审计工作底稿初次填写，标记异常数据；审计助理基于异常数据查找异常原因，并形成电子文件，审计助理的重心由数据处理变为了复核及查找审计证据，监督机器人的运行工作。项目经理主要负责二次复核工作底稿及查找审计证据，综合草拟的审计报告进行项目管理。总之，有机器人在，基础的数据处理工作就完全不需要你们操心了。不过函证程序机器人还存在一些风险，比如文件打开错误、文件未找到、运行流程中断，可能产生的原因是版本不兼容、文件路径改变、网络连接异常，这时需要更换软件版本、设置相对路径、恢复网络链接等操作来应对风险，所以后期运维还得靠你们了。璐姐，可别忘了我的'蛮好吃'网红火锅呀。"

　　徐涵璐不怀好意地看着何家钰说："嘿嘿，火锅嘛，要吃也可以，不过你还得帮我个忙。"

　　何家钰一脸欲哭无泪的表情："璐姐，你可别坑我，说吧，还有啥？"

徐涵璐忍俊不禁："哎呀，有一说一，璐姐不是外人，坑谁也不能坑你啊，这还不是想让你也教教家桐嘛，如果他能慢慢上手，后期小蛮的运维就可以交给他做了，你也可以再战下一战山海了，对不？"

何家钰如释重负般："就这事呀，家桐本来就是自家人，我也很喜欢他，不用你说，我也会照顾他的，那有什么问题，我这就带着小家桐去操练操练RPA审计机器人。"

【思维拓展】

本章案例中以应收账款函证为例设计开发了函证程序机器人，请思考银行存款函证机器人与本章案例在流程和功能开发上的不同之处？

第 8 章　主营业务收入审计实质性程序机器人

8.1　场景描述

　　天气晴朗，阳光明媚。重庆的蓝天白云越来越多，都不是"雾都"了。

　　重庆蛮先进智能制造有限公司的财务报表审计项目按部就班地进行着，今天轮到了主营业务收入科目的审计。这不，一大清早的，事务所的同事们一进门就看见审计一部部门经理聂琦在跟项目经理钱涂讨论此次主营业务收入审计的重点关注内容。

　　聂琦指着办公桌上的一大堆资料对钱涂说："小钱儿啊，你来看看，这是咱们此次审计的蛮先进公司，这些资料你之前都大致熟悉过了吧，现在主要是主营业务收入的审计，这个科目你来负责啊。你知道要从哪些方面入手不？"

　　钱涂："琦姐，咱打工人肯定什么都得会噻！主营业务收入审计是最重要的审计科目之一，要从发生、准确性、完整性、截止、分类入手。主营业务收入也是销售与收款循环业务的重要组成部分，首先要了解企业的业务流程及收入确认原则，检查营业收入的确认条件、方法是否符合会计准则的规定并保持前后期一致，此外我们要对本期交易额进行测试，抽取本期营业收入账面记录，检查合同、发票、发货单和收款凭证客户签收记录等原始单据，检查主营业务收入与其他业务收入及营业外收入的分类是否清楚，是否遵循收入确认原则。复核资产负债表日前后销售和发货水平，确定业务活动水平是否异常；取得资产负债表日后的销售退回记录，审核原始凭据，检查是否存在提前确认收入的情况；还要特别注意获取销售部门的审批单、商品价格目录，抽查售价是否符合价格政策，还有就是对主要客户进行交易额函证。"

　　聂琦："说得不错呀，小钱儿，没想到你还深藏 blue（不露）呢！除此之外，我们还要检查主营业务收入会计处理的正确性，核对产品销售收入明细账、总账及相关账簿、损益表等，还要抽查部分销售业务，审查原始凭证、记账凭证、产品销售收入明细账，审阅结账日前后的销售收入记录，并与发票、运单等进行核对，检查收入入账的会计期间是否正确。哦，对了，还要检查与产成品账户有关的对应账户记录是否正确，查看会计处理是否正确。"

钱涂："是的，销售折扣、折让与退回也是我们需要重点关注的，要检查销售折扣、折让与退回业务是否真实，相关审批手续是否完备和规范，金额是否计算正确，会计处理是否正确，退回的产品是否入库和入账等。"

聂琦欣慰地看着钱涂，拍了拍她的肩膀说："小钱啊，你这股严肃劲儿，果真如你的名字一样，前途光明，钱多多，不错不错！简直就是'人类高质量项目经理'。但是我们要保证核心思想，就是我们的收入审计要与被审计单位的业务相融合。关注其内部的财务数据与非财务数据及行业数据等，比如我们审核的是制造企业，利用的是收入增长率，那么我们就需要重点关注收入的真实性问题，着重审查生产产能匹配、外部经销商发货的数量、函证等。尤其哈，要关注今年新增的客户，与去年同期对比，如果突然之间冒出几家很大的客户，就需要重点关注……额等下，我来考考你，你觉得应该重点关注什么呢，答对了，请你喝咖啡。"

钱涂："按照我的经验，首先呢，需要通过企查查等关注与被审计单位是否有关联方关系；其次呢，需要查看被审计单位是否有这么大的仓库可以进行商品周转；最后呢，企业的资金流是否有收回，包括相关的应收账款等情况。额……还有刚才说到的大批量退货现象，要核实退货原因及交易是否真实发生，是否影响收入的确认政策等。"

这时，两人身后传来了威严的声音："你们两个老审计人，搁这儿呢，看你们如此信手拈来，可别大意失荆州，是否忘了重要的实质性分析程序呐？"两人转过头，发现是事务所所长，被事务所同行称为"野蛮人"的程平不知何时来到了他们背后。"程所，早上好啊，我们还没说到嘛，由浅入深嘛。""那行，你们继续，我去继续挖矿了。"程所双手背后迈步走向自己的办公室。

聂琦："钱多多，看见没有，凡尔赛的程所还是一如既往的要求咱们的审计质量，即便只是聊天也要求面面俱到，所以啊，奥利给加油干！"

钱涂："哈哈，审计质量？拿来吧你！我会好好加油的，谢谢聂总！"

聂琦："你太官方了，都是自己人，这次主营业务收入审计你就带着赵新星和家桐做吧！赵新星是高级审计助理，能够帮你，家桐是初级审计助理，你们之前都一起工作过，先带着做，咱们也要培养照顾新人嘛。"

钱涂："嗯嗯，我现在就喊他们一起做事！"。

数字链审的主营业务收入审计实质性程序流程，如图8-1所示。

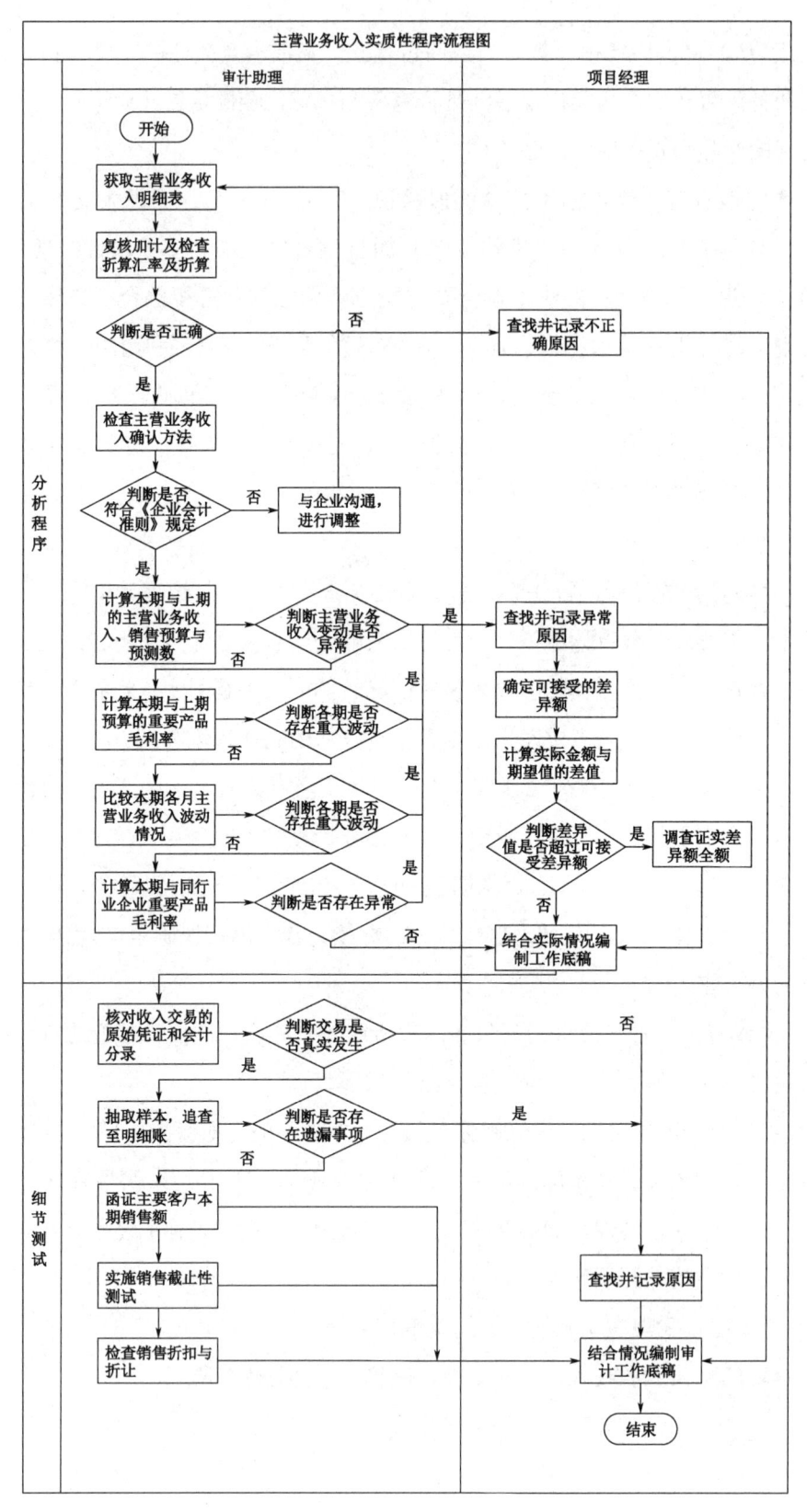

图 8-1　主营业务收入审计实质性程序流程

8.2 机器人分析

① 我的好友们都脱单了,我比较厉害,我加班脱发。怎么还有这么多的凭证啊,这可什么时候是个儿头啊!

② 小弟弟,relax,慢慢来,我们还要筛选出最大、最小值做可能异常点进行重点关注呢!

③ 对啊,家桐你要多向新星学习啊,两年不到,你新星姐还是蛮有长进的!

④ 这也太难了吧,计算错了可咋办?

上午十一点半,数字链审会计师事务所审计一部办公室。

钱涂、赵新星和家桐正在翻看蛮先进公司的相关资料。家桐看着这一摞摞的凭证,叹了一口气:"我的好友们都脱单了,而我到现在还是只七夕蛤蟆,每天加班,头都秃了。怎么还有这么多的凭证啊,这可什么时候是个头儿啊!"

赵新星看着家桐说道:"小伙子,你还是太年轻了吧!翻凭证是有技巧的,不是一条一条地细看，我们现在做的是主营业务收入审计的实质性分析程序，主要目的是将各月各类毛利率进行纵横向比对，所以我们现在翻看凭证是为了筛选出与主营业务相关的凭证，包括主营业务收入、主营业务成本、应收账款等数据。你看，蛮先进公司是制造类企业，主要售卖振动压路机、串联式双钢轮压路机、平地机、果丝输送机等大型机械，同时也售卖废钢、重工边角料等机械配件，所以我们可以大致将这些产品分为两类，即成品库产品和其他产品。我们要分别计算这两类销售商品的收入及成本，并且计算其毛利率，与同行业毛利率比对，来判断蛮先进公司的毛利率是否存在异常。如果存在异常就要询问蛮先进公司的会计主管蒋佳和会计员廖雪邑，以及其他相关人员，收集审计证据，判断是否为重大波动，是的话则需要对主营业务收入/成本等科目进行审计调整，不是的话就不用调整。若不存在异常，则填写无异常审计说明。"

钱涂打笑着说："对啊，家桐，你要多向新星姐学习，你看看，才两年不到，你新星姐就'蛮厉害'了。除了新星说的，毛利率还需要分月查看，在年毛利率和各类毛利率的基础上计算月度毛利率，进行纵向比对，这也是重点，查看企业整年发展的起伏期是否正常，还要结合行业背景和时事政治。你看，去年 12 月不是有疫情吗，后面小半个月的销售高峰期出现了转折，销售量直线下降，那么 12 月份的销售量跟以前一样达到最高点的可能性不太高，所以我们要重点关注 12 月份的销售数据，明白了吗？"

家桐点点头说道："好的，钱大经理，我明白你和新星姐说的了。现在我们的主要任务就是筛选主营业务收入相关数据，计算各月毛利率、各月成品库产品毛利率、各月其他产品毛利率并进行比对。"

钱涂："对的，但是因为现在同行业数据和蛮先进公司之前的数据我们还没拿到，所以要先进行整年的纵向比对，先筛选出最大、最小值作为可能异常值进行重点关注，再做后续打算。"

这时钱涂的手机铃声响起，是另外一个项目经理黄鑫有急事找他，所以钱涂对着赵新星和钱涂说："你们先做着，黄鑫找我有点事，我去去就回。"

两人点点头，便开始埋头做事。

数字链审的主营业务收入审计分析程序业务流程，如图 8-2 所示。

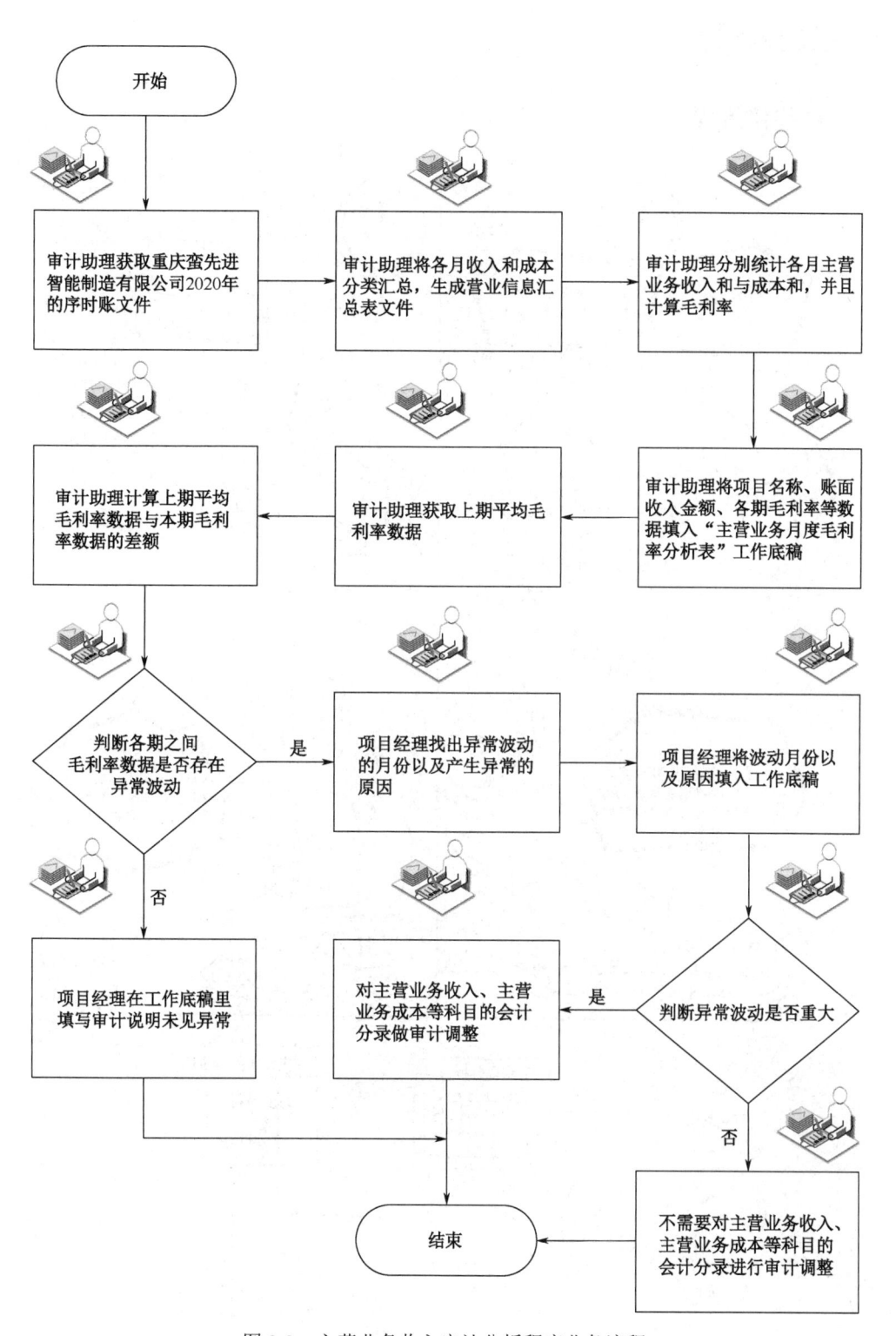

图 8-2 主营业务收入审计分析程序业务流程

8.3 机器人设计

8.3.1 自动化流程

时间一分一秒地过去，一个小时了，两人还没有筛选完主营业务相关数据……

家桐："新星姐，我太难了，就做这一个工作就做了这么久，还必须要集中精力，生怕筛选错误，复制粘贴错误，搞得我精力疲惫，关键是还看不到成绩在哪里。"

赵新星："唉，生活不易，靓仔叹气。小弟弟，审计前期要做的基础数据工作就是这样的啊，要选取有用数据，不断地复制粘贴，做这些都是为了后期的数据使用，辅助我们做判断，只有这样才能保证最后出具报告的质量。"

家桐："新星姐，道理我都懂，只是抱怨一下，这么多的数据，真的破防了，就我们两个人，效率也着实有点低了，多希望有人能够帮帮我们啊。"

赵新星："求人不如求己，我们还是自己好好努力吧。打工人，打工魂，打工才会成为人上人！"

中午 12 点半，赵新星和家桐好不容易筛选出了与主营业务相关的数据，编制了营业信息汇总表，又一个新的问题摆在了她们的面前：一个一个数字拼凑出的金额就像葫芦娃在她面前弹跳，生怕计算指标的时候输错数字，使劳动成果毁于一旦。长时间工作的疲惫使得两人发起了呆，幻想着这些数字能够乖乖地蹦进计算器，自动计算出毛利率指标。

就在这时，审计一部部门经理聂琦提着"蛮好喝"咖啡回来，经过办公室的时候看见赵新星和家桐在那里发呆，便过去跟两人打趣："你们俩咋啦，这么无精打采的？"赵新星耷拉着脸说："琦姐，我们现在才编制完营业信息汇总表，还要计算和判断，别说我这老身板，就连家桐年轻的心都已经快要喘息了。"聂琦看着两人夸张的表演，笑着摇摇头："好啦，我知道你们的难处了，我们事务所数字化赋能中心的詹凯棋总监等会儿就到审计一部来，听说他们中心最近和国内的'RPA+AI'头部企业来也科技公司合作研发了一系列审计机器人，应该可以助你们一臂之力。"

正说到这里，詹凯棋仰着头，嘴里哼着王菲的《从你的全世界路过》主题曲"我一直追寻着你心情的足迹……"，右手提着"蛮好用"笔记本电脑走进审计一部办公室。

"新星、家桐，这就是我们所 RPA 技术第一人：詹凯棋詹总，你们给他详细讲讲主营业务收入实质性分析程序，詹总很好人的哦，你们请他'蛮好喝'红茶，他就会帮你们的。"聂琦迎上去，然后转过头来说道。

于是，詹凯棋和赵新星、家桐在"蛮好用"电脑面前，"蛮高兴"地交流着……

一个小时后，詹凯棋将电脑屏幕扣上，然后站起身来说道："我现在基本了解了，给我一天时间，审计精灵小蛮会帮你们搞定的！"。

第二天早上八点，赵新星和家桐在地铁口相遇。

家桐："新星姐，早上好呀，我昨晚太激动了，一直想着詹总开发的审计机器人，今早五点就醒了，不知道詹总那边开发的怎么样了。"

赵新星："家桐，早上好呀！看来你和我一样，对机器人满怀期待，所以早早地来到办公室，说不定现在詹总已经在办公室坐着了，等着给我们一个惊喜呢！"

家桐："啊哈哈，新星姐，那我们快走吧！"

审计一部办公室里，一个人正对着电脑屏幕聚精会神，家桐定睛一看，激动地道："新星姐，快看！詹总！真的是詹总！"赵新星笑着道："哈哈，那我们快去吧，别让詹总等久了！"

两人小跑着进入办公室，詹凯棋听见声音，抬起头道："你们来啦，机器人刚测试完，你们快过来看，我给你们演示一下。"

两人来到电脑旁，看着詹凯棋导入文件，点击运行，就看见屏幕上自动跳出了序时账文件，机器人自动进行筛选、分类、计算等操作，最终计算出各月各类的毛利率，并将毛利率降序排列，在最大、最小值后填写"可能异常"字段。

数字链审的主营业务收入审计分析程序机器人自动化流程，如图8-3所示。

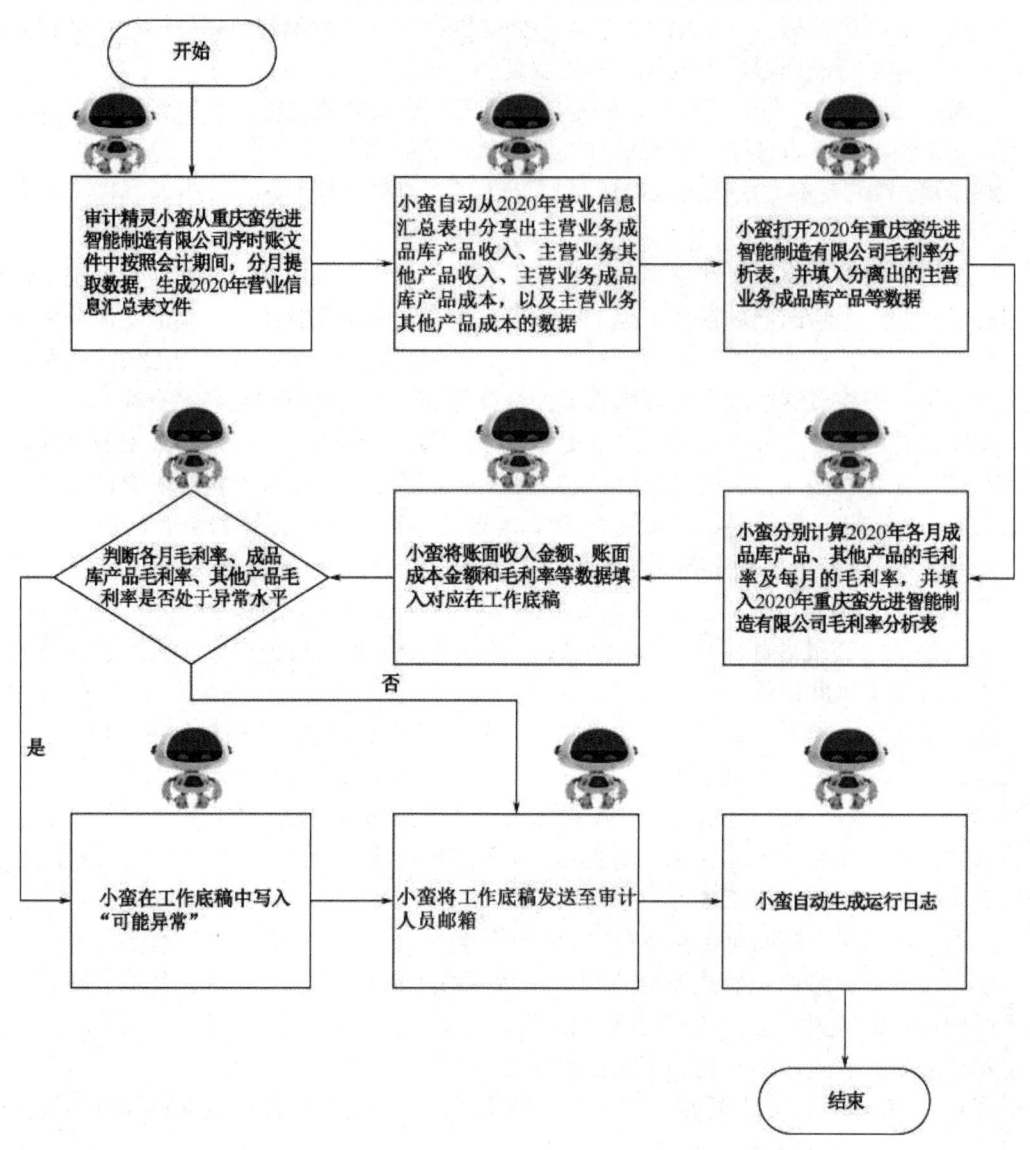

图 8-3　主营业务收入审计分析程序机器人自动化流程

8.3.2　数据标准与规范

1. 审计数据采集与清洗

主营业务收入审计分析程序机器人的数据来源主要为序时账账表。机器人从 Excel 文件类型的序时账文件中提取主营业务收入/成本、其他业务收入/成本等相关数据进行计算。主营业务收入审计分析程序机器人数据采集如表 8-1 所示。

表 8-1　主营业务收入审计分析程序机器人数据采集

数据来源	数据内容		文件类型
序时账	主营业务收入/成本	其他业务收入/成本	Excel "重庆蛮先进智能制造有限公司序时账.xlsx"
	成品库产品	其他产品	

2. 审计数据处理

机器人获取数据后，首先，需要进行数据清洗，对序时账文件中的营业收入/成本类型进行拆分、合并各月营业收入/成本数据；其次，要进行数据计算，计算月度毛利率，对比分析毛利率是否存在重大波动，计算成品库产品毛利率和其他产品毛利率，对毛利率进行降序排列，筛选最大、最小值作为可能异常项目。主营业务收入审计分析程序机器人数据处理如表 8-2 所示。

表 8-2　主营业务收入审计分析程序机器人数据处理

数据清洗		数据计算		数据分析	
方法	主要内容	方法	主要内容	方法	主要内容
合并	各月营业收入/成本	求比值	月度毛利率	对比	分析毛利率是否存在重大波动
拆分	营业收入/成本类型		成品库产品毛利率	排序	将毛利率进行降序排列
			其他产品毛利率		

3. 审计底稿与报告

主营业务收入审计实质性程序机器人主要审计底稿与报告包括主营业务月度毛利率分析表、业务产品销售分析表、重庆蛮先进智能制造有限公司毛利率分析表、2020 年营业信息汇总表、机器人运行日志等，如表 8-3 所示。

表 8-3　主营业务收入审计实质性程序机器人主要审计底稿与报告

底稿名称	底稿描述
主营业务月度毛利率分析表	记录月度主营业务收入、主营业务成本、毛利率等信息
业务产品销售分析表	记录本期与上期的营业收入、营业成本、数量等信息
重庆蛮先进智能制造有限公司毛利率分析表	记录各月各类主营业务收入、主营业务成本、毛利率的计算结果
2020 年营业信息汇总表	将序时账按照会计期间分类汇总
机器人运行日志	记录主营业务收入审计分析程序运行时间及状态等

4. 表格设计

（1）毛利率分析表

审计人员在编制营业信息汇总表之后，需要编制一张审计中间表，这张表就是毛利率分析表。该表根据会计期间和成品库产品、其他产品进行分类，并计算成品库产品收入/成本、其他产品收入/成本、成品库产品毛利率、其他产品毛利率等，如图 8-4 所示。

会计期间	成品库产品收入	其他产品收入	主营业务收入	成品库产品成本	其他产品成本	主营业务成本	月度毛利率(%)	成品库产品毛利率(%)	其他产品毛利率(%)

图 8-4　毛利率分析样表

（2）主营业务月度毛利率分析表

主营业务月度毛利率分析表是审计人员需要编制的工作底稿。作为出具审计报告的基础，该表需要审计人员按照程序实施结果填写会计期间，以及对应的账面收入金额、账面成本金额、毛利率、是否异常等内容，如图 8-5 所示。

图 8-5　主营业务月度毛利率分析样表

（3）业务产品销售分析表

业务产品销售分析表是主营业务收入审计分析程序的另一张工作底稿。该表按照销售类别/产品区分，填写本期及上期的数量、单价、营业收入、营业成本、毛利率等数据，如图 8-6 所示。

图 8-6　业务产品销售分析样表

（4）机器人运行日志

主营业务收入审计实质性程序机器人运行日志主要用于记录机器人从开始运行到结束的一系列状态，包括审计数据采集与清洗、生成毛利率分析表等 5 部分的运行时间及完成状态，如图 8-7 所示。

机器人开始运行时间	审计数据采集与清洗		生成毛利率分析表		编制主营业务月度毛利率分析表		编制业务产品销售分析表		发送邮件		备注
	运行结束时间	状态	运行结束时间	状态	运行结束时间	状态	运行结束时间	状态	运行结束时间	状态	

图 8-7 主营业务收入审计分析程序机器人运行日志样表

8.4 机器人开发

8.4.1 技术路线

主营业务收入审计分析程序机器人开发，包括审计数据采集与清洗、生成毛利率分析表、编制主营业务月度毛利率分析表和业务产品销售分析表、生成机器人运行日志四个模块。

首先，利用打开 Excel 工作簿、读取区域、构建数据表等活动实现审计数据的采集与清洗；其次，通过获取行数、构建数据表等活动将清洗过的数据进行数据迁移和计算，生成毛利率分析表；接着，利用构建数据表、数据表排序等活动根据毛利率分析表完成主营业务月度毛利率分析表和业务产品销售分析表；最后，将工作底稿发送给审计人员，并依据机器人的运行状态和运行时间生成机器人运行日志。

主营业务收入审计实质性程序机器人开发的具体技术路线如表 8-4 所示。

表 8-4 主营业务收入审计分析程序机器人开发技术路线

模块	功能描述	使用的活动
审计数据采集与清洗	打开从本地获取的"重庆蛮先进智能制造有限公司序时账"文件，读取序时账文件中的数据	打开 Excel 工作簿
		读取区域
		构建数据表
	将序时账文件内容按照会计期间进行分类	查找数据
		数据切片
	将分类后的数据写入"2020 年营业信息汇总表"	写入单元格
生成毛利率分析表	获取营业信息汇总表每个工作表数据内容的总行数	绑定 Excel 工作簿
		获取行数
	筛选主营业务收入、主营业务成本、成品库产品、其他产品等数据	构建数据表
		数据筛选
	计算成品库产品收入和、成品库产品成本和等数据，并将所得数据写入"重庆蛮先进智能制造有限公司毛利率分析表"	变量赋值
		写入单元格
编制主营业务月度毛利率分析表和业务产品销售分析表	读取毛利率分析表文件中的数据	绑定 Excel 工作簿
		读取区域
	将读取出的数据分别按照月度毛利率列、成品库产品毛利率列、其他产品毛利率列降序排列，再读取最大、最小值及其行数据写入工作底稿	从初始值开始按步长计数
		构建数据表
		数据表排序
		清除区域
		转换为数组
		读取单元格
		写入单元格

续表

模块	功能描述	使用的活动
生成机器人运行日志	将工作底稿发送给审计人员	发送邮件
	记录机器人运行时间、结束时间等数据	获取时间
		格式化时间

8.4.2 开发步骤

1. 搭建流程整体框架

步骤一：打开 UiBot Creator 软件，新建流程，并将其命名为"主营业务收入审计分析程序机器人"。

步骤二：拖入 5 个"流程块"和 1 个"结束"至流程图设计主界面，并连接起来。将流程块描述修改为：审计数据采集与清洗、生成毛利率分析表、编制主营业务月度毛利率分析表、编制业务产品销售分析表和生成机器人运行日志，如图 8-8 所示。

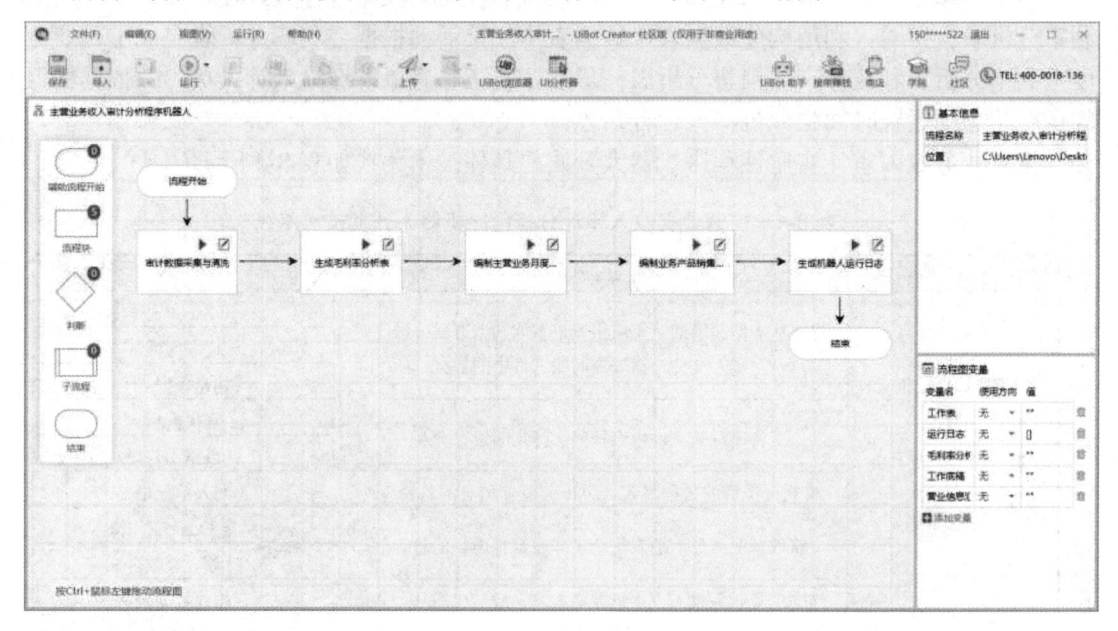

图 8-8　主营业务收入审计分析程序机器人流程图设计主界面

步骤三：在主界面右下角创建 5 个流程图变量，分别命名为工作表、运行日志、毛利率分析表、工作底稿和营业信息汇总表，如图 8-9 所示。注意：运行日志变量类型为数组。

步骤四：准备数据。首先，打开"主营业务收入审计分析程序机器人"流程文件夹，在"res"文件夹中放入"重庆蛮先进智能制造有限公司序时账"和"机器人运行日志"两个 Excel 文件；然后，创建 1 个文件夹并命名为"模板文件"，在"模板文件"中放入"2020 年营业信息汇总表""SA-营业收入"和"重庆蛮先进智能制造有限公司毛利率分析表"三个 Excel 文件，如图 8-10 所示。

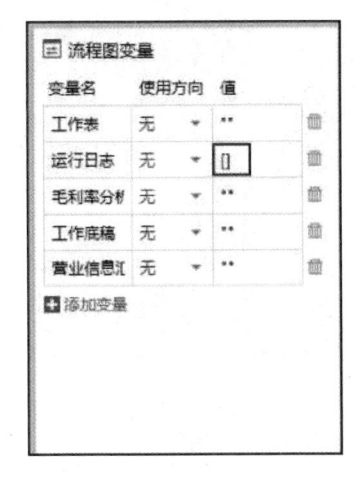

图 8-9　流程图变量界面　　　　　图 8-10　准备数据

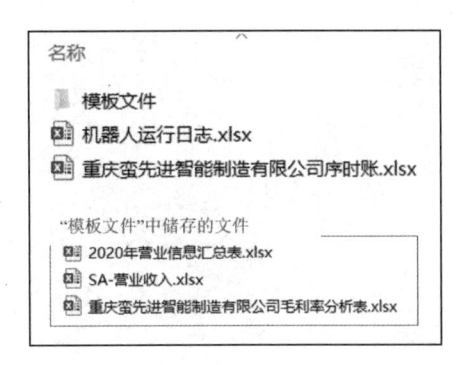

2. 审计数据采集与清洗

步骤五：点击"流程编辑"，进入"审计数据采集与清洗"流程编辑界面，如图 8-11 所示。

步骤六：在"搜索命令"处输入"获取时间"，如图 8-12 所示。将【获取时间】拖入中间流程编辑界面。用同样的方法搜索【格式化时间】并拖入可视化编辑界面，如图 8-13 所示。

图 8-11　点击"流程编辑"　　　　　图 8-12　获取时间

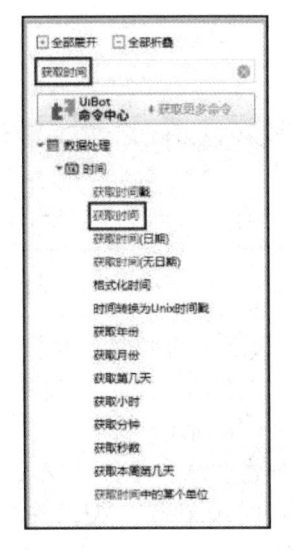

步骤七：搜索并添加【在数组尾部添加元素】，将输出到属性设置为"运行日志"，目标数组属性设置为"运行日志"，添加元素属性设置为"sRet"，如图 8-14 所示。

步骤八：添加【获取文件或文件夹列表】【依次读取数组中的每个元素】【复制文件】。注意：【复制文件】在【依次读取数组中的每个元素】内，如图 8-15 所示。目的是为了将模板文件中的文件复制在@res 路径下，每次运行可重新替换新文件。将【获取文件或文件夹列表】的路径属性设置为"@res"模板文件""，列表内容属性设置为"文件"，返回全路径属性设置为"否"，如图 8-15 所示。

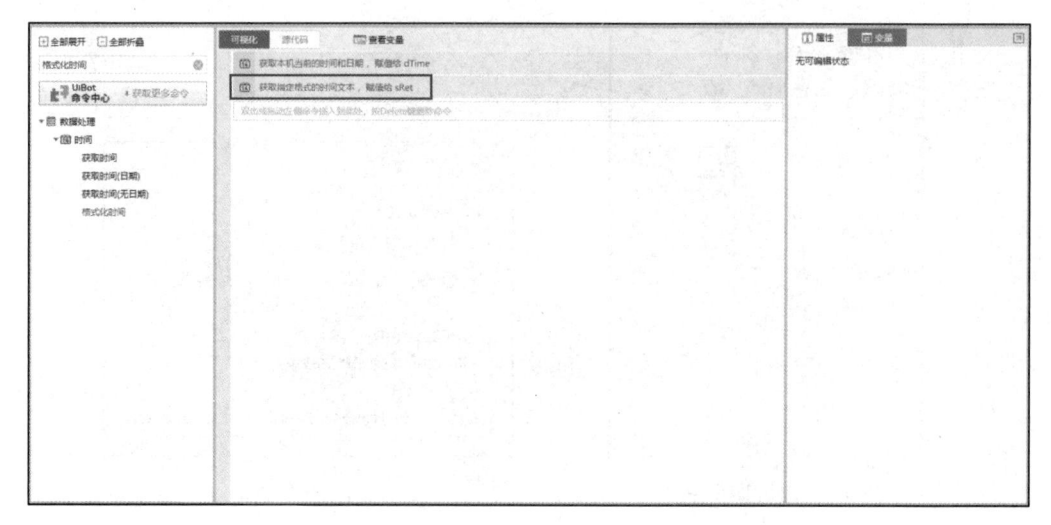

图 8-13 将活动拖入可视化编辑界面

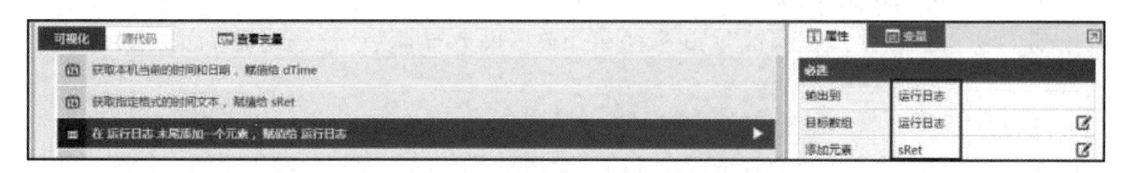

图 8-14 更改【在数组尾部添加元素】属性

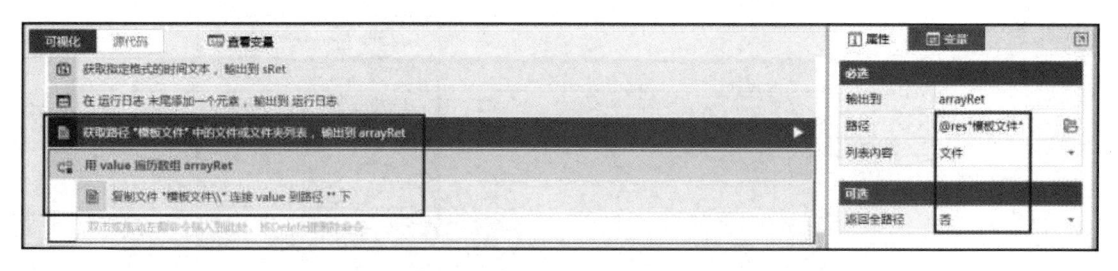

图 8-15 添加活动并设置属性

【依次读取数组中的每个元素】的属性设置不做修改,将【复制文件】的路径属性设置为 "@res"模板文件\\"&value",复制到的路径属性设置为 "@res"",同名时替换属性设置为 "是",如图 8-16 所示。

步骤九:搜索并添加【打开 Excel 工作簿】,在文件路径属性栏选择 "重庆蛮先进智能制造有限公司序时账.xlsx"。搜索并添加【读取区域】,将工作表属性设置为 ""会计分录序时簿"",区域属性设置为 ""A2:K43094"",如图 8-17 所示。

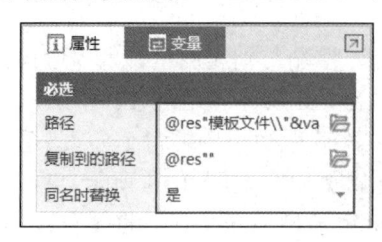

图 8-16 更改【复制文件】的属性 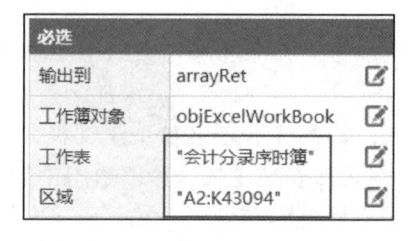   图 8-17 更改【读取区域】的属性

步骤十：搜索并添加【构建数据表】，在输出到属性栏输入"序时账"，表格列头属性栏输入"["日期","会计期间","凭证字号","分录号","摘要","科目代码","科目名称","币别","原币金额","借方","贷方"]"，如图 8-18 所示。添加 2 个【变量赋值】，其属性设置如表 8-5 所示。

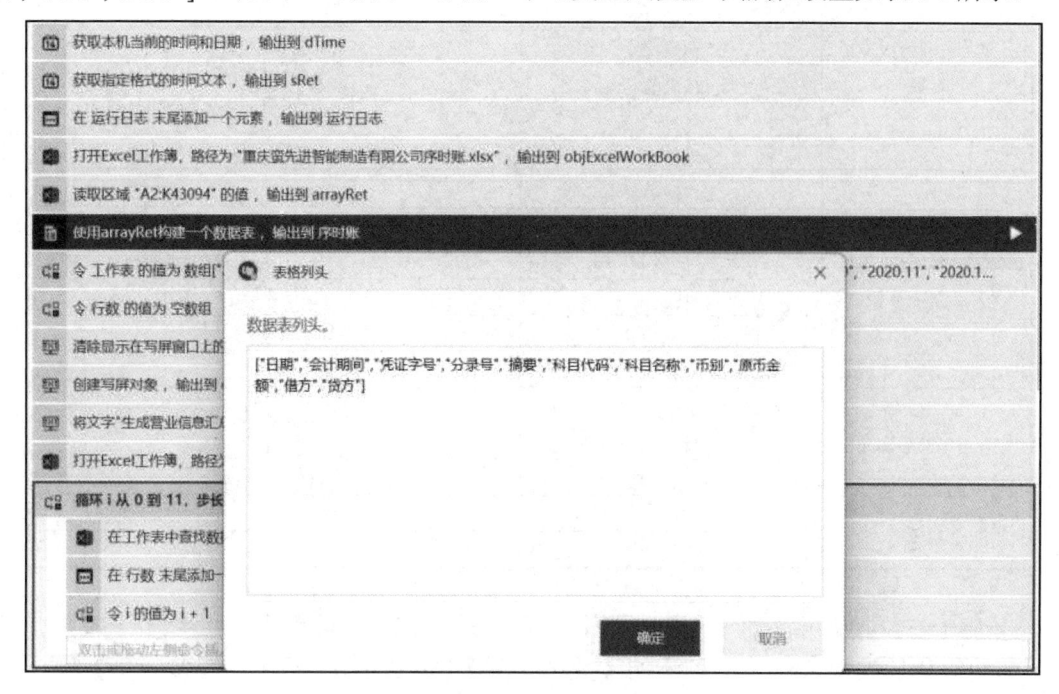

图 8-18　更改【构建数据表】的属性

表 8-5　【变量赋值】的属性设置

活动名称	变量名	变量值
变量赋值	工作表	["2020.1","2020.2","2020.3","2020.4","2020.5","2020.6","2020.7","2020.8","2020.9","2020.10","2020.11","2020.12"]
	行数	[]

步骤十一：搜索并添加【打开 Excel 工作簿】，文件路径填写"@res"2020 年营业信息汇总表.xlsx""，输出到属性设置为"营业信息汇总表"。

步骤十二：搜索并添加【从初始值开始按步长计数】，在结束值属性栏输入"11"，再在【从初始值开始按步长计数】里添加【查找数据】【在数组尾部添加元素】【变量赋值】，如图 8-19 所示，其属性设置如表 8-6 所示。目的是获得第一次会计期间出现的行号。

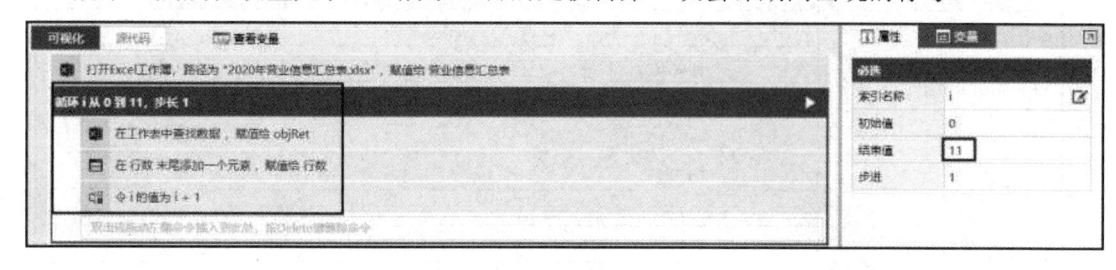

图 8-19　获取行号

表 8-6 属性设置

活动名称	属性	值
从初始值开始按步长计数	索引名称	i
	初始值	0
	结束值	11
	步进	1
查找数据	输出到	objRet
	工作簿对象	objExcelWorkBook
	工作表	"会计分录序时簿"
	区域	"A1:C43094"
	查找数据	工作表[i]
	返回索引	是
	全部返回	否
在数组尾部添加元素	输出到	行数
	目标数组	行数
	添加元素	objRet[0]
变量赋值	变量名	i
	变量值	i+1

步骤十三：搜索并添加【从初始值开始按步长计数】，在结束值属性栏输入"10"，再在【从初始值开始按步长计数】里添加【数据切片】【创建工作表】【写入单元格】【删除列】【变量赋值】，如图 8-20 所示，其属性设置如表 8-7 所示。目的是将序时账按照会计期间拆分成 12 个工作表。此步骤是编制前 11 个月的序时账。

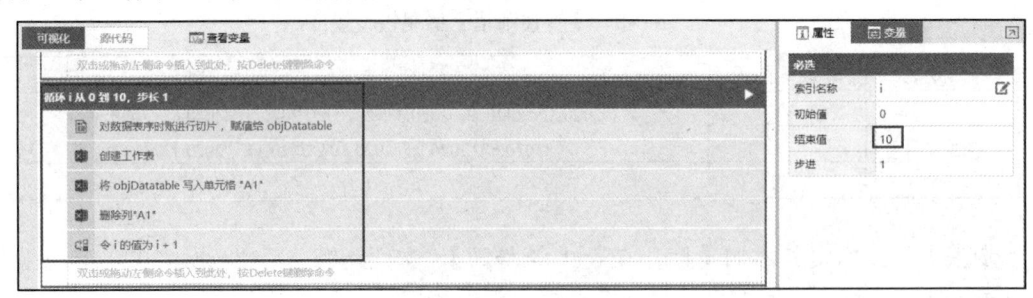

图 8-20 拆分工作表

表 8-7 属性设置

活动名称	属性	值
从初始值开始按步长计数	索引名称	i
	初始值	0
	结束值	10
	步进	1
数据切片	输出到	objDatatable
	源数据表	序时账
	行切片	[行数[i]-2,行数[i+1]-3]
	列切片	["日期","会计期间","凭证字号","分录号","摘要","科目代码","科目名称","币别","原币金额","借方","贷方"]

续表

活动名称	属性	值
创建工作表	工作簿对象	营业信息汇总表
	新表名	工作表[i]
	插入参照表	之后
	立即保存	是
写入单元格	工作簿对象	营业信息汇总表
	工作表	工作表[i]
	单元格	"A1"
	数据	objDatatable
	立即保存	是
删除列	工作簿对象	营业信息汇总表
	工作表	工作表[i]
	单元格或列号	"A1"
	立即保存	是
变量赋值	变量名	i
	变量值	i+1

步骤十四：在【从初始值开始按步长计数】外，依次搜索并添加【数据切片】【创建工作表】【写入单元格】【删除列】【删除工作表】【关闭 Excel 工作簿】，如图 8-21 所示，其属性设置如表 8-8 所示。目的是编制 12 月份的序时账。

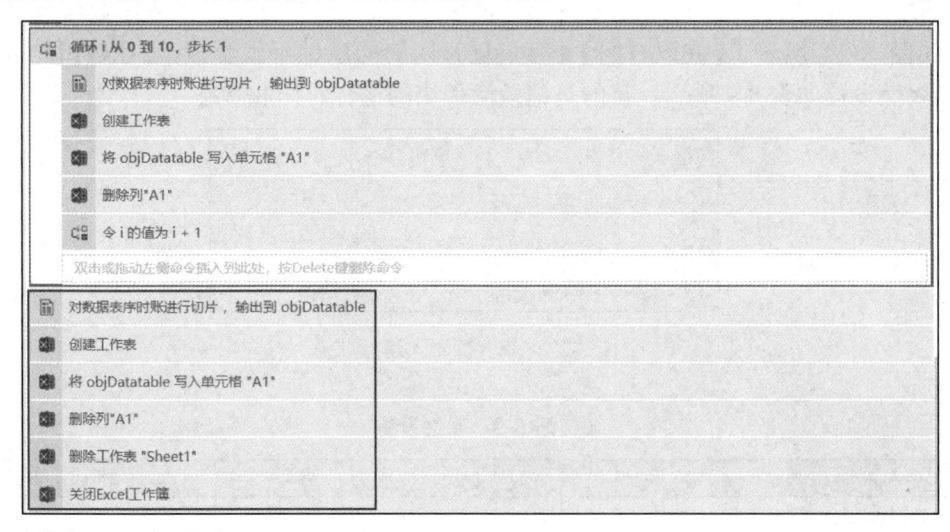

图 8-21　获取 12 月份的数据

表 8-8　属性设置

活动名称	属性	值
数据切片	输出到	objDatatable
	源数据表	序时账
	行切片	[行数[11]-2,43092]
	列切片	["日期","会计期间","凭证字号","分录号","摘要","科目代码","科目名称","币别","原币金额","借方","贷方"]

续表

活动名称	属性	值
创建工作表	工作簿对象	营业信息汇总表
	新表名	工作表[11]
	插入参照表	之后
	立即保存	是
写入单元格	工作簿对象	营业信息汇总表
	工作表	工作表[11]
	单元格	"A1"
	数据	objDatatable
	立即保存	是
删除列	工作簿对象	营业信息汇总表
	工作表	工作表[11]
	单元格或列号	"A1"
	立即保存	是
删除工作表	工作簿对象	营业信息汇总表
	工作表	"Sheet1"
	立即保存	是
关闭 Excel 工作簿	工作簿对象	objExcelWorkBook
	立即保存	是

步骤十五：依次搜索并添加【获取时间】【格式化时间】、2 个【在数组尾部添加元素】，如图 8-22 所示。【获取时间】【格式化时间】的属性不做更改，【在数组尾部添加元素】的属性设置如表 8-9 所示。目的是记录流程块的运行时间和状态。

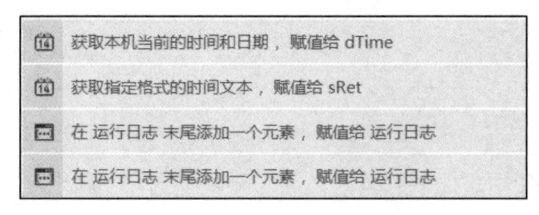

图 8-22 获取机器人运行状态

表 8-9 属性设置

活动名称	输出到	目标数组	添加元素
在数组尾部添加元素	运行日志	运行日志	sRet
	运行日志	运行日志	"成功"

3. 生成毛利率分析表

步骤十六：打开"生成毛利率分析表"流程块，依次搜索并添加【变量赋值】【打开 Excel 工作簿】，如图 8-23 所示。【变量赋值】的变量名属性为"行号"。变量值为"[2,3,4,5,6,7,8,9,10,11,12,13]"，如图 8-24 所示。将【打开 Excel 工作簿】的输出到属性设置为"毛利率分析表"，文件路径属性设置为"@res"重庆蛮先进智能制造有限公司毛利率分析表.xlsx""，如图 8-25 所示。

图 8-23 添加活动

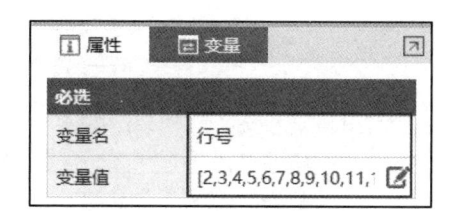

图 8-24 创建数组变量

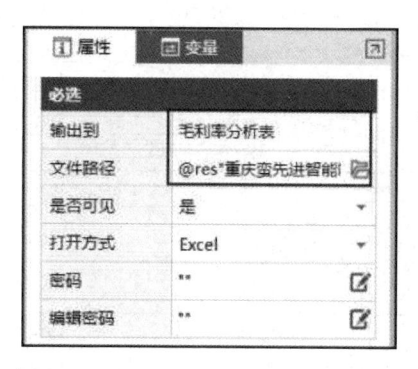

图 8-25 打开蛮先进公司毛利率分析表

步骤十七：添加【从初始值开始按步长计数】，再依次搜索并添加【写入单元格】【获取行数】【读取区域】【构建数据表】【数据筛选】【转换为数组】【变量赋值】至【从初始值开始按步长计数】内，如图 8-26 所示，其属性设置如表 8-10 所示。目的是筛选出各个月份的成品库产品的收入数据。

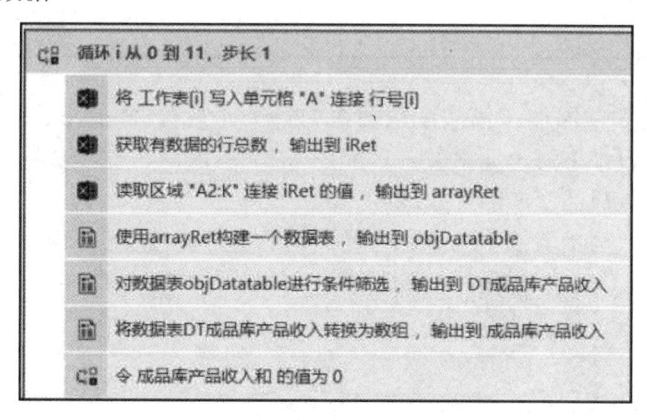

图 8-26 读取成品库产品收入数据

表 8-10 属性设置

活动名称	属性	值
从初始值开始按步长计数	索引名称	i
	初始值	0
	结束值	11
	步进	1
写入单元格	工作簿对象	毛利率分析表
	工作表	"毛利率分析"
	单元格	"A"&行号[i]
	数据	工作表[i]
	立即保存	是

续表

活动名称	属性	值
获取行数	输出到	iRet
	工作簿对象	营业信息汇总表
	工作表	工作表[i]
读取区域	输出到	arrayRet
	工作簿对象	营业信息汇总表
	工作表	工作表[i]
	区域	"A2:K"&iRet
构建数据表	输出到	objDatatable
	构建数据	arrayRet
	表格列头	["日期","会计期间","凭证字号","分录号","摘要","科目代码","科目名称","币别","原币金额","借方","贷方"]
数据筛选	输出到	DT成品库产品收入
	数据表	objDatatable
	筛选条件	"科目名称.str.contains(\"主营业务收入\") and 科目名称.str.contains(\"成品库产品\")"
转换为数组	输出到	成品库产品收入
	源数据表	DT成品库产品收入
	包含表头	否
变量赋值	变量名	成品库产品收入和
	变量值	0

步骤十八：搜索并添加【依次读取数组中每个元素】，添加【转为小数数据】【变量赋值】至【依次读取数组中每个元素】内，如图 8-27 所示，其属性设置如表 8-11 所示。目的是计算主营业务收入成品库产品类别的收入和。

注意：步骤十八至步骤二十均添加在【从初始值开始按步长计数】里。

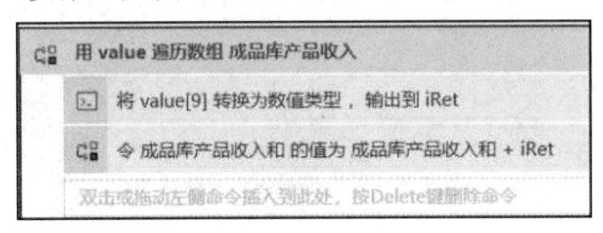

图 8-27 计算主营业务收入成品库产品类别的收入和

表 8-11 属性设置

活动名称	属性	值
依次读取数组中每个元素	值	value
	数组	成品库产品收入
转为小数数据	输出到	iRet
	转换对象	value[9]
变量赋值	变量名	成品库产品收入和
	变量值	成品库产品收入和+iRet

步骤十九：依次搜索并添加【数据筛选】【转换为数组】【变量赋值】【依次读取数组中每个元素】【转为小数数据】【变量赋值】【变量赋值】。注意活动添加位置，具体操作参照步骤十七至步骤十八。目的是分别计算其他产品收入和、主营业务收入和（如图 8-28 和表 8-12 所示）、成品库产品成本和（如图 8-29 和表 8-13 所示）、其他产品成本和主营业务成本和（如图 8-30 和表 8-14 所示）。

注意：要计算主营业务收入/成本，其中

主营业务收入和=成品库产品收入和+其他产品收入和；

主营业务成本和=成品库产品成本和+其他产品成本和。

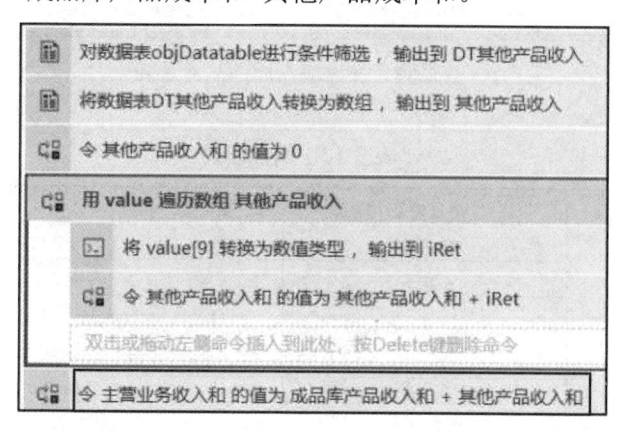

图 8-28　计算其他产品收入和与主营业务收入和

表 8-12　属性设置

活动名称	属性	值
数据筛选	输出到	DT 其他产品收入
	数据表	objDatatable
	筛选条件	"科目名称.str.contains(\"主营业务收入\") and 科目名称.str.contains(\"其他产品\")"
转换为数组	输出到	其他产品收入
	源数据表	DT 其他产品收入
	包含表头	否
变量赋值	变量名	其他产品收入和
	变量值	0
依次读取数组中每个元素	值	value
	数组	其他产品收入
转为小数数据	输出到	iRet
	转换对象	value[9]
变量赋值	变量名	其他产品收入和
	变量值	其他产品收入和+iRet
变量赋值	变量名	主营业务收入和
	变量值	成品库产品收入和+其他产品收入和

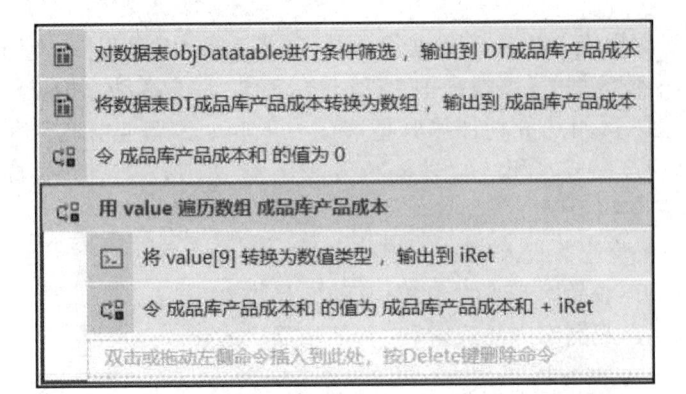

```
对数据表objDatatable进行条件筛选，输出到 DT成品库产品成本
将数据表DT成品库产品成本转换为数组，输出到 成品库产品成本
令 成品库产品成本和 的值为 0
用 value 遍历数组 成品库产品成本
    将 value[9] 转换为数值类型，输出到 iRet
    令 成品库产品成本和 的值为 成品库产品成本和 + iRet
```

图 8-29　计算成品库产品成本和

表 8-13　属性设置

活动名称	属性	值
数据筛选	输出到	DT 成品库产品成本
	数据表	objDatatable
	筛选条件	"科目名称.str.contains(\"主营业务成本\") and 科目名称.str.contains(\"成品库产品\")"
转换为数组	输出到	成品库产品成本
	源数据表	DT 成品库产品成本
	包含表头	否
变量赋值	变量名	成品库产品成本和
	变量值	0
依次读取数组中每个元素	值	value
	数组	成品库产品成本
转为小数数据	输出到	iRet
	转换对象	value[9]
变量赋值	变量名	成品库产品成本和
	变量值	成品库产品成本和+iRet

```
对数据表objDatatable进行条件筛选，输出到 DT其他产品成本
将数据表DT其他产品成本转换为数组，输出到 其他产品成本
令 其他产品成本和 的值为 0
用 value 遍历数组 其他产品成本
    将 value[9] 转换为数值类型，输出到 iRet
    令 其他产品成本和 的值为 其他产品成本和 + iRet
令 主营业务成本和 的值为 成品库产品成本和 + 其他产品成本和
```

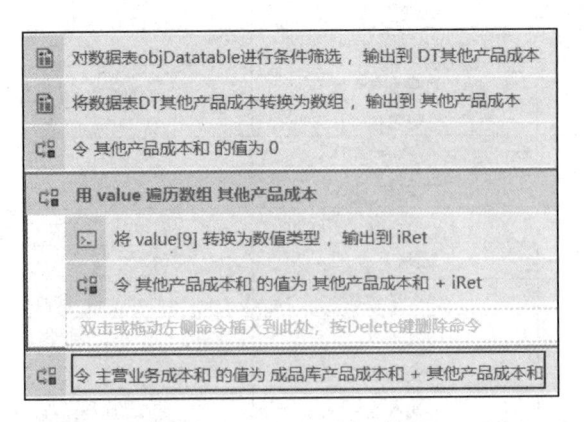

图 8-30　计算其他产品成本和与主营业务成本和

表 8-14 属性设置

活动名称	属性	值
数据筛选	输出到	DT 其他产品成本
	数据表	objDatatable
	筛选条件	"科目名称.str.contains(\"主营业务成本\") and 科目名称.str.contains(\"其他产品\")"
转换为数组	输出到	其他产品成本
	源数据表	DT 其他产品成本
	包含表头	否
变量赋值	变量名	其他产品成本和
	变量值	0
依次读取数组中每个元素	值	value
	数组	其他产品成本
转为小数数据	输出到	iRet
	转换对象	value[9]
变量赋值	变量名	其他产品成本和
	变量值	其他产品成本和+iRet
变量赋值	变量名	主营业务成本和
	变量值	成品库产品成本和+其他产品成本和

步骤二十：依次搜索并添加 9 个【写入单元格】、4 个【变量赋值】，注意添加顺序，如图 8-31 所示。【写入单元格】的属性设置如表 8-15 所示，【变量赋值】的属性设置如表 8-16 所示。目的是读取相关收入/成本数据，并计算毛利率，写入"重庆蛮先进智能制造有限公司毛利率分析表"中。

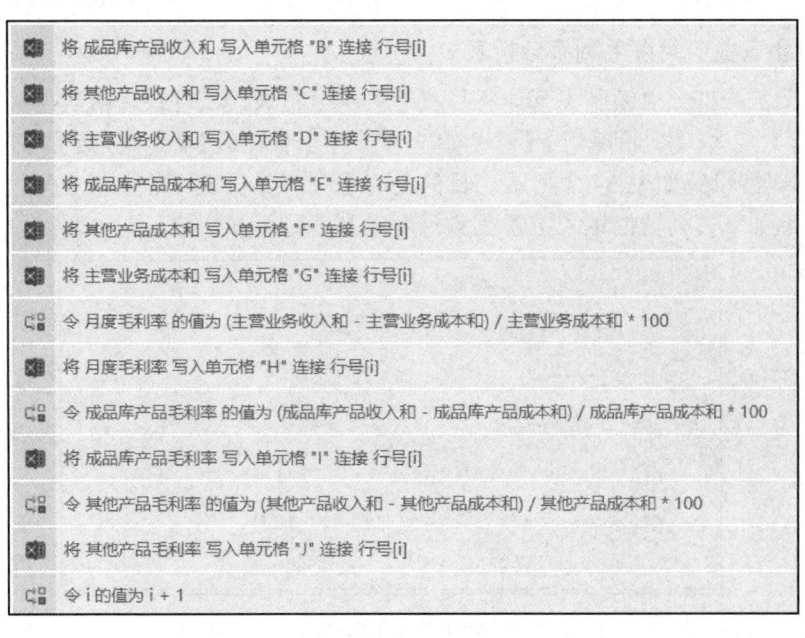

图 8-31 读取相关数据写入毛利率分析表

表 8-15 【写入单元格】的属性设置

活动名称	工作簿对象	工作表	单元格	数据
写入单元格	毛利率分析表	"毛利率分析"	"B"&行号[i]	成品库产品收入和
	毛利率分析表	"毛利率分析"	"C"&行号[i]	其他产品收入和
	毛利率分析表	"毛利率分析"	"D"&行号[i]	主营业务收入和
	毛利率分析表	"毛利率分析"	"E"&行号[i]	成品库产品成本和
	毛利率分析表	"毛利率分析"	"F"&行号[i]	其他产品成本和
	毛利率分析表	"毛利率分析"	"G"&行号[i]	主营业务成本和
	毛利率分析表	"毛利率分析"	"H"&行号[i]	月度毛利率
	毛利率分析表	"毛利率分析"	"I"&行号[i]	成品库产品毛利率
	毛利率分析表	"毛利率分析"	"J"&行号[i]	其他产品毛利率

表 8-16 【变量赋值】的属性设置

活动名称	变量名	变量值
变量赋值	月度毛利率	(主营业务收入和-主营业务成本和)/主营业务收入和*100
	成品库产品毛利率	(成品库产品收入和-成品库产品成本和)/成品库产品收入和*100
	其他产品毛利率	(其他产品收入和-其他产品成本和)/其他产品收入和*100
	i	i+1

步骤二十一：依次搜索并添加【获取时间】【格式化时间】、2 个【在数组尾部添加元素】【关闭 Excel 工作簿】。具体操作参考步骤十五，注意将【关闭 Excel 工作簿】的工作表属性设置为"营业信息汇总表"。至此，"生成毛利率分析表"流程块编辑完毕。

4. 编制主营业务月度毛利率分析表

步骤二十二：打开"编制主营业务月度毛利率分析表"流程块，依次搜索并添加【打开 Excel 工作簿】、2 个【变量赋值】【从初始值开始按步长计数】【读取列】【写入列】，如图 8-32 所示，其属性设置如表 8-17 所示。目的是将毛利率分析表中的主营业务收入、主营业务成本、月度毛利率三列数据填入主营业务月度毛利率分析表。

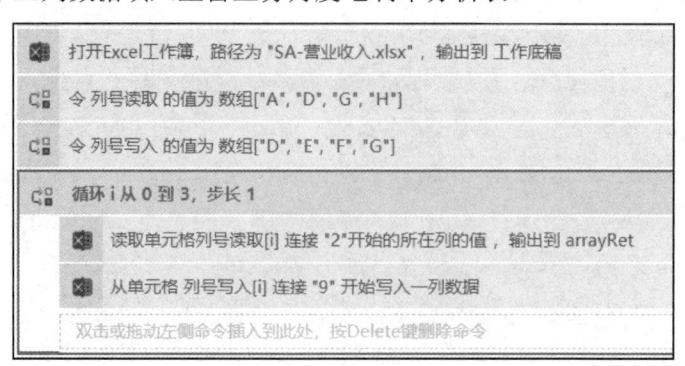

图 8-32 编制主营业务月度毛利率分析表

表 8-17 属性设置

活动名称	属性	值
打开 Excel 工作簿	输出到	工作底稿
	文件路径	@res"SA-营业收入.xlsx"
变量赋值	变量名	列号读取
	变量值	["A","D","G","H"]
变量赋值	变量名	列号写入
	变量值	["D","E","F","G"]
从初始值开始按步长计数	索引名称	i
	初始值	0
	结束值	3
	步进	1
读取列	输出到	arrayRet
	工作簿对象	毛利率分析表
	工作表	"毛利率分析"
	单元格	列号读取[i]&"2"
写入列	工作簿对象	工作底稿
	工作表	"主营业务月度毛利率分析表"
	单元格	列号写入[i]&"9"
	数据	arrayRet
	立即保存	是

步骤二十三：依次搜索并添加【从初始值开始按步长计数】、4 个【读取单元格】、4 个【写入单元格】【变量赋值】，注意【读取单元格】和【写入单元格】的添加顺序，如图 8-33 所示。将【从初始值开始按步长计数】的初始值属性设置为"2"，结束值属性设置为"13"。【读取单元格】的属性设置如表 8-18 所示，【写入单元格】的属性设置如表 8-19 所示。将【变量赋值】的变量名属性设置为"开始单元格"，变量值属性设置为"开始单元格+1"。目的是填写月度成品库产品数据。

注：开始单元格变量的默认值为 9。

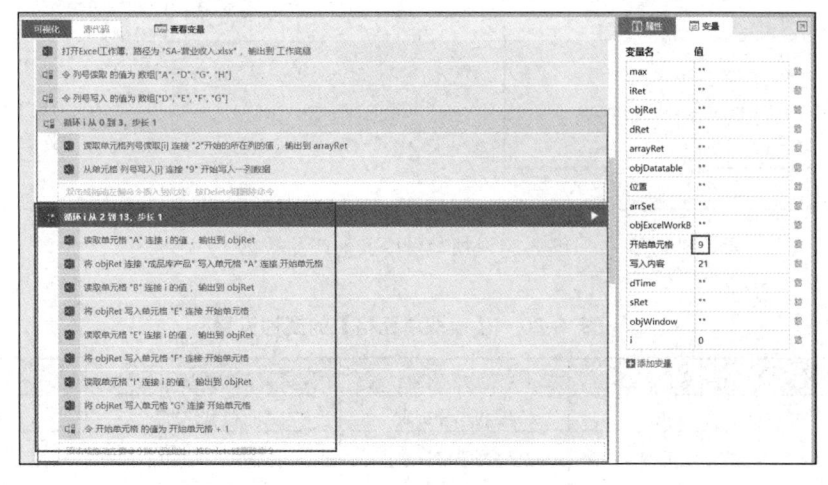

图 8-33 填写月度成品库产品数据

表 8-18 【读取单元格】的属性设置

活动名称	输出到	工作簿对象	工作表	单元格
读取单元格	objRet	毛利率分析表	"毛利率分析"	"A"&i
	objRet	毛利率分析表	"毛利率分析"	"B"&i
	objRet	毛利率分析表	"毛利率分析"	"E"&i
	objRet	毛利率分析表	"毛利率分析"	"I"&i

表 8-19 【写入单元格】的属性设置

活动名称	工作簿对象	工作表	单元格	数据
写入单元格	工作底稿	"业务产品销售分析表"	"A"&开始单元格	objRet&"成品库产品"
	工作底稿	"业务产品销售分析表"	"E"&开始单元格	objRet
	工作底稿	"业务产品销售分析表"	"F"&开始单元格	objRet
	工作底稿	"业务产品销售分析表"	"G"&开始单元格	objRet

步骤二十四：依次搜索并添加【从初始值开始按步长计数】、4 个【读取单元格】、4 个【写入单元格】【变量赋值】，注意添加顺序，如图 8-34 所示。将【从初始值开始按步长计数】的初始值属性设置为"2"，结束值属性设置为"13"。【读取单元格】的属性设置如表 8-20 所示，【写入单元格】的属性设置如表 8-21 所示。将【变量赋值】的变量名属性设置为"写入内容"，变量值属性设置为"写入内容+1"。目的是填写月度其他产品数据。

注：写入内容变量的默认值为 21。

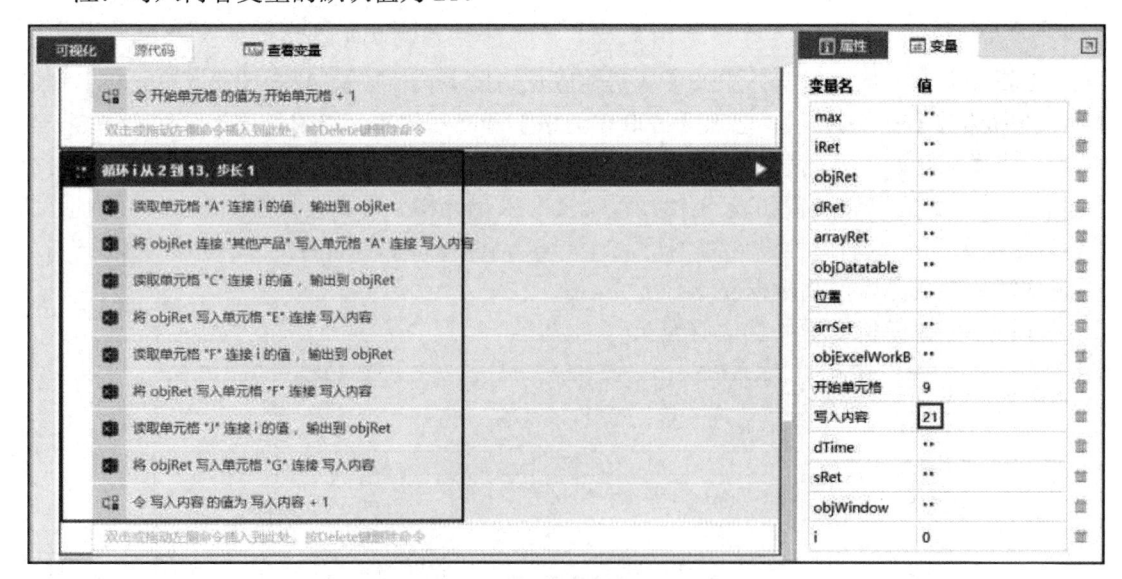

图 8-34 填写月度其他产品数据

表 8-20 【读取单元格】的属性设置

活动名称	输出到	工作簿对象	工作表	单元格
读取单元格	objRet	毛利率分析表	"毛利率分析"	"A"&i
	objRet	毛利率分析表	"毛利率分析"	"C"&i
	objRet	毛利率分析表	"毛利率分析"	"F"&I
	objRet	毛利率分析表	"毛利率分析"	"J"&i

表 8-21 【写入单元格】的属性设置

活动名称	工作簿对象	工作表	单元格	数据
写入单元格	工作底稿	"业务产品销售分析表"	"A"&写入内容	objRet&"其他产品"
	工作底稿	"业务产品销售分析表"	"E"&写入内容	objRet
	工作底稿	"业务产品销售分析表"	"F"&写入内容	objRet
	工作底稿	"业务产品销售分析表"	"G"&写入内容	objRet

步骤二十五：依次搜索并添加【读取区域】【构建数据表】【数据表排序】【转换为数组】【清除区域】【写入单元格】，如图 8-35 所示，其属性设置如表 8-22 所示。目的是对月度毛利率进行筛选，找出最大最小值。

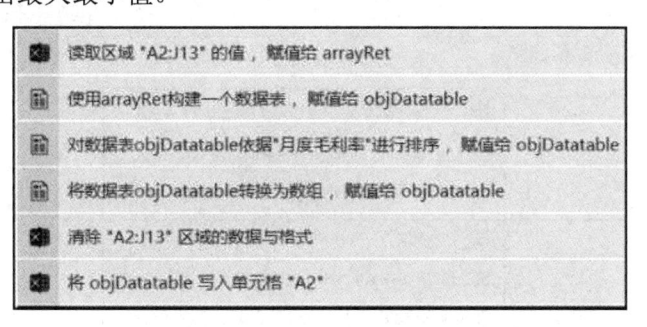

图 8-35 排序月度毛利率数据

表 8-22 属性设置

活动名称	属性	值
读取区域	输出到	arrayRet
	工作簿对象	毛利率分析表
	工作表	"毛利率分析"
	区域	"A2:J13"
构建数据表	输出到	objDatatable
	构建数据	arrayRet
	表格列头	["会计期间","成品库产品收入","其他产品收入","主营业务收入","成品库产品成本","其他产品成本","主营业务成本","月度毛利率","成品库产品毛利率","其他产品毛利率"]
数据表排序	输出到	objDatatable
	数据表	objDatatable
	排序列	"月度毛利率"
	升序排序	否
转换为数组	输出到	objDatatable
	源数据表	objDatatable
	包含表头	否
清除区域	工作簿对象	毛利率分析表
	工作表	"毛利率分析"
	区域	"A2:J13"
	清除格式	否
	立即保存	否

续表

活动名称	属性	值
写入单元格	工作簿对象	毛利率分析表
	工作表	"毛利率分析"
	单元格	"A2"
	数据	objDatatable
	立即保存	否

步骤二十六：依次搜索并添加 2 个【读取单元格】、2 个【查找数据】、2 个【写入单元格】，如图 8-36 所示。【读取单元格】的属性设置如表 8-23 所示，【查找数据】的属性设置如表 8-24 所示，【写入单元格】的属性设置如表 8-25 所示。目的是找出最大、最小月度毛利率值，判断为可能异常。

图 8-36 获取月度毛利率最大、最小值

表 8-23 【读取单元格】的属性设置

活动名称	输出到	工作簿对象	工作表	单元格
读取单元格	objRet	毛利率分析表	"毛利率分析"	"A2"
	objRet	毛利率分析表	"毛利率分析"	"A13"

表 8-24 【查找数据】的属性设置

活动名称	输出到	工作簿对象	工作表	区域	查找数据	返回索引
查找数据	位置	工作底稿	"主营业务月度毛利率分析表"	"D9:D22"	objRet	是
	位置	工作底稿	"主营业务月度毛利率分析表"	"D9:D22"	objRet	是

表 8-25 【写入单元格】的属性设置

活动名称	工作簿对象	工作表	单元格	数据
写入单元格	工作底稿	"主营业务月度毛利率分析表"	"H"&位置[0]	"可能异常"
	工作底稿	"主营业务月度毛利率分析表"	"H"&位置[0]	"可能异常"

再添加【获取时间】【格式化时间】、2 个【在数组尾部添加元素】。具体的属性设置参照步骤十五。至此，"编制主营业务月度毛利率分析表"流程块编辑完毕。

5. 编制业务产品销售分析表

步骤二十七：打开"编制业务产品销售分析表"流程块，依次搜索并添加【读取区域】【构建数据表】【变量赋值】，如图 8-37 所示，其属性设置如表 8-26 所示。目的是读取成品库产品及其他产品的毛利率数据。

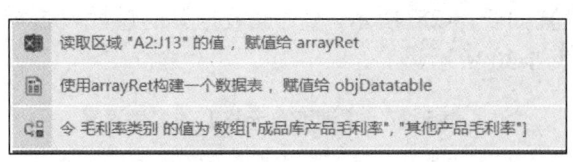

图 8-37 读取成品库产品及其他产品的毛利率数据

表 8-26 属性设置

活动名称	属性	值
读取区域	输出到	arrayRet
	工作簿对象	毛利率分析表
	工作表	"毛利率分析"
	区域	"A2:J13"
构建数据表	输出到	objDatatable
	构建数据	arrayRet
	表格列头	["会计期间","成品库产品收入","其他产品收入","主营业务收入","成品库产品成本","其他产品成本","主营业务成本","月度毛利率","成品库产品毛利率","其他产品毛利率"]
变量赋值	变量名	毛利率类别
	变量值	["成品库产品毛利率","其他产品毛利率"]

步骤二十八：依次搜索并添加【依次读取数组中每个元素】【数据表排序】【清除区域】【转换为数组】、2 个【读取单元格】、2 个【查找数据】、3 个【写入单元格】、2 个【右侧裁剪】，注意添加顺序，如图 8-38 所示。目的是获取成品库产品及其他产品的毛利率最大、最小值。

图 8-38 获取成品库产品及其他产品的毛利率最大、最小值

将【依次读取数组中每个元素】的值属性设置为"value",数组属性设置为"毛利率类别"。将【数据表排序】的排序列属性设置为"value"。将【清除区域】的工作簿对象属性设置为"毛利率分析表",工作表属性设置为""毛利率分析"",区域属性设置为""A2:J13""。将【转换为数组】的输出到属性设置为"obj"。【读取单元格】的属性设置如表 8-27 所示,【右侧裁剪】的属性设置如表 8-28 所示,【查找数据】的属性设置如表 8-29 所示,【写入单元格】的属性设置如表 8-30 所示。

表 8-27 【读取单元格】的属性设置

活动名称	输出到	工作簿对象	工作表	单元格
读取单元格	objRet	毛利率分析表	"毛利率分析"	"A2"
	objRet	毛利率分析表	"毛利率分析"	"A13"

表 8-28 【右侧裁剪】的属性设置

活动名称	输出到	目标字符串	裁剪字符
右侧裁剪	sRet	objRet&value	"毛利率"
	sRet	objRet&value	"毛利率"

表 8-29 【查找数据】的属性设置

活动名称	输出到	工作簿对象	工作表	区域	查找数据	返回索引
查找数据	位置	工作底稿	"业务产品销售分析表"	"A9:A32"	sRet	是
	位置	工作底稿	"业务产品销售分析表"	"A9:A32"	sRet	是

表 8-30 【写入单元格】的属性设置

活动名程	工作簿对象	工作表	单元格	数据
写入单元格	毛利率分析表	"毛利率分析"	"A2"	obj
	工作底稿	"业务产品销售分析表"	"H"&位置[0]	"可能异常"
	工作底稿	"业务产品销售分析表"	"H"&位置[0]	"可能异常"

步骤二十九:依次搜索并添加 2 个【关闭 Excel 工作簿】,将工作簿对象属性分别设置为"毛利率分析表"和"工作底稿"。再依次添加【获取时间】【格式化时间】、2 个【在数组尾部添加元素】,如图 8-39 所示。具体的属性设置参照步骤十五。目的是获取机器的运行状态。

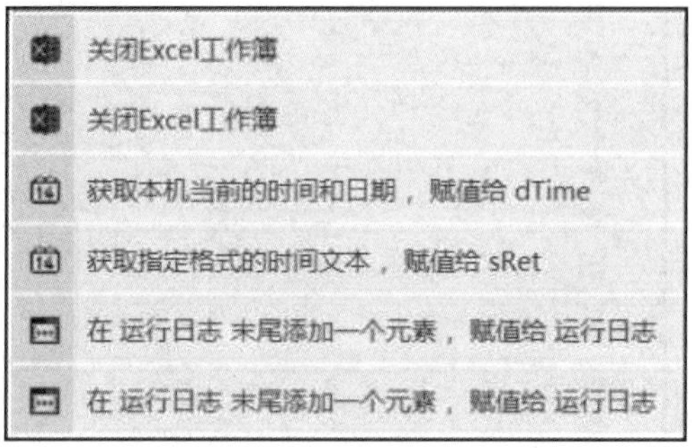

图 8-39 获取机器人运行状态

至此,"编制业务产品销售分析表"流程块编辑完毕。

6. 生成机器人运行日志

步骤三十:打开"生成机器人运行日志"流程块,搜索并添加 SMTP/POP 下的【发送邮件】。注:【发送邮件】的登录账号和登录密码属性设置改为自己的账号。SMTP 服务器的属性设置为""smtp.qq.com"",服务器端口的属性设置为"587",收件箱邮箱可自行设置。将邮件标题的属性设置为""毛利率可能异常项目提醒"",邮件正文的属性设置为""您好,请查收"",邮件附件的属性设置为"@res"SA-营业收入.xlsx"",如图 8-40 所示。

图 8-40 发送邮件

步骤三十一:依次添加【获取时间】【格式化时间】、2 个【在数组尾部添加元素】。具体的属性设置参照步骤十五。再依次添加【打开 Excel 工作簿】【获取行数】【变量赋值】【写入行】【关闭 Excel 工作簿】,如图 8-41 所示,属性设置如表 8-31 所示。目的是生成机器人运行日志。

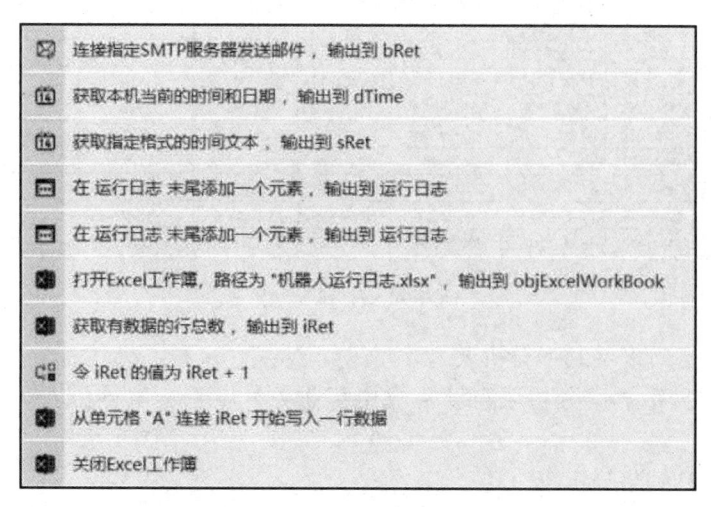

图 8-41 生成机器人运行日志

表 8-31 属性设置

活动名称	属性	值
打开 Excel 工作簿	输出到	objExcelWorkBook
	文件路径	@res"机器人运行日志.xlsx"
	是否可见	是
获取行数	输出到	iRet
	工作簿对象	objExcelWorkBook
	工作表	"Sheet1"
变量赋值	变量名	iRet
	变量值	iRet+1
写入行	工作簿对象	objExcelWorkBook
	工作表	"Sheet1"
	单元格	"A"&iRet
	数据	运行日志
	立即保存	是
关闭 Excel 工作簿	工作簿对象	objExcelWorkBook
	立即保存	是

至此,"生成机器人运行日志"流程块编辑完毕。

主营业务收入审计分析程序机器人运行结果如下。

(1) 重庆蛮先进智能制造有限公司毛利率分析表

审计精灵读取序时账文件自动生成毛利率分析表,结果如图 8-42 所示。

会计期间	成品库产品收入	其他产品收入	主营业务收入	成品库产品成本	其他产品成本	主营业务成本	月度毛利率(%)	成品库产品毛利率(%)	其他产品毛利率(%)
2020.1	7475602.86	605551.76	8081154.62	6247713.87	598805.72	6846519.59	18.03	19.65	1.13
2020.2	9953809.20	1326211.04	11280020.24	8430672.85	1220508.03	9651180.88	16.88	18.07	8.66
2020.3	36571520.10	465643.18	37037163.28	32046551.62	467472.71	32514024.33	13.91	14.12	-0.39
2020.4	24793138.40	2003108.39	26796246.79	22341170.45	1830381.76	24171552.21	10.86	10.98	9.44
2020.5	32575312.92	780782.65	33356095.57	29090652.12	735952.47	29826604.59	11.83	11.98	6.09
2020.6	28151502.49	2239203.32	30390705.81	23852561.55	1578739.10	25431300.65	19.50	18.02	41.83
2020.7	27545910.56	1960420.69	29506331.25	23588618.36	1887776.70	25476395.06	15.82	16.78	3.85
2020.8	28992618.91	5316521.87	34309140.78	25421299.04	4525496.69	29946795.73	14.57	14.05	17.48
2020.9	30485951.21	2791074.29	33277025.50	26652088.52	2545248.69	29197337.21	13.97	14.38	9.66
2020.10	20216948.36	1599977.73	21816926.09	18021956.75	1591916.57	19613873.32	11.23	12.18	0.51
2020.11	25033484.37	1990496.45	27023980.82	22050169.76	1312653.86	23362823.62	15.67	13.53	51.64
2020.12	35801705.56	4593447.22	40395152.78	32900697.38	4171912.55	37072609.93	8.96	8.82	10.10

图 8-42 毛利率分析表

(2) 主营业务月度毛利率分析表

审计精灵根据毛利率分析表自动生成主营业务月度毛利率分析表,结果如图 8-43 所示。

(3) 业务产品销售分析表

审计精灵根据毛利率分析表自动生成业务产品销售分析表,结果如图 8-44 所示。

客户Client：重庆室先进智能制造有限公司								611F
项目Subject：营业收入披露核对表							编制/日期Prepared by:某某 20X0年XX月XX日	
截止日期间Period End:2020年12月31日							复核/日期Reviewed by:某某 20X0年XX月XX日	

工作记录Workdone

序号	会计期间	账面收入金额	账面成本金额	毛利率(%)	是否异常	异常原因	备注	省份	地区
1	2020.1	8,081,154.62	6,846,519.59	18.03					
2	2020.2	11,280,020.24	9,651,180.88	16.88					
3	2020.3	37,037,163.28	32,514,024.33	13.91					
4	2020.4	26,796,246.79	24,171,552.21	10.86					
5	2020.5	33,356,095.57	29,826,604.69	11.83					
6	2020.6	30,390,705.81	25,431,909.65	19.50	可能异常				
7	2020.7	29,506,331.25	25,476,395.06	15.82					
8	2020.8	34,309,140.78	29,940,795.73	14.57					
9	2020.9	33,277,025.50	29,197,337.21	13.97					
10	2020.10	21,816,928.09	19,613,873.32	11.23					
11	2020.11	27,023,980.82	23,382,823.62	15.67					
12	2020.12	40,395,152.78	37,072,609.93	8.96	可能异常				
	合计								

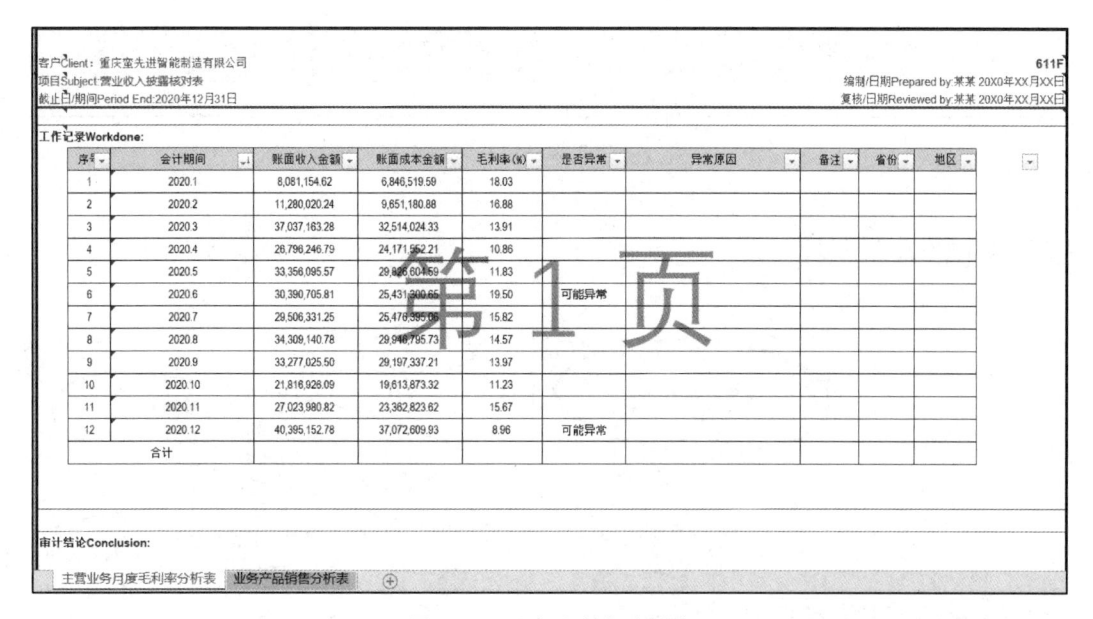

审计结论Conclusion：

图 8-43 月度毛利率分析表

类别/产品名称	计量单位	本期数					上期数			
		数量	单价	营业收入	营业成本	毛利率(%)	是否异常	数量	单价	营业收入	营业成本	毛利率(%)
2020.1成品库产品				7475602.86	6247713.87	19.65	可能异常			-	-	-
2020.2成品库产品				9953809.20	8430672.85	18.07				-	-	-
2020.3成品库产品				36571520.10	32046551.62	14.12				-	-	-
2020.4成品库产品				24793138.40	22341170.45	10.98				-	-	-
2020.5成品库产品				32575312.92	29090652.12	11.98				-	-	-
2020.6成品库产品				28151502.49	23852561.55	18.02				-	-	-
2020.7成品库产品				27545910.56	23588618.36	16.78				-	-	-
2020.8成品库产品				28992618.91	25421299.04	14.05				-	-	-
2020.9成品库产品				30485951.21	26652088.52	14.38				-	-	-
2020.10成品库产品				20216948.36	18021956.75	12.18				-	-	-
2020.11成品库产品				25033484.37	22050169.76	13.53				-	-	-
2020.12成品库产品				35801705.56	32900697.38	8.82	可能异常			-	-	-
2020.1其他产品				605551.76	598805.72	1.13				-	-	-
2020.2其他产品				1326211.04	1220508.03	8.66				-	-	-
2020.3其他产品				465643.18	467472.71	-0.39	可能异常			-	-	-
2020.4其他产品				2003108.39	1830381.76	9.44				-	-	-
2020.5其他产品				780782.65	735952.47	6.09				-	-	-
2020.6其他产品				2239203.32	1578739.10	41.83				-	-	-
2020.7其他产品				1960420.69	1887776.70	3.85				-	-	-
2020.8其他产品				5316521.87	4525496.69	17.48				-	-	-
2020.9其他产品				2791074.29	2545248.69	9.66				-	-	-
2020.10其他产品				1599977.73	1591916.57	0.51				-	-	-
2020.11其他产品				1990496.45	1312653.86	51.64	可能异常			-	-	-
2020.12其他产品				4593447.22	4171912.55	10.10				-	-	-
合计		—	—					—	—	—	—	—

图 8-44 产品销售分析表

（4）主营业务收入审计分析程序机器人运行日志

审计精灵记录每个模块的运行时间及运行状态，生成机器人运行日志，结果如图 8-45 所示。

机器人开始运行时间	审计数据采集与清洗		生成毛利率分析表		编制主营业务月度毛利率分析表		编制业务产品销售分析表		发送邮件		备注
	运行结束时间	状态	运行结束时间	状态	运行结束时间	状态	运行结束时间	状态	运行结束时间	状态	
2021/1/23 15:12	2021/1/23 15:12	成功	2021/1/23 15:13	成功	2021/1/23 15:13	成功	2021/1/23 15:13	成功	2021/1/23 15:13	成功	

图 8-45　主营业务收入审计分析程序机器人运行日志

8.5　机器人运用

赵新星和家桐看着电脑上正在工作的"小蛮"，目瞪口呆，感叹道："詹总，你好厉害啊，你这个审计机器人真的货真价实，真的像精灵一样，唰唰唰的，两分钟就解决了我们三个小时才能干完的事，太厉害了！"

家桐："詹总，我太佩服您了，我也学过一些，但是没有您这么厉害，您能教教我吗？"

詹凯棋："这个啊，说难也不难，说不难也难，等我不忙的时候抽时间给你详细讲一讲，其实小蛮作为'数字审计员工'，不止能做这一件事，还有很多事都能做，应收账款、销售费用等科目都可以搞定，它主要是通过计算机输入输出的一致性确保了数据采集、处理和输出的准确性，不会随意篡改数据，提高了业务处理的正确率。要做到这些，就必须通过我们事先设定的规则，例如，是从本地文件还是从网页、数据库等地方采取数据？是采集文字数据呢还是数值型数据？采集完又如何进行清洗操作？清洗之后是对数据进行加减乘除还是读取写入？最后的输出格式是 Word 格式还是 Excel 格式？是发送给审计助理、项目经理还是其他人员？这些都是需要在开发之前确定下来的。所以我给你提个醒儿啊，开发之前的业务流程梳理、痛点分析和自动化流程设计这几部分可是顶顶重要的哟！再说了，你们的基础工作本就是重复琐碎的，利用小蛮可以极大地提高你们的工作效率。当小蛮代替你们做这些基础的数据处理工作后，你们审计人员就能够将注意力集中在判断重大错报、查找错报原因等需要职业判断的工作上了，这也算是帮了你们的大忙，减少了基础工作带来的疲惫感。好好把小蛮利用起来，是不会错滴！小蛮 YYDS（永远的神）！"

这时，赵新星端着一杯冒着热气的"蛮好喝"红茶走了过来："詹总，感谢您，这是我们最好的礼物！下次还请您喝！"

家桐："詹总，我还想请教一下，您觉得我们整个主营业务收入审计实质性程序还有哪些地方可以采用审计精灵呢？"

詹凯棋右手抚着下巴做思考状："让我想想啊，审计精灵在主营业务收入实质性程序中……对了，还可以开发五个机器人做成机器人工作集群。比如，开发一个复核加计明细表机器人，用它来自动获取主营业务收入明细表，重新加计主营业务收入每月合计数，再与总账和明细账进行核对，检验是否相等。开发一个原始凭证与会计记录核对机器人，通过财务共享平台，获取相关原始凭证电子档，抓取凭证中的规格、数量和客户代码等信息与会计分录核对，检验是否一致。开发一个抽样发运凭证机器人，从发运凭证中选取一定数量的样本，与主营业务收入。明细账核对，同时检查发运凭证的顺序编号是否有缺失。开发一个函证本期销售额机器人，通过指定邮箱向主要客户发送函证邮件，并做邮件记录。每个机器人运行结束后，会给你们分别发送对应的审计底稿，你们便根据这些底稿判断被审计单位的业务活动是否存在异常，辅助项目经理查找审计证据，进行审计目标的认定。最后，审计底稿填报机器人将获取的审计证据自动转换成数据格式，填入对应的审计工作底稿，你觉得呢？"

家桐："嗯，詹总，您讲得太好了，简直是大神一样的存在。有了小蛮，我们的工作效率不但能得到提高，工作质量也能够得到保障啊！那等您哪天有空的时候，我再向您请教，希望您不要嫌我烦呀！"

詹凯棋："好说好说，你们先忙，我回办公室了。"

赵新星、家桐："好的，詹总慢走！"说着，两人坐下继续埋头苦干……

【思维拓展】

本章案例中取毛利率最大值、最小值作为"可能异常"值的判断条件，除此之外，行业数据也是重要判断条件之一，请思考机器人如何使用行业数据判断异常值。

第 9 章 应收账款审计实质性程序机器人

9.1 场景描述

  重庆数字链审会计师事务所的大会议室正在进行初级审计助理的培训，齐刷刷地坐满了人……

  此时，全国会计高端人才、数字链审合伙人、副所长姚斌星讲道："各位同学，最近中国证监会公布的处罚案例，应收账款是财务舞弊的重灾区，部分事务所针对应收账款未能实施恰当的审计程序，未能发现虚构客户、虚增收入、未执行重要应收账款函证程序等，大家一定要对应收账款给予足够重视。"

  项目经理黄鑫："是啊，应收账款是销售与收款循环的重要组成部分，是企业对外赊销商品、材料、提供劳务，以及其他原因向购货单位或接受劳务的单位及其他单位收取的款项。它没有实物形式，所以很容易成为某些单位或者个人通过虚构业务、弄虚作假进行各种舞弊活动的工具。所以啊，我们一定要正确使用审计相关的手段对企业信息及相关资料进行审查，确定其业务是否恰当，查找违法、违规的原因，要求被审计单位将错账、假账进行更正和调整。我强调一下，这个过程大家一定要特别严谨啊。"

  项目经理黄鑫："接下来，让我们事务所的审计之星——赵新星，给大家详细讲解一下应收账款审计吧。大家要认真听哦！"

  高级审计员赵新星拿着笔记本电脑走到会议室正前方，一边按动翻页器一边说道："我们要实施应收账款审计呢，首先，需要了解企业的产品或者服务的销售模式，然后，在此基础上了解与应收账款相关的销售收款循环，对其进行评价和测试，评估应收账款相关交易和余额存在的重大错报风险，最后呢，要确定进一步的审计程序。大家需要清楚的是应收账款的实质性程序主要包含询问、检查、重新计算、分析程序和函证等审计程序。"

  赵新星顿了顿，喝了口水，继续讲到："接下来我给大家详细讲解一下应收账款实质性程序。第一步，从被审计单位那儿拿到应收账款明细表，复核加计正确，分析贷方余额的项目，查一下具体是啥原因，如果有必要，提出调整建议，并在应收账款明细表的审计说明当中写出来。第二步，对应收账款实施分析程序。也就是计算应收账款周转率，对应收账款余额进行横纵向对比分析。还要在被审计单位序时账中把应收账款贷方的对应科目金额分类汇总，分析一下回款的情况。第三步，计算应收账款的账龄结构，纵向分析账龄是否有异常，着重关注那些账龄较长及超过信用期限的外销项目的坏账准备计提的充分性，分析是否存在账龄较长的余额或资金周转出现困难的客户，分析它们的财务状况和还款能力，评价管理层估计应收账款可收回性的合理性，然后就可以填写余额及发生额分析表和账龄分析表啦。第四步，对账龄较长、余额较大、交易频繁等项目要实施函证程序。把函证过程和结果写在这个函证结果汇总表和函证结果调节表里头，大家可以看一下这些底稿。"赵新星一边讲一边展示着底稿。

大家一边看着PPT，一边思索着底稿怎么填，每个人脸上都露出了疑惑的表情。

"第五步，对于未回函和未实施函证程序的项目，我们要实施替代审计程序，检查与销售有关的记账凭证、原始凭证、销售合同、销售单、发运凭证等文件，编制替代测试表和替代结果汇总表；然后还要检查一下期后收款情况，以及应收账款、预收账款同时挂账的情况等。除了这些，还需要关注坏账准备的计提和核销的批准程序，拿到书面报告等证明文件，评价计提坏账准备所依据的资料、假设和方法，编写坏账准备检查表并实施分析程序，把前期计提数与实际损失发生数比较一下，检查期后回款情况，评价坏账准备计提的合理性。最后，还要确定应收账款的列报是否恰当。"讲完整个过程，赵新星抬起头看着大家微微一笑。

这时，坐在一旁的项目经理黄鑫说道："我补充一下，大家一定要记得，在这个过程中分析程序和函证是重点和难点，需要项目经理结合公司业务模式、收入等去分析应收账款的合理性、确定函证内容等一系列的工作。"

赵新星望着黄鑫点了点头，然后对大家说道："经过系统的讲解，相信大家脑子里对应收账款审计实质性程序已经有了一个初步的概念，要想有更加深入的理解，大家还是要经过实操磨炼的哦。勇敢牛牛，不怕困难。大家一起冲冲冲，相信你们未来可期哦！"

坐在会议室里的初级审计助理毛俊力、罗梦晴、袁瑞繁、家桐、俞津、王庭阳举起拳头齐声应道："理工学子干劲大，任务再难都不怕！"

数字链审的应收账款审计实质性程序流程，如图9-1所示。

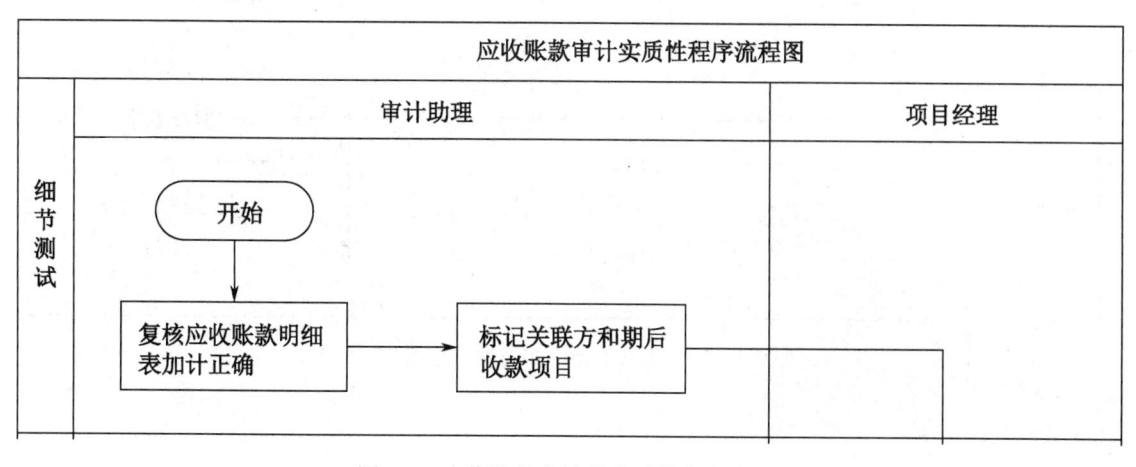

图9-1 应收账款审计的实质性程序流程

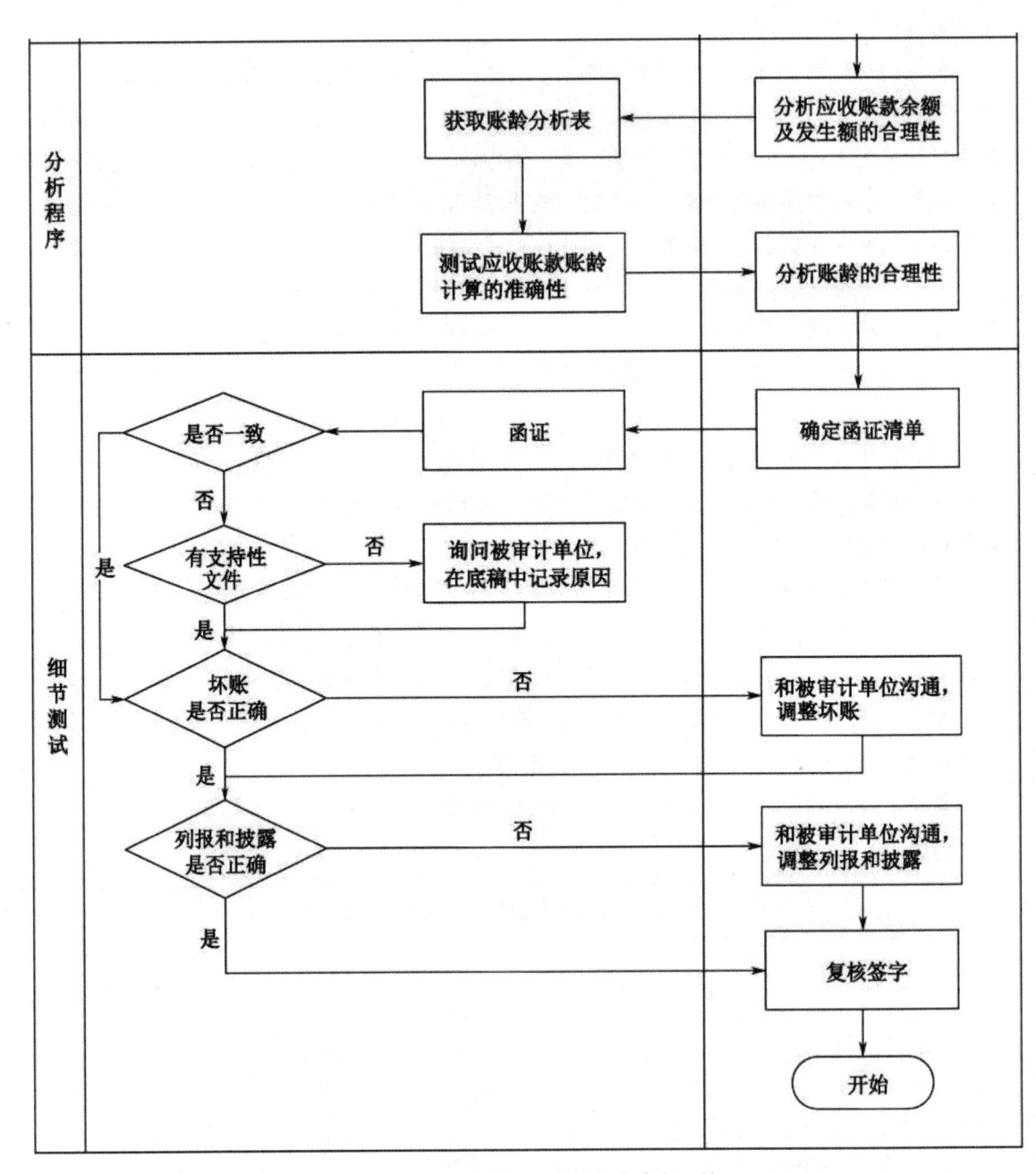

图 9-1 应收账款审计的实质性程序流程（续）

9.2 机器人分析

周一早上7点半，上班早高峰……

数字链审的初级审计助理袁瑞繁被人流推挤进了轻轨三号线车厢，严实的口罩和布满雾气的镜片遮住了她疲惫的秀气脸庞。

在经历了一个小时早高峰后，袁瑞繁刚走进事务所审计一部，准备去泡杯咖啡醒醒神，结果被赵新星叫住了。"瑞繁啊，来得真早啊！今天我们就要做应收账款实质性分析程序了哟！要开始实践啦！"赵新星说道。

袁瑞繁向赵新星投去疑惑的小眼神儿说道："分析程序？有啥子特别需要注意的地方没得？"这时在一旁摆龙门阵的毛俊力和家桐听见要开始实践的消息激动地走了过来。

赵新星看见大家学习这么积极，会心一笑："你刚接触应收账款审计嘛，可能容易忽略分析程序的价值。虽然分析程序不能直接发现错报，但经常用于合理性分析，如果有异常的话，还要追加审计程序的。也就是将应收账款和主营业务收入结合起来分析，如果应收账款余额占主营业务收入的比例超过50%，并且毛利率低于20%，那么这个企业的现金流周转可能较为困难，可能存在重大经营风险。对于制造业企业来说，账期一般在60～90天，应收账款周转天数如果远远超过90天，那么我们就要特别关注。"赵新星讲完，拍了拍瑞繁的肩膀，然后对大家说："大家慢慢来，不着急哈。"

袁瑞繁一脸认真地说："原来分析程序这么重要啊，我一定会好好做哒。"

赵新星："那我们今天就先完成余额及发生额分析表和账龄分析表吧。你先准备好数据文件，包含上年度应收账款审计底稿、审计年度应收账款明细表（已计算好账龄）、被审计单位的利润及分配表和序时账哈。"讲完后赵新星拍了拍双手，说道"加油！打工人！燃起我们的打工魂！"

袁瑞繁走到办公桌前打开电脑开始准备各类数据文件。毛俊力、家桐也回到自己的工位上把电脑搬到了袁瑞繁旁边，准备一起学习。

这时赵新星走过来："我们的数据文件准备好了吗？"

袁瑞繁点了点头，脸上露出充满疑惑的表情。

赵新星指着瑞繁的电脑说："你先打开第一张表余额及发生额分析表。对于应收账款余额，我们主要关注应收账款余额占主营业务收入的比例、应收账款周转率，以及应收账款周转天数三个指标。"毛俊力和家桐纷纷将椅子滑向袁瑞繁，拿着笔记本聚精会神地做起笔记来。

袁瑞繁："新星姐，我咋看着有点懵诶？"

赵新星语重心长地说："没关系，我逐一给你们说一下。首先，你先计算近三年的期末应收账款余额占收入的比重、应收账款周转率和平均周转天数，分析其合理性。第二步从序时账中分类汇总应收账款贷方发生额，这一步大家一定要仔细点哦，这里很容易算错的哈。"

袁瑞繁内心苦涩，带着尴尬又不失礼貌的微笑："好的，我计算后一定多检查几遍。"毛俊力和家桐此时也用红笔在本子上打了记号，方便提醒自己。

赵新星接着说道："把第二张表账龄分析表打开一下。填这个表我们要先计算账龄结构，然后分析账龄结构的合理性。这里就是将审计年度的账龄结构与历年账龄及平均账龄对比分析，然后还需要在上年度账龄基础上递增的合理性分析，重点在于对期末一年以上应收账款的分析。好了，差不多就这样了，你先照着去年的审计底稿做做吧！这中间如果有异常的情况，你一定要给黄经理反映哈，由项目经理来分析原因，把握这个风险。"

就这样，袁瑞繁开始了打工人的工作，在各个文件和底稿之间，复制、粘贴计算……循环往复地奋战着。她心想还好还好，有大家一起陪着呢，不是一个人在战斗。

晚上 21:00，终于下班了。

又是晚高峰，袁瑞繁继续挤在轻轨 3 号线上，拖着疲惫的身体，带着迷茫的小眼神儿，自言自语道："一天天地就像是一个工具人，一直不停地刷底稿，我的前途在哪里呢？"不一会儿竟然睡着了，敬业的袁瑞繁梦里还梳理着这些流程呢。

数字链审的应收账款审计分析程序业务流程，如图 9-2 所示。

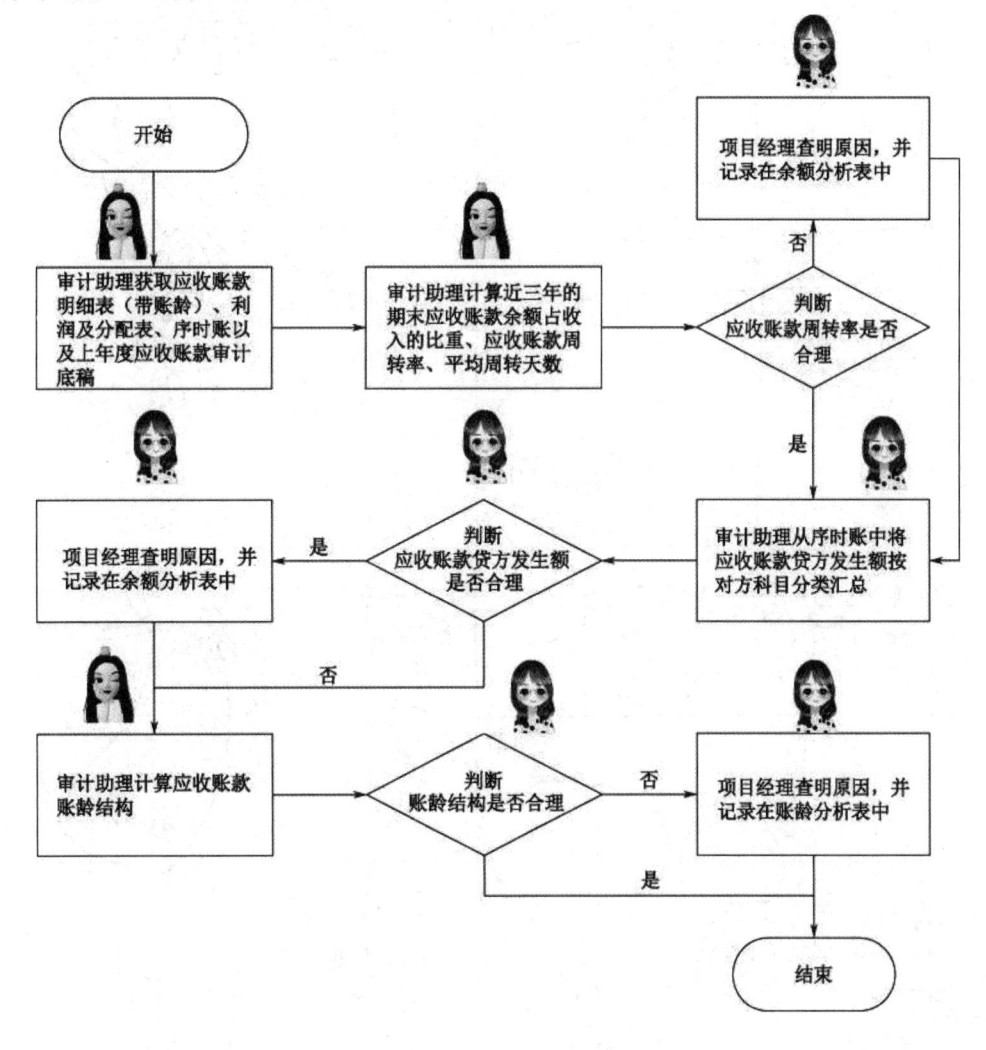

图 9-2 应收账款审计分析程序业务流程

9.3 机器人设计

9.3.1 自动化流程

时间一天天地过去，赵新星和袁瑞繁依旧在办公室里对着大量的凭证、余额及发生额分析表和账龄分析表等数据埋头苦干。

突然间，袁瑞繁抬起头道："哇，新星姐，我要哭了！我认识这些数据，也知道它们应该怎么处理，但是为什么它们就不认识我，不能对我好点，不能乖乖地自己处理好，然后去应该去的地方呢？我感觉我要不行了！"说完，袁瑞繁假意用手掐住了自己的人中。

赵新星大笑道："就你最淘气！谁说不是呢？我也好希望它们能乖乖地自己完成自己的使命。诶，你这么说，我倒是想起了，上次我跟家桐做主营业务收入分析程序时，数字化赋能中心的技术总监詹凯棋詹总监帮我们开发了主营业务收入审计分析程序机器人，可厉害了，几分钟就填完了主营业务月底毛利率分析表和业务产品销售分析表。要不我们再去数字化赋能中心碰碰运气？"

袁瑞繁激动道："真的有这么厉害吗？那我们快去吧！"

说完两人一路小跑到数字化赋能中心办公室，门口正好出来一个1米8的小伙子，袁瑞繁拉住他问道："同事，你好，请问詹凯棋总监在吗？"

小伙子说："詹总呀，他这几天出差了，你们有什么事吗？等他回来，我帮你们转达。"

袁瑞繁说："这样啊，那先谢谢你呀！我是审计一部的袁瑞繁，是初级审计助理，这是我们审计一部的高级审计助理赵新星。因为之前听说詹总为审计一部开发了主营业务收入审计分析程序机器人，想找他帮帮忙，开发应收账款分析程序机器人。"

小伙子爽朗一笑："就这事呀，那用不着动用詹总这个大忙人呀，审计机器人就是我们赋能中心现在的研究重点，每个人或多或少会一点RPA技术。我叫李岱峰，是RPA初级工程师，如果你们不介意我比詹总技术差的话，也可以帮你们看看。"

袁瑞繁惊喜道："真的吗？那你现在能帮我们看看吗？"

李岱峰："当然可以了，你现在就可以给我讲讲应收账款审计分析程序的流程。"

袁瑞繁："岱峰，真的是谢谢你啦！流程是这样的……"

20分钟过去了。

李岱峰："好的，我已经知道了大致的步骤和相关的数据处理操作，你们给我一天时间，明天带着机器人来见你们。"

袁瑞繁："好的，岱峰啊，救我于水火之中，你是大好人！"

第二天早上十点，李岱峰带着笔记本电脑来到了审计一部办公室。

李岱峰："瑞繁，快过来看看，我给你演示一下你的审计工作小帮手——小蛮审计机器人！"

袁瑞繁开心地跑了过去，看着李岱峰手里的电脑。

李岱峰："首先，启动小蛮，小蛮会自动从文件中读取应收账款明细、会计分录、主营业务收入及其对比数据，补全会计分录中的日期、期间、凭证号等信息，筛选出应收账款分录和应收账款合计数。然后，在余额及发生额分析表中写入应收账款周转率等数据（预先在Excel中写入应收账款周转率等指标的计算公式）。接下来，小蛮根据预设的判断模型判断应收账款周转率等指标是否合理，并写入相应的审计说明，紧接着从序时账中分类汇总应收账款贷方发生额，同样写入余额及发生额分析表中，自动判断应收账款贷方发生额是否合理，并写入相应的审计说明。到这儿，余额及发生额分析表就编制完成啦。小蛮在账龄分析表中写入应收账款账龄数据，再进行读取、计算、分析的过程。最后，应收账款分析程序的底稿编制完成后自动发送给审计人员，并生成机器人工作日志。"

数字链审的应收账款审计分析程序机器人自动化流程，如图 9-3 所示。

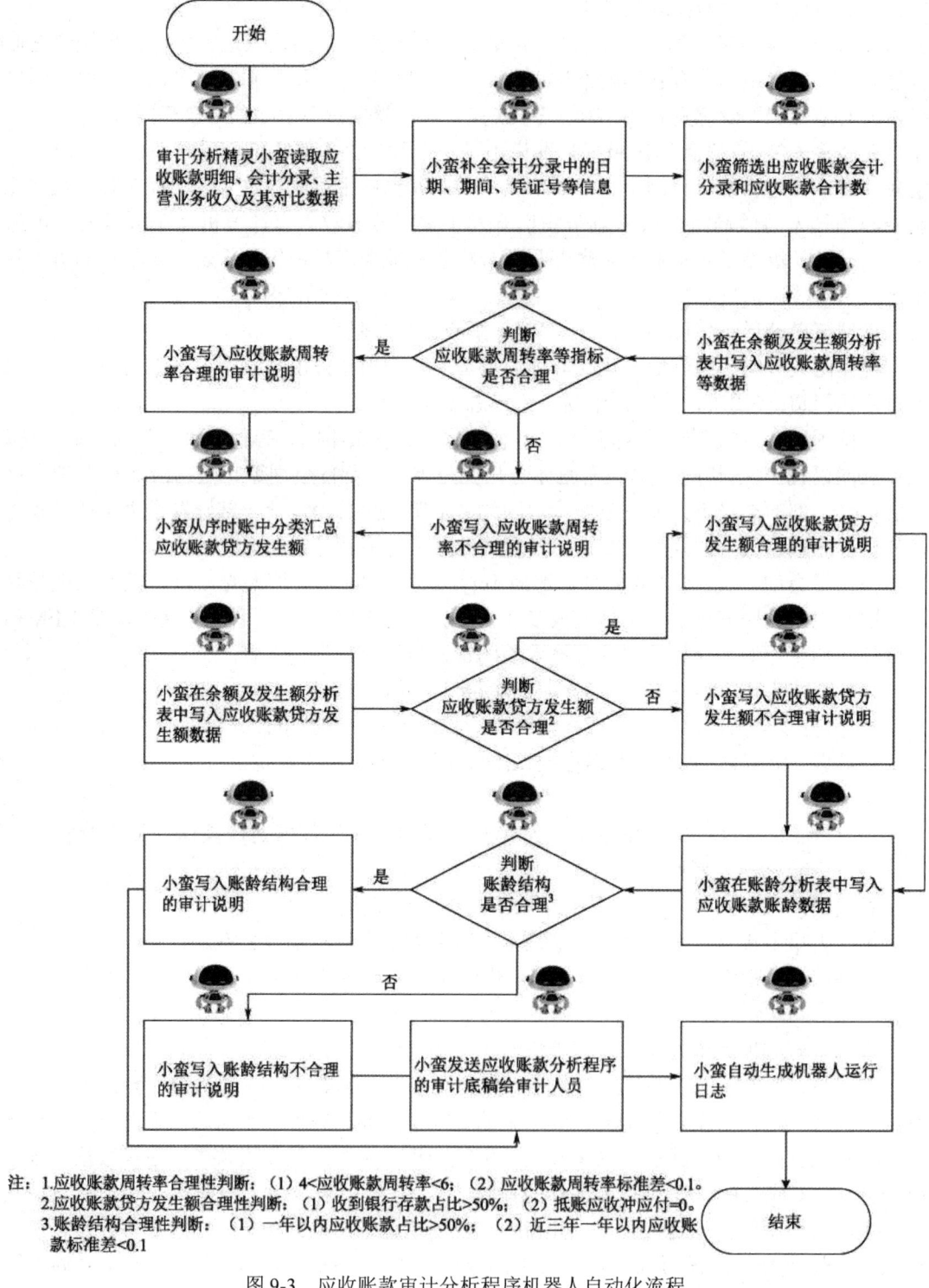

注：1. 应收账款周转率合理性判断：(1) 4<应收账款周转率<6；(2) 应收账款周转率标准差<0.1。
2. 应收账款贷方发生额合理性判断：(1) 收到银行存款占比>50%；(2) 抵额应收冲应付=0。
3. 账龄结构合理性判断：(1) 一年以内应收账款占比>50%；(2) 近三年一年以内应收账款标准差<0.1

图 9-3　应收账款审计分析程序机器人自动化流程

9.3.2 数据标准与规范

1. 审计数据采集

应收账款审计分析程序机器人的数据来源为 Excel 文档。机器人自动从上年度应收账款审计底稿中读取应收账款周转率、账龄等数据，从应收账款明细表底稿中读取应收账款期初、期末及账龄等明细数据，从利润及分配表中读取主营业务收入本年累计数，从序时账中读取会计分录，如表 9-1 所示。

表 9-1 应收账款审计分析程序机器人数据采集

数据来源	文件名	数据内容	文件类型
应收账款（底稿）	ZD-应收账款（2019）	应收账款周转率	Excel
		账龄	
应收账款明细表（底稿）	ZD-1 明细表（2020）	应收账款明细	
利润及分配表（账表）	2020 年重庆蛮先进智能制造有限公司利润及分配表	主营业务收入本年累计数	
序时账（账表）	2020 年重庆蛮先进智能制造有限公司序时账	会计分录	

2. 审计数据处理

机器人读取数据后，使用填补和拆分的方法进行数据清洗，然后进行数据计算与分析，如表 9-2 所示。

表 9-2 应收账款审计分析程序机器人审计数据处理

数据清洗		数据计算		数据分析	
方法	主要内容	方法	主要内容	方法	主要内容
填补	会计分录的日期、期间和凭证号	求比值	应收账款周转率	对比	对比分析应收账款周转率
拆分	从会计分录中筛选出应收账款会计分录		账龄结构	结构	分析应收账款贷方发生额结构
	从应收账款明细中筛选出合计数	求和	应收账款贷方发生额		分析应收账款账龄结构

3. 审计底稿与报告

应收账款审计分析程序机器人输出的内容包含审计底稿和机器人运行日志。其中，审计底稿包含记录应收账款余额及发生额的相关数据及审计说明的余额及发生额分析表，记录应收账款账龄结构及审计说明的账龄分析表；机器人运行日志记录应收账款审计分析程序机器人运行时间和结果。

表 9-3 应收账款审计分析程序机器人主要审计底稿与报告

底稿名称	底稿描述
余额及发生额分析表	工作底稿：应收账款余额及发生额的相关数据及审计说明
账龄分析表	工作底稿：应收账款账龄结构及审计说明
机器人运行日志	记录应收账款审计分析程序运行时间及状态等

4. 表格设计

审计底稿与报告格式设计需要规范化。以下展示的是应收账款审计分析程序机器人输出表格格式，包含 ZD-应收账款中的 ZD-2 余额及发生额分析表、ZD-3 账龄分析表，以及应收账款审计分析程序机器人运行日志。ZD-1 应收账款明细表在此不做介绍。

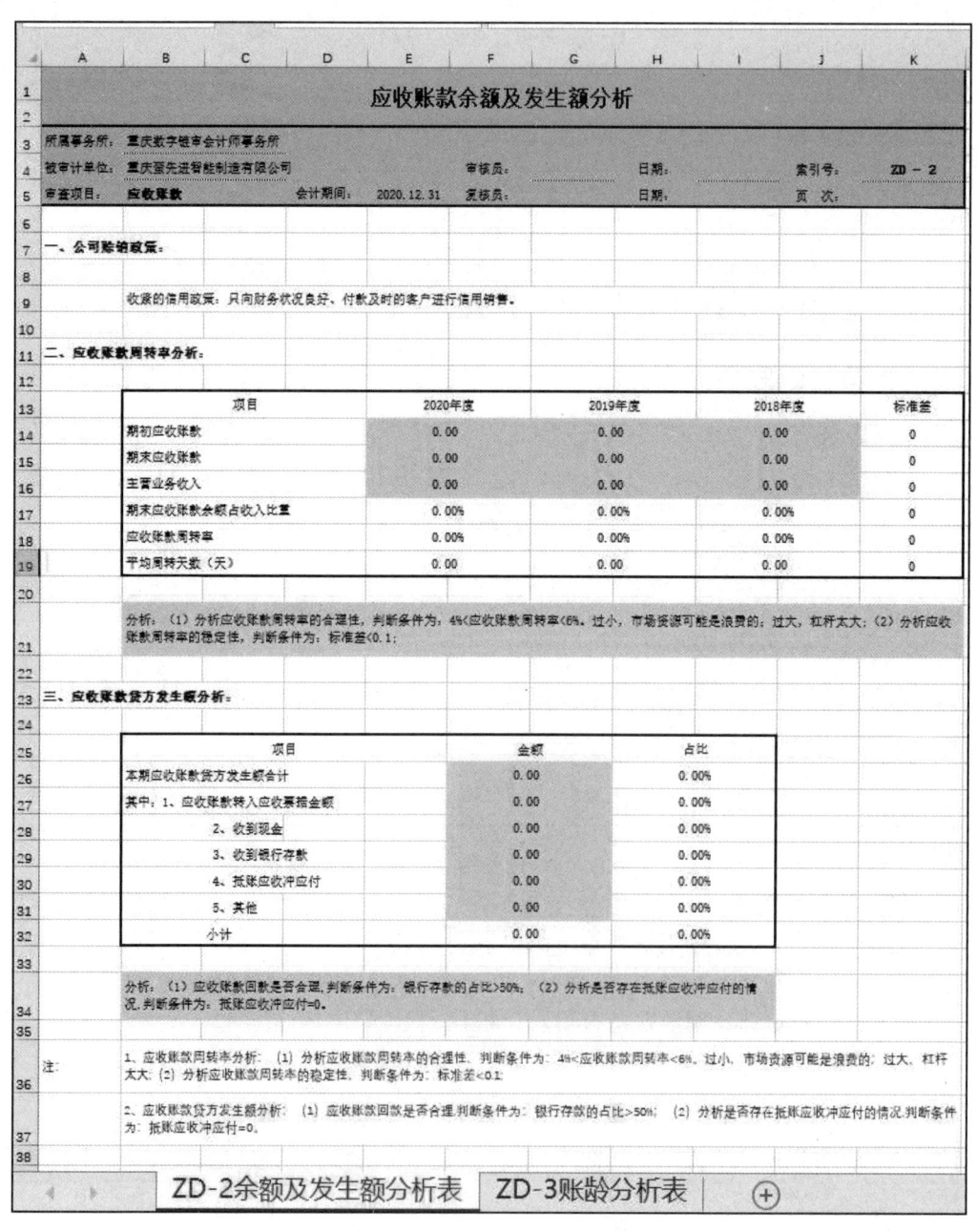

（1）ZD-2 余额及发生额分析表

余额及发生额分析表记录应收账款余额及发生额的相关数据及审计说明，如图 9-4 所示。

图 9-4　余额及发生额分析样表

（2）ZD-3 账龄分析表

账龄分析表记录应收账款账龄结构及审计说明，如图 9-5 所示。

应收账款账龄总体合理性分析

所属事务所：重庆数字链审会计师事务所

被审计单位：	重庆蛮先进智能制造有限公司	审核员：	日期：	索引号：	ZD - 3
审查项目：	应收账款	会计期间： 2020.12.31	复核员：	日期：	页 次：

一、近三年账龄结构：

账龄	2020年	结构	2019年	结构%	2018年	结构	近三年平均余额	结构	标准差
1年以内		0.00%		0.00%		0.00%	0.00	0.00%	0
1-2年		0.00%		0.00%		0.00%	0.00	0.00%	0
2-3年		0.00%		0.00%		0.00%	0.00	0.00%	0
3-4年		0.00%		0.00%		0.00%	0.00	0.00%	0
4-5年		0.00%		0.00%		0.00%	0.00	0.00%	0
5年以上		0.00%		0.00%		0.00%	0.00	0.00%	0
合计	0.00	0.00%	0.00	0.00%	0.00	0.00%	0.00	0.00%	0

二、分析：

1、 期末账龄结构与历年及平均值分析：

（1）账龄结构是否合理，判断条件：期末一年以内的账龄结构>50%；（2）账龄稳定性分析，判断条件为：标准差<0.1。

2、 期末账龄在上年账龄基础上递增的合理性分析（重点在于对期末1年以上应收账款的分析）：

账龄	期初余额	期末余额	期初应收账款递增1年账龄后与期末对应账龄数据比较	合理性分析1	合理性分析2
1年以内	0.00	0.00	---	---	---
1-2年	0.00	0.00	0.00	合理	---
2-3年	0.00	0.00	0.00	合理	本期无变动
3-4年	0.00	0.00	0.00	合理	本期无变动
4-5年	0.00	0.00	0.00	合理	本期无变动
5年以上	0.00	0.00	0.00	合理	本期无变动
合计	0.00	0.00	0.00	合理	本期无变动

注：1、期末账龄结构与历年及平均值分析：（1）账龄结构是否合理，判断条件：期末一年以内的账龄结构>50%；（2）账龄稳定性分析，判断条件为：标准差<0.1。

2、期末账龄在上年账龄基础上递增的合理性分析：（1）合理性分析1，期初应收账款递增1年账龄后的金额应≥期末1年以上应收账款金额；（2）合理性分析2，期末2年以上应收账款金额比期初1年以上应收账款递增1年账龄后的金额大幅减少。

ZD-2余额及发生额分析表　ZD-3账龄分析表

图 9-5　账龄分析样表

（3）应收账款审计分析机器人运行日志

应收账款审计分析程序机器人运行日志主要用于记录机器人从开始运行到结束的一系列状态，包括应收账款周转率是否合理、应收账款贷方发生额是否合理、账龄结构是否合理等，如图 9-6 所示。

图 9-6　应收账款审计分析程序机器人运行日志样表

9.4 机器人开发

9.4.1 技术路线

应收账款审计分析程序机器人开发包括审计数据采集与清洗、编制余额及发生额分析表、编制账龄分析表、生成机器人工作日志四个模块。

审计数据采集与清洗模块使用了【读取区域】【读取单元格】等活动采集应收账款、主营业务收入等审计数据，使用了【依次读取数组中每个元素】【如果条件成立】【变量赋值】等活动填补了会计分录的缺失值，拆分出应收账款合计数，并辅助【正则表达式查找测试】等活动拆分出应收账款会计分录；在编制余额及发生额分析表和编制账龄分析表模块中，应用到了【写入区域】【写入单元格】【变量赋值】等活动来编制余额及发生额分析表和账龄分析表；最后，在生成机器人工作日志模块通过使用【获取时间】【格式化时间】【写入行】等活动完成机器人运行日志的记录

应收账款审计分析程序机器人开发的具体技术路线如表 9-4 所示。

表 9-4　应收账款审计分析程序机器人开发技术路线

模块	功能描述	使用的活动
审计数据采集与清洗	读取以前年度应收账款、主营业务收入、会计分录等数据	获取时间
		格式化时间
		变量赋值
		打开 Excel 工作簿
		读取区域
		读取单元格

续表

模块	功能描述	使用的活动
审计数据采集与清洗	读取以前年度应收账款、主营业务收入、会计分录等数据	依次读取数组中每个元素
		如果条件成立
		变量赋值
		关闭 Excel 工作簿
	填补会计分录的缺失值	依次读取数组中每个元素
		如果条件成立
		变量赋值
	拆分出应收账款会计分录	将数组合并为字符串
		在数组尾部添加元素
		依次读取数组中每个元素
		如果条件成立
		正则表达式查找测试
	拆分出应收账款合计数	依次读取数组中每个元素
		如果条件成立
		变量赋值
编制余额及发生额分析表	写入应收账款周转率相关数据	复制文件
		判断文件是否存在
		如果条件成立
		删除文件
		重命名
		打开 Excel 工作簿
		激活工作表
		写入区域
		写入单元格
	判断应收账款周转率合理性	读取单元格
		如果条件成立
		变量赋值
	加总计算应收账款贷方发生额	依次读取数组中每个元素
		获取左侧字符串
		如果条件成立
		变量赋值
	写入应收账款贷方发生额数据	写入单元格
		写入列
	判断应收账款贷方发生额合理性	读取单元格
		变量赋值
		取四舍五入值
		转为文本数据
		如果条件成立
		变量赋值
		获取时间（日期）
		格式化时间
		写入单元格
		关闭 Excel 工作簿

续表

模块	功能描述	使用的活动
编制账龄分析表	写入应收账款账龄数据	打开 Excel 工作簿
		激活工作表
		写入列
		写入区域
	判断账龄结构合理性	读取单元格
		变量赋值
		取四舍五入值
		转为文本数据
		如果条件成立
		变量赋值
		获取时间（日期）
		格式化时间
		写入单元格
		关闭 Excel 工作簿
生成机器人运行日志	发送应收账款审计底稿	发送邮件
		获取时间
		格式化时间
		变量赋值
	写入机器人运行记录	打开 Excel 工作簿
		写入行
		关闭 Excel 工作簿

9.4.2 开发步骤

1. 搭建整体流程框架

步骤一：打开 UiBot Creator 软件，新建流程，并将其命名为"应收账款审计分析程序机器人"。

步骤二：拖入 4 个"流程块"和 1 个"结束"至流程图设计主界面，并连接起来。将流程块分别命名为"审计数据的采集与清洗""编制余额及发生额分析表""编制账龄分析表""生成机器人运行日志"，如图 9-7 所示。

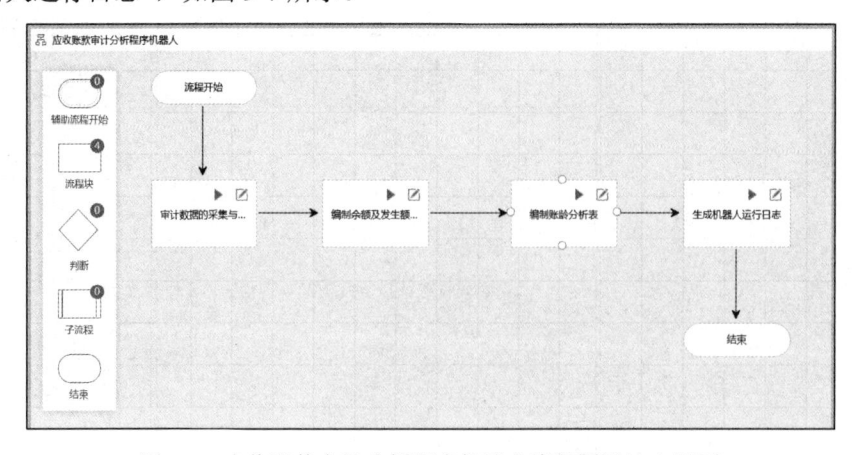

图 9-7 应收账款审计分析程序机器人流程图设计主界面

步骤三：在流程图界面右侧添加变量，并设置默认值，如表 9-5 所示。（注：此处添加的是流程图变量。）

表 9-5　流程图变量设置

序号	变量名	使用方向	值	说明
1	arrIndex	无	[]	应收账款指标
2	arrFormerAging	无	[]	以前年度账龄
3	dblRevenue	无	0	主营业务收入
4	arrJournalizing	无	[]	会计分录
5	arrAging	无	[]	账龄
6	dblBeginning	无	0	应收账款期初数
7	dblClosing	无	0	应收账款期末数
8	arrReceivable	无	[]	应收账款明细
9	arrReceivableJournalizing	无	[]	应收账款会计分录
10	arrLog	无	["","是","是","是",""]	运行记录
11	objExcelWorkBook	无	""	工作簿

步骤四：打开"应收账款审计分析程序机器人"流程文件夹，在"res"文件夹中创建三个文件夹，分别命名为"审计底稿""模板文件"和"数据"；然后，在"审计底稿"文件夹中放入"应收账款审计分析程序机器人运行日志"Excel 文件，在"模板文件"文件夹中放入"ZD-应收账款"Excel 文件，在"数据"文件夹中放入"2020 年重庆蛮先进智能制造有限公司利润及分配表""2020 年重庆蛮先进智能制造有限公司序时账""ZD-1 明细表（2020）""ZD-应收账（2019）"等 Excel 文件，如图 9-8 所示。

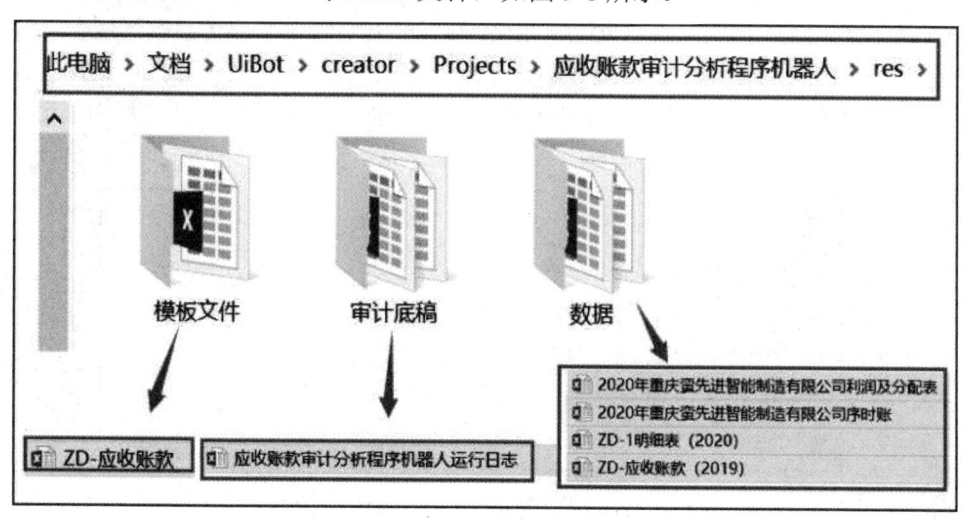

图 9-8　数据文件

2. 审计数据的采集与清洗

步骤五：点击"审计数据的采集与清洗"的"流程编辑"，进入流程编辑界面，添加 7 个流程块（局部）变量，如图 9-9 所示。

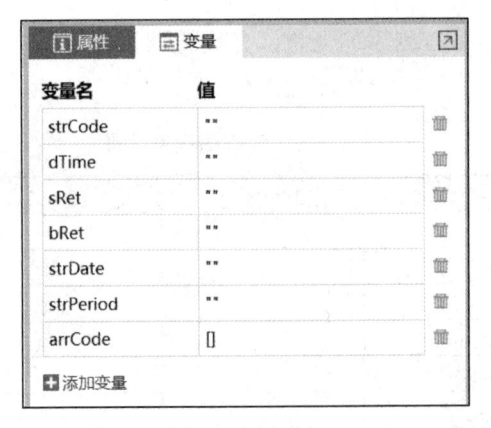

图 9-9　添加流程块变量

步骤六：添加【获取时间】【格式化时间】【变量赋值】，【获取时间】【格式化时间】默认属性不变，令"arrLog[0] = sRet"，获取当前时间输出 arrLog[0]，如图 9-10 所示。目的是获取当前时间。

图 9-10　获取当前时间

步骤七：读取以前年度应收账款数据。首先，添加【打开 Excel 工作簿】，设置文件路径为"@res"数据\\ZD-应收账款（2019）.xlsx""；然后，添加 4 个【读取区域】，读取"ZD-2 余额及发生额分析表"和"ZD-3 账龄分析表"工作表中应收账款数据；最后，添加【关闭 Excel 工作簿】，如图 9-11 所示，【读取区域】属性如表 9-6 所示。目的是为了读取以前年度应收账款数据。

图 9-11　读取以前年度应收账款数据

表 9-6　读取区域属性设置

活动名称	工作表	区域	输出到
读取区域	"ZD-2 余额及发生额分析表"	"E14:E16"	arrIndex[0]
	"ZD-2 余额及发生额分析表"	"G14:G16"	arrIndex[1]
	"ZD-3 账龄分析表"	"C10:C15"	arrFormerAging[0]
	"ZD-3 账龄分析表"	"E10:E15"	arrFormerAging[1]

步骤八：依次添加【打开 Excel 工作簿】【读取单元格】【关闭 Excel 工作簿】，文件路径设置为"@res"数据\\2020 年重庆蛮先进智能制造有限公司利润及分配表.xlsx""，读取""利润及分配表""中的""D7""的值（主营业务收入），并输出到"dblRevenue"，如图 9-12 所示。目的是读取主营业务收入。

> 打开Excel工作簿，路径为 "数据\\2020年重庆蛮先进智能制造有限公司利润及分配表.xlsx"，输出到 objExcelWorkBook
> 读取单元格 "D7" 的值，输出到 dblRevenue
> 关闭Excel工作簿

图 9-12　读取主营业务收入

步骤九：依次添加【打开 Excel 工作簿】【读取区域】【关闭 Excel 工作簿】，文件路径设置为"@res"数据\\2020 年重庆蛮先进智能制造有限公司序时账.xlsx""，工作表为""会计分录序时簿""，读取区域""A1""的值（所有会计分录），输出到"arrJournalizing"，如图 9-13 所示。目的是读取会计分录。

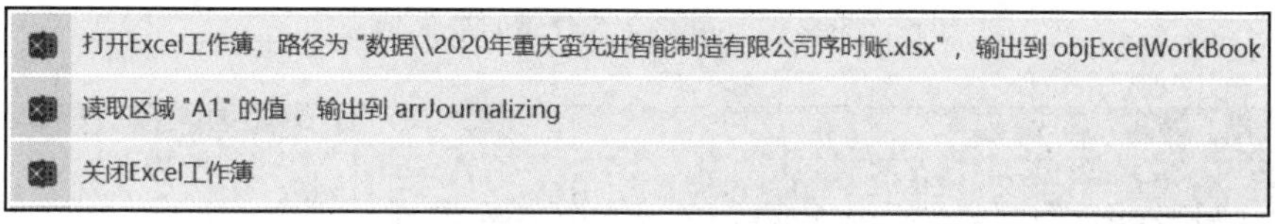

> 打开Excel工作簿，路径为 "数据\\2020年重庆蛮先进智能制造有限公司序时账.xlsx"，输出到 objExcelWorkBook
> 读取区域 "A1" 的值，输出到 arrJournalizing
> 关闭Excel工作簿

图 9-13　读取会计分录

步骤十：该步骤可参考步骤九，文件路径设置为"@res"数据\\ZD-1 明细表（2020）.xlsx""，工作表为""ZD-1 明细表""，读取区域""A1""的值（应收账款明细），输出到"arrReceivable"，如图 9-14 所示。目的是读取应收账款明细。

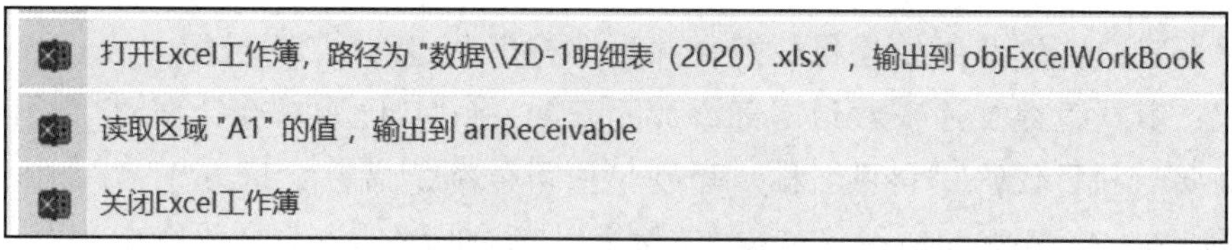

> 打开Excel工作簿，路径为 "数据\\ZD-1明细表（2020）.xlsx"，输出到 objExcelWorkBook
> 读取区域 "A1" 的值，输出到 arrReceivable
> 关闭Excel工作簿

图 9-14　读取应收账款明细

步骤十一：添加【依次读取数组中每个元素】，用"value"依次读取数组中每个元素"arrJournalizing"，添加【如果条件成立】，判断表达式为"value[0] <> """，满足条件时，添加【变量赋值】，分别令"strDate = value[0]""strPeriod = value[1]""strCode = value[2]"；否则，分别令"value[0] = strDate""value[1] = strPeriod""value[2] = strCode"，如图 9-15 所示。在对会计分录中每个元素循环操作时，判断会计分录中的日期是否不为空时，满足条件将对应日期、期间和凭证号的值存储到变量中，反之将变量中的值赋给日期、期间和凭证号。目的是填补会计分录的缺失值（日期、期间和凭账号）。

步骤十二：添加【依次读取数组中每个元素】，用"value"遍历"arrJournalizing"，添加【如果条件成立】，判断表达式为"value[5] = "1131" And value[10] <> 0"，添加【在数组尾部添加元素】，在数组"arrCode"末尾添加元素""【"&value[0]&value[2]&"】""，输出到

"arrCode"，如图 9-16 所示。目的是拆分出应收账款贷方有发生额的日期及凭证号。

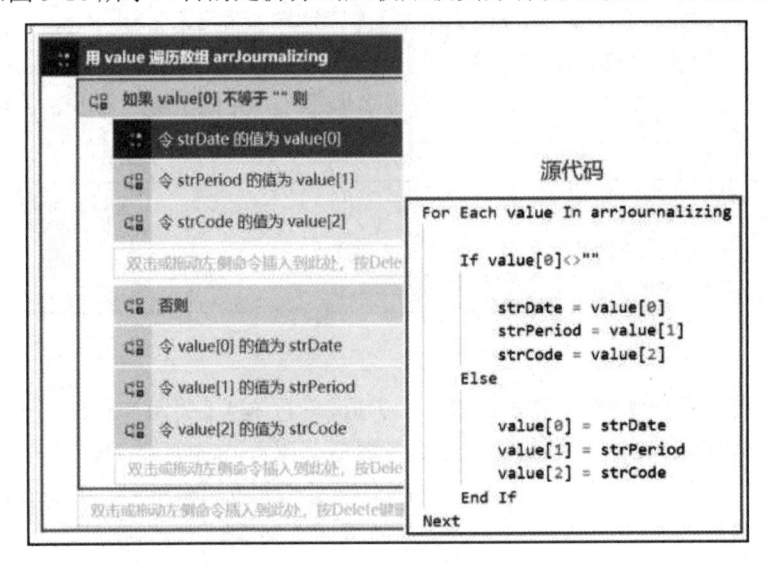

图 9-15　填补会计分录的缺失值

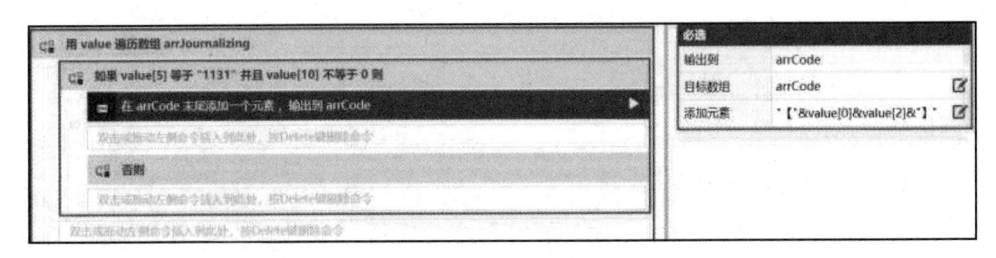

图 9-16　拆分出应收账款贷方有发生额的日期及凭证号

步骤十三：首先，添加【将数组合并为字符串】，用"","""分隔"arrCode"，输出到"strCode"；其次，添加【在数组尾部添加元素】，将"["日期","会计期间","凭证字号","分录号","摘要","科目代码","科目名称","币别","原币金额","借方","贷方"]"添加到"[]"中，并输出到"arrReceivableJournalizing"；然后，添加【依次读取数组中每个元素】，用"value"依次读取数组中每个元素"arrJournalizing"，添加【正则表达式查找测试】，在"strCode"中测试""【"&value[0]&value[2]&"】""是否能够找到，并输出到"bRet"；最后，添加【如果条件成立】，判断表达式为"bRet"，满足条件时，添加【在数组尾部添加元素】，在"arrReceivableJournalizing"中添加元素"value"，输出到"arrReceivableJournalizing"，如图 9-17 所示，其属性设置如表 9-7 所示。拼接字符串"【"&value[0]&value[2]&"】"的目的是能够准确地查找到应收账款有贷方发生额的凭证。此步骤的目的是拆分出应收账款会计分录。

步骤十四：添加【依次读取数组中每个元素】，用"value"依次读取数组中每个元素"arrReceivable"；添加【如果条件成立】，判断表达式为"value[1] = "合计""；添加 8 个【变量赋值】，分别获取应收账款的合计数，如图 9-18 所示。此步骤的目的是拆分出应收账款合计数。

```
将数组 arrCode 中的元素拼接为字符串，输出到 strCode
在 空数组 末尾添加一个元素，输出到 arrReceivableJournalizing
用 value 遍历数组 arrJournalizing
    测试正则表达式 "【" 连接 value[0] 连接 value[2] 连接 "】" 是否能够找到，输出到 bRet
    如果 bRet 则
        在 arrReceivableJournalizing 末尾添加一个元素，输出到 arrReceivableJournalizing
        双击或拖动左侧命令插入到此处，按Delete键删除命令
    否则
        双击或拖动左侧命令插入到此处，按Delete键删除命令
双击或拖动左侧命令插入到此处，按Delete键删除命令
```

```
strCode = Join(arrCode,",")//拼接字符串
arrReceivableJournalizing = push([],["日期","会计期间","凭证字号","分录号","摘要",
    "科目代码","科目名称","币别","原币金额","借方","贷方"])//向数组添加元素
For Each value In arrJournalizing
    bRet = Regex.Test(strCode,"【"&value[0]&value[2]&"】")
    If bRet

        arrReceivableJournalizing = push(arrReceivableJournalizing,value)
    Else

    End If
Next
```

图 9-17 拆分出应收账款会计分录

表 9-7 属性设置

活动名称	属性	值
将数组合并为字符串	输出到	StrCode
	目标数组	arrCode
	分隔符	","
在数组尾部添加元素	输出到	arrReceivableJournalizing
	目标数组	[]
	添加元素	["日期","会计期间","凭证字号","分录号","摘要","科目代码","科目名称","币别","原币金额","借方","贷方"]
依次读取数组中每个元素	值	value
	数组	arrJournalizing
正则表达式查找测试	输出到	bRet
	目标字符串	strCode
	正则表达式	"【"&value[0]&value[2]&"】"
如果条件成立	判断表达式	bRet
在数组尾部添加元素	输出到	arrReceivableJournalizing
	目标数组	arrReceivableJournalizing
	添加元素	value

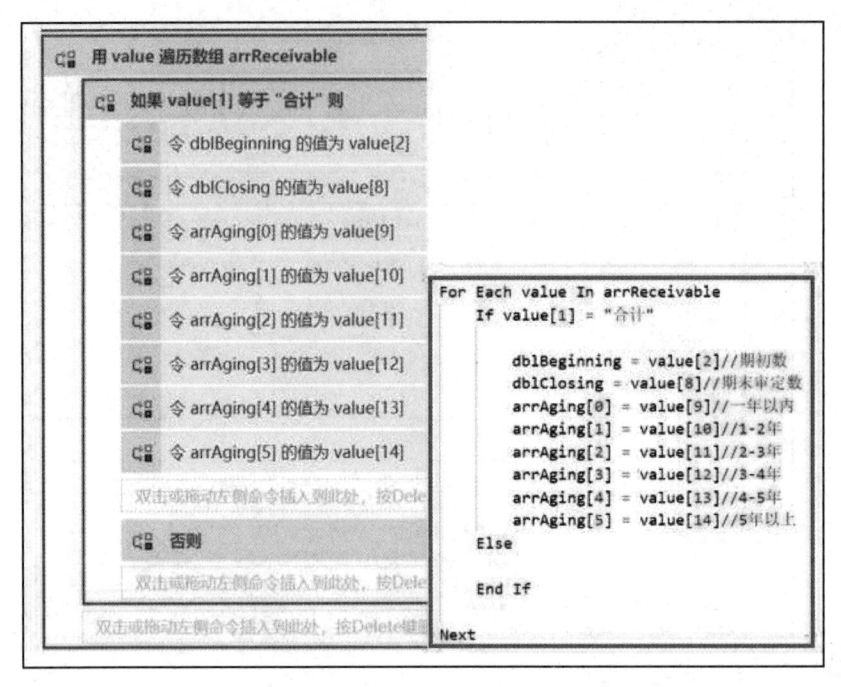

图 9-18 拆分出应收账款合计数

步骤十五：删除软件自动创建的流程块变量，只保留 7 个变量，如图 9-19 所示。

3. 编制余额及发生额分析表

步骤十六：保存后退出该编辑块，回到流程图界面，单击"流程编辑"，进入"编制余额及发生额分析表"流程编辑界面，添加 9 个流程块变量，并设置默认值，如图 9-20 所示。

图 9-19 保留变量　　　　　图 9-20 添加流程块变量

步骤十七：复制文件。首先，添加【复制文件】，复制文件"@res"模板文件\\ZD-应收账款.xlsx""到路径"@res"审计底稿""，同名时替换；然后，添加【判断文件是否存在】，判断"@res"审计底稿\\ZD-应收账款（2020）.xlsx""是否存在，输出到"bRet"；接下来，添加【如果条件成立】，判断表达式为"bRet"，满足条件时添加【删除文件】，删除"@res"

审计底稿\\ZD-应收账款（2020）.xlsx""；最后，添加【重命名】，将路径"@res"审计底稿\\ZD-应收账款.xlsx""的文件名称命名为""ZD-应收账款（2020）.xlsx""，如图 9-21 所示，其属性设置如表 9-8 所示。目的是复制文件。

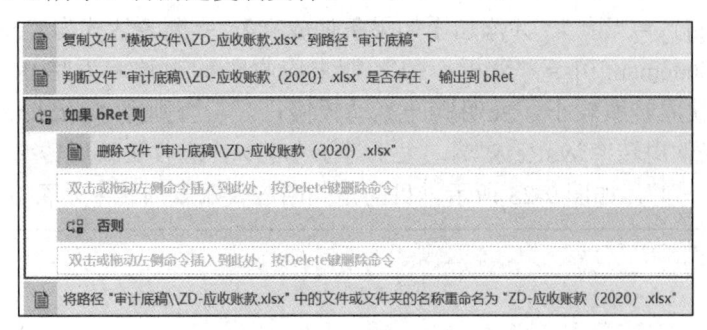

图 9-21　复制文件

表 9-8　属性设置

活动名称	属性	值
复制文件	路径	@res"模板文件\\ZD-应收账款.xlsx"
	复制到的路径	@res"审计底稿"
	同名时替换	是
判断文件是否存在	输出到	bRet
	路径	@res"审计底稿\\ZD-应收账款（2020）.xlsx"
如果条件成立	判断表达式	bRet
删除文件	路径	@res"审计底稿\\ZD-应收账款（2020）.xlsx"
重命名	路径	@res"审计底稿\\ZD-应收账款.xlsx"
	名称重命名为	"ZD-应收账款（2020）.xlsx"

步骤十八：依次添加【打开 Excel 工作簿】【激活工作表】，文件路径设置为"@res"审计底稿\\ZD-应收账款（2020）.xlsx""（手动修改路径），工作表设置为""ZD-2 余额及发生额分析表""；最后，添加 2 个【写入区域】，3 个【写入单元格】，写入以前年度应收账款相关指标数据，如图 9-22 所示。目的是写入以前年度指标数据。

图 9-22　写入以前年度指标数据

步骤十九：首先，添加【读取单元格】，读取""ZD-2 余额及发生额分析表""中单元格""E18""的值（应收账款周转率），输出到"objRet"；然后，添加【变量赋值】，令"temp = objRet*100"，添加【取四舍五入值】，将"temp"保留"2"位小数，输出到"iRet"，添加

【转为文字数据】，将"iRet"转为字符串类型，输出到"sRet"；然后，添加【如果条件成立】，判断表达式为"objRet > 4 And objRet < 6"，添加【变量赋值】，即满足条件时令"arrStatement[0] = "分析：（1）期末应收账款周转率较为合理；""，否则，添加【变量赋值】，令"arrLog[1] = "否""，并添加【如果条件成立】，判断表达式为"objRet <= 4"，满足条件时令"arrStatement[0] = "分析：（1）期末应收账款周转率为"&sRet&"%，小于等于400%，应收账款周转率较小，表明资产流动较慢；""，否则令"arrStatement[0] = "分析：（1）期末应收账款周转率"&sRet&"%，大于等于 600%，应收账款周转率较大，容易限制企业销售量的扩大；""，如图 9-23 所示。目的是判断应收账款周转率是否合理。

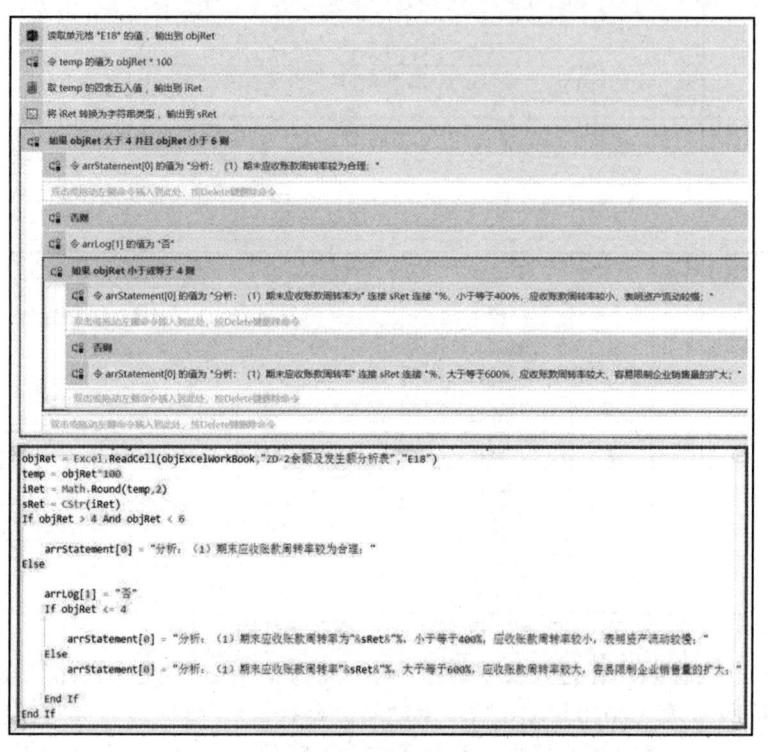

图 9-23 判断应收账款周转率是否合理

步骤二十：首先，添加【读取单元格】，读取""ZD-2 余额及发生额分析表""中单元格""K18""的值（应收账款周转率标准差），输出到"objRet"；其次，添加【如果条件成立】，判断表达式为"objRet < 0.1"，添加【变量赋值】，满足条件时令"arrStatement[0] = arrStatement[0]&"（2）近 3 年平均应收账款周转率较为稳定。""，否则，令"arrStatement[0] = arrStatement[0]&"（2）近 3 年平均应收账款周转率变化较大。""，令"arrLog[1] = "否""，如图 9-24 所示。目的是判断应收账款周转率是否稳定。

步骤二十一：首先，添加【依次读取数组中每个元素】，用"value"依次读取数组中每个元素"arrReceivableJournalizing"，添加【获取左侧字符串】，获取"value[5]"的左边 4 个字符，输出到"sRet"；然后，添加【如果条件成立】，切换到源代码界面，修改代码；最后，切换到可视化界面，添加【变量赋值】，令"arrDetail[4] = dblReceivable-arrDetail[0]-arrDetail[1]-arrDetail[2]-arrDetail[3]"，如图 9-25 所示。目的是计算应收账款贷方发生额。

```
objRet = Excel.ReadCell(objExcelWorkBook,"ZD-2余额及发生额分析表","K18")
If objRet < 0.1
    arrStatement[0] = arrStatement[0]&"（2）近3年平均应收账款周转率较为稳定。"
Else
    arrStatement[0] = arrStatement[0]&"（2）近3年平均应收账款周转率变化较大。"
    arrLog[1] = "否"
End If
```

图 9-24　判断应收账款周转率是否稳定

```
For Each value In arrReceivableJournaling
    sRet = Left(value[5],4)
    If sRet = "1131"//应收账款
        dblReceivable = dblReceivable + value[10]
    ElseIf sRet = "1111"//应收票据
        arrDetail[0] = arrDetail[0] + value[9] -value[10]
    ElseIf sRet = "1001"//现金
        arrDetail[1] = arrDetail[1] + value[9] -value[10]
    ElseIf sRet = "1002"//银行存款
        arrDetail[2] = arrDetail[2] + value[9] -value[10]
    ElseIf sRet = "2121"//应付账款
        arrDetail[3] = arrDetail[3] + value[9] -value[10]
    End If
Next
arrDetail[4] = dblReceivable-arrDetail[0]-arrDetail[1]-arrDetail[2]-arrDetail[3]
```

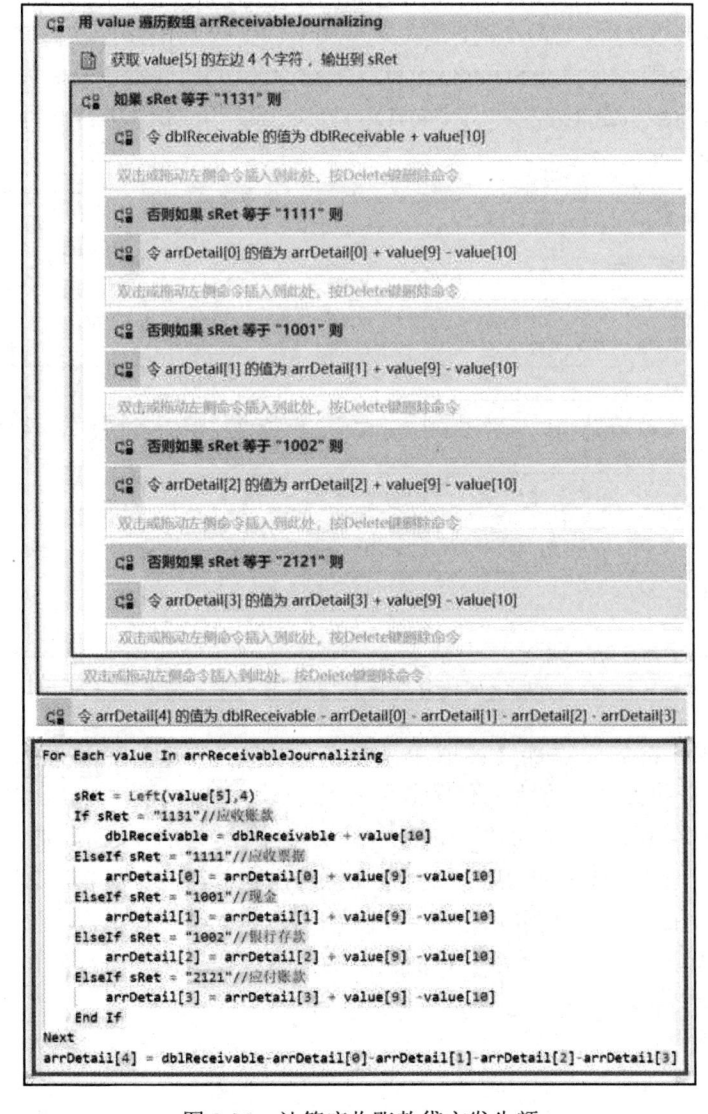

图 9-25　计算应收账款贷方发生额

步骤二十二：依次添加【写入单元格】【写入列】，将"dblRerivable"写入工作表""ZD-2 余额及发生额分析表""中的单元格"F26""，并从单元格""F27:F31""开始写入一列数据"arrDetail"，如图 9-26 所示。目的是写入应收账款贷方发生额。

> 从单元格 "F27:F31" 开始写入一列数据
>
> 读取单元格 "H29" 的值，输出到 objRet

图 9-26　写入应收账款贷方发生额

步骤二十三：首先，添加【读取单元格】，读取""ZD-2 余额及发生额分析表""中""H29""的值（应收账款贷方为银行存款的汇总金额），输出到"objRet"；其次，添加【变量赋值】，令"temp = objRet*100"，添加【取四舍五入值】，将"temp"保留 2 位小数，输出到"iRet"，添加【转为文字数据】，将"iRet"转为字符串类型，输出到"sRet"；最后，添加【如果条件成立】，判断表达式为"objRet > 0.5"，满足条件时，添加【变量赋值】，令"arrStatement[1] = "分析：（1）应收账款贷方发生额中收到银行存款占比达到"&sRet&"%,占了大部分;""，否则，令"arrStatement[1] = "分析：（1）应收账款贷方发生额中收到银行存款占比只有"&sRet&"%,占比较少;""，"arrLog[2] = "否""，如图 9-27 所示。目的是判断收到银行存款占比合理性。

> 读取单元格 "H29" 的值，输出到 objRet
>
> 令 temp 的值为 objRet * 100
>
> 取 temp 的四舍五入值，输出到 iRet
>
> 将 iRet 转换为字符串类型，输出到 sRet
>
> 如果 objRet 大于或等于 0.5 则
> 　　令 arrStatement[1] 的值为 "分析：（1）应收账款贷方发生额中收到银行存款占比达到" 连接 sRet 连接 "%,占了大部分;"
> 　　双击或拖动左侧命令插入到此处，按Delete键删除命令
> 否则
> 　　令 arrStatement[1] 的值为 "分析：（1）应收账款贷方发生额中收到银行存款占比只有" 连接 sRet 连接 "%,占比较少;"
> 　　令 arrLog[2] 的值为 "否"
> 　　双击或拖动左侧命令插入到此处，按Delete键删除命令

图 9-27　判断收到银行存款占比合理性

步骤二十四：首先，添加【读取单元格】，读取""ZD-2 余额及发生额分析表""中""F30""的值（应收账款贷方为应付账款的汇总金额），输出到"objRet"；然后，添加【如果条件成立】，判断表达式为"objRet <> 0"，满足条件时，添加【变量赋值】，令"arrStatement[1] = arrStatement[1]&"（2）存在抵账应收冲应付的情况。""，否则，添加两个【变量赋值】，令"arrStatement[1] = arrStatement[1]&"（2）不存在抵账应收冲应付的情况。""，"arrLog[2]= "否""，如图 9-28 所示。目的是判断是否存在抵账应收冲应付。

图 9-28　判断是否存在抵账应收冲应付

步骤二十五： 首先，依次添加【获取时间（日期）】【格式化时间】，设置格式为""yyyy-mm-dd""；然后，添加 4 个【写入单元格】，写入审计说明、审核员、时间等数据；最后，添加【关闭 Excel 工作簿】，如图 9-29 所示。目的是写入审计说明。

图 9-29　写入审计说明

步骤二十六： 删除软件自动创建的流程块变量，只保留 9 个变量，如图 9-30 所示。

4. 编制账龄分析表

步骤二十七： 保存后退出该编辑块，回到流程图界面，单击"流程编辑"，进入"编制账龄分析表"流程编辑界面，添加 6 个流程块变量，如图 9-31 所示。

图 9-30　保留变量　　　　　　　图 9-31　添加流程块变量

第 9 章　应收账款审计实质性程序机器人　▶　239

步骤二十八：首先，依次添加【打开 Excel 工作簿】【激活工作表】，文件路径设置为"@res"审计底稿\\ZD-应收账款（2020）.xlsx""，激活工作表""ZD-3 账龄分析表""；然后，添加 1 个【写入列】，2 个【写入区域】，工作表都选择""ZD-3 账龄分析表""，从单元格""C10"" 开始写入"arrAging"，将"arrFormerAging[0]"写入""E10:E15""区域，将"arrFormerAging[1]"写入""G10:G15""区域，如图 9-32 所示。目的是写入应收账款账龄数据。

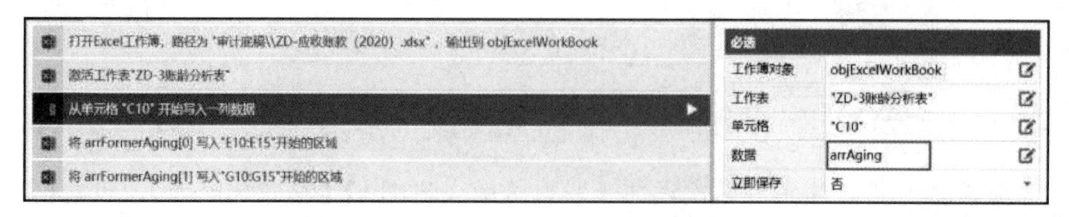

图 9-32　写入应收账款账龄数据

步骤二十九：首先，添加【读取单元格】，读取"ZD-3 账龄分析表"工作表中"D10"（一年以内账龄占比），输出到"objRet"；其次，添加【变量赋值】，令"temp = objRet*100"，添加【取四舍五入值】，将"temp"保留 2 位小数，输出到"iRet"，添加【转为文字数据】，将"iRet"转为字符串类型，输出到"sRet"；最后，添加【如果条件成立】，判断表达式为"objRet > 0.5"，添加【变量赋值】，满足条件时令"strStatement = "（1）期末应收账款账龄在 1 年以内的占比"&sRet&"%，占了大部分；""，否则，令"strStatement = "（1）期末应收账款账龄在 1 年以内的占比仅"&sRet&"%，1 年以上的占比较多；""，令"arrLog[3]="否""，如图 9-33 所示。目的是判断账龄在 1 年以内占比合理性。

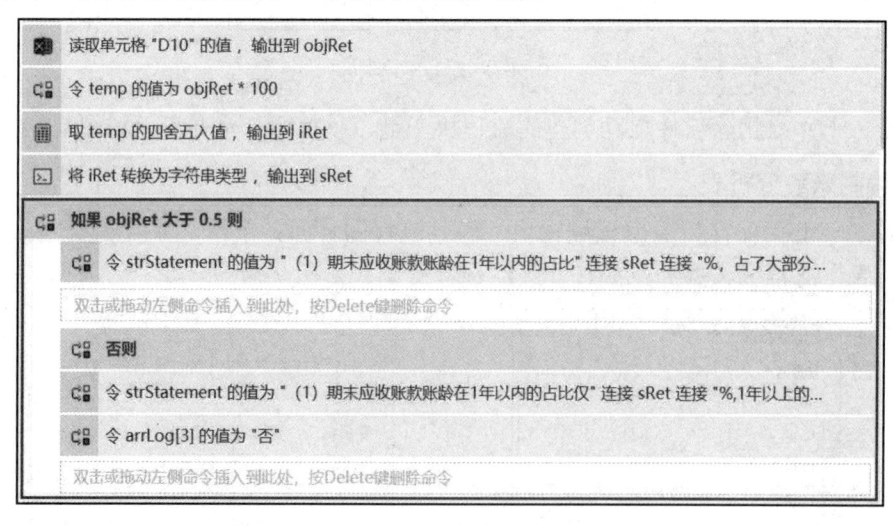

图 9-33　判断账龄在 1 年以内占比合理性

步骤三十：首先，添加【读取单元格】，读取""ZD-3 账龄分析表""工作表中""K10""的值，输读取应收账款账龄标准差，输出到"objRet"；其次，添加【如果条件成立】，判断表达式为"objRet < 0.1"，添加【变量赋值】，满足条件时令"strStatement = strStatement&"（2）近三年平均余额结构比较稳定。""；否则，令"strStatement = strStatement&"（2）近三年平均余额结构不够稳定。""，令"arrLog[3]= "否""，如图 9-34 所

示。目的是判断账龄结构稳定性。

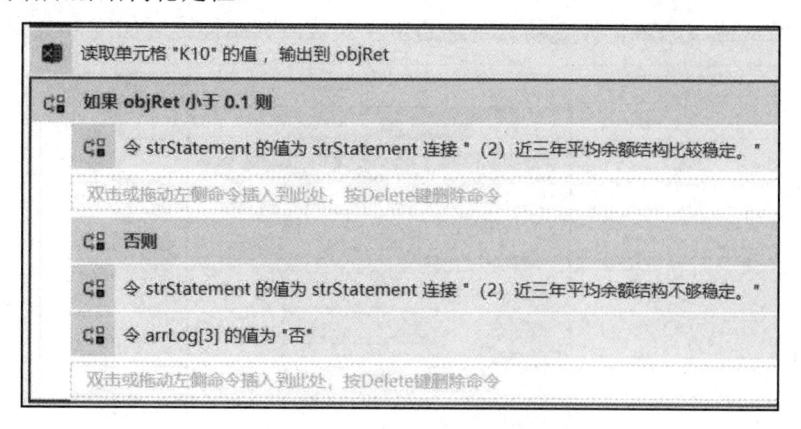

图 9-34　判断账龄结构稳定性

步骤三十一：首先，依次添加【获取时间（日期）】【格式化时间】，设置格式为 ""yyyy-mm-dd""；然后，添加 3 个【写入单元格】和 1 个【关闭 Excel 工作簿】，分别在工作表 ""ZD-3 账龄分析表"" 的单元格 ""B20""""G4""""I4"" 中写入 "strStatement""小蛮审核员""""sRet"，如图 9-35 所示。目的是写入审计说明。

图 9-35　写入审计说明

步骤三十二：删除软件自动创建的流程块变量，只保留 6 个变量，如图 9-36 所示。

5. 生成机器人运行日志

步骤三十三：保存后退出该编辑块，回到流程图界面，单击"流程编辑"，进入"机器人运行日志"流程编辑界面，添加流程块变量，如图 9-37 所示。

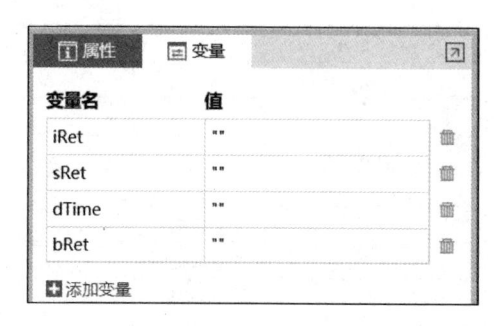

图 9-36　删除多余变量　　　　　图 9-37　添加流程块变量

步骤三十四：添加 SMTP/POP 下的【发送邮件】，将"@res"审计底稿\\ZD-应收账款（2020）.xlsx""（应收账款审计底稿）发送给审计人员，其属性设置如图 9-38 所示。目的是发送邮件。

图 9-38　【发送邮件】属性

步骤三十五：首先，依次添加【获取时间】【格式化时间】【变量赋值】，设置格式为""yyyy-mm-dd hh:mm:ss""，令"arrLog[4] = sRet"；然后，依次添加【打开 Excel 工作簿】【获取行数】【写入行】【关闭 Excel 工作簿】，设置文件路径为"@res"审计底稿\\应收账款审计分析程序机器人运行日志.xlsx""，在工作表""Sheet1""中从单元格数组"[iRet+1,1]"开始写入一行数据"arrLog"，如图 9-39 所示，属性如表 9-9 所示。目的是写入机器人运行日志。

图 9-39　写入机器人运行日志

表 9-9　属性设置

活动名称	属性	值
获取时间	输出到	dTime
格式化时间	输出到	sRet
	时间	dTime
	格式	"yyyy-mm-dd hh:mm:ss"
变量赋值	变量名	arrLog[4]
	变量值	sRet
打开 Excel 工作簿	文件路径	@res"审计底稿\\应收账款审计分析程序机器人运行日志.xlsx"
	输出到	objExcelWorkBook

续表

活动名称	属性	值
获取行数	输出到	iRet
	工作表	"Sheet1"
写入行	工作表	"Sheet1"
	单元格	[iRet+1,1]
	数据	arrLog
关闭 Excel 工作簿	工作簿对象	objExcelWorkBook

步骤三十六：删除软件自动创建的流程块变量，只保留 4 个变量，如图 9-40 所示。

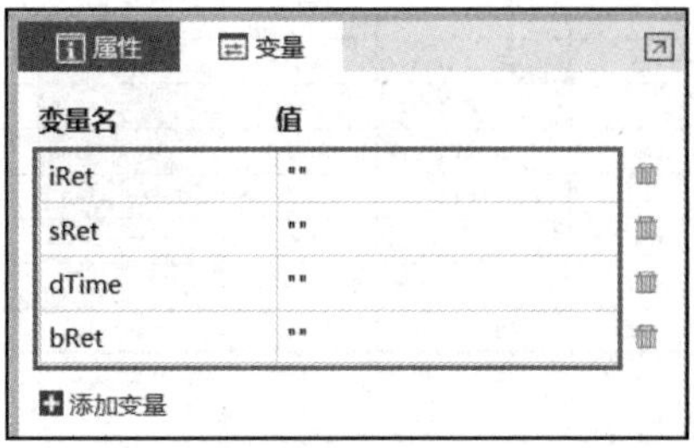

图 9-40　删除多余变量

应收账款审计分析程序机器人运行结果如下。

（1）ZD-2 余额及发生额分析表（见图 9-41）

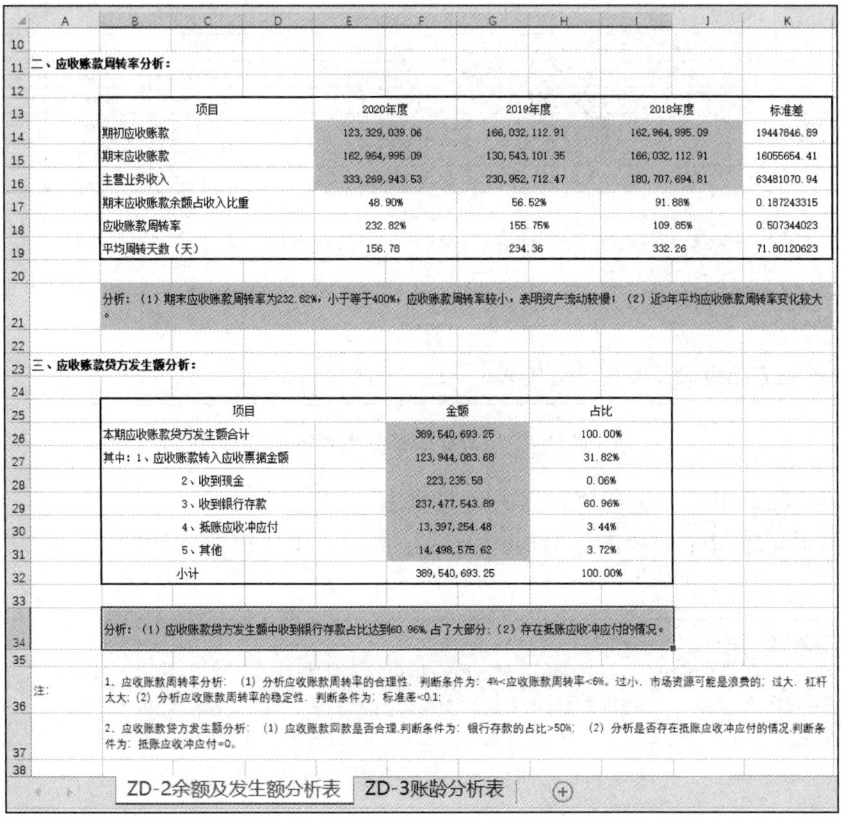

二、应收账款周转率分析：

项目	2020年度	2019年度	2018年度	标准差
期初应收账款	123, 329, 039. 06	166, 032, 112. 91	162, 964, 995. 09	19447846. 89
期末应收账款	162, 964, 995. 09	130, 543, 101. 35	166, 032, 112. 91	16055654. 41
主营业务收入	333, 269, 943. 53	230, 952, 712. 47	180, 707, 694. 81	63481070. 94
期末应收账款余额占收入比重	48. 90%	56. 52%	91. 88%	0. 187243315
应收账款周转率	232. 82%	155. 75%	109. 85%	0. 507344023
平均周转天数（天）	156. 78	234. 36	332. 26	71. 80120623

分析：（1）期末应收账款周转率为232. 82%，小于等于400%，应收账款周转率较小，表明资产流动较慢；（2）近3年平均应收账款周转率变化较大。

三、应收账款贷方发生额分析：

项目	金额	占比
本期应收账款贷方发生额合计	389, 540, 693. 25	100. 00%
其中：1、应收账款转入应收票据金额	123, 944, 083. 68	31. 82%
2、收到现金	223, 235. 58	0. 06%
3、收到银行存款	237, 477, 543. 89	60. 96%
4、抵账应收冲应付	13, 397, 254. 48	3. 44%
5、其他	14, 498, 575. 62	3. 72%
小计	389, 540, 693. 25	100. 00%

分析：（1）应收账款贷方发生额中收到银行存款占比达到60. 96%, 占了大部分;（2）存在抵账应收冲应付的情况。

注：

1、应收账款周转率分析：（1）分析应收账款周转率的合理性，判断条件为：4%<应收账款周转率<6%。过小，市场资源可能是浪费的；过大，杠杆太大;（2）分析应收账款周转率的稳定性，判断条件为：标准差<0.1;

2、应收账款贷方发生额分析：（1）应收账款回款是否合理,判断条件为：银行存款的占比>50%；（2）分析是否存在抵账应收冲应付的情况,判断条件为：抵账应收冲应付=0。

ZD-2余额及发生额分析表　ZD-3账龄分析表

图 9-41　ZD-2 余额及发生额分析表运行结果

（2）ZD-3 账龄分析表（见图 9-42）

应收账款账龄总体合理性分析

所属事务所：重庆数字链审会计师事务所

被审计单位：重庆蛮先进智能制造有限公司　　审核员：小蛮审核员　　日期：2021/8/26　　索引号：ZD - 3

审查项目：应收账款　　会计期间：2020.12.31　　复核员：　　日期：　　页 次：

一、近三年账龄结构：

账龄	2020年	结构	2019年	结构%	2018年	结构	近三年平均余额	结构	标准差
1年以内	153,765,000.29	94.35%	122,726,050.49	98.14%	139,396,311.97	87.14%	138,629,120.92	92.84%	0.045616314
1-2年	2,846,193.68	1.75%	914,161.06	0.73%	19,150,360.42	11.97%	7,636,905.05	5.11%	0.050764512
2-3年	7,805.90	0.00%	907,273.73	0.73%	1,106,782.33	0.69%	673,953.99	0.45%	0.003321087
3-4年	696,564.40	0.43%	470,678.33	0.38%	66,439.80	0.04%	411,227.51	0.28%	0.001711548
4-5年	124,997.88	0.08%	35,849.80	0.03%	245,447.94	0.15%	135,431.87	0.09%	0.000513847
5年以上	5,524,432.94	3.39%	0.00	0.00%	0.00	0.00%	1,841,477.65	1.23%	0.015980381
合计	162,964,995.09	100.00%	125,054,013.41	100.00%	159,965,342.46	100.00%	149,328,116.99	100.00%	6.40988E-17

二、分析：

1、　期末账龄结构与历年及平均值分析：

（1）期末应收账款账龄在1年以内的占比94.35%，占了大部分；（2）近三年平均余额结构比较稳定。

2、　期末账龄在上年账龄基础上递增的合理性分析（重点在于对期末1年以上应收账款的分析）：

账龄	期初余额	期末余额	期初应收账款递增1年账龄后与期末对应账龄数据比较	合理性分析1	合理性分析2
1年以内	122,726,050.49	153,765,000.29	---	---	---
1-2年	914,161.06	2,846,193.68	119,879,856.81	合理	---
2-3年	907,273.73	7,805.90	906,355.16	合理	本期有减少
3-4年	470,678.33	696,564.40	210,709.33	合理	本期有减少
4-5年	35,849.80	124,997.88	345,680.45	合理	本期有减少
5年以上	0.00	5,524,432.94	-5,488,583.14	不合理	本期有减少
合计	125,054,013.41	162,964,995.09	115,854,018.61	合理	本期有减少

注：1、期末账龄结构与历年及平均值分析：（1）账龄结构是否合理，判断条件：期末一年以内的账龄结构>50%；（2）账龄稳定性分析，判断条件为：标准差<0.1。

2、期末账龄在上年账龄基础上递增的合理性分析：（1）合理性分析1，期初应收账款递增1年账龄后的金额应≥期末1年以上应收账款金额；（2）合理性分析2，期末2年以上应收账款金额比期初1年以上应收账款递增1年账龄后的金额大幅减少。

ZD-2余额及发生额分析表　ZD-3账龄分析表

图 9-42　ZD-3 账龄分析表运行结果

（3）应收账款审计分析程序机器人运行日志

审计精灵记录每个模块的运行时间及运行状态，生成机器人运行日志，结果如图 9-43 所示。

应收账款审计分析程序机器人运行日志				
开始时间	应收账款周转率是否合理	应收账款贷方发生额是否合理	账龄结构是否合理	结束时间
2021/1/26 15:52	否	是	是	2021/1/26 15:53

图 9-43　应收账款审计分析程序机器人运行日志

9.5 机器人运用

①
[明细表编制机器人]
[分析程序机器人]
[坏账准备检查机器人]
[列报检查机器人]
[函证机器人]
[替代测试机器人]

以后有这六个机器人，就可以通过调度他们完成应收账款审计实质性程序了！

②
有了机器人那我们以后在应收账款审计上岂不是无事可做了？

还需要前期数据收集，纸质文件转换，异常原因沟通。

NO、

③
ROI分析
☑ 节省40个工时
☑ 效率提高5倍

④
一起奥利给！

我们以后就可以专注于审计职业判断性的工作啦！

忽然屏幕上运行的标志消失了，袁瑞繁惊讶道："小蛮怎么不见了啊？"

李岱峰得意道："因为它运行完了呀，现在你打开你的邮箱看看吧！"

袁瑞繁打开了 QQ 邮箱，看见"躺"在邮箱里的未读邮件，感叹道："哇！真的诶，我来打开看看。"说着点击邮件，并打开了收到的附件文件，"底稿里不仅有了数据，还有审计说明'期末应收账款周转率过小，资产流动较慢……'，哇哦！真香！那我们再也不用重复刷底稿了！"

李岱峰："是的哦，不仅如此，昨晚我回去特意看了一下应收账款审计实质性程序的流程，觉得应收账款审计实质性程序还可以设计 5 个机器人。明细表编制机器人复核应收账款明细表加计正确，分析其他往来账户余额，并标记期后收款项目和关联方交易等；函证机器人实现生成、收发询证函等一体化功能，同时记录函证结果；替代测试机器人对无法进行函证或函证结果不一致的项目进行替代测试，检查其支持性文件；坏账准备检查机器人计算坏账准备金额，检查坏账准备是否正确，并编制坏账准备计算表；列报检查机器人检查应收账款是否已按照企业会计准则的规定在财务报表中做出恰当列报和披露。再加上已经开发完成的分析程序机器人，一共 6 个，它们不仅可以帮你做基础的数据处理工作，还可以帮你完成应收账款审计底稿的基础底稿编制工作。你就只需要对它们编制的工作底稿进行复核，判断是否存在重大错报，以及查找错报原因就行了。"

袁瑞繁开心道："啊哈哈，我是开心果开了全部的心，岱峰啊，真的谢谢你，不仅帮我们开发分析程序机器人，还研究整个应收账款实质性程序机器人的部署。那从小蛮机器人的运行时间来看，原来平均需要 2 人耗时 3 天共计 48 小时完成一个的应收账款审计，现在只需要 1 人半天共计 8 小时完成，节省了 40 个工时，效率提升了 5 倍。你可真是我们审计一部的大救星啊！"

李岱峰害羞道："那可不敢当，大家都是同事嘛，互帮互助才能共同进步。但是机器人虽好，你可不要过分依赖哦！"

袁瑞繁突然定住，转头望着李岱峰，哭丧着脸说道："怎……怎么了，你要收钱吗？可以收我人、别收我钱，我人傻钱也少。"

李岱峰："哈哈，你胆子怎么这么小，当然不是要收钱，只是完成应收账款审计实质性程序仍缺少不了人的参与，你们还需要完成前期的数据收集工作，并将纸质文件转换为机器人能够识别的电子文件形式，最后根据小蛮填制的工作底稿查找异常原因并和被审计单位沟通，必要时做出审计调整。并且，在机器人运行的过程中，时常发生文件找不到、读取数据内容为空等问题，导致小蛮运行频频报错，所以你们存放文件的位置、文件内容一定要是保证真实、有效，这样才能保证小蛮机器人的运行效果。"

袁瑞繁呼出一口气，道："哎呀！你可吓死我了，我知道的，小蛮审计机器人只是一个辅助工具，报错肯定是会有的，我们肯定会做好运行前的准备工作，为它好，也为我们好！哈哈，岱峰啊，真的要再次感谢你呀！"

李岱峰："哈哈，瑞繁客气啦，我们一起加油！"

袁瑞繁："奥利给！"

【思维拓展】

本章案例中将制造业中正常水平 4 到 6 作为应收账款周转换率的判断条件，但不同行业应收账款周转率差异较大，请思考机器人如何根据不同行业判断异常。

第 10 章　销售与管理费用审计实质性程序机器人

10.1　场景描述

　　早上九点，重庆数字链审会计师事务所行政人事总监办公室。
　　"家桐呀，你来事务所已经三个月了，工作还习惯吧？"行政人事总监胡赛楠面带微笑望着前来谈话的家桐说道。
　　"胡总，说真的，审计工作真的很辛苦，但我现在才从学校毕业，需要多些项目实践，多吃苦，我才有机会成长。感谢胡总当初录用我，并给我试用的机会。以后我一定会更加努力，倍加珍惜，为我们所的发展添砖加瓦。"家桐诚恳地说道。
　　胡赛楠微微一笑点了点头，然后站起来拍了拍家桐的肩："家桐，告诉你一个好消息，经过汇总审计一部经理、项目经理等各方面的反馈意见，你试用期考核合格，明天起正式转正。祝贺你！欢迎你正式加入数字链审大家庭！"说完伸出了右手，与家桐握起手来。
　　家桐此时脑子里一片空白，幸福从天而降啦？
　　……
　　审计一部办公室里，高级审计助理赵新星已经开始埋头苦干了。家桐道："赵姐，你也太早了吧，早起的鸟儿有虫吃，我要向你多学学啊。"赵新星抬起头正准备说话，事务所所长程平正好走到一部办公室门前说道："今天，重庆理工大学会计学院审计系的李歆教授和刘雷博士要来我所调研交流，你们把近期在做的蛮先进审计项目开展情况做个介绍，九点半带到会议室哟。"
　　高级审计助理赵新星和中级审计助理陈奕竹开始讨论起来。"就拿销售与管理费用审计实质性程序来讲吧，这两天正在做。"陈奕竹看着厚厚的底稿说道。"可以呀，家桐也来听听哈，听说你们重庆理工大学培养的'互联网+审计'人才全国领先，应该会有更多的奇思妙想，正好见见你们老师，嘿嘿。"赵新星看着家桐笑道。
　　上午九点三十分，数字链审会议室内。
　　赵新星热情地向重庆理工大学会计学院的两位老师介绍着重庆蛮先进智能制造有限公司的年报审计情况："欢迎两位老师前来交流调研。听说贵校在大数据智能审计和审计机器人人才培养方面方法独到，十分厉害呀！我们正需要你们的指点，下面我就结合最近做的销售与管理费用审计实质性程序实务工作做个详细介绍。销售与管理费用审计实质性程序分为实质性分析程序和细节测试，我先讲实质性分析程序，待会让同事陈奕竹接着讲细节测试。"
　　"首先，我们从重庆蛮先进智能制造有限公司会计主管蒋佳那儿获取费用报销制度总账以及序时账等资料，开始编制管理/销售费用明细表，复核一下明细表总金额与利润表合计数是否相符。然后，根据管理/销售费用明细表与其上年明细表，填写同期比较表，将本期各月度变动及与上期管理费用、销售费用做一个合理性分析。除了这些工作，还要分析各个月份销售费用总额及主要项目金额占主营业务收入的比率，与上一年度进行比较，判断变动的合理性。接下来，针对前两步中结构占比较大或与同期变动异常的科目检查公司是否有费用异常情况，可以通过检查原始凭证合规性、审批手续是否齐全等程序来核实。同时，为了查清楚是什么原因，还要询问一下管理层，将原因写到管理/销售费用检查表。最后，对管理费用、销售费用有关明细发生额与相应的计提科目的贷方发生额进行钩稽检查，把不符的原因和调整说明记录下来。接下来让陈奕竹来讲一下细节测试吧。"新星细致地讲解道。

陈奕竹起身，走到投影仪前，接过翻页器说道："细节测试就是抽取资产负债表日前后10天较大金额的凭证，实施截止性测试，如果有异常迹象的话，我们要考虑是否有必要追加审计程序。对于重大跨期项目，应做必要的调整。比如市场促销费用，一般来说超市的结算周期长，可能第二年才收得到单据，造成结算不在当期的情况。还有广告费，可能企业在付款时就计入了成本费用，而正确的做法是根据广告服务的期间来进行分摊。因此，首先要检查凭证对应的发票上的信息，发票号、发票日期及金额，对比原始发票与凭证入账日期，检查是否有延迟或提前入账的情况。然后，查看支持性文件、合同、发票等，检查是否有未入账情况，将结果写入未入管理/销售费用表，再根据重要性水平抽查几笔未检查过的分录，进行细节测试，填写管理/销售费用检查情况表。最后，我们会根据会计准则检查费用列报是否正确、披露是否合规，编制管理/销售费用披露表（审定表）。底稿填制完毕后呢，需要提交给我们的项目经理黄鑫进行复核，复核不通过会返回给审计助理，通过后黄鑫去编制审计工作底稿，然后依次将其提交部门经理聂琦、标准部经理谭果君、程所长复核。"

接着，谭果君补充道："销售费用和管理费用二级科目明细数据量大、填写也不规范，做数据筛选、分类汇总、计算等处理工作操作烦琐、耗时较长，不利于达到准确性审计目标。分析性程序中明细项目多维度计算分析过程不但烦琐，还容易流于表面，手动绘制波动图导致可视化程度较差，不利于实现统一、完整性和准确性审计目标。蛮先进智能制造有限公司的财务系统、OA系统、业务系统等系统众多，数据繁杂、规范性较差，各个系统之间口径不一，都会影响数据获取的准确性、完整性。在对管理费用、销售费用有关明细发生额与相应的计提科目的贷方发生额存在钩稽关系的款项进行配比性的核对与交叉复核的时候，序时账繁多且杂乱，匹配复核过程耗时较长。我们年报审计期间业务量比较大，这些任务会严重影响我们的工作进度，不知道李老师、刘老师对此有没有什么建议呢？"

"我们重庆理工大学会计学院对审计人才的培养不仅注重专业知识的培养，更加重视新时代下大数据、人工智能、RPA机器人流程自动化技术与审计理论的深度融合。我们现在开设的'RPA审计机器人'课程，通过面向不同审计应用场景实施审计机器人的分析、设计、开发和运用一体化教学，让学生通过'课堂讲授、案例研讨、物理沙盘推演和软件模拟训练'混合式教学，真正熟练地掌握RPA审计机器人的开发和运用，为事务所提供目前最需要的复合型人才。正如几位事务所同人刚才讲的销售与管理费用实质性程序审计工作，我觉得就可以通过RPA技术来解决嘛。"李歆教授娓娓道来。

接着，刘雷博士补充道："针对你们现在这个情况，我建议你们事务所可以成立专门的部门，设置RPA审计机器人工程师岗位，专门负责审计机器人的开发和运维，这样可以有力地促进事务所的数字化转型。对了，家桐是我们重庆理工大学会计学院培养出来的复合型人才，虽然他们这届毕业生当时还没有开设RPA课程，但是有审计信息化相关课程基础，上手应该很容易，也许能发挥很大的作用嘛。未来可期啊！"

程所长接过话题说道："两位老师的建议非常好，我们所数字化赋能中心成立还不久，各方面的工作都还不够成熟，希望以后多多交流呀。家桐有信息化方面的基础，我们会着重培养。"

这时，大家都看着家桐微微一笑。家桐心里乐开了花，感觉自己就是一只潜力股，金光闪闪……

数字链审的销售与管理费用审计实质性程序流程，如图 10-1 所示。

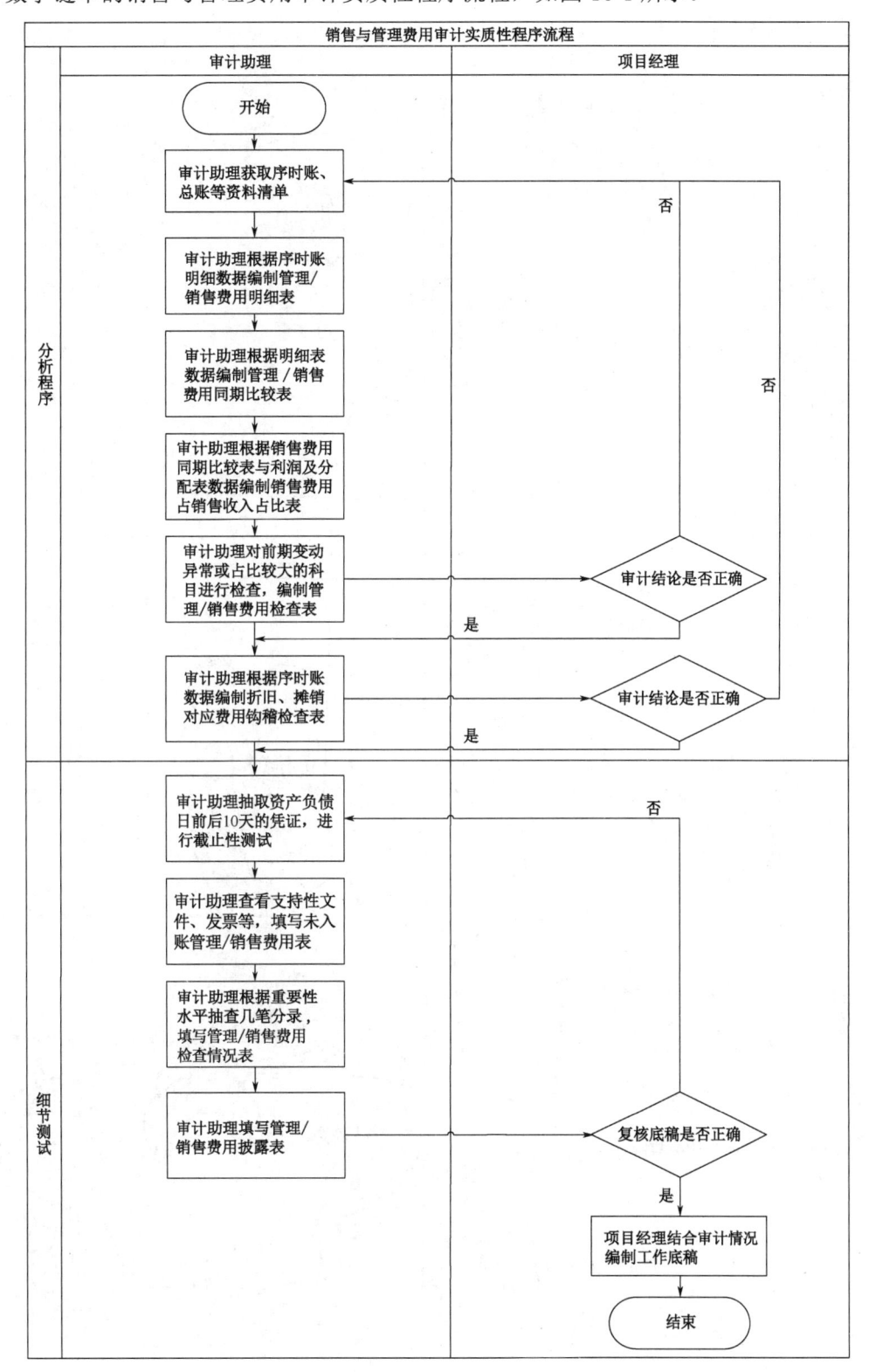

图 10-1 销售与管理费用审计实质性程序流程

10.2 机器人分析

"家桐，给我推荐一个RPA方面的实习生吧。最近年报期间项目太多了，数字化赋能中心员工太少了，根本忙不过来。众人拾柴火焰高嘛！上次听你们学校老师的介绍，你应该认识很多RPA方面的人才吧？"人事总监胡赛楠对家桐说道。

"没问题，我认识一个学姐，去年毕业，正在做一些RPA技术的工作。我马上帮您问。"家桐眼前立刻闪现出杨双的样子。

家桐很快在微信中找到杨双："姐，我新去的事务所现在成立了数字化赋能中心，急需RPA实习生，你可是我第一时间想到的重量级嘉宾啊！你来不来呀？不仅可以多了解审计业务，而且这次是高薪聘请哦。"

"听上去不错喔。我暂时还没打算找实习单位呢，但也很期待再和帅学弟一起升级打怪啊！嘿嘿。"杨双的信息秒回过来。

"其实，我觉得姐你可以来。你想嘛，这里的数字化赋能中心才刚刚成立，未来的发展机会岂不是'拿来吧你'？我们一起努力多好啊。"家桐想起以前和杨双一起打游戏的时候，心里不觉有些感动。

"行！想想就很激动。你知道我不在乎高薪不高薪的，我只是想积累点经验和知识。毕业这一年我也一直在学习RPA技术，希望将它应用到企业的方方面面。这次有这么好的学习机会我也应该珍惜。"杨双就这么痛快地决定了。

第二天一早，家桐就带着杨双见了事务所的行政人事总监胡赛楠和数字化赋能中心技术总监詹凯棋等领导。然后杨双就没有悬念地顺利通过了面试，正式成为数字化赋能中心的一名RPA实习生了。接着，当天下午，杨双就接到了意料之中的工作任务：将销售与管理费用审计分析程序工作通过RPA技术实现流程自动化。

杨双和蛮先进审计项目组一踏进重庆蛮先进智能制造有限公司财务部大门就被堆积如山的凭证震住了。都是见过世面的，谁没见过凭证如山，但如此数量之巨还是前所未见的。一个大办公室坐着十个财务人员，定睛细看，每个人的计算机上都开着多个Excel表格，真是眼花缭乱、应接不暇。一起来的陈奕竹和周围的同事嘀咕起来："天天做审计底稿，什么时候才是个头啊！"

赵新星对新人很优待，唯恐不能把所学所知倾囊相授，一见面就开始认真地给家桐和杨双讲解审计流程，当然她也迫切希望能得到一些帮助。"你们认真听一听哈，这个销售与管理费用审计分析程序需要从被审计公司会计主管蒋佳和会计员廖雪邑那里获取上万条序时簿数据并筛选出结转本期损益的凭证，然后按月汇总各二级科目明细金额，编制明细表、同期比较表，以及销售费用占销售收入分析表，在表格里还要进行横纵向分析，最后在底稿中出审计结论。"有同事听完叹了口气："这得花费多少工夫啊，等做完，眼睛绝对是'没'了。"其他同事也纷纷表示头大，对这种实质性程序工作抱怨不断。

听完赵新星的讲解，家桐和杨双认真讨论了业务流程，并梳理出了数字链审的销售与管理费用审计分析程序业务流程，如图10-2所示。

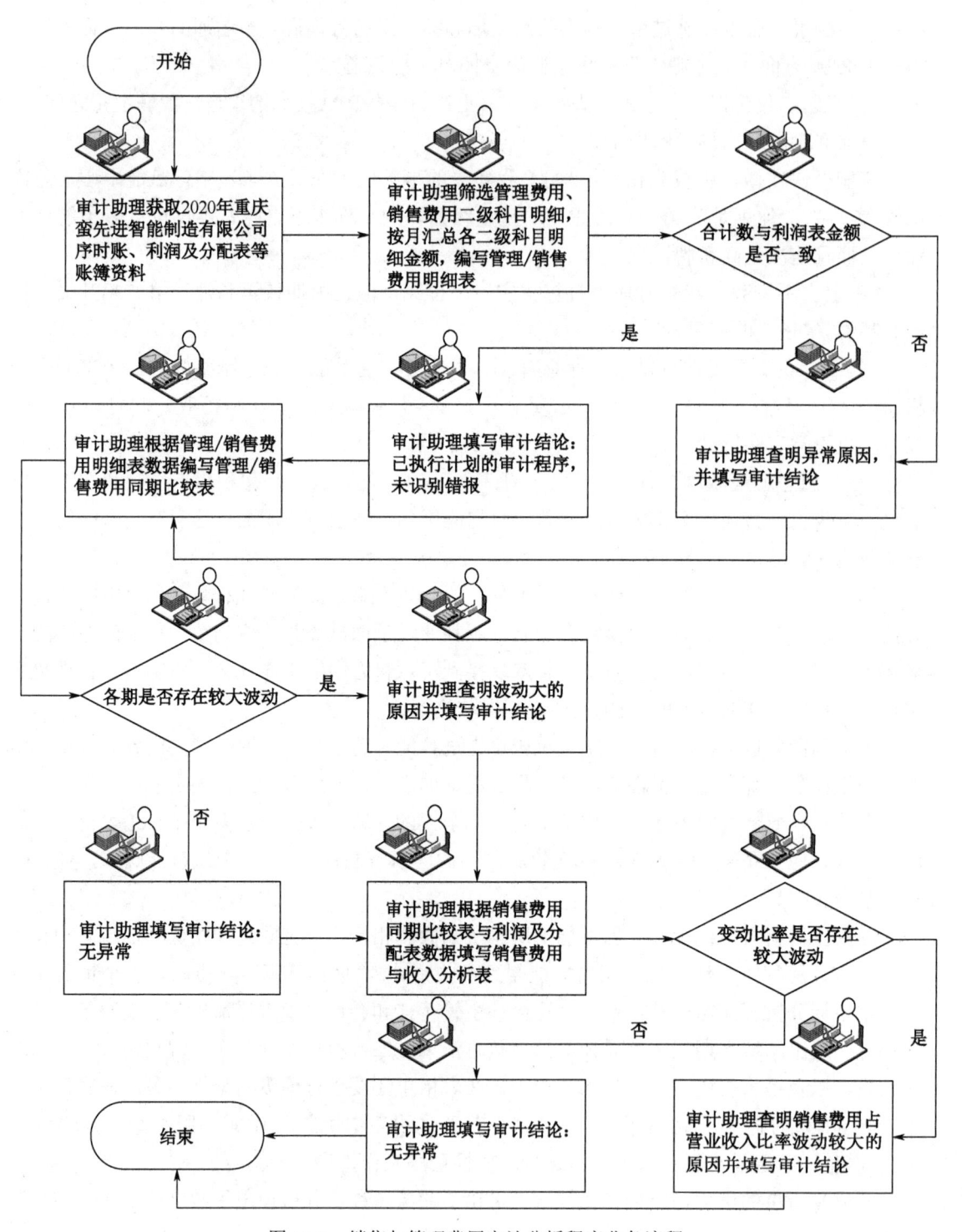

图 10-2 销售与管理费用审计分析程序业务流程

10.3 机器人设计

10.3.1 自动化流程

凌晨3点，看了无数行数据文字后的赵新星，疲惫不堪地揉了揉眼睛，闭眼做起了眼保健操，做着做着不知不觉隐隐约约前方好像出来了一个机器人在帮她完成底稿的填写。赵新星露出了久违的笑容。

这时，一个人从后面敲了一下赵新星的肩膀，说到："在想什么呢？那么出神。底稿填好了吗？"

"我刚刚产生了一种美好的幻觉，看到有个机器人在帮我们干活呢。一旦接受了这种设定，很难不躺平了。"赵新星还沉浸在喜悦中，看着家桐说道。

"那可不是你的幻觉哦。我学姐这次专门开发了一个机器人，像审计分析程序这种重复的标准的工作今后都可以交给它啦。数字化赋能中心真能帮我们不少忙呢！"家桐像吃了蜜一样说道。

"真的吗？真的吗？真有如此美好的存在吗？"赵新星一下跳了起来，手舞足蹈地说，"这下能睡美容觉啦，妈妈再也不用担心我的头发啦。"于是乎，第二天一大早审计一部经理聂琦便召集陈奕竹等审计人员过来开会。

RPA实习生杨双随即给大家介绍起审计精灵小蛮机器人的工作过程："首先，小蛮自动获取被审计公司2020年的序时账、利润及分配表等资料，然后自动筛选摘要为'结转本期损益'的分录中的管理费用、销售费用二级科目明细，将管理/销售费用按月汇总各二级科目明细金额，自动编写管理/销售费用明细表，判断明细表合计数与利润表总额是否一致，根据判断结果将说明填入审计底稿中。接着，小蛮根据管理/销售费用明细表数据自动填写管理/销售费用同期比较表，并判断各期是否存在重大波动，将判断结果写入审计结论中。再接着，小蛮根据销售费用同期比较表与利润及分配表数据填写销售费用与收入分析表，并判断变动比例是否存在较大波动，并将结果写入审计结论中。最后，将审计工作底稿发送给审计助理邮箱，并生成机器人运行日志。赵老师之前开会提到的成本费用异常情况可以通过这步看出来哦，看看它们有没有税务风险。这样，审计分析程序工作就完成啦。"

大家已经迫不及待地想要见识一下小蛮的厉害啦，整个办公室沉浸在欢声笑语中。

数字链审的销售与管理费用审计分析程序机器人自动化流程，如图10-3所示。

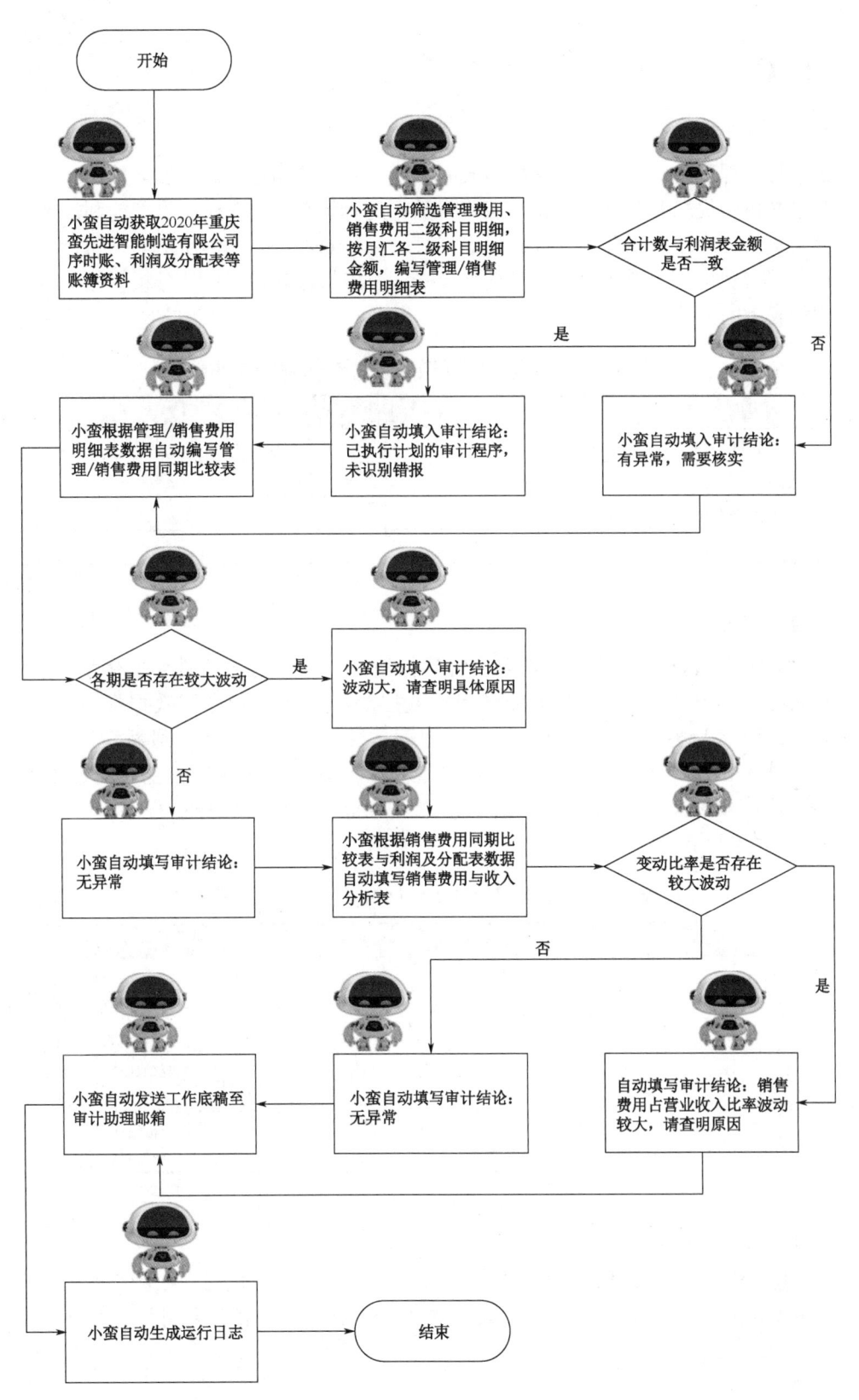

图 10-3　销售与管理费用审计分析程序机器人自动化流程

10.3.2 数据标准与规范

1. 审计数据采集

销售与管理费用审计分析程序机器人的数据来源主要为账表。机器人从 Excel 文件类型的序时账文件中提取管理费用、销售费用等数据进行计算；从 Excel 类型的利润及分配表中读取销售费用、管理费用总额等数据用于核对；从 Excel 文件类型的管理/销售费用原始数据表中读取销售费用、管理费用两年明细等数据。销售与管理费用审计分析程序机器人数据采集说明如表 10-1 所示。

表 10-1 销售与管理费用审计分析程序机器人数据采集

数据来源	数据内容		文件类型
序时账	管理费用	销售费用	Excel
利润及分配表	管理费用	销售费用	Excel
管理费用原始数据	管理费用两年明细数据	/	Excel
销售费用原始数据	销售费用两年明细数据	/	Excel

2. 审计数据处理

机器人获取数据后，首先，需要进行数据清洗，对序时账文件中的销售/管理费用科目名称进行拆分、合并各月销售/管理费用数据等；其次，要进行数据求和，计算销售/管理费用二级科目各月总额，复核加计明细表是否与总账数一致；最后，计算各月销售/管理费用结构占比、各月销售/管理费用的增减率，以及销售费用占主营业务收入比，分析结果占比、增减率是否存在重大波动。销售与管理费用审计分析程序机器人数据处理说明如表 10-2 所示。

表 10-2 销售与管理费用审计分析程序机器人数据处理

数据清洗		数据计算		数据分析	
方法	主要内容	方法	主要内容	方法	主要内容
拆分	管理费用科目名称	求比值	销售/管理费用二级科目结构占比	判断	分析销用/管理费用结构占比是否存在重大波动
拆分	销售费用科目名称	求和	销售/管理费用二级科目各月总额	判断	复核加计明细表是否与总账数一致
合并	各月销售/管理费用二级科目	求比值	销售费用占主营业务收入比	判断	分析销售费用占营业收入比重是否存在较大波动

3. 审计底稿与报告

销售与管理费用审计分析程序机器人主要审计底稿与报告包括 SE-1 管理费用明细表、SD-1 销售费用明细表、SE-2 同期比较表、SD-2 同期比较表、销售费用与收入分析表、机器人运行日志，如表 10-3 所示。

表 10-3　销售与管理费用审计分析程序机器人主要审计底稿与报告

底稿名称	底稿描述
SE-1 管理费用明细表	记录月度管理费用二级科目明细等信息
SD-1 销售费用明细表	记录月度销售费用二级科目明细等信息
SE-2 同期比较表	记录管理费用各月金额、占比及增加明细信息
SD-2 同期比较表	记录销售费用各月金额、占比及增加明细信息
销售费用与收入分析表	记录销售费用、营业收入各月明细信息
机器人运行日志	记录编制审计工作底稿的开始、结束时间

4. 表格设计

（1）SE-1 管理费用明细表

审计人员在提取管理费用二级科目明细数据后，需要编制一张 SE-1 管理费用明细表。根据各二级科目明细数据，按月计算各科目的总额，并计算累计额和项目比重，如图 10-4 所示。

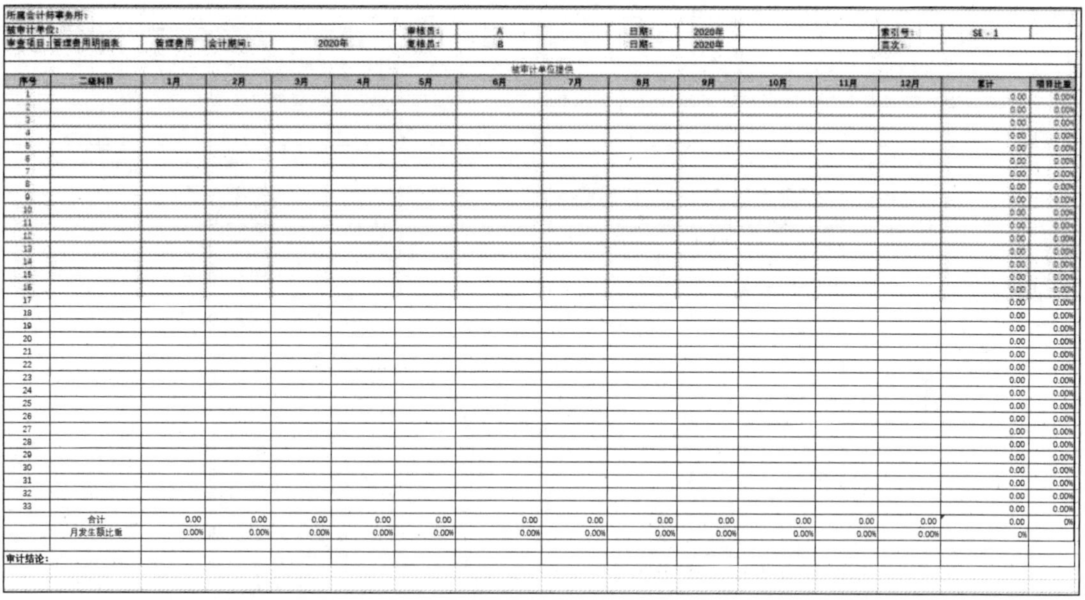

图 10-4　管理费用明细样表

（2）SE-2 同期比较表

审计人员在完成 SE-1 管理费用明细表的编制后，需结合管理费用明细数据编制 SE-2 同期比较表，填写各二级科目本年与上年同期对应的金额，并分别计算比率、增减率和增减比例，如图 10-5 所示。

（3）销售费用与收入分析表

审计人员在完成 SD-1 销售费用明细表和 SD-2 同期比较表（因为与管理费用两张样表类似，在此不展示）之后，需编制销售费用与收入分析表，填写对应的各二级科目，填写 2020 年、2019 年对应的金额，并分别计算变动率、变动额，如图 10-6 所示。

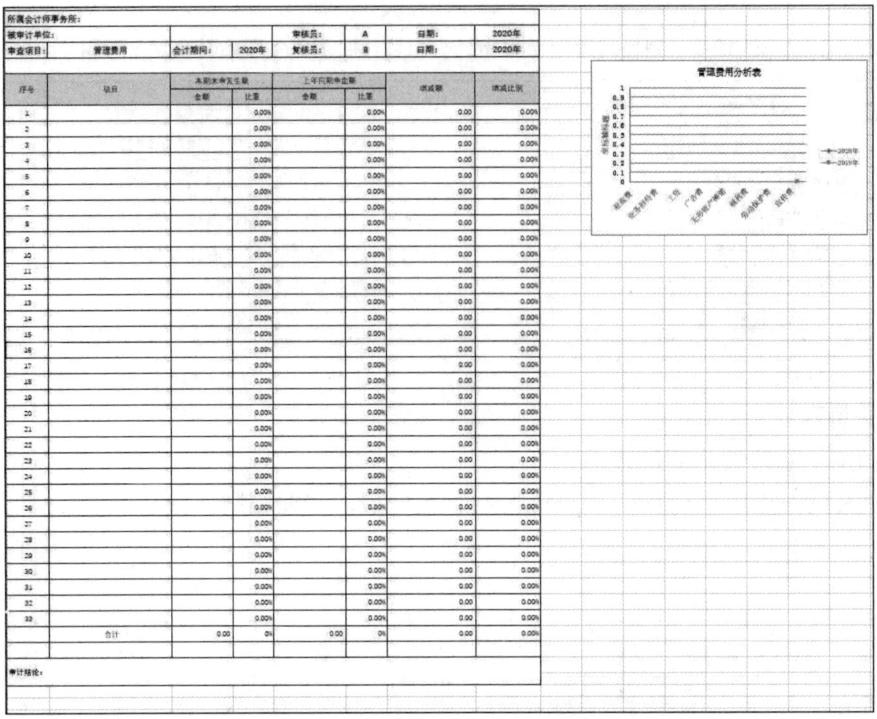

所属会计师事务所：

被审计单位：				审核员：	A	日期：	2020年
审查项目：	管理费用	会计期间：	2020年	复核员：	B	日期：	2020年

序号	项目	本期末审定数		上年同期审定数		增减额	增减比例
		金额	比重	金额	比重		
1			0.00%		0.00%	0.00	0.00%
2			0.00%		0.00%	0.00	0.00%
3			0.00%		0.00%	0.00	0.00%
4			0.00%		0.00%	0.00	0.00%
5			0.00%		0.00%	0.00	0.00%
6			0.00%		0.00%	0.00	0.00%
7			0.00%		0.00%	0.00	0.00%
8			0.00%		0.00%	0.00	0.00%
9			0.00%		0.00%	0.00	0.00%
10			0.00%		0.00%	0.00	0.00%
11			0.00%		0.00%	0.00	0.00%
12			0.00%		0.00%	0.00	0.00%
13			0.00%		0.00%	0.00	0.00%
14			0.00%		0.00%	0.00	0.00%
15			0.00%		0.00%	0.00	0.00%
16			0.00%		0.00%	0.00	0.00%
17			0.00%		0.00%	0.00	0.00%
18			0.00%		0.00%	0.00	0.00%
19			0.00%		0.00%	0.00	0.00%
20			0.00%		0.00%	0.00	0.00%
21			0.00%		0.00%	0.00	0.00%
22			0.00%		0.00%	0.00	0.00%
23			0.00%		0.00%	0.00	0.00%
24			0.00%		0.00%	0.00	0.00%
25			0.00%		0.00%	0.00	0.00%
26			0.00%		0.00%	0.00	0.00%
27			0.00%		0.00%	0.00	0.00%
28			0.00%		0.00%	0.00	0.00%
29			0.00%		0.00%	0.00	0.00%
30			0.00%		0.00%	0.00	0.00%
31			0.00%		0.00%	0.00	0.00%
32			0.00%		0.00%	0.00	0.00%
33			0.00%		0.00%	0.00	0.00%
	合计	0.00	0%	0.00	0%	0.00	0.00%

审计结论：

图 10-5　SE-2 同期比较样表

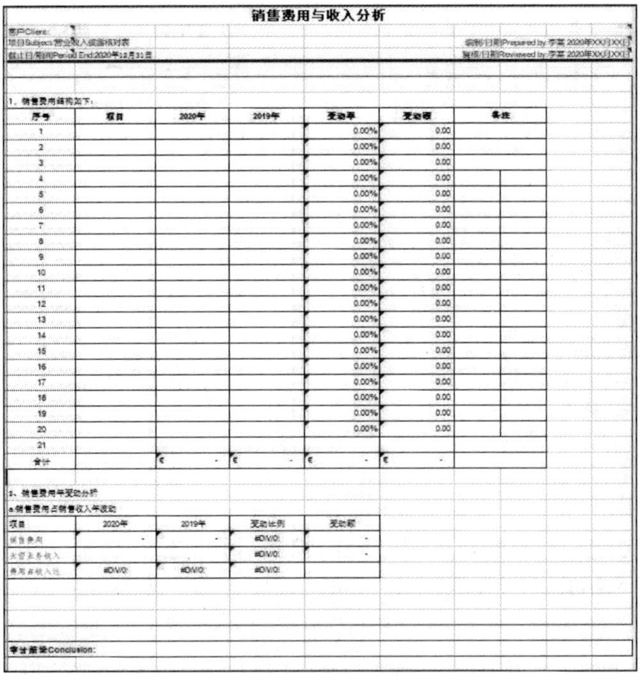

销售费用与收入分析

客户Client:
项目Subject:营业收入被测核对表　　编制/日期Prepared by:李某 2020年XX月XX日
截止日期/期间Period End:2020年12月31日　　复核/日期Reviewed by:李某 2020年XX月XX日

1、销售费用结构如下：

序号	项目	2020年	2019年	变动率	变动额	备注
1				0.00%	0.00	
2				0.00%	0.00	
3				0.00%	0.00	
4				0.00%	0.00	
5				0.00%	0.00	
6				0.00%	0.00	
7				0.00%	0.00	
8				0.00%	0.00	
9				0.00%	0.00	
10				0.00%	0.00	
11				0.00%	0.00	
12				0.00%	0.00	
13				0.00%	0.00	
14				0.00%	0.00	
15				0.00%	0.00	
16				0.00%	0.00	
17				0.00%	0.00	
18				0.00%	0.00	
19				0.00%	0.00	
20				0.00%	0.00	
21						
合计		€ -	€ -	€ -	€ -	

2、销售费用年变动分析

a.销售费用占销售收入年波动

项目	2020年	2019年	变动比例	变动额
销售费用	-	-	#DIV/0!	-
主营业务收入			#DIV/0!	-
费用占收入比	#DIV/0!	#DIV/0!	#DIV/0!	

审计结论Conclusion:

图 10-6　销售费用与收入分析样表

（4）机器人运行日志

审计人员在完成销售与管理费用分析程序审计工作底稿后，需要反馈每张表的运行时间和状态，因此设计了机器人运行日志表，如图 10-7 所示。

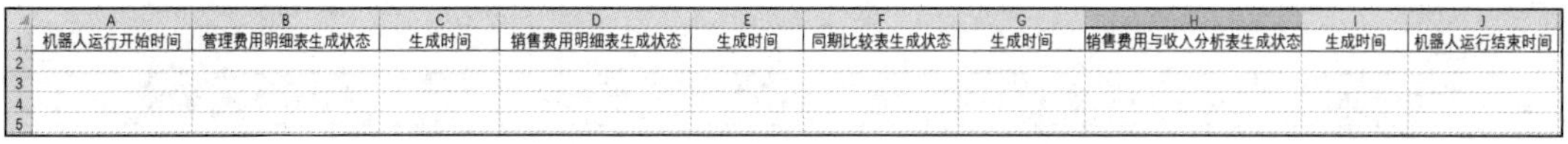

	A	B	C	D	E	F	G	H	I	J
1	机器人运行开始时间	管理费用明细表生成状态	生成时间	销售费用明细表生成状态	生成时间	同期比较表生成状态	生成时间	销售费用与收入分析表生成状态	生成时间	机器人运行结束时间
2										
3										
4										
5										

图 10-7 机器人运行日志样表

10.4 机器人开发

10.4.1 技术路线

销售与管理费用审计分析程序机器人开发包括审计数据采集与清洗、编制销售/管理费用明细表、编制销售/管理费用同期比较表、编制销售费用与收入分析表、生成运行日志五个模块。

首先，利用“打开 Excel 工作簿”“读取区域”等活动实现审计数据的采集与清洗；其次，通过“从初始值开始按步长计数”“如果条件成立”等活动将清洗后的数据进行数据汇总计算，生成销售与管理费用明细表；接着，利用“读取区域”“写入区域”等活动根据销售/管理费用明细表完成销售与管理费用同期比较表；然后，利用“读取区域”“如果条件成立”等活动根据销售费用同期比较表、利润及分配表编制销售费用与收入分析表；最后，将销售与管理费用工作底稿发送给审计人员，并生成机器人运行日志。

销售与管理费用审计分析程序机器人开发的具体技术路线如表 10-4 所示。

表 10-4 销售与管理费用审计分析程序机器人开发技术路线

模块	功能描述	使用的活动
审计数据采集与清洗	打开“2020 年序时账及明细账簿”Excel 文件	打开 Excel 工作簿
		读取区域
	将序时账中摘要为“结转本期损益”的进行分类筛选，并拆分科目名称，只要二级科目明细数据	构建数据表
		数据筛选
		从初始值开始按步长计数
		转换为数组
		分割字符串
编制销售/管理费用明细表	打开“2020 年序时账及明细账簿”Excel 文件	打开 Excel 工作簿
	将筛选后的明细数据按月汇总	变量赋值
		从初始值开始按步长计数
		如果条件成立
	写入编制销售/管理费用明细表中	写入单元格
编制销售/管理费用同期比较表	将销售/管理费用明细表中各二级科目汇总额填入同期比较表中	打开 Excel 工作簿
		读取区域
		写入列
	将管理费用、销售费用原始数据表中销售费用、管理费用明细填入同期比较表中	读取区域
		写入列
	判断管理费用、销售费用的结构占比、增减率是否存在重大波动	如果条件成立
		写入单元格

续表

模块	功能描述	使用的活动
编制销售费用与收入分析表	读取销售费用同期比较表、利润及分配表中的数据	读取单元格
	将读取出的数据写入销售费用与收入分析表工作底稿中	写入列
		写入单元格
	判断销售费用占收入之比是否存在较大波动	如果条件成立
生成运行日志	发送"销售与管理费用工作底稿"文件	发送邮件
	生成机器人运行日志	获取时间

10.4.2 开发步骤

1. 搭建流程整体框架

步骤一：打开 UiBot Creator 软件，新建流程，并将其命名为"销售与管理费用审计分析程序机器人"。

步骤二：拖入 6 个"流程块"和 1 个"结束"至流程图设计主界面，并连接起来。将流程块描述修改为：审计数据采集与清洗、编制管理费用明细表、编制销售费用明细表、编制同期比较表、编制销售费用与收入分析表和生成运行日志，如图 10-8 所示。

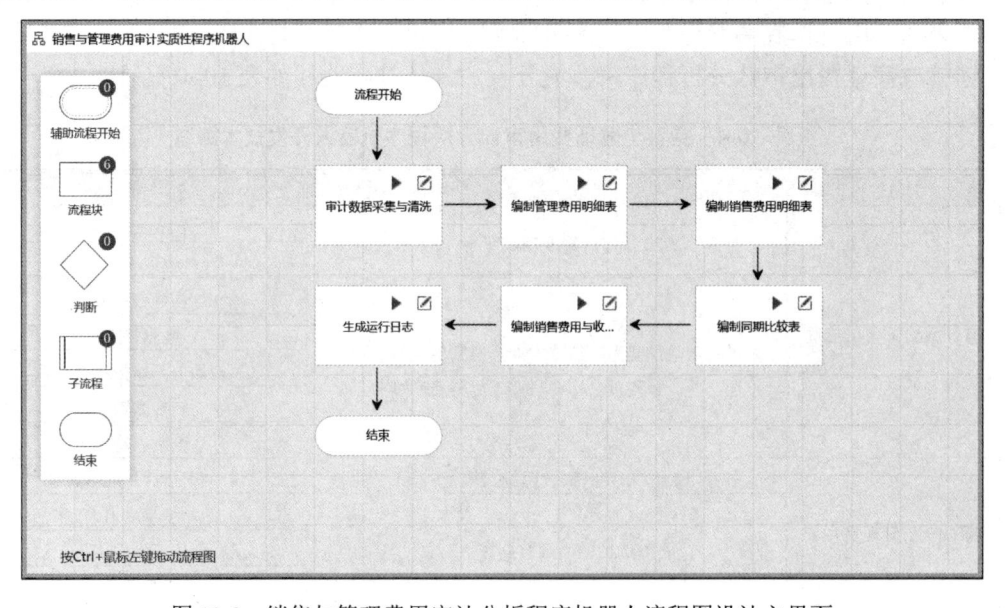

图 10-8 销售与管理费用审计分析程序机器人流程图设计主界面

步骤三：搭建流程图变量（全局变量），添加 14 个变量，分别命名为"序时账与明细账""管理费用二级科目数组""销售费用二级科目数组""管理费用数据表""销售费用数据表""销售与管理费用表""月""行""销售费用上年同期数据""管理费用上年同期数据""销售费用本年未审数据""管理费用本年未审数据""写屏""运行日志"，"运行日志"的值为"[]"，其他变量的值均为""""，使用方向均为"无"。

2. 审计数据采集与清洗

步骤四：搜索并添加【获取时间】【格式化时间】和【在数组尾部添加元素】，如图 10-9

所示，其属性设置如表 10-5 所示，目的是获取该机器人运行的开始时间。

```
获取本机当前的时间和日期，输出到 dTime
获取指定格式的时间文本，输出到 sRet
在 空数组 末尾添加一个元素，输出到 运行日志
```

图 10-9　获取开始时间

表 10-5　属性设置

活动名称	属性	值
获取时间	输出到	dTime
格式化时间	输出到	sRet
	时间	dTime
	格式	"yyyy-mm-dd hh:mm:ss"
在数组尾部添加元素	输出到	运行日志
	目标数组	[]
	添加元素	sRet

步骤五：添加【复制文件夹】【打开 Excel 工作簿】【读取区域】和【变量赋值】，如图 10-10 所示，其属性设置如表 10-6 所示，目的是将名为"模板文件"文件夹下的"2020 年序时账与明细账簿" Excel 文件和"销售与管理费用工作底稿" Excel 文件模板复制到名为"生成文件"的文件夹下，以便清楚每次运行后的数据，而读取序时账里的数据是为了后续筛选科目。

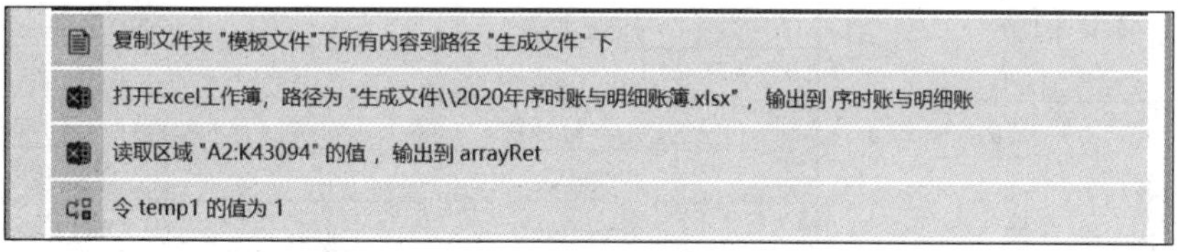

```
复制文件夹 "模板文件"下所有内容到路径 "生成文件" 下
打开Excel工作簿，路径为 "生成文件\\2020年序时账与明细账簿.xlsx"，输出到 序时账与明细账
读取区域 "A2:K43094" 的值，输出到 arrayRet
令 temp1 的值为 1
```

图 10-10　复制文件

表 10-6　属性设置

活动名称	属性	值
复制文件夹	路径	@res"模板文件"
	复制到的路径	@res"生成文件"
	同名时替换	是
打开 Excel 工作簿	输出到	序时账与明细账
	文件路径	@res"生成文件\\2020 年序时账与明细账簿.xlsx"
	是否可见	是
读取区域	输出到	arrayRet
	工作簿对象	序时账与明细账
	工作表	"序时账"
	区域	"A2:K43094"
变量赋值	变量名	temp1
	变量值	1

步骤六：依次添加【构建数据表】【数据筛选】【转换为数组】【写入区域】和【获取行数】，如图 10-11 所示，其属性设置如表 10-7 所示，目的是在序时账中筛选出摘要为"结转本期损益"且科目名称为"管理费用"的分录数据，然后将其写入中间表"Sheet1"中，同时获取有数据的行总数，以便进行后续数据清洗工作。

```
使用arrayRet构建一个数据表，输出到 objDatatable
对数据表objDatatable进行条件筛选，输出到 objDatatable1
将数据表objDatatable1转换为数组，输出到 objDatatable2
将 objDatatable2 写入 "A1" 开始的区域
获取有数据的行总数，输出到 iRet1
```

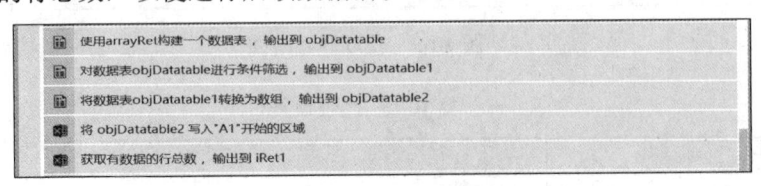

图 10-11　筛选分录

表 10-7　属性设置

活动名称	属性	值
构建数据表	输出到	objDatatable
	构建数据	arrayRet
	表格列头	["日期","会计期间","凭证字号","分录号","摘要","科目代码","科目名称","币别","原币金额","借方","贷方"]
数据筛选	输出到	objDatatable1
	数据表	objDatatable
	筛选条件	"摘要==\"结转本期损益\" and 科目名称.str.contains(\"管理费用\")"
转换为数组	输出到	objDatatable2
	源数据表	objDatatable1
	包含表头	是
写入区域	工作簿对象	序时账与明细账
	工作表	"Sheet1"
	开始单元格	"A1"
	数据	objDatatable2
	立即保存	否
获取行数	输出到	iRet1
	工作簿对象	序时账与明细账
	工作表	"Sheet1"

步骤七：依次添加【读取列】【依次读取数组中每个元素】、2 个【分割字符串】、【变量赋值】和【写入单元格】活动，排列顺序如图 10-12 所示，其属性设置如表 10-8 所示。目的是将序时账中的科目名称列中存在的"-"和"/"进行拆分，将各规范的二级科目名称重新填写到科目名称列。

```
读取单元格"G2"开始的所在列的值，输出到 arrayRet1
用 value 遍历数组 arrayRet1
    将 value 用分隔符 " - " 切分，输出到 arrRet
    将 arrRet[1] 用分隔符 "/" 切分，输出到 arrRet1
    temp1 的值为 temp1 + 1
    将 arrRet1[0] 写入单元格 "G" 连接 temp1
```

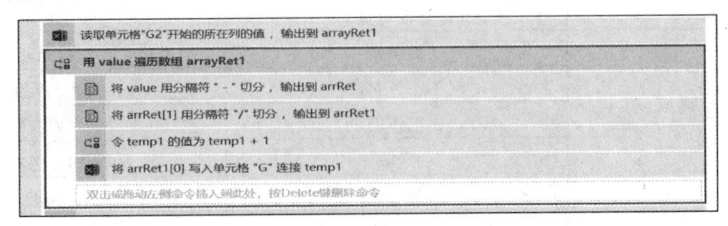

图 10-12　拆分科目名称并获取二级科目名称

表 10-8 属性设置

活动名称	属性	值
读取列	输出到	arrayRet1
	工作簿对象	序时账与明细账
	工作表	"Sheet1"
	单元格	"G2"
依次读取数组中每个元素	值	value
	数组	arrayRet1
分割字符串	输出到	arrRet
	目标字符串	value
	分隔符	" - "
分割字符串	输出到	arrRet1
	目标字符串	arrRet[1]
	分隔符	"/"
变量赋值	变量名	temp1
	变量值	temp1+1
写入单元格	工作簿对象	序时账与明细账
	工作表	"Sheet1"
	单元格	"G"&temp1
	数据	arrRet1[0]
	立即保存	否

步骤八：跳出步骤七中的【依次读取数组中每个元素】后，依次添加【读取列】【截取数组】【读取区域】和【构建数据表】，如图 10-13 所示，其属性如表 10-9 所示，目的是获取管理费用各二级科目名称，以及为后续填写管理费用明细表、计算各二级科目各月金额构建一个数据表。

```
读取单元格"A4"开始的所在列的值，输出到 arrayRet2
截取 arrayRet2 从 0 到 30 的位置，输出到 管理费用二级科目数组
读取区域 "A2:K" 连接 iRet1 的值，输出到 arrayRet3
使用 arrayRet3 构建一个数据表，输出到 管理费用数据表
```

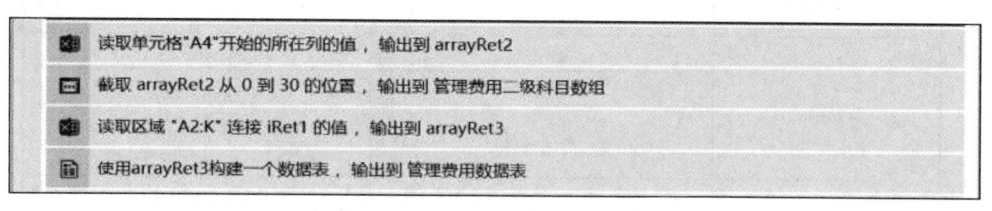

图 10-13 获取管理费用各二级科目名称

表 10-9 属性设置

活动名称	属性	值
读取列	输出到	arrayRet2
	工作簿对象	序时账与明细账
	工作表	"管理费用原始数据"
	单元格	"A4"
截取数组	输出到	管理费用二级科目数组
	模板数组	arrayRet2
	开始位置	0
	结束位置	30

续表

活动名称	属性	值
读取区域	输出到	arrayRet3
	工作簿对象	序时账与明细账
	工作表	"Sheet1"
	区域	"A2:K"&iRet1
构建数据表	输出到	管理费用数据表
	构建数据	arrayRet3
	表格列头	["日期","会计期间","凭证字号","分录号","摘要","科目代码","科目名称","币别","原币金额","借方","贷方"]

步骤九：依次添加【变量赋值】【数据筛选】【转换为数组】【写入区域】和【获取行数】，如图 10-14 所示，其属性设置如表 10-10 所示，目的是筛选出摘要为"结转本期损益"且科目名称包含"营业费用"的序时账数据。

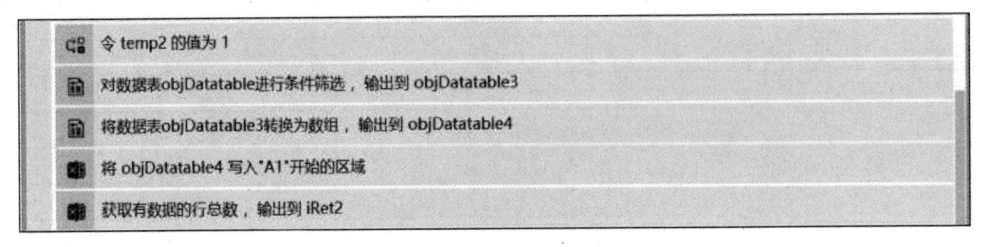

图 10-14 筛选"结转本期损益"中包括"营业费用"的序时账数据

表 10-10 属性设置

活动名称	属性	值
变量赋值	变量名	temp2
	变量值	1
数据筛选	输出到	objDatatable3
	数据表	objDatatable
	筛选条件	"摘要==\"结转本期损益\" and 科目名称.str.contains(\"营业费用\")"
转换为数组	输出到	objDatatable4
	源数据表	objDatatable3
	包含表头	是
写入区域	工作簿对象	序时账与明细账
	工作表	"Sheet2"
	开始单元格	"A1"
	数据	objDatatable4
	立即保存	否
获取行数	输出到	iRet2
	工作簿对象	序时账与明细账
	工作表	"Sheet2"

步骤十：依次添加【读取列】、【依次读取数组中每个元素】、2 个【分割字符串】【变量赋值】和【写入单元格】，如图 10-15 所示，其属性设置如表 10-11 所示，目的是将序时账

中的科目名称列中存在的"-"和"/"进行拆分，将二级科目名称规划后重新填写到科目名称列。

图 10-15　拆分科目名称后获取二级科目名称

表 10-11　属性设置

活动名称	属性	值
读取列	输出到	arrayRet4
	工作簿对象	序时账与明细账
	工作表	"Sheet2"
	单元格	"G2"
依次读取数组中每个元素	值	value
	数组	arrayRet4
分割字符串	输出到	arrRet2
	目标字符串	value
	分隔符	" - "
分割字符串	输出到	arrRet3
	目标字符串	arrRet2[1]
	分隔符	"/"
变量赋值	变量名	Temp2
	变量值	Temp2+1
写入单元格	工作簿对象	序时账与明细账
	工作表	"Sheet2"
	单元格	"G"&temp2
	数据	arrRet3[0]
	立即保存	否

步骤十一：跳出步骤十中的【依次读取数组中每个元素】后，依次添加【读取列】【截取数组】【读取区域】和【构建数据表】，如图 10-16 所示，其属性设置如表 10-12 所示，目的是读取销售费用原始数据中的二级科目名称，然后构建一个数据表，方便后续填写销售费用明细表使用。

图 10-16　读取销售费用中的二级科目名称

表 10-12 属性设置

活动名称	属性	值
读取列	输出到	arrayRet5
	工作簿对象	序时账与明细账
	工作表	"销售费用原始数据"
	单元格	"A4"
截取数组	输出到	销售费用二级科目数组
	目标数组	arrayRet5
	开始位置	0
	结束位置	19
读取区域	输出到	arrayRet6
	工作簿对象	序时账与明细账
	工作表	"Sheet2"
	区域	"A2:K"&iRet2
构建数据表	输出到	销售费用数据表
	构建数据	arrayRet6
	表格列头	["日期","会计期间","凭证字号","分录号","摘要","科目代码","科目名称","币别","原币金额","借方","贷方"]

3. 编制管理费用明细表

步骤十二：编辑编制管理费用明细表流程块。首先添加【延时】，并将延时毫秒设置为"1000"，然后添加 2 个【变量赋值】，如图 10-17 所示，【变量赋值】的属性设置如表 10-13 所示。目的是将各月所在列名赋值给变量"行"，然后将会计期间赋值给变量"月"，以便后续做各月汇总金额时查找。

```
等待 1000 毫秒后继续运行
令 行 的值为 数组["C", "D", "E", "F", "G", "H", "I", "J", "K", "L", "M", "N"]
令 月 的值为 数组["2020.1", "2020.2", "2020.3", "2020.4", "2020.5", "2020.6", "2020.7", "2020.8", "202...
```

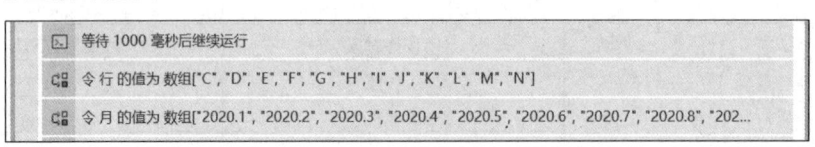

图 10-17 对列名和会计期间进行赋值

表 10-13 属性设置

活动名称	属性	值
变量赋值	变量名	行
	变量值	["C","D","E","F","G","H","I","J","K","L","M","N"]
变量赋值	变量名	月
	变量值	["2020.1","2020.2","2020.3","2020.4","2020.5","2020.6","2020.7","2020.8","2020.9","2020.10","2020.11","2020.12"]

步骤十三：依次添加【打开 Excel 工作簿】【写入列】【从初始值开始按步长计数】，然后在【从初始值开始按步长计数】里面添加【变量赋值】和【延时】。在该【延时】下添加【从初始值开始按步长计数】，在该【从初始值开始按步长计数】里面添加【变量赋值】【数

据筛选】【转换为数组】【变量赋值】。然后在其下方再添加【依次读取数组中每个元素】，在该【依次读取数组中每个元素】里面添加【转为小数数据】和【变量赋值】，在【依次读取数组中每个元素】外添加【写入单元格】，各活动排序如图 10-18 所示，活动属性如表 10-14 所示。其中，【数据筛选】属性"筛选条件"中，列选择"会计期间"，条件选择"等于"，列选择"科目名称"，条件选择"包含"，然后点击源代码视图，在"会计期间=="后面输入"\""&月份&"\""，在 contains()的括号中输入"\""&二级科目&"\""。此步的目的是按月、按二级科目在中间表"Sheet2"中筛选，然后分别对其贷方金额进行累加，并将计算结果一列一列地填写到管理费用明细表中。

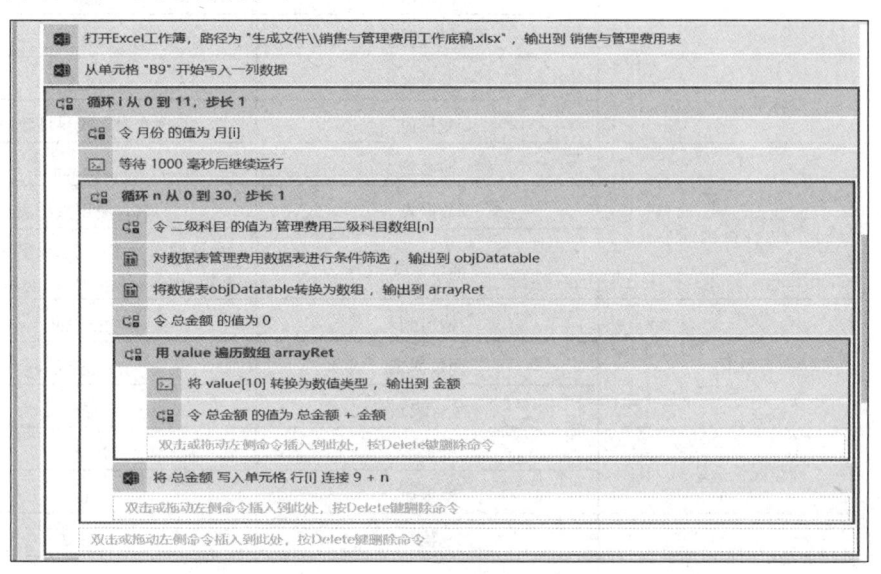

图 10-18　按月计算管理费用各二级科目金额

表 10-14　属性设置

活动名称	属性	值
打开 Excel 工作簿	输出到	销售与管理费用表
	文件路径	@res"生成文件\\销售与管理费用工作底稿.xlsx"
	是否可见	是
	打开方式	Excel
	密码	""
	编辑密码	""
写入列	工作簿对象	销售与管理费用表
	工作表	"SE-1 管理费用明细表"
	单元格	"B9"
	数据	管理费用二级科目数组
	立即保存	否
从初始值开始按步长计数	索引名称	i
	初始值	0
	结束值	11
	步进	1

续表

活动名称	属性	值
变量赋值	变量名	月份
	变量值	月[i]
延时	延时（毫秒）	1000
从初始值开始按步长计数	索引名称	n
	初始值	0
	结束值	30
	步进	1
变量赋值	变量名	二级科目
	变量值	管理费用二级科目数组[n]
数据筛选	输出到	objDatatable
	数据表	管理费用数据表
	筛选条件	"会计期间==\""&月份&"\" and 科目名称.str.contains(\""&二级科目&"\")"
转换为数组	输出到	arrayRet
	源数据表	objDatatable
	包含表头	否
变量赋值	变量名	总金额
	变量值	0
依次读取数组中每个元素	值	value
	数组	arrayRet
转为小数数据	输出到	金额
	转换对象	value[10]
变量赋值	变量名	总金额
	变量值	总金额+金额
写入单元格	工作簿对象	销售与管理费用表
	工作表	"SE-1 管理费用明细表"
	单元格	行[i]&9+n
	数据	总金额
	立即保存	否

步骤十四：在循环外，依次添加 2 个【读取单元格】、2 个【转为小数数据】和 2 个【转为文字数据】，再添加【延时】【如果条件成立】和 2 个【写入单元格】，如图 10-19 所示，其属性设置如表 10-15 所示。此操作的目的是将 SE-1 管理费用明细表中的合计数与利润及分配表中的管理费用金额进行比较，核对是否一致，然后填写相应的判断结果到审计结论中，方便审计助理核查。

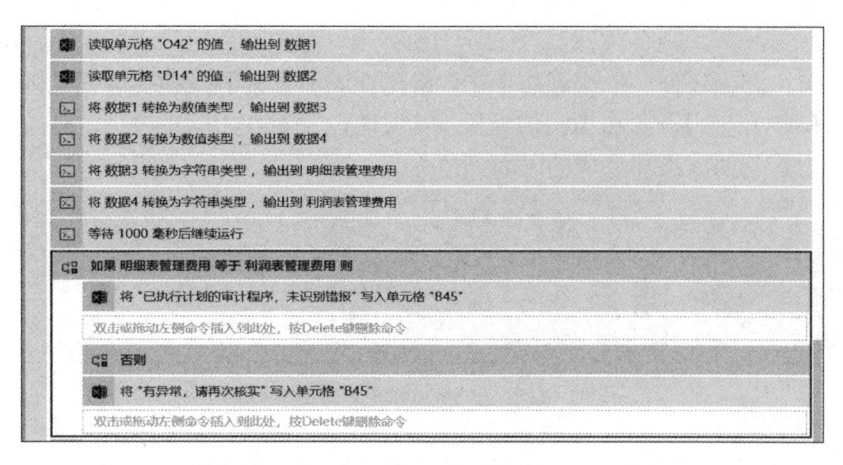

图 10-19 判断管理费用合计数与利润表的管理费用金额是否一致

表 10-15 属性设置

活动名称	属性	值
读取单元格	输出到	数据 1
	工作簿对象	销售与管理费用表
	工作表	"SE-1 管理费用明细表"
	单元格	"O42"
读取单元格	输出到	数据 2
	工作簿对象	序时账与明细账
	工作表	"利润及分配表"
	单元格	"D14"
转为小数数据	输出到	数据 3
	转换对象	数据 1
转为小数数据	输出到	数据 4
	转换对象	数据 2
转为文字数据	输出到	明细表管理费用
	转换对象	数据 3
转为文字数据	输出到	利润表管理费用
	转换对象	数据 4
延时	延时（毫秒）	1000
如果条件成立	判断表达式	明细表管理费用=利润表管理费用
写入单元格	工作簿对象	销售与管理费用表
	工作表	"SE-1 管理费用明细表"
	单元格	"B45"
	数据	"已执行计划的审计程序，未识别错报"
	立即保存	否
写入单元格	工作簿对象	销售与管理费用表
	工作表	"SE-1 管理费用明细表"
	单元格	"B45"
	数据	"有异常，请再次核实"
	立即保存	否

步骤十五：在循环外，依次添加【在数组尾部添加元素】【获取时间】【格式化时间】和【在数组尾部添加元素】，如图 10-20 所示，其属性设置如表 10-16 所示，目的是获取当前管理费用明细表运行的状态和完成的时间。

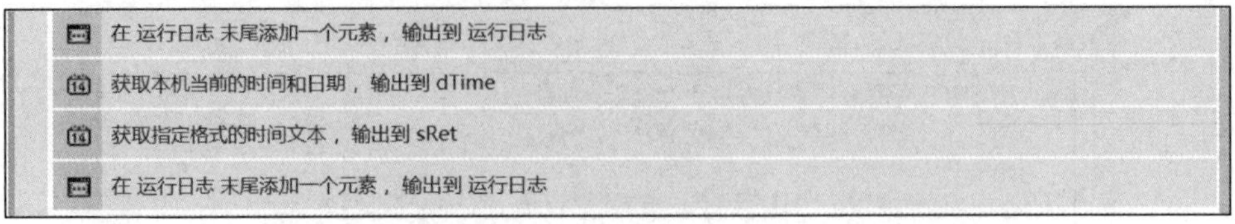

图 10-20 获取运行状态和完成时间

表 10-16 属性设置

活动名称	属性	值
在数组尾部添加元素	输出到	运行日志
	目标数组	运行日志
	添加元素	"运行成功"
获取时间	输出到	dTime
格式化时间	输出到	sRet
	时间	dTime
	格式	"yyyy-mm-dd hh:mm:ss"
在数组尾部添加元素	输出到	运行日志
	目标数组	运行日志
	添加元素	sRet

4. 编制销售费用明细表

步骤十六：编辑编制销售费用明细表流程块。依次添加【延时】【写入列】【从初始值开始按步长计数】，然后在【从初始值开始按步长计数】里面添加【变量赋值】和【延时】。在其下添加【从初始值开始按步长计数】，在该【从初始值开始按步长计数】里面添加【变量赋值】【数据筛选】【转换为数组】【变量赋值】。然后在其下方再添加【依次读取数组中每个元素】，在该【依次读取数组中每个元素】里面添加【转为小数数据】和【变量赋值】，在【依次读取数组中每个元素】外添加【写入单元格】，如图 10-21 所示，其属性设置如表 10-17 所示。其中，【数据筛选】属性"筛选条件"中，列选择"会计期间"，条件选择"等于"，列选择"科目名称"，条件选择"包含"，点击源代码视图，在"会计期间=="后面输入 "\""&月份&"\""，在 contains()的括号中输入 "\""&二级科目&"\""。此操作的目的是按月按二级科目在中间表"Sheet2"中筛选，然后分别对其贷方金额进行累加，并将计算结果一列一列地填写到销售费用明细表中。

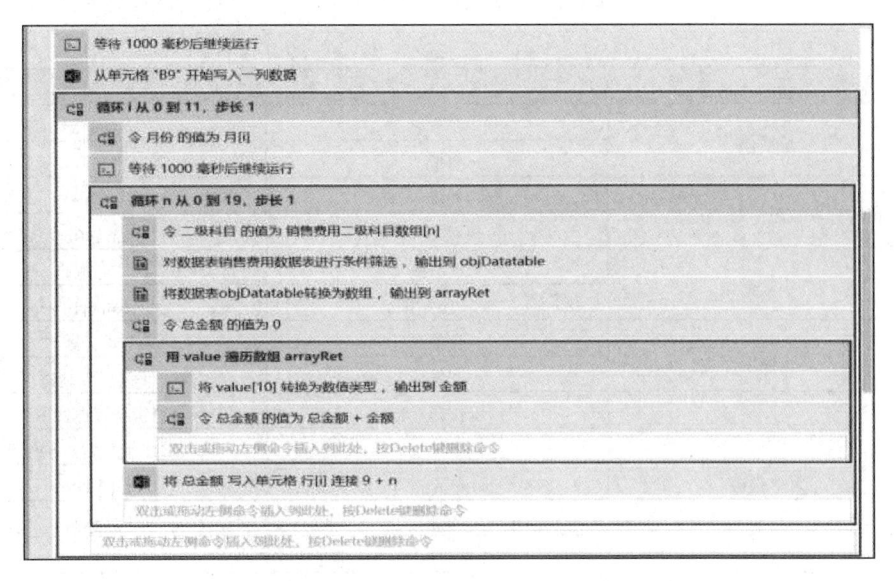

图 10-21 按月计算销售费用各二级科目名称

表 10-17 属性设置

活动名称	属性	值
延时	延时（毫秒）	1000
写入列	工作簿对象	销售与管理费用表
	工作表	"SD-1 销售费用明细表"
	单元格	"B9"
	数据	销售费用二级科目数组
	立即保存	否
从初始值开始按步长计数	索引名称	i
	初始值	0
	结束值	11
	步进	1
变量赋值	变量名	月份
	变量值	月[i]
延时	延时（毫秒）	1000
从初始值开始按步长计数	索引名称	n
	初始值	0
	结束值	19
	步进	1
变量赋值	变量名	二级科目
	变量值	销售费用二级科目数组[n]
数据筛选	输出到	objDatatable
	数据表	销售费用数据表
	筛选条件	"会计期间==\""&月份&"\" and 科目名称.str.contains(\""&二级科目&"\")"
转换为数组	输出到	arrayRet
	源数据表	objDatatable
	包含表头	否

续表

活动名称	属性	值
变量赋值	变量名	总金额
	变量值	0
依次读取数组中每个元素	值	value
	数组	arrayRet
转为小数数据	输出到	金额
	转换对象	value[10]
变量赋值	变量名	总金额
	变量值	总金额+金额
写入单元格	工作簿对象	销售与管理费用表
	工作表	"SD-1 销售费用明细表"
	单元格	行[i]&9+n
	数据	总金额
	立即保存	否

步骤十七：在循环外，依次添加 2 个【读取单元格】、2 个【转为小数数据】和 2 个【转为文字数据】，再添加【延时】【如果条件成立】和 2 个【写入单元格】，如图 10-22 所示，其属性设置如表 10-18 所示。此操作的目的是将 SD-1 销售费用明细表中的合计数与利润及分配表中的销售费用金额进行比较，核对是否一致，然后填写相应的判断结果到审计结论中，方便审计助理检查原因。

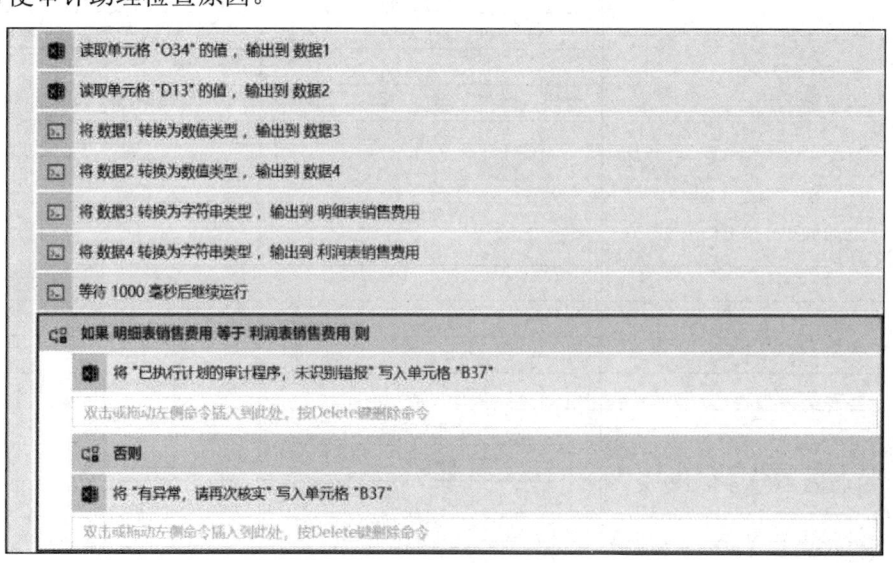

图 10-22 填写审计结论

表 10-18 属性设置

活动名称	属性	值
读取单元格	输出到	数据 1
	工作簿对象	销售与管理费用表
	工作表	"SD-1 销售费用明细表"
	单元格	"O34"

续表

活动名称	属性	值
读取单元格	输出到	数据 2
	工作簿对象	序时账与明细账
	工作表	"利润及分配表"
	单元格	"D13"
转为小数数据	输出到	数据 3
	转换对象	数据 1
转为小数数据	输出到	数据 4
	转换对象	数据 2
转为文字数据	输出到	明细表销售费用
	转换对象	数据 3
转为文字数据	输出到	利润表销售费用
	转换对象	数据 4
延时	延时（毫秒）	1000
如果条件成立	判断表达式	明细表销售费用=利润表销售费用
写入单元格	工作簿对象	销售与管理费用表
	工作表	"SD-1 销售费用明细表"
	单元格	"B37"
	数据	"已执行计划的审计程序，未识别错报"
	立即保存	否
写入单元格	工作簿对象	销售与管理费用表
	工作表	"SD-1 销售费用明细表"
	单元格	"B37"
	数据	"有异常，请再次核实"
	立即保存	否

步骤十八：依次添加【在数组尾部添加元素】【获取时间】【格式化时间】和【在数组尾部添加元素】，如图 10-23 所示，其属性设置如表 10-19 所示，目的是为了获取当前销售费用明细表运行的状态和完成的时间。

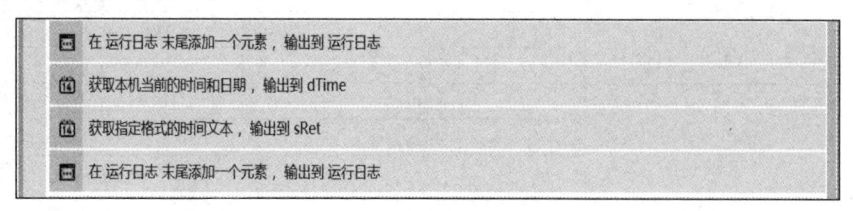

图 10-23 获取运行状态和完成时间

表 10-19 属性设置

活动名称	属性	值
在数组尾部添加元素	输出到	运行日志
	目标数组	运行日志
	添加元素	"成功"

续表

活动名称	属性	值
获取时间	输出到	dTime
格式化时间	输出到	sRet
	时间	dTime
	格式	"yyyy-mm-dd hh:mm:ss"
在数组尾部添加元素	输出到	运行日志
	目标数组	运行日志
	添加元素	sRet

5. 编制同期比较表

步骤十九：编辑编制同期比较表流程块。依次添加【延时】【写入列】和 2 个【读取区域】，如图 10-24 所示，其属性如表 10-20 所示，目的是读取管理费用本年未审数据和上年同期数据。

```
等待 1000 毫秒后继续运行
从单元格 "B9" 开始写入一列数据
读取区域 "O9:O39" 的值，输出到 管理费用本年未审数据
读取区域 "C4:C34" 的值，输出到 管理费用上年同期数据
```

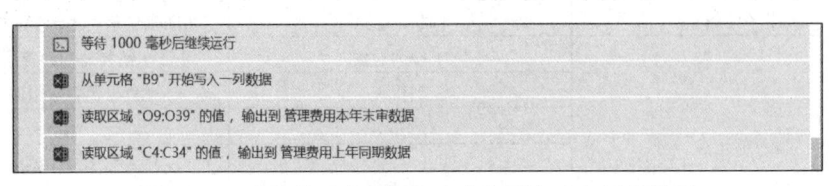

图 10-24 读取管理费用本年未审数据和上年同期数据

表 10-20 属性设置

活动名称	属性	值
延时	延时（毫秒）	1000
写入列	工作簿对象	销售与管理费用表
	工作表	"SE-2 同期比较表"
	单元格	"B9"
	数据	管理费用二级科目数组
	立即保存	否
读取区域	输出到	管理费用本年未审数据
	工作簿对象	销售与管理费用表
	工作表	"SE-1 管理费用明细表"
	区域	"O9:O39"
读取区域	输出到	管理费用上年同期数据
	工作簿对象	序时账与明细账
	工作表	"管理费用原始数据"
	区域	"C4:C34"

步骤二十：依次添加【写入列】和 2 个【读取区域】，如图 10-25 所示，其属性设置如表 10-21 所示，目的是读取销售费用本年未审数据和上年同期数据。

```
从单元格 "B9" 开始写入一列数据
读取区域 "O9:O28" 的值，输出到 销售费用本年未审数据
读取区域 "C4:C23" 的值，输出到 销售费用上年同期数据
```

图 10-25 读取销售费用本年未审数据和上年同期数据

表 10-21 属性设置

活动名称	属性	值
写入列	工作簿对象	销售与管理费用表
	工作表	"SD-2 同期比较表"
	单元格	"B9"
	数据	销售费用二级科目数组
	立即保存	否
读取区域	输出到	销售费用本年未审数据
	工作簿对象	销售与管理费用表
	工作表	"SD-1 销售费用明细表"
	区域	"O9:O28"
读取区域	输出到	销售费用上年同期数据
	工作簿对象	序时账与明细账
	工作表	"销售费用原始数据"
	区域	"C4:C23"

步骤二十一：依次添加【延时】和 4 个【写入单元格】，如图 10-26 所示，其属性设置如表 10-22 所示，目的是将前述读取的管理费用和销售费用相应的本年未审数据和上年同期数据分别填入 SE-2 同期比较表和 SD-2 同期比较表中。

```
等待 1000 毫秒后继续运行
将 管理费用本年未审数据 写入单元格 "C9"
将 管理费用上年同期数据 写入单元格 "E9"
将 销售费用本年未审数据 写入单元格 "C9"
将 销售费用上年同期数据 写入单元格 "E9"
```

图 10-26 填写同期比较表数据

表 10-22 属性设置

活动名称	属性	值
延时	延时（毫秒）	1000
写入单元格	工作簿对象	销售与管理费用表
	工作表	"SE-2 同期比较表"
	单元格	"C9"
	数据	管理费用本年未审数据
	立即保存	否
写入单元格	工作簿对象	销售与管理费用表
	工作表	"SE-2 同期比较表"
	单元格	"E9"
	数据	管理费用上年同期数据
	立即保存	否
写入单元格	工作簿对象	销售与管理费用表
	工作表	"SD-2 同期比较表"
	单元格	"C9"
	数据	销售费用本年未审数据
	立即保存	否

续表

活动名称	属性	值
写入单元格	工作簿对象	销售与管理费用表
	工作表	"SD-2 同期比较表"
	单元格	"E9"
	数据	销售费用上年同期数据
	立即保存	否

步骤二十二：添加 2 个【读取单元格】、2 个【延时】、2 个【如果条件成立】和 4 个【写入单元格】，如图 10-27 所示，其属性设置如表 10-23 所示。此操作的目的是判断管理费用增减率是否存在较大波动，并将判断结果填入审计结论中，然后判断销售费用增减率是否存在较大波动，并将判断结果填入审计结论中。

图 10-27 得出同期比较结论

表 10-23 属性设置

活动名称	属性	值
读取单元格	输出到	管理费用增减率
	工作簿对象	销售与管理费用表
	工作表	"SE-2 同期比较表"
	单元格	"H42"
延时	延时（毫秒）	1000
如果条件成立	判断表达式	管理费用增减率>0.2 or 管理费用增减率<-0.2
写入单元格	工作簿对象	销售与管理费用表
	工作表	"SE-2 同期比较表"
	单元格	"B44"
	数据	"管理费用波动大，请查明具体原因"
	立即保存	否
写入单元格	工作簿对象	销售与管理费用表
	工作表	"SE-2 同期比较表"
	单元格	"B44"
	数据	"增减率较小"
	立即保存	否

续表

活动名称	属性	值
读取单元格	输出到	销售费用增减率
	工作簿对象	销售与管理费用表
	工作表	"SD-2 同期比较表"
	单元格	"H30"
延时	延时（毫秒）	1000
如果条件成立	判断表达式	销售费用增减率>0.2or 销售费用增减率<-0.2
写入单元格	工作簿对象	销售与管理费用表
	工作表	"SD-2 同期比较表"
	单元格	"B32"
	数据	"销售费用波动大，请查明具体原因"
	立即保存	否
写入单元格	工作簿对象	销售与管理费用表
	工作表	"SD-2 同期比较表"
	单元格	"B32"
	数据	"增减率较小"
	立即保存	否

步骤二十三：在循环外，依次添加【在数组尾部添加元素】、【获取时间】、【格式化时间】和【在数组尾部添加元素】，如图 10-28 所示，其属性设置如表 10-24 所示，目的是获取当前同期比较表的运行状态和完成时间。

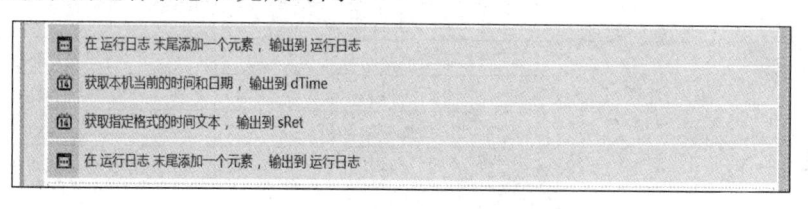

图 10-28 获取运行状态和完成时间

表 10-24 属性设置

活动名称	属性	值
在数组尾部添加元素	输出到	运行日志
	目标数组	运行日志
	添加元素	"成功"
获取时间	输出到	dTime
格式化时间	输出到	sRet
	时间	dTime
	格式	"yyyy-mm-dd hh:mm:ss"
在数组尾部添加元素	输出到	运行日志
	目标数组	运行日志
	添加元素	sRet

6. 编制销售费用与收入分析表

步骤二十四：编辑编制销售费用与收入分析表流程块。添加 2 个【延时】、1 个【写入列】、2 个【写入区域】、2 个【读取单元格】和 2 个【写入单元格】，如图10-29 所示，其属性设置如表 10-25 所示。目的是读取销售费用本年未审数据、上年同期数据、本年主营业务收入和上年主营业务收入数据，然后将其写入销售费用与收入分析表对应的位置上。

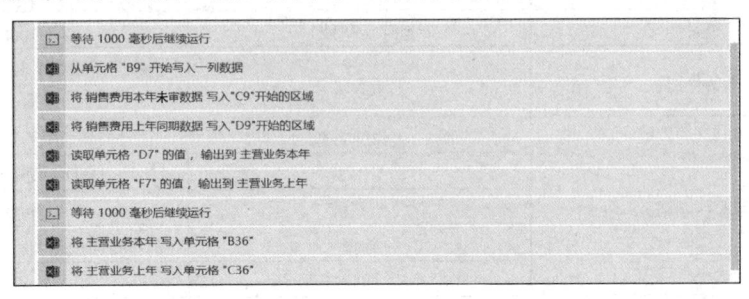

图10-29　将销售费用相关数据写入表中

表10-25　属性设置

活动名称	属性	值
延时	延时（毫秒）	1000
写入列	工作簿对象	销售与管理费用表
	工作表	"销售费用与收入分析"
	单元格	"B9"
	数据	销售费用二级科目数组
	立即保存	否
写入区域	工作簿对象	销售与管理费用表
	工作表	"销售费用与收入分析"
	单元格	"C9"
	数据	销售费用本年未审数据
	立即保存	否
写入区域	工作簿对象	销售与管理费用表
	工作表	"销售费用与收入分析"
	单元格	"D9"
	数据	销售费用上年同期数据
	立即保存	否
读取单元格	输出到	主营业务本年
	工作簿对象	序时账与明细账
	工作表	"利润及分配表"
	单元格	"D7"
读取单元格	输出到	主营业务上年
	工作簿对象	序时账与明细账
	工作表	"利润及分配表"
	单元格	"F7"
延时	延时（毫秒）	1000
写入单元格	工作簿对象	销售与管理费用表
	工作表	"销售费用与收入分析"

续表

活动名称	属性	值
写入单元格	单元格	"B36"
	数据	主营业务本年
	立即保存	否
写入单元格	工作簿对象	销售与管理费用表
	工作表	"销售费用与收入分析"
	单元格	"C36"
	数据	主营业务上年
	立即保存	否

步骤二十五：依次添加【读取单元格】【延时】【如果条件成立】和 2 个【写入单元格】，如图 10-30 所示，属性设置如表 10-26 所示，目的是判断本年销售费用占营业收入之比的波动是否较大，并将判断结果写入审计结论中。

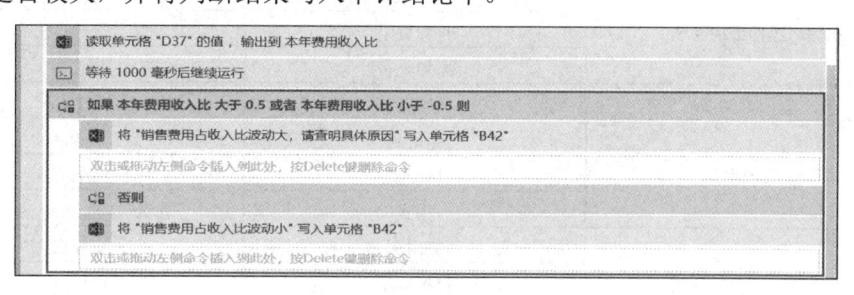

图 10-30 判断销售费用占营业收入之比的波动是否较大

表 10-26 属性设置

活动名称	属性	值
读取单元格	输出到	本年费用收入比
	工作簿对象	销售与管理费用表
	工作表	"销售费用与收入分析"
	单元格	"D37"
延时	延时（毫秒）	1000
如果条件成立	判断表达式	本年费用收入比>0.05 or 本年费用收入比<-0.05
写入单元格	工作簿对象	销售与管理费用表
	工作表	"销售费用与收入分析"
	单元格	"B42"
	数据	"销售费用占收入比波动大，请查明具体原因"
	立即保存	否
写入单元格	工作簿对象	销售与管理费用表
	工作表	"销售费用与收入分析"
	单元格	"B42"
	数据	"销售费用占收入比波动小"
	立即保存	否

步骤二十六：在循环外，依次添加【在数组尾部添加元素】【获取时间】【格式化时间】和【在数组尾部添加元素】，如图 10-31 所示，其属性设置如表 10-27 所示，目的是获取当前同期比较表的运行状态和完成时间。

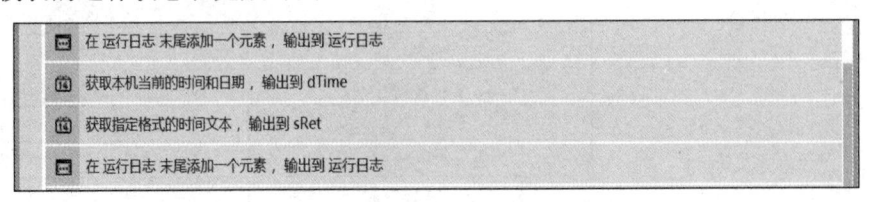

图 10-31　获取运行状态和完成时间

表 10-27　属性设置

活动名称	属性	值
在数组尾部添加元素	输出到	运行日志
	目标数组	运行日志
	添加元素	"成功"
获取时间	输出到	dTime
格式化时间	输出到	sRet
	时间	dTime
	格式	"yyyy-mm-dd hh:mm:ss"
在数组尾部添加元素	输出到	运行日志
	目标数组	运行日志
	添加元素	sRet

步骤二十七：依次添加 2 个【保存 Excel 工作簿】和 2 个【关闭 Excel 工作簿】，如图 10-32 所示，其属性设置如表 10-28 所示。此操作目的是将前述操作填写的数据分别保存到销售与管理费用工作底稿和 2020 年序时账与明细账簿 Excel 文件中，然后关闭两个文件。

图 10-32　保存运行后的数据

表 10-28　属性设置

活动名称	属性	值
保存 Excel 工作簿	工作簿对象	序时账与明细账
保存 Excel 工作簿	工作簿对象	销售与管理费用表
关闭 Excel 工作簿	工作簿对象	序时账与明细账
	立即保存	是
关闭 Excel 工作簿	工作簿对象	销售与管理费用表
	立即保存	是

7. 生成运行日志

步骤二十八：编辑生成运行日志流程块。搜索并依次添加【延时】【获取时间】【格式化时间】和【在数组尾部添加元素】，如图 10-33 所示，其属性设置如表 10-29 所示，目的是为了获取该机器人运行的结束时间。

图 10-33　获取结束时间

表 10-29　属性设置

活动名称	属性	值
延时	延时（毫秒）	1000
获取时间	输出到	dTime
格式化时间	输出到	sRet
	时间	dTime
	格式	"yyyy-mm-dd hh:mm:ss"
在数组尾部添加元素	输出到	运行日志
	目标数组	运行日志
	添加元素	sRet

步骤二十九：添加【连接邮件】，如图 10-34 所示，其属性如表 10-30 所示。

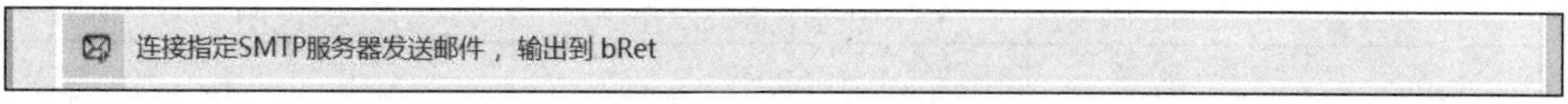

图 10-34　发送邮箱

表 10-30　属性设置

属性	值
输出到	bRet
SMTP 服务器	"smtp.qq.com"
服务器端口号	465
SSL 加密	是
登录账号	填邮箱账号
登录密码	填邮箱授权码
发送人	填发件人邮箱账号
收件人	填收件人邮箱
抄送	""

续表

属性	值
邮件标题	"销售与管理费用工作底稿"
邮件正文	"你好,这是 2020 年重庆蛮先进智能制造有限公司销售与管理费用实质性程序工作底稿文件,请查收"
邮件附件	@res"生成文件\\销售与管理费用工作底稿.xlsx"

步骤三十:依次添加【打开 Excel 工作簿】【获取行数】【变量赋值】【写入行】和【关闭 Excel 工作簿】,如图 10-35 所示,其属性设置如表 10-31 所示。此操作的目的是为了将前述所有工作表运行的状态和完成时间写入机器人运行日志 Excel 文件中,方便查看。

- 打开Excel工作簿,路径为"机器人运行日志.xlsx",输出到 objExcelWorkBook
- 获取有数据的行总数,输出到 iRet
- 令 iRet 的值为 iRet + 1
- 从单元格 "A" 连接 iRet 开始写入一行数据
- 关闭Excel工作簿

图 10-35 获取运行状态和完成时间

表 10-31 属性设置

活动名称	属性	值
打开 Excel 工作簿	输出到	objExcelWorkBook
	文件路径	@res"机器人运行日志.xlsx"
	是否可见	是
	打开方式	Excel
	密码	""
	编辑密码	""
获取行数	输出到	iRet
	工作簿对象	objExcelWorkBook
	工作表	"Sheet1"
变量赋值	变量名	iRet
	变量值	iRet+1
写入行	工作簿对象	objExcelWorkBook
	工作表	"Sheet1"
	单元格	"A"&iRet
	数据	运行日志
	立即保存	否
关闭 Excel 工作簿	工作簿对象	objExcelWorkBook
	立即保存	是

至此,"生成运行日志"流程块编辑完毕。

结果展示:销售与管理费用审计分析程序机器人运行结果如图 10-36 至 10-41 所示。

（1）SE-1 管理费用明细表

审计精灵读取序时账文件自动生成 SE-1 管理费用明细表，结果如图 10-36 所示。

序号	二级科目	1月	2月	3月	4月	5月	6月	7月	8月	9月	10月	11月	12月	累计	项目比重
1	工资	891,370.19	872,248.38	780,821.23	868,914.79	839,511.77	887,021.79	842,402.42	947,049.72	782,959.10	900,745.69	693,977.33	2,177,787.26	11,484,809.67	47.85%
2	福利费	63,132.06	69,155.78	68,685.89	66,992.62	64,357.89	70,617.88	64,362.99	94,967.77	60,186.75	75,685.05	63,131.80	68,221.37	829,497.85	3.46%
3	社会保险费	223,968.00	229,966.12	218,347.36	222,572.46	229,148.90	248,672.36	242,286.29	253,808.01	231,869.15	289,493.63	216,783.67	235,033.06	2,791,949.01	11.63%
4	住房公积金	97,534.39	97,921.77	92,287.47	88,776.81	88,595.34	92,021.91	91,224.14	103,473.94	68,815.69	82,580.40	80,456.17	97,553.19	1,081,241.22	4.50%
5	职工教育经费	12,128.36	11,810.31	12,103.64	13,130.22	12,702.26	13,416.24	13,099.77	17,123.28	13,812.88	13,658.02	13,079.01	12,269.90	158,333.89	0.66%
6	工会经费	16,171.14	15,747.09	16,318.18	17,506.95	16,936.35	17,888.32	17,466.36	18,973.43	18,417.17	18,210.70	17,438.68	16,359.88	207,254.25	0.86%
7	辞退福利	14,451.00	0.00	0.00	-14,451.00	0.00	0.00	26,400.00	0.00	0.00	0.00	0.00	-85,694.33	-59,294.33	-0.25%
8	劳务费用	60,610.16	56,373.20	18,652.00	43,500.44	44,293.04	48,650.94	49,539.03	49,904.00	54,334.30	55,000.30	46,381.80	48,461.40	575,704.81	2.40%
9	邮电费	9,111.43	12,157.75	30,110.38	11,664.75	12,405.32	9,517.71	13,173.05	37,001.77	14,883.83	9,664.42	12,032.47	18,299.75	190,022.63	0.79%
10	财产保险费	51.53	0.00	0.00	133,660.99	0.00	46,280.44	0.00	0.00	0.00	0.00	0.00	0.00	179,992.96	0.75%
11	低值易耗品摊销	7,448.66	0.00	5,507.60	10,245.38	0.00	0.00	0.00	12,213.14	0.00	0.00	0.00	0.00	35,414.78	0.15%
12	折旧费	262,790.30	268,713.22	268,168.87	269,155.59	271,037.26	265,491.08	270,786.22	270,790.54	270,508.00	270,097.38	269,931.52	270,306.33	3,227,675.31	13.45%
13	修理费	1,300.00	69,050.00	0.00	0.00	0.00	0.00	0.00	2,299.18	2,418.00	0.00	1,349.57	0.00	76,416.75	0.32%
14	水电费	34,481.03	-17,282.00	59,072.78	49,273.64	-78,390.22	70,324.26	86,784.81	-6,826.26	56,306.75	-6,509.96	32,619.60	22,122.21	291,976.64	1.22%
15	汽车费用	10,510.60	14,622.25	19,760.19	23,516.01	13,216.42	22,269.16	24,454.50	49,581.96	12,208.77	24,413.84	60,600.27	282,441.59	1.18%
16	办公费	2,851.72	7,888.63	18,302.99	18,157.41	40,683.10	20,062.96	22,813.30	16,874.09	5,079.14	24,817.14	13,426.72	20,518.49	210,975.69	0.88%
17	差旅费	47,078.73	44,130.87	78,682.07	90,283.55	84,933.35	61,178.98	56,385.60	115,736.24	99,985.26	57,474.18	15,099.50	98,230.20	849,198.53	3.54%
18	业务招待费	23,776.72	42,899.74	33,027.00	11,300.00	30,649.80	5,951.51	8,408.20	13,063.00	9,233.58	3,060.00	9,978.00	20,823.34	212,159.89	0.88%
19	税金	289,397.72	-289,397.68	0.02	0.00	435.94	0.05	0.00	0.00	0.00	0.00	0.00	436.19	0.00%
20	无形资产摊销	49,921.84	49,921.84	49,921.84	400,266.02	49,921.84	49,921.84	49,921.84	49,921.84	49,921.84	49,921.84	49,921.84	49,921.84	949,406.46	3.96%
21	广告费	4,368.93	0.00	0.00	0.00	0.00	95.00	0.00	0.00	0.00	0.00	0.00	0.00	4,463.93	0.02%
22	质量检验检测费	4,500.00	0.00	4,197.50	900.00	0.00	51,866.41	9,053.96	44,253	23,413.16	5,516.51	0.00	427.36	100,299.43	0.42%
23	环保费用	4,264.32	0.00	0.00	0.00	0.00	3,300.00	6,019.42	0.00	0.00	0.00	0.00	0.00	13,583.74	0.06%
24	其他	432.33	-8,047.78	0.00	866.27	-7,784.60	59,849.18	1,649.46	-8,838.75	-1,888.44	-5,889.54	-2,016.08	69,055.88	102,702.41	0.43%
25	劳动保护费	0.00	2,029.61	919.77	6,373.15	0.00	9,539.85	2,292.00	296.25	47.01	471.40	0.00	20,969.24	0.09%
26	聘请中介机构费	0.00	0.00	2,010.70	0.00	66,000.00	0.00	69,494.05	0.00	0.00	0.00	0.00	137,504.75	0.57%
27	咨询费	0.00	0.00	1,886.79	0.00	19,417.48	0.00	0.00	0.00	0.00	0.00	4,249.32	25,553.59	0.11%
28	团体会费	0.00	0.00	0.00	0.00	5,000.00	2,500.00	0.00	34.00	0.00	6,000.00	0.00	13,500.00	0.06%
29	研究与开发费	0.00	0.00	0.00	0.00	0.00	0.00	0.00	0.00	919.00	0.00	885.00	0.00	0.00	0.00%
30	宣传费	0.00	0.00	0.00	0.00	0.00	6,969.90	0.00	0.00	0.00	0.00	0.00	6,969.90	0.03%
31	诉讼费	0.00	0.00	0.00	0.00	0.00	0.00	0.00	0.00	0.00	0.00	720.00	720.00	0.00%
32														0.00	0.00%
33														0.00	0.00%
	合计	2,131,643.16	1,539,909.30	1,776,944.35	2,343,807.35	1,747,308.07	2,102,622.89	1,902,866.50	2,081,250.63	1,810,134.37	1,805,785.54	1,565,361.90	3,195,165.72	24,002,799.78	100%
	月发生额比重	8.88%	6.42%	7.40%	9.76%	7.28%	8.76%	7.93%	8.67%	7.54%	7.52%	6.52%	13.31%	100%	

图 10-36　SE-1 管理费用明细表

（2）SE-2 同期比较表

审计精灵根据 SE-1 管理费用明细表自动生成 SE-2 同期比较表，结果如图 10-37 所示。

序号	项目	本期末审发生额		上年同期审定额		增减额	增减比例
		金额	比重	金额	比重		
1	工资	11,484,809.67	47.85%	971,101.46	3.41%	10,513,708.21	1082.66%
2	福利费	829,497.85	3.46%	297,354.90	1.05%	532,142.95	178.96%
3	社会保险费	2,791,949.01	11.63%	389,006.50	1.37%	2,402,942.51	617.71%
4	住房公积金	1,081,241.22	4.50%	293,421.25	1.03%	787,819.97	268.49%
5	职工教育经费	158,333.89	0.66%	145,389.21	0.51%	12,944.68	8.90%
6	工会经费	207,254.25	0.86%	493,147.63	1.73%	-285,893.38	-57.97%
7	辞退福利	-59,294.33	-0.25%	154,316.17	0.54%	-213,610.50	-138.42%
8	劳务费用	575,704.81	2.40%	17,663.50	0.06%	558,041.31	3159.29%
9	邮电费	190,022.63	0.79%	13,514,228.75	47.49%	-13,324,206.12	-98.59%
10	财产保险费	179,992.96	0.75%	123,618.80	0.43%	56,374.16	45.60%
11	低值易耗品摊销	35,414.78	0.15%	354,783.60	1.25%	-319,368.82	-90.02%
12	折旧费	3,227,675.31	13.45%	113,086.47	0.40%	3,114,588.84	2754.17%
13	修理费	76,416.75	0.32%	12,990.29	0.05%	63,426.46	488.26%
14	水电费	291,976.64	1.22%	70,828.73	0.25%	221,147.91	312.23%
15	汽车费用	282,441.59	1.18%	1,196,205.32	4.20%	-913,763.73	-76.39%
16	办公费	210,975.69	0.88%	3,276,782.33	11.52%	-3,065,806.64	-93.56%
17	差旅费	849,198.53	3.54%	587,692.32	2.07%	261,506.21	44.50%
18	业务招待费	212,159.89	0.88%	3,312,467.49	11.64%	-3,100,307.60	-93.60%
19	税金	436.19	0.00%	1,445,742.87	5.08%	-1,445,306.68	-99.97%
20	无形资产摊销	949,406.46	3.96%	208,916.61	0.73%	740,489.85	354.44%
21	广告费	4,463.93	0.02%	896,623.86	3.15%	-892,159.93	-99.50%
22	质量检验检测费	100,299.43	0.42%	156,687.49	0.55%	-56,388.06	-35.99%
23	环保费用	13,583.74	0.06%	187,453.37	0.66%	-173,869.63	-92.75%
24	其他	102,702.41	0.43%	50,520.00	0.18%	52,182.41	103.29%
25	劳动保护费	20,969.24	0.09%	39,850.47	0.14%	-18,881.23	-47.38%
26	聘请中介机构费	137,504.75	0.57%	82,417.48	0.29%	55,087.27	66.84%
27	咨询费	25,553.59	0.11%	36,970.00	0.13%	-11,416.41	-30.88%
28	团体会费	13,500.00	0.06%	15,835.00	0.06%	-2,335.00	-14.75%
29	研究与开发费	919.00	0.00%	6,503.88	0.02%	-5,584.88	-85.87%
30	宣传费	6,969.90	0.03%	0.00	0.00%	6,969.90	0.00%
31	诉讼费	720.00	0.00%	2,600.50	0.01%	-1,880.50	-72.31%
32			0.00%		0.00%	0.00	0.00%
33			0.00%		0.00%	0.00	0.00%
	合计	24,002,799.78	100%	28,454,206.25	100%	-4,451,406.47	-15.64%

图 10-37　SE-2 同期比较表

（3）SD-1 销售费用明细表

审计精灵读取序时账文件自动生成 SD-1 销售费用明细表，结果如图 10-38 所示。

所属会计师：重庆数字链审会计师事务所

被审计单位：重庆蛮先进智能制造有限公司　　审核员：A　　日期：2020年　　索引号：SD-1

审查项目：销售费用　会计期间：　　复核员：B　　日期：2020年　　页次：

被审计单位提供

序号	二级科目	1月	2月	3月	4月	5月	6月	7月	8月	9月	10月	11月	12月	累计	项目比重
1	广告费	241,388.89	0.00	0.00	0.00	0.00	103,830.42	42,205.13	0.00	0.00	19,230.77	0.00	0.00	406,665.21	2.23%
2	邮电费	2,366.86	0.00	3,795.82	5,005.84	5,027.36	7,202.95	5,252.56	3,712.42	0.00	0.00	2,675.42	4,628.69	40,290.75	0.22%
3	其他	10,850.00	550.00	721.00	650.00	2,680.00	2,800.00	2,460.00	11,625.28	3,220.00	2,980.00	2,880.00	6,140.00	47,676.28	0.26%
4	运输费	50,530.89	143,040.52	190,714.15	227,258.16	586,074.19	451,659.90	1,690,286.60	171,125.21	515,786.40	484,575.62	-102,643.32	230,227.53	4,549,747.90	25.00%
5	装卸费	1,600.00	0.00	0.00	1,600.00	0.00	46,629.93	1,600.00	30,856.12	0.00	0.00	0.00	0.00	82,286.06	0.45%
6	劳动保护费	42,912.62	0.00	0.00	0.00	0.00	0.00	0.00	310.56	0.00	0.00	0.00	0.00	43,223.18	0.24%
7	差旅费	63,069.89	64,604.18	98,027.43	152,402.90	100,065.99	123,224.96	157,295.32	157,295.13	106,851.89	221,094.29	154,509.88	270,568.94	1,659,410.89	9.12%
8	业务招待费	12,829.00	9,659.00	3,762.00	6,481.00	6,100.80	2,886.00	5,290.00	4,249.00	2,641.00	0.00	0.00	0.00	53,697.80	0.30%
9	工资	337,599.86	382,599.82	307,171.26	401,094.79	361,562.05	474,791.60	385,252.21	325,511.10	384,921.72	357,631.57	368,432.79	761,698.47	4,908,668.26	26.97%
10	折旧费	1,768.61	1,768.61	1,768.61	1,768.47	1,743.57	1,742.57	1,742.57	1,897.88	1,897.88	1,896.11	1,894.67	1,894.67	21,788.22	0.12%
11	社会保险费	69,185.96	92,483.86	78,010.65	95,749.21	94,982.59	106,346.15	100,620.50	99,421.91	103,718.29	95,791.74	101,644.29	105,552.22	1,163,508.27	6.39%
12	住房公积金	44,742.39	45,920.00	42,774.20	40,478.73	37,861.88	38,894.33	38,120.45	38,597.21	38,282.99	36,478.02	39,398.99	42,848.62	484,877.14	2.66%
13	工会经费	6,290.00	6,530.00	5,623.42	7,299.89	7,221.24	7,774.62	7,587.05	7,670.22	7,290.63	7,158.63	7,128.57	7,193.87	84,870.15	0.47%
14	职工福利费	24,392.32	28,677.50	22,933.92	27,924.00	27,060.82	30,691.93	27,400.45	28,391.78	24,158.90	28,751.82	26,517.69	29,917.82	338,829.76	1.86%
15	职工教育经费	4,792.50	4,897.50	4,217.57	5,474.92	5,340.92	5,830.97	5,690.29	5,752.67	5,544.47	5,368.98	5,346.42	5,395.41	63,652.65	0.35%
16	办公费	125.47	0.00	0.00	0.00	397.95	0.00	0.00	0.00	617.52	0.00	0.00	0.00	1,140.95	0.01%
17	销售服务费	77,706.11	366,603.95	366,931.26	249,586.16	372,535.89	271,462.05	336,603.85	406,713.02	345,922.46	227,039.43	194,876.98	1,093,232.28	4,109,235.46	22.58%
18	经营费	0.00	0.00	25,675.00	0.00	0.00	28,704.60	17,500.00	0.00	25,918.96	0.00	0.00	22,490.30	120,288.86	0.66%
19	修理费	0.00	0.00	0.00	0.00	0.00	3,187.70	0.00	0.00	0.00	0.00	0.00	0.00	3,187.70	0.02%
20	汽车费用	0.00	0.00	0.00	0.00	0.00	0.00	3,049.74	1,596.00	0.00	0.00	0.00	9,644.98	14,290.72	0.08%
21														0.00	0.00%
22														0.00	0.00%
23														0.00	0.00%
24														0.00	0.00%
25														0.00	0.00%
	合计	1,010,785.59	948,016.72	1,143,126.22	1,122,905.18	1,608,576.06	1,708,582.68	2,828,368.73	1,364,616.58	1,567,064.92	1,479,297.15	803,663.40	2,612,432.99	18,197,336.21	100%
	月发生额比重	5.55%	5.21%	6.28%	6.17%	8.84%	9.39%	15.54%	7.50%	8.61%	8.13%	4.42%	14.36%	100%	

审计结论：已执行计划的审计程序，未识别错报

图 10-38　SD-1 销售费用明细表

（4）SD-2 同期比较表

审计精灵根据 SD-1 管理费用明细表自动生成 SD-2 同期比较表，结果如图 10-39 所示。

所属会计师：重庆数字链审会计师事务所

被审计单位：重庆蛮先进智能制造有限公司　　审核员：A　　日期：2020年

审查项目：销售费用　会计期间：2020年　　复核员：B　　日期：2020年

序号	项目	本期未审发生额		上年同期审定额		增减额	增减比例
		金额	比重	金额	比重		
1	广告费	406,665.21	2.23%	78,712.32	0.52%	327,952.89	416.65%
2	邮电费	40,290.75	0.22%	34,395.88	0.23%	5,894.87	17.14%
3	其他	47,676.28	0.26%	6,244.00	0.04%	41,432.28	663.55%
4	运输费	4,549,747.90	25.00%	2,327,214.09	15.44%	2,222,533.81	95.50%
5	装卸费	82,286.06	0.45%	31,620.31	0.21%	50,665.75	160.23%
6	劳动保护费	43223.18	0.24%	0.00	0.00%	43,223.18	0.00%
7	差旅费	1,659,410.89	9.12%	1,951,491.42	12.95%	-292,080.53	-14.97%
8	业务招待费	53,697.80	0.30%	106,042.00	0.70%	-52,344.20	-49.36%
9	工资	4,908,668.26	26.97%	4,899,547.73	32.51%	9,120.53	0.19%
10	折旧费	21,788.22	0.12%	22,882.92	0.15%	-1,094.70	-4.78%
11	社会保险费	1,163,508.27	6.39%	1,148,847.48	7.62%	14,660.79	1.28%
12	住房公积金	484,877.14	2.66%	560,783.65	3.72%	-75,906.51	-13.54%
13	工会经费	84,870.15	0.47%	85,317.37	0.57%	-447.22	-0.52%
14	职工福利费	338,829.76	1.86%	328,502.37	2.18%	10,327.39	3.14%
15	职工教育经费	63,652.65	0.35%	63,987.99	0.42%	-335.34	-0.52%
16	办公费	1,140.95	0.01%	11,914.44	0.08%	-10,773.49	-90.42%
17	销售服务费	4,109,235.46	22.58%	3,357,768.38	22.28%	751,467.08	22.38%
18	经营费	120,288.86	0.66%	11,983.00	0.08%	108,305.86	903.83%
19	修理费	3,187.70	0.02%	0.00	0.00%	3,187.70	0.00%
20	汽车费用	14,290.72	0.08%	41,858.54	0.28%	-27,567.82	-65.86%
			0.00%		0.00%	0.00	0.00%
	合计	18,197,336.21	100%	15,069,113.89	100%	3,128,222.32	20.76%

审计结论：销售费用波动大，请查明具体原因

图 10-39　SD-2 同期比较表

（5）销售费用与收入分析表

审计精灵自动生成销售费用与收入分析表，结果如图10-40所示。

销售费用与收入分析

客户Client：
项目Subject：营业收入披露核对表
截止日/期间Period End：2020年12月31日
编制/日期Prepared by：李某 2020年XX月XX日
复核/日期Reviewed by：李某 2020年XX月XX日

1、销售费用结构如下：

序号	项目	2020年	2019年	变动率	变动额	备注
1	工资	4,908,668.26	78,712.32	6136.21%	4,829,955.94	
2	职工福利费	338,829.76	34,395.88	885.09%	304,433.88	
3	社会保险费	1,163,508.27	6,244.00	18534.02%	1,157,264.27	
4	住房公积金	484,877.14	2,327,214.09	-79.16%	-1,842,336.95	
5	职工教育经费	63,652.65	31,620.31	101.30%	32,032.34	
6	工会经费	84,870.15	0.00	0.00%	84,870.15	
7	奖励费	82,286.06	1,951,491.42	-95.78%	-1,869,205.36	
8	劳动保护费	43,223.18	106,042.00	-59.24%	-62,818.82	
9	邮电费	40,290.75	4,899,547.73	-99.18%	-4,859,256.98	
10	折旧费	21,788.22	22,882.92	-4.78%	-1,094.70	
11	办公费	1,140.95	1,148,847.48	-99.90%	-1,147,706.53	
12	差旅费	1,659,410.89	560,783.65	195.91%	1,098,627.24	
13	业务招待费	53,697.80	85,317.37	-37.06%	-31,619.57	
14	广告费	406,665.21	328,502.37	23.79%	78,162.84	
15	销售服务费	4,109,235.46	63,987.99	6321.89%	4,045,247.47	
16	运输费	4,549,747.90	11,914.44	38086.84%	4,537,833.46	
17	其他	47,676.28	3,357,768.38	-98.58%	-3,310,092.10	
18	其他	22,910.00	11,983.00	91.19%	10,927.00	
19	经营费	120,288.86	0.00	0.00%	120,288.86	
20	修理费	3,187.70	41,858.54	-92.38%	-38,670.84	
21						
合计		€ 18,205,955.49	15,069,113.89	€ 697.10	€ 3,136,841.60	

2、销售费用年变动分析
a 销售费用占销售收入年波动

项目	2020年	2019年	变动比例	变动额
销售费用	18,205,955.49	15,069,113.89	-17.23%	-3,136,841.60
主营业务收入	333,269,943.53	230,952,712.47	-30.70%	-102,317,231.06
费用占收入比	5.46%	6.52%	1.06%	

图10-40 销售费用与收入分析表

（4）销售与管理费用审计分析程序机器人运行日志

审计精灵记录每个模块运行时间及运行状态，结果如图10-41所示。

机器人运行开始时间	管理费用明细表生成状态	生成时间	销售费用明细表生成状态	生成时间	同期比较表生成状态	生成时间	销售费用与收入分析表生成状态	生成时间	机器人运行结束时间
2021/1/26 11:50	运行成功	2021/1/26 11:50	成功	2021/1/26 11:51	成功	2021/1/26 11:51	成功	2021/1/26 11:51	2021/1/26 11:51

图10-41 机器人运行日志

10.5 机器人运用

"啦啦啦，小蛮机器人就这么设计好啦，敬请期待哦！"杨双给审计一部的审计助理们说道。

这时，事务所标准部谭果君经理又邀请了重庆理工大学李歆和刘雷老师来现场指导交流，大家纷纷端起小板凳来到会议室。

"家桐，你给大家讲讲在机器人开发和部署时，对存在的风险进行识别、分析、应对的相关情况吧。"杨双说道。

"好嘞，交给我吧！销售与管理费用审计分析程序机器人容易发生的错误主要包括以下三类：文件打开错误、文件未找到、运行流程中断。对应的产生原因可能是版本不兼容、文件路径改变、网络连接异常。所以在开发小蛮审计机器人的时候，我们应该着重关注更换软件版本、设置相对路径、恢复网络连接这三件事来应对风险。"家桐自信满满地说。

杨双接着补充道："销售与管理费用审计实质性程序机器人集群共有 3 个机器人：数据采集机器人，自动获取序时账，筛选出销售费用、管理费用明细数据；数据处理机器人，对各月进行拆分（只需二级科目明细），重新加计销售费用、管理费用每月合计数，再与总账和明细账进行核对，检验金额是否相等，还要根据明细表数据进行横纵向比较，销售费用占营业收入比也是如此；审计底稿填报机器人，将数据处理机器人的结果明细写到对应的审计工作底稿里头。"

赵新星听了后说道："我的理解是部署机器人时我们只需要将纸质文件转换为电子文件，将重心由数据处理转移到复核及查找审计证据上，监督机器人的运行工作，等到工作完成后，谭经理们只需要复核我们已完成的审计工作底稿就可以了，是吧？"

"是的，机器人的运行是一个人机协作共生的过程，就是审计助理、项目经理和数据采集机器人、数据处理机器人和底稿填制机器人 3 个机器人实现人机协作共生，共同完成该审计实质性程序工作。也就是审计助理将纸质文件扫描成电子文件，上传到电脑，机器人通过电子文件完成审计工作底稿初次填写，标记异常数据并发送至审计助理邮箱，然后审计助理利用销售与管理费用审计机器人查找异常原因、填写工作底稿、警示被审计单位是否有费用异常风险，最后审计助理将填写完成的工作底稿通过机器人发送到项目经理邮箱，项目经理收到机器人完成的底稿后进行审核。"杨双娓娓道来。

"百闻不如一见，我们一起来见证小蛮的魔力吧！"杨双开始运行审计精灵小蛮。

数字化赋能中心技术总监詹凯棋看完整个分享，微微一笑总结道："我们这个审计机器人通过既定规则完成数据处理工作，利用输入/输出一致性的特点提升数据处理的准确性，降低出错率。机器人全天候不间断工作极大缩短了工作时间，加快了数据处理速度，同时还提高了准确度、降低了错误率呢。"

"詹总说得对，我们从 ROI 分析来看，原来需要 2 人耗时 5 天共计 40 小时完成销售与管理费用审计工作，现在只需 1 人 1 天共计 8 小时完成，效率提高了 5 倍，相关成本则降低 $(40-8)\times1\times50\times28.4=45\ 440$ 元。"谭经理补充道，"你们学校培养的复合型人才名不虚传啊，以后要多多给我们引进呀！"

"谭经理过奖了，我们重庆理工大学会计学院的审计学专业建设与发展非常注重在'政、产、学、研'方面的一体化，希望为企业和社会输送高质量的复合型'互联网+审计'人才。同时，我们也希望可以通过和贵所的合作，给我们提供一些实习机会，让学生过来多见习下审计专业知识，培养学生的业务、财务与审计、技术一体化的能力，共创智能审计，实现新时代的审计转型！"李老师微笑着听完分享说道。

整个会议在充满快乐的氛围中结束……

注：成本降低=sum(相关岗位减少耗时×人数×每年频率×岗位时薪)，该审计助理岗位时薪为 28.4 元，每年假定该事务所接的项目为 50 件。

【思维拓展】

本章案例通过提取销售与管理费用的二级科目数据来做审计实质性程序，该程序中还涉及费用与固定资产、无形资产的钩稽核对，请思考机器人如何使用序时账中的数据做费用的钩稽核对。

第 11 章 审计报告及附注生成机器人

11.1 场景描述

新的一年开启新的希望，新的空白承载新的梦想。

站在元月起点上，重庆数字链审会计师事务所的年报审计工作开始如火如荼，变得愈加忙碌。项目经理、审计一部经理、标准部经理、合伙人和客户开始就财务报表数据、关键审计事项、审计结论和报告出具等进行反复沟通，来来往往。审计助理最烦琐、最折腾的工作就是财务报表附注的编制，因为每次客户与事务所的沟通就意味着这个数据的更新与调整。

最近标准部的工作繁多，不仅要检查报告的出具是否符合会计准则，还要对报告的格式及底稿是否完全做检查，每天都加班到很晚。现在财务报表附注的编制工作也压了上来，实在忙不过来了，标准部经理谭果君决定第二天去审计一部借调两个审计助理到标准部帮忙。

第二天一大早，谭果君就把审计一部的中级审计助理郑毅和初级审计助理家桐叫到了办公室。

谭果君指着一大堆审计资料对郑毅和家桐说："u1s1（有一说一），最近报告出具工作量有点大，我和你们部门经理和项目经理都打招呼了，这段时间借调你们到标准部工作，主要工作内容就是审计报告及财务报表附注的编制。来，你们过来，今天我给你们讲一讲审计报告及报表附注填写的方法和流程，你们赶紧搞熟练，我这手里还有一大堆事等着你们呢。"

郑毅："谭经理，您讲，我们一定认真听，认真记录。"

家桐："好的好的，勇敢牛牛，不怕困难！"

谭果君："首先我们要对小额不符事项的汇总数进行判断，判断对会计报表是否会有重大影响，如果有重大影响，我们要联系项目经理，告知客户要进行调整；如果客户不同意调整，项目经理和合伙人需要判断未调整事项对审计报告意见的影响……"

郑毅："谭经理，这个感觉好复杂，小助理可能参与不了，那我们具体做什么呢？"

谭果君："接下来给你们讲财务报表附注。在拿到项目组提交上来的财务报表附注底稿文件以后，首先要核对一下金额是否正确，有错误要更正。核对完成后，需要把报表附注底稿里的货币资金、应收票据、项目情况等数据填到财务报表附注 Word 文件中。当然你们放心，这个报告的模板我会根据审计准则编制好，你们只需要把财务报表中的附注内容，如项目名称、金额、备注等信息从 Excel 表里面写到 Word 文件的附注里就行，最后再交给我复核，如果没有问题就算过了。"

郑毅："啊！就这？"

家桐："就这？"

谭果君冷笑了一下："看来你们还没有经受过社会的毒打，是的，就这，看起来很简单对吧。那你们两个给我好好做，别自己打自己的脸，如果出错了你们就买个地球仪，卷铺盖自己出去转转吧，明晚之前交给我，你们耗子尾汁（好自为之）吧。"

郑毅："好的。"

家桐："好的，好的。"

说完两个人就抱着资料大摇大摆地离开了办公室。

11.2 机器人分析

下午时分,阳光明媚,数字链审会计师事务所办公室的空气中似乎都弥漫着报表和报告的味道,充满着淡淡的草纸香。

郑毅坐在办公桌前,随意地翻看着那堆资料,他突然意识到事情并没有这么简单,于是赶紧起来把家桐叫到走廊上说话。

郑毅:"我就说怎么可能这么简单,你看看,这个附注表里有几千个小表格,首先要去复核金额是不是正确的,如果金额正确的话,还需要一个一个地复制到报告里面,光是这个数量就多得吓人,而且这个报告用的是模版,有的还需要删除和修改。更别说还要检查有没有填错格子,有没有填错金额,这个工作量也太恐怖了,没想到小丑竟是我自己!"

家桐:"啊,这……不会真要打自己脸吧?"

家桐:"反正你比我年龄大,你比我资历老,你是中级助理,我是初级助理。一根筷子能掰断,一捆筷子掰不断,众人拾柴火焰高。你看这么多数据,不如我们二一添作五,你八我二,我尊老你也要爱幼哦。"

郑毅:"春风又绿江南岸,一人一半干不干?"

家桐:"万水千山总是情,你七我三行不行?"

郑毅:"人间自有真情在,我六你四算关爱。"

……

正说得不亦乐乎的时候,事务所所长程平路过,说了一句:"你俩嘀嘀咕咕干啥呢?还不快点回去工作!"

两人吓得赶紧回到自己的座位上开始了忙碌的工作……

数字链审的审计报告及附注生成业务流程,如图11-1所示。

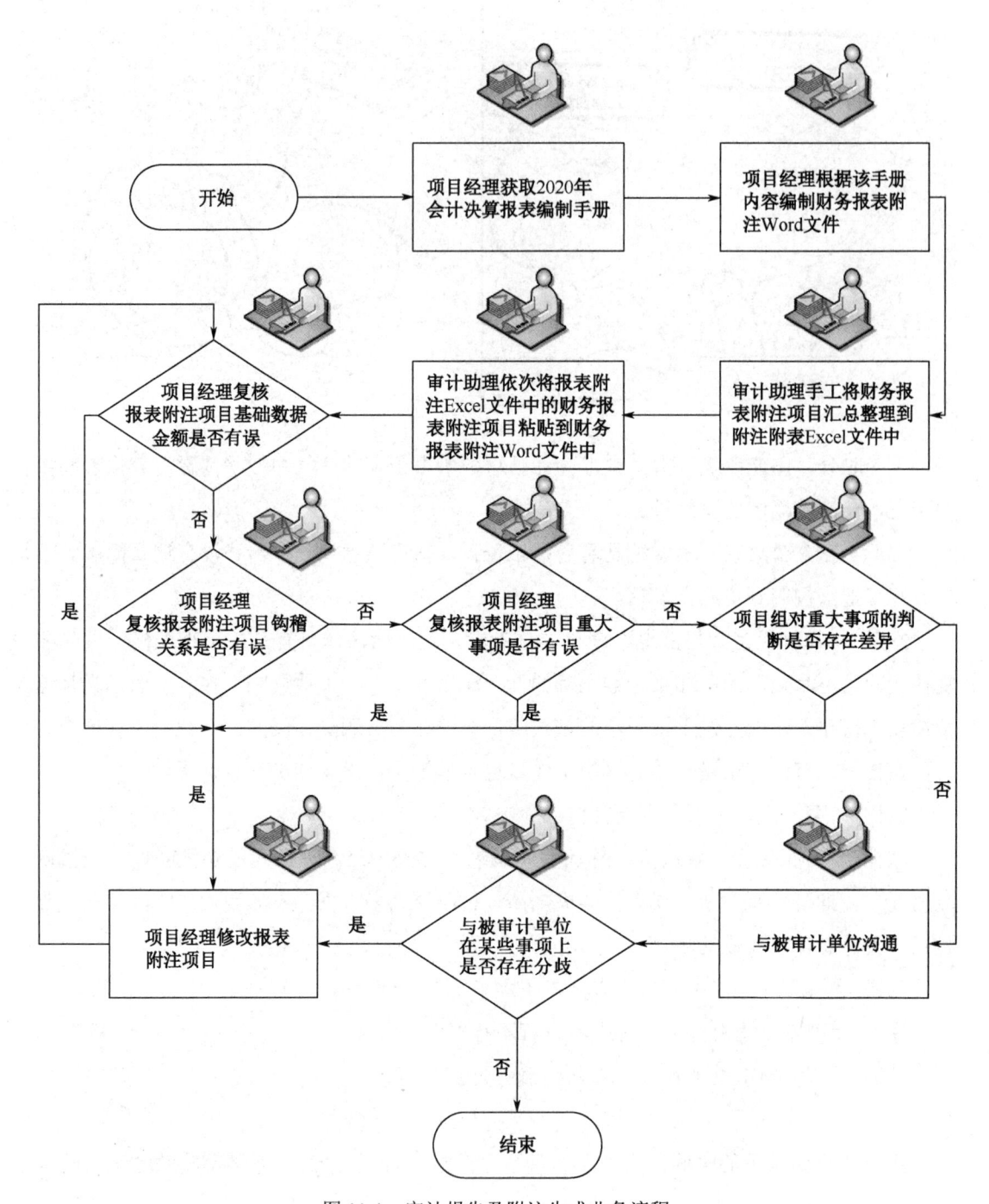

图 11-1　审计报告及附注生成业务流程

11.3 机器人设计

11.3.1 自动化流程

一小时过后，阳光依旧明媚，办公室内晴转多云，空气中随风飘动的发丝宣告着这个下午不会那么轻松。

郑毅和家桐目不转睛地盯着"蛮好用"电脑屏幕，生怕漏掉了什么东西一般。

郑毅："我瞎了。"

家桐："我快了。"

郑毅："这也太多了，要在那么多的表格里面去找，光是找这些金额都要找半天，我感觉我已经快不行了。"

家桐："谁说不是呢，找就算了，找一个粘一个，找一个粘一个，一会儿 Excel，一会儿 Word，哎，就当是一场梦，醒了很久还是很感动。"

郑毅："而且我还不知道有没有填错位置了，有没有填错数字了，真的是填一个数字就提心吊胆的。看一遍还不算，还要反复检查好几遍才会放心。"

家桐："你放心有什么用，你信不信你有错？"

郑毅："我不信。"

家桐起身来到郑毅的电脑旁，仔细地核对了几个数字后说："来来来，你看看，你看看这里是不是错了，你少输了一个数字，本来应该是 40 000，你写成了 4 000。"

郑毅："啊！！！天啊，那我前面岂不是还可能有错，这玩意可错不得啊，错了我们就死定了。"

家桐："本来做一遍就够痛苦的了，这下倒好，这不整个百八十遍不算完啊，哥，而且我们还是 NBCS（nobody cares），这也太惨了。"

哀嚎声在办公室里回荡，还只敢偷偷嚎，被听见了又要被骂了。

晚上 7 点，郑毅与家桐疲惫地盯着屏幕，眼里布满了血丝，两个人仿佛机器人一般，机械、重复地不停复制粘贴着。

"你们俩在这干啥呢？"事务所技术总监于波成问道。

"于总监，我们在这里当一个没有感情的数据复制粘贴机器人。这些数据太难填了，我们两个眼睛都要填瞎了。"郑毅答道。

于波成："你们等一下，我打电话叫个人来帮忙。你们这样做到下个月都做不完！"

说完，于成波拿出了手机："喂，老詹啊，你来标准部办公室，RPA 目标出现了，快来。"

不一会儿，事务所数字化赋能中心的技术总监詹凯棋哼着"其实我想走，其实不想留……"歌曲，连走带跑过来，手上提着"蛮好用"电脑。

"于总，目标在哪里？目标在哪里？待俺赶上前去，杀他个干干净净。"詹凯棋说道。

"郑毅，你赶紧给 RPA 大神讲讲你们的工作流程和工作内容。"于波成说道。

"好的，我这就详细讲一讲，……"郑毅道。

詹凯棋："好家伙，就这？"然后打开了电脑，写着一串别人看不懂的程序。

……

两个小时很快过去。

"好了。"詹凯棋说道，然后就看见屏幕在飞快地闪动。审计精灵小蛮首先会自动打开蛮先进智能制造公司 2020 年财务报表文件，并读取财务报表中附注附表的项目名称、金额、备注等数据，接着计算小标题与需要填写数据位置的相对距离。数据读取完毕后，小蛮会自动打开 Word 格式的财务报表附注文件，并根据读取到的小标题字段自动寻找对应字段所在位置，并将鼠标的光标移动至小标题处，最后根据相对位置移动光标到应填写数据的位置，精准地将数据填入 Word 文件的表格中。

"你们看，这是不是很快，你看看你们一天忙得累死累活的，不知道在忙个什么劲儿。你看我这一下就完成了，比你们还快不说，重点比你们还准确。"詹凯棋得意地说道。

数字链审的审计报告及附注生成机器人自动化流程，如图 11-2 所示。

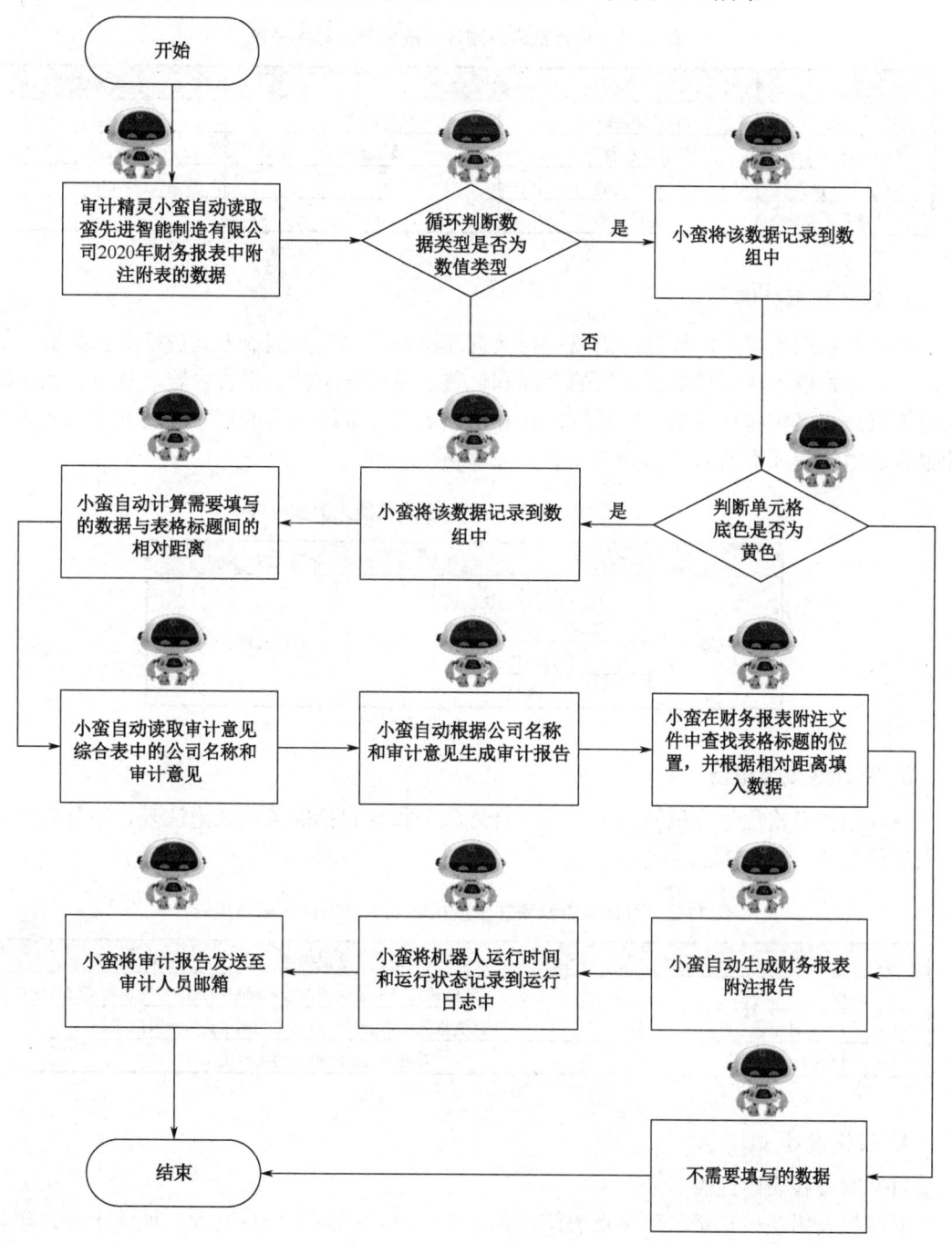

图 11-2 审计报告及附注生成机器人自动化流程

11.3.2 数据标准与规范

1. 审计数据采集

审计报告及附注生成机器人的数据来源主要为公司 2020 年的财务报表及报表附注，如表 11-1 所示。

表 11-1 审计报告及附注生成机器人数据采集

数据来源	数据内容		文件类型
2020 年附注附表	资产附注项目	负债附注项目	Excel
2020 年附注附表	所有者权益项目	成本类项目	Excel
报表附注报告	报告内容	—	Word
审计意见汇总表	公司名称	审计意见	Excel

2. 审计数据处理

机器人获取数据后，首先，需要进行数据清洗，可以采用抽取方式进行数据抽取，如从附注附表中抽取附注项目需要填写的金额和位置，从报告中抽取报告内容，从审计意见汇总表中提取公司名称和审计意见；其次，计算附注数据与标题项间的相对位置并记录下来。审计报告及附注生成机器人数据处理如表 11-2 所示。

表 11-2 审计报告及附注生成机器人数据处理

数据清洗		数据计算	
抽取	需要填写的金额	其他	数据项相对位置
	需要填写的位置		
	公司名称		
	审计意见		

3. 审计底稿与报告

审计报告及附注生成机器人主要的审计底稿与报告包括财务报表附注表、审计报告、机器人运行日志，如表 11-3 所示。

表 11-3 审计报告及附注生成机器人主要审计底稿与报告

底稿名称	底稿描述
财务报表附注表	对会计报表本身无法或难以充分表达的内容和项目所做的补充说明和详细解释
审计报告	具有审计资格的注册会计师对公司全面审查所出具的报告
机器人运行日志	对机器人处理情况的实时记录

4. 表格设计

（1）财务报表附注表

财务报表附注表记录了财务报表附注的金额，里面记录了项目名称、期末余额、年初余额等信息，如图 11-3 所示。

（一）货币资金		
项　目	期末余额	年初余额
库存现金	7, 283, 738. 00	4, 928, 282. 00
银行存款	6, 933, 755. 00	4, 039, 020. 00
其他货币资金	6, 226, 622. 00	3, 626, 262. 00
合　计	20, 444, 115. 00	12, 593, 564. 00
其中：存放在境外的款项总额		

注：如有因抵押、质押或冻结等对使用有限制、存放在境外、有潜在回收风险的款项应单独说明。

受限制的货币资金明细如下：

项　目	期末余额	年初余额
银行承兑汇票保证金	62, 671, 261. 00	26, 252, 525. 00
信用证保证金		
履约保证金	262, 525. 00	172, 727. 00
用于担保的定期存款或通知存款	3, 372, 726. 00	2, 718, 122. 00
放在境外且资金汇回受到限制的款项		
……		
合　计	66, 306, 512. 00	29, 143, 374. 00

图 11-3　财务报表附注样表

（2）审计意见汇总表

审计意见汇总表是中间表，记录了公司名称和审计意见，机器人可以自动读取审计意见汇总表中的信息，根据意见类型生成不同的审计报告，如图 11-4 所示。

序号	公司名称	行业分类	委托方	报告类型	意见类型	报告文号
1	重庆蚕先进智能制造有限公司	制造业	企业	年报	无保留意见	重数链会审（2020）001号

图 11-4　审计意见汇总样表

（3）审计报告

审计报告里详细记录了公司名称、审计意见、形成意见的基础等信息，而审计意见又分为保留意见、无保留意见与无法发表意见三种类型，如图 11-5 所示。

审 计 报 告

H 全体股东：

一、审计意见

我们审计了 H 财务报表，包括 2020 年 12 月 31 日的资产负债表和资产减值准备情况表，2020 年度的利润表、现金流量表、国有资本权益变动情况表以及相关财务报表附注。

我们认为，后附的财务报表在所有重大方面按照企业会计准则的规定编制，公允反映了 H 2020 年 12 月 31 日的财务状况以及 2020 年度的经营成果和现金流量。

二、形成审计意见的基础

我们按照中国注册会计师审计准则的规定执行了审计工作。审计报告的“注册会计师对财务报表审计的责任”部分进一步阐述了我们在这些准则下的责任。按照中国注册会计师职业道德守则，我们独立于 H，并履行了职业道德方面的其他责任。我们相信，我们获取的审计证据是充分、适当的，为发表审计意见提供了基础。

图 11-5　审计报告

（4）财务报表附注报告

财务报表附注报告里详细记录了公司名称、企业的基本情况、财务报表的编制基础以及重要项目的说明等信息，如图 11-6 所示。

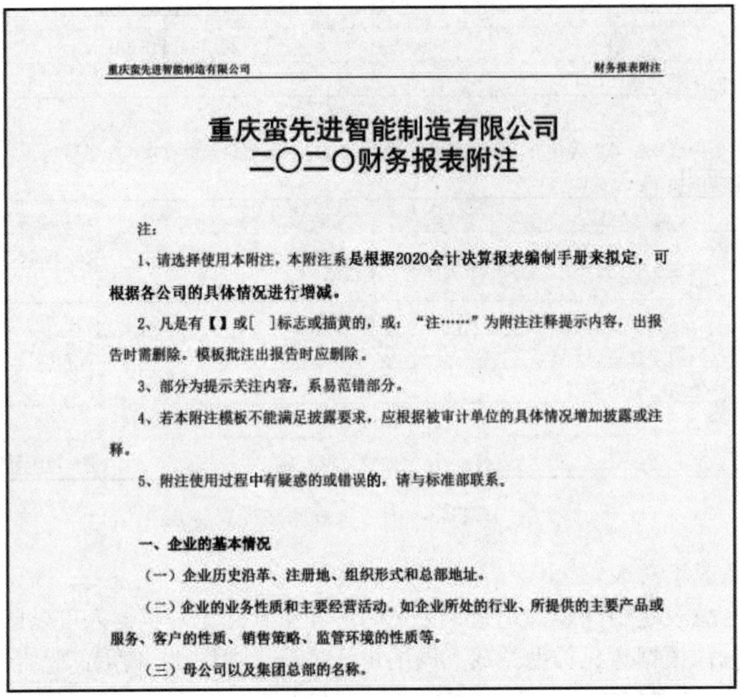
重庆蛮先进智能制造有限公司　　财务报表附注

重庆蛮先进智能制造有限公司
二〇二〇财务报表附注

注：

1、请选择使用本附注，本附注系是根据2020会计决算报表编制手册来拟定，可根据各公司的具体情况进行增减。

2、凡是有【】或[ ]标志或描黄的，或："注……"为附注注释提示内容，出报告时需删除。模板批注出报告时应删除。

3、部分为提示关注内容，系易范错部分。

4、若本附注模板不能满足披露要求，应根据被审计单位的具体情况增加披露或注释。

5、附注使用过程中有疑惑的或错误的，请与标准部联系。

一、企业的基本情况

（一）企业历史沿革、注册地、组织形式和总部地址。

（二）企业的业务性质和主要经营活动。如企业所处的行业、所提供的主要产品或服务、客户的性质、销售策略、监管环境的性质等。

（三）母公司以及集团总部的名称。

图 11-6　财务报表附注报告

（5）机器人运行日志

审计报告及附注生成机器人运行日志主要用于记录机器人从开始运行到结束的一系列状态，包括机器人开始运行的时间，审计报告生成状态、生成时间，报表附注报告生成状态、生成时间等，如图 11-7 所示。

机器人开始运行时间	审计报告生成状态	生成时间	报表附注报告生成状态	生成时间

图 11-7　审计报告及附注生成机器人运行日志样表

11.4　机器人开发

11.4.1　技术路线

审计报告及附注生成机器人开发主要包括审计数据采集与清洗、生成审计报告、生成报表附注报告和生成机器人运行日志四个模块。

首先，利用打开 Excel 工作簿、读取区域、如果条件成立等活动实现审计数据的采集与清洗；其次，通过读取单元格、文字批量替换等活动，生成审计报告；接着，机器人通过模拟点击、模拟按键、设置光标位置、移动光标位置等活动，生成报表附注报告；最后，机器人将工作底稿发送给审计人员，并依据机器人的运行状态和运行时间生成运行日志。

审计报告及附注生成机器人开发的具体技术路线如表 11-4 所示。

表 11-4 审计报告及附注生成机器人开发技术路线

模块	功能描述	使用的活动
审计数据采集与清洗	打开从本地获取的"重庆蛮先进智能制造有限公司 2020 年财务报表"文件，读取附注附表中的数据	打开 Excel 工作簿
		读取区域
	判断是否是需要填写的数据	如果条件成立
		依次读取数组中每个元素
		在数组尾部添加元素
生成审计报告	读取"审计意见汇总表"文件中的数据	打开 Excel 工作簿
		读取单元格
	根据审计意见生成对应的报告，再将公司名称填写到审计报告中	打开文档
		文字批量替换
		变量赋值
生成报表附注报告	将读取到的财务报表附注数据填写到报表附注报告中	打开文档
		依次读取数组中每个元素
		模拟点击
		模拟按键
		查找文本后设置光标
		设置光标位置
		移动光标位置
		写入文档
生成机器人运行日志	将审计报告发送给审计经理	发送邮件
	记录机器人运行时间、结束时间等数据	获取时间
		格式化时间

11.4.2 开发步骤

1. 流程整体设计

步骤一：打开 UiBot Creator 软件，新建流程，并将其命名为"审计报告及附注生成机器人"。

步骤二：拖入 4 个"流程块"和 1 个"结束"至流程图设计主界面，并连接起来。将流程块描述修改为：审计数据采集与清洗、生成审计报告、生成报表附注报告和生成机器人运行日志，如图 11-8 所示。在主界面右下角创建 4 个流程图变量，如图 11-8 所示，其属性设置如表 11-5 所示。

2. 审计数据采集与清洗

步骤三：点击【编辑】进入第一个流程块，在左侧的命令框中搜索并添加【获取时间】，然后添加【格式化时间】，属性设置保持默认，如图 11-9 所示。

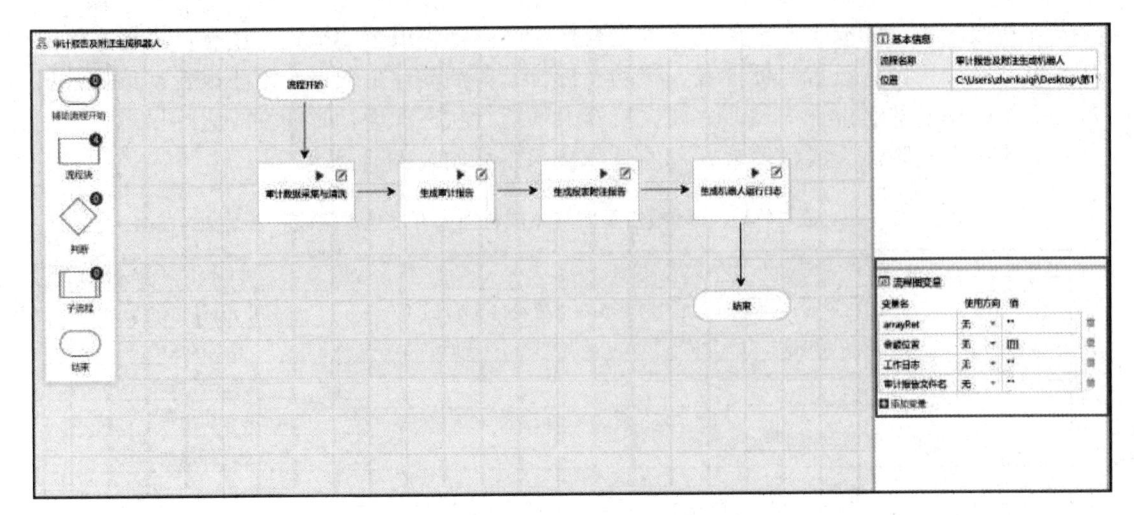

图 11-8　审计报告及附注生成机器人流程图设计主界面

表 11-5　流程图变量的属性设置

序号	变量名	变量值
1	arrayRet	""
2	金额位置	[[]]
3	工作日志	""
4	审计报告文件名	""

图 11-9　获取当前日期

步骤四：在左侧的命令框中搜索添加元素，添加【在数组尾部添加元素】，创建变量"工作日志"，更改该活动属性，如图 11-10 所示。

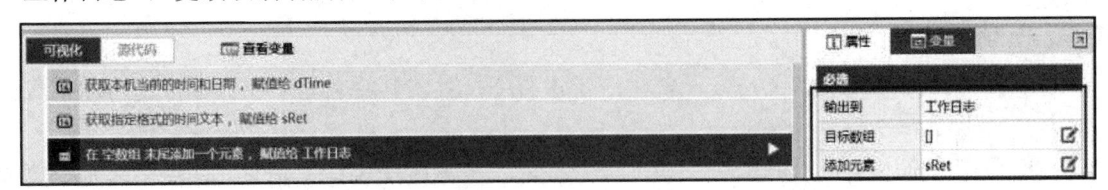

图 11-10　获取当前日期

步骤五：添加【打开 Excel 工作簿】，文件路径设置为"@res"模板文件\\重庆蛮先进智能制造有限公司 2020 年财务报表.xls""，如图 11-11 所示。然后添加【读取区域】读取所需数据，属性设置中工作表为""附注附表""，区域设置为""A1""，输出到为"arrayRet"，如图 11-12 所示。最后再添加五个【变量赋值】，其属性设置如表 11-6 所示。

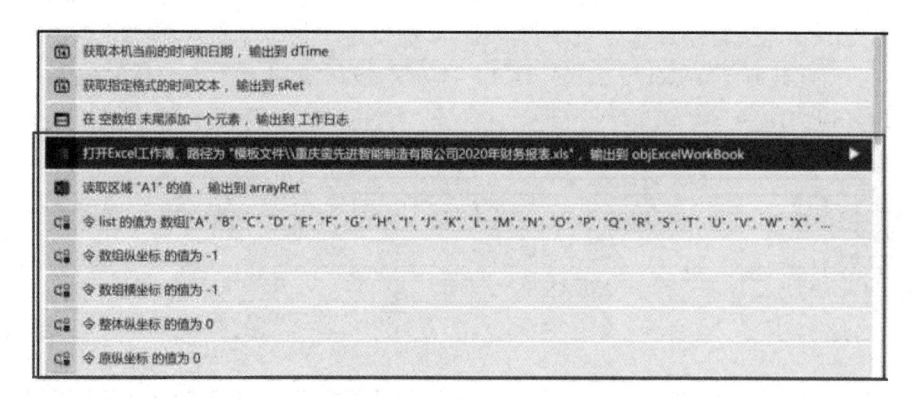

图 11-11 【打开 Excel 工作簿】属性

图 11-12 【读取区域】属性

表 11-6 【变量赋值】的属性设置

序号	变量名	变量值
1	list	["A","B","C","D","E","F","G","H","I","J","K","L","M","N","O","P","Q","R","S","T","U","V","W","X","Y","Z"]
2	数组纵坐标	-1
3	数组横坐标	-1
4	整体纵坐标	0
5	原纵坐标	0

步骤六：添加【依次读取数组中每个元素】，然后在依次读取数组中每个元素中添加【变量赋值】，设置变量名为"整体纵坐标"，变量值设置为"整体纵坐标+1"；继续添加【判断以指定前缀开头】，以判断"("出现的位置，属性设置中输出到"sRet"，目标字符串为"value[0]"，前缀字符串为""（""，如图 11-13 所示。

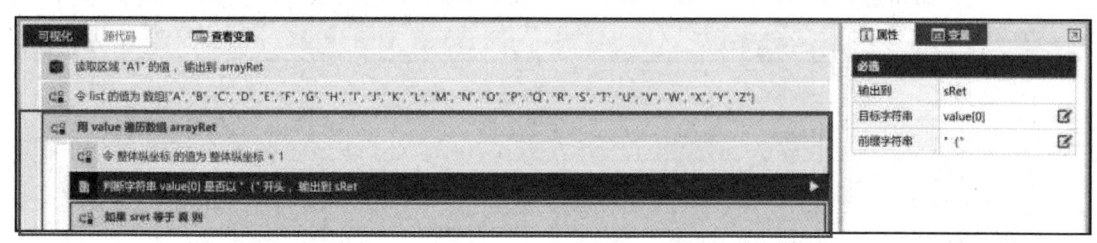

图 11-13 遍历元素

步骤七：继续在依次读取数组中每个元素内添加【如果条件成立】，设置活动属性判断表达式"sret = True"；然后在【如果条件成立】中添加两个【变量赋值】，具体设置如表 11-7

第 11 章 审计报告及附注生成机器人 ▶ 301

中序号 1、2 所示，接着添加【分割字符串】，属性设置中目标字符串为"查找字符串"，分隔符为"")""，输出到"arrRet"，如图 11-14 所示；最后添加一个【变量赋值】，具体设置如表 11-7 序号 3 所示。

表 11-7 【变量赋值】的属性设置

序号	变量名	变量值
1	数组纵坐标	-1
2	查找字符串	value[0]
3	查找字符串	")"&arrRet[1]

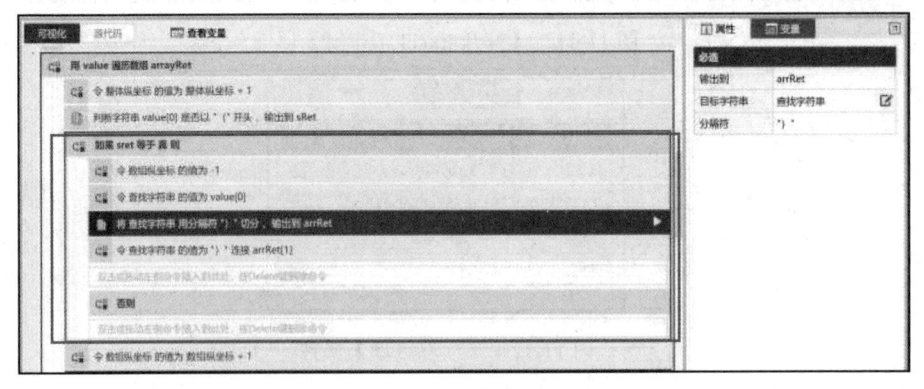

图 11-14 【查找字符串】

步骤八：跳出【如果条件成立】活动，但仍在依次读取数组中每个元素内进行操作。首先添加【变量赋值】，将变量名设置为"数组纵坐标"，变量值为"数组纵坐标+1"；然后添加【依次读取数组中每个元素】，将数组设置为"value"，值为"item"，进而在依次读取数组中每个元素中添加一个【变量赋值】，将变量名设置为"数组横坐标"，变量值为"数组横坐标+1"；接下来添加【是否为数值】，输出到"bRet"，继续在是否为数值活动下方添加【变量赋值】，将变量名设置为"单元格坐标"，变量值为"list[数组横坐标]&整体纵坐标"；最后再添加【获取单元格颜色】，这一步需要在源代码界面进行编辑，直接写入源代码"颜色=Excel.GetCellColor(objExcelWorkBook,"附注附表",单元格坐标)"，如图 11-15 至图 11-17 所示。

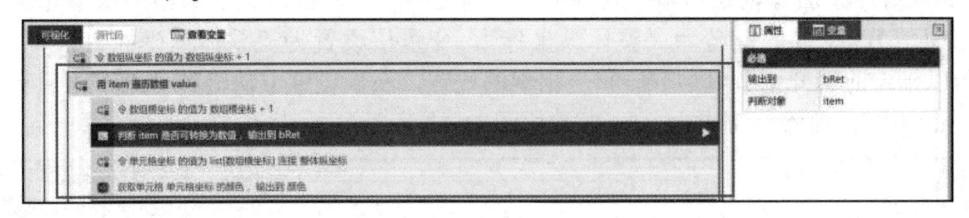

图 11-15 判断是否是数值

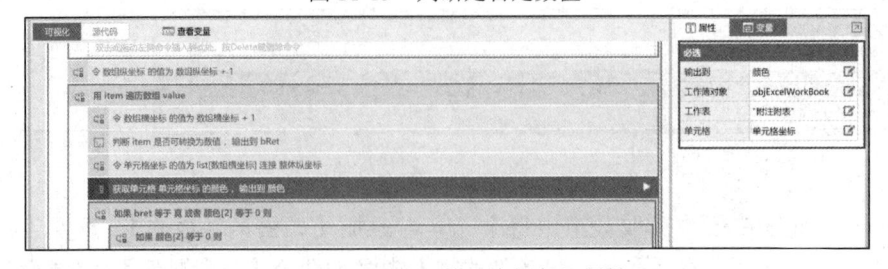

图 11-16 【获取单元格颜色】属性

36	bRet = IsNumeric(item)
37	单元格坐标=list[数组横坐标]&整体纵坐标
38	颜色=Excel.GetCellColor(objExcelWorkBook,"附注附表",单元格坐标)
39	If bret=True Or 颜色[2]=0

图 11-17 获取单元格颜色代码

步骤九：添加【如果条件成立】，将判断条件设置为"bret=True Or 颜色[2]=0"；然后在刚刚添加的【如果条件成立】活动中再添加一个【如果条件成立】，将判断表达式设置为"颜色[2]=0"，接着在该【如果条件成立】中添加三个【变量赋值】，具体设置如表 11-8 中序号 1、2、3 所示；最后在第二个【如果条件成立】的外边添加【在数组尾部添加元素】，其中添加元素设置为"[查找字符串,数组纵坐标,数组横坐标,item,标记]"，如图 11-18、图 11-19 所示。

表 11-8 【变量赋值】的属性设置

序号	变量名	变量值
1	标记	1
2	原纵坐标	整体纵坐标
3	标记	0

图 11-18 判断颜色和坐标位置

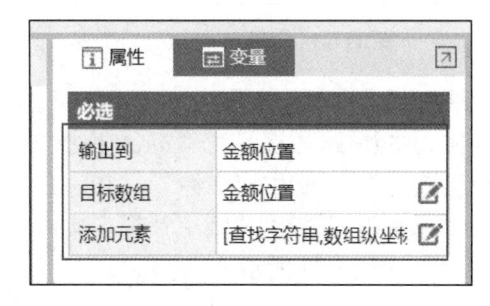

图 11-19 金额位置数组属性

第 11 章 审计报告及附注生成机器人 ▶ 303

步骤十：在第二次添加的依次读取数组中每个元素外添加【变量赋值】，变量名设置为"数组横坐标"，变量值为"-1"；然后在第一次添加的依次读取数组中每个元素外添加【关闭Excel工作簿】，立即保存，如图11-20所示。

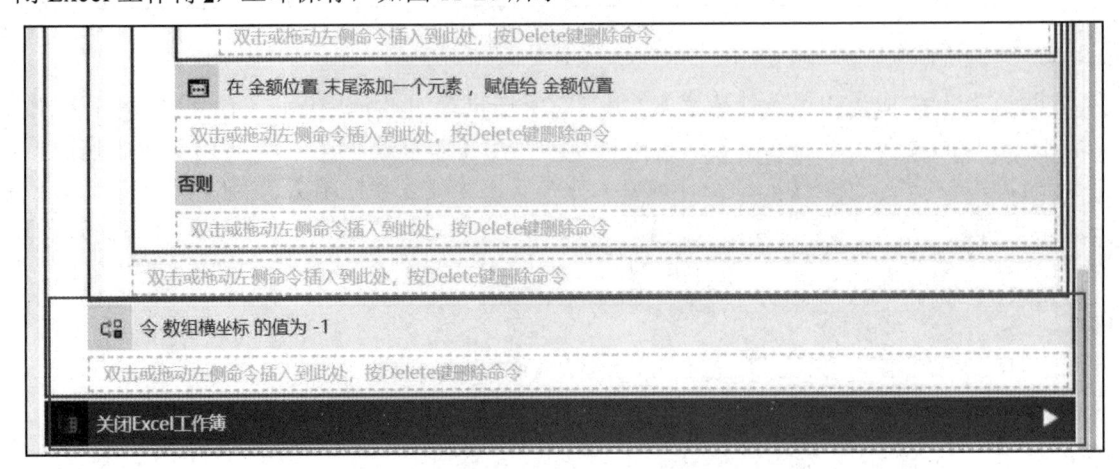

图11-20　添加【变量赋值】【关闭Excel工作簿】

3. 生成审计报告

步骤十一：点击编辑第二个流程块。首先添加【打开 Excel 工作簿】，将文件路径设置为"@res"模板文件\\审计意见汇总表.xlsx""，如图11-21所示。然后添加两个【读取单元格】，来读取所需数据，具体属性设置如表11-9所示。添加【关闭Excel工作簿】，如图11-21所示。

表11-9　【读取单元格】的属性设置

序号	工作簿对象	工作表	单元格	输出到
1	objExcelWorkBook	"Sheet1"	"B2"	公司名称
2	objExcelWorkBook	"Sheet1"	"F2"	意见类型

图11-21　读取审计意见汇总表

步骤十二：添加【变量赋值】，变量名设置为"审计报告文件名"，变量值为"意见类型&".docx""；然后添加【复制文件】，路径设置为"@res"模板文件\\审计报告模板\\"&审计报告文件名"，复制到的路径设置为"@res"生成文件""，如图11-22所示；接下来添加【打开文档】，将文件路径设置为"@res"生成文件\\"&审计报告文件名"，然后添加【文字批量替换】，具体属性设置如图11-22、图11-23所示。

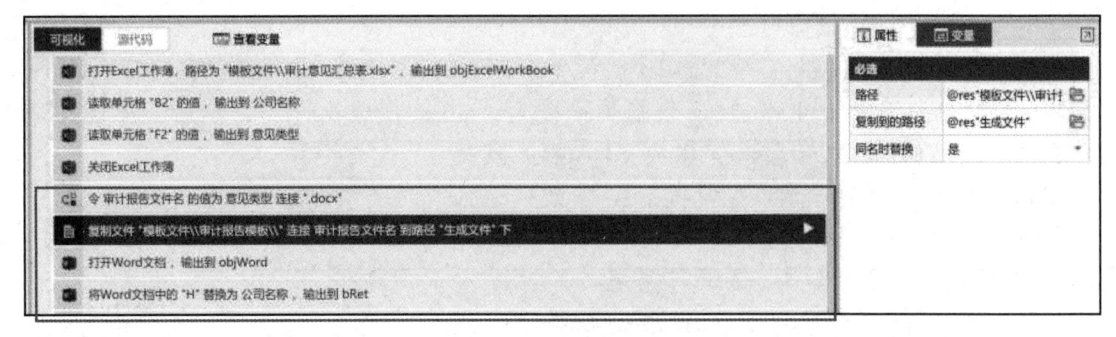

图 11-22 修改审计报告

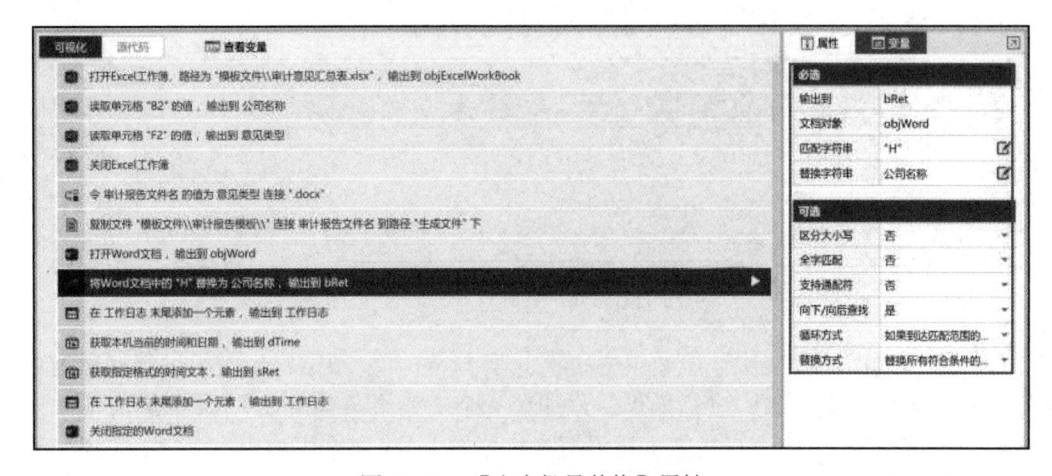

图 11-23 【文字批量替换】属性

步骤十三：添加【在数组尾部添加元素】，其属性设置中目标数组和输出到均为"工作日志"，添加元素为"成功"；然后依次添加【获取时间】【格式化时间】，属性设置保持默认；进而添加【在数组尾部添加元素】，其属性设置中目标数组和输出到均为"工作日志"，添加元素为"sRet"；最后添加【关闭文档】，添加完成后如图 11-24 至图 11-26 所示。

图 11-24 添加元素到工作日志

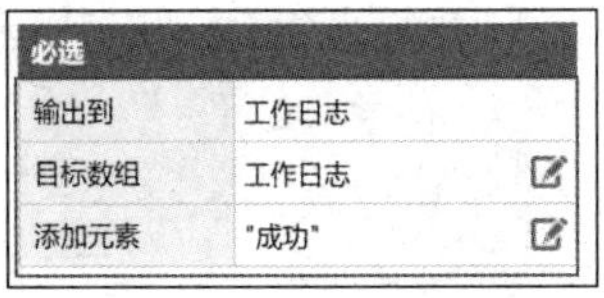

图 11-25 第一个【在数组尾部添加元素】属性 　　图 11-26 第二个【在数组尾部添加元素】属性

4. 生成报表附注报告

步骤十四：点击编辑第三个流程块。首先添加【复制文件】，将文件路径设置为"@res"模板文件\\财务报表附注.doc""，复制到路径为"@res"生成文件""，然后添加【打开文档】，将文件路径设置为"@res"生成文件\\财务报表附注.doc""；添加【更改窗口显示状态】，查找目标抓取 Word 文档，显示状态为"最大化"如图 11-27 所示；接下来添加【延时】，将延时（毫秒）设置为"8000"；进而添加【模拟点击】，属性设置保持不变；最后再添加【删除并返回第一个元素】，目标数组设置为"金额位置"，图 11-28 所示。

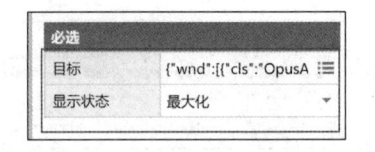

图 11-27　【更改窗口显示状态】属性

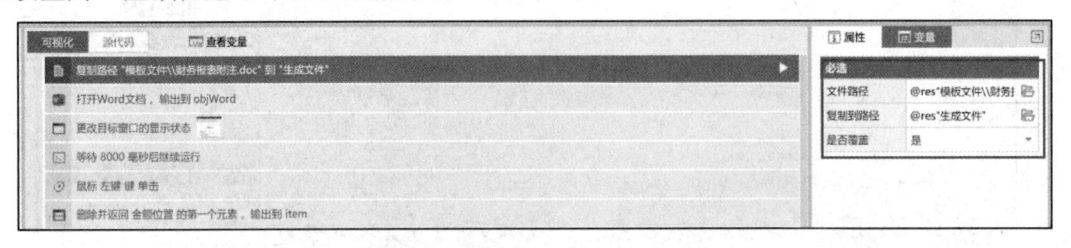

图 11-28　复制报告并打开

步骤十五：添加【依次读取数组中每个元素】，对"金额位置"数组进行遍历循环，在依次读取数组中每个元素中进行操作，添加第一个【如果条件成立】，将判断表达式设置为"行数<>value[1]"；添加【查找文本后设置光标位置】，将文本内容设置为"value[0]"，相对位置选择"光标在文本之前"；接下来添加【模拟按键】，模拟按键选择"Home"；最后再添加【移动光标位置】，具体属性设置如图 11-29、图 11-30 所示。

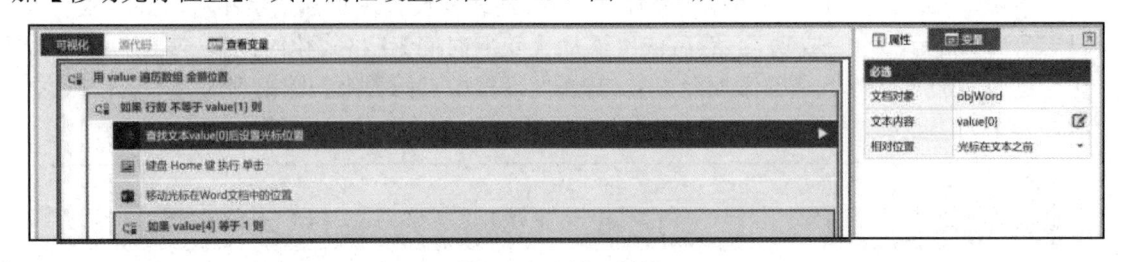

图 11-29　循环判断

步骤十六：继续在第一个如果条件成立中进行操作。首先添加第二个【如果条件成立】，将判断表达式设置为"value[4]=1"；然后在第二个【如果条件成立】中添加【移动光标位置】，具体属性设置如图 11-31 所示；接下来添加四个【模拟按键】，第一个模拟按键选择"End"，同时在辅助按键的多选列表中勾选"Alt"，第二个模拟按键选择"End"，第三个模拟按键选择"→"，第四个模拟按键选择"Enter"，只有第一个模拟按键需要使用辅助按键，后面三个不需要使用辅助按键，如图 11-32、图 11-33 所示。

图 11-30　第一个【移动光标位置】属性

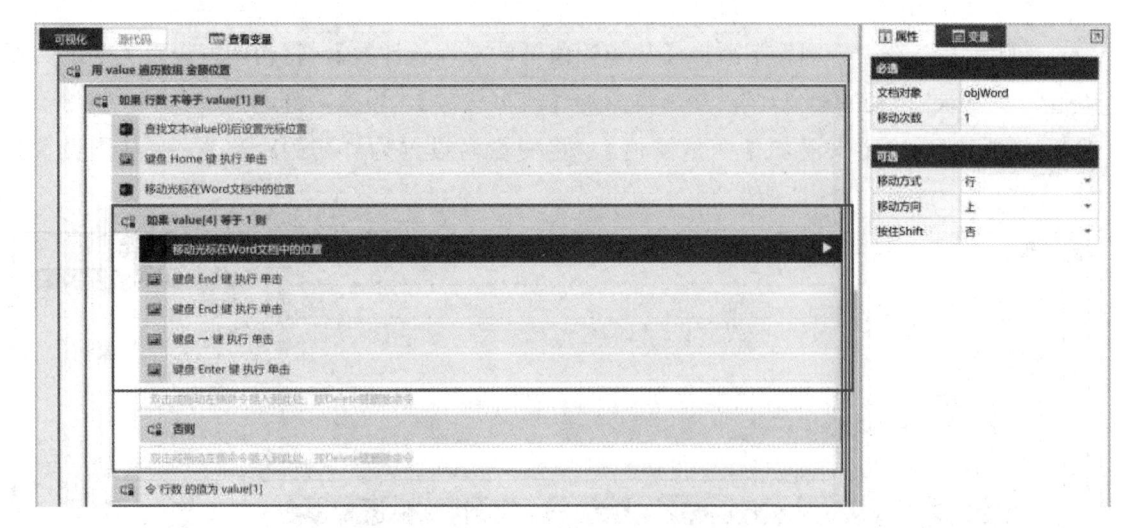

图 11-31　第二个【移动光标位置】属性

图 11-32　第一个【模拟按键】属性

图 11-33　第二个【模拟按键】属性

步骤十七：继续在第一个【如果条件成立】中进行操作，在第二个【如果条件成立】后添加【变量赋值】，将变量名设置为"行数"，变量值设置为"value[1]"；然后再添加【从初始值开始按步长计数】，将初始值为"0"，结束值为"value[2]-1"，接下来在计次循环中添加【模拟按键】，模拟按键选择"Tab"；进而再添加一个【变量赋值】，将变量名设置为"初始距离"，变量值设置为"value[2]"，如图 11-34 所示。

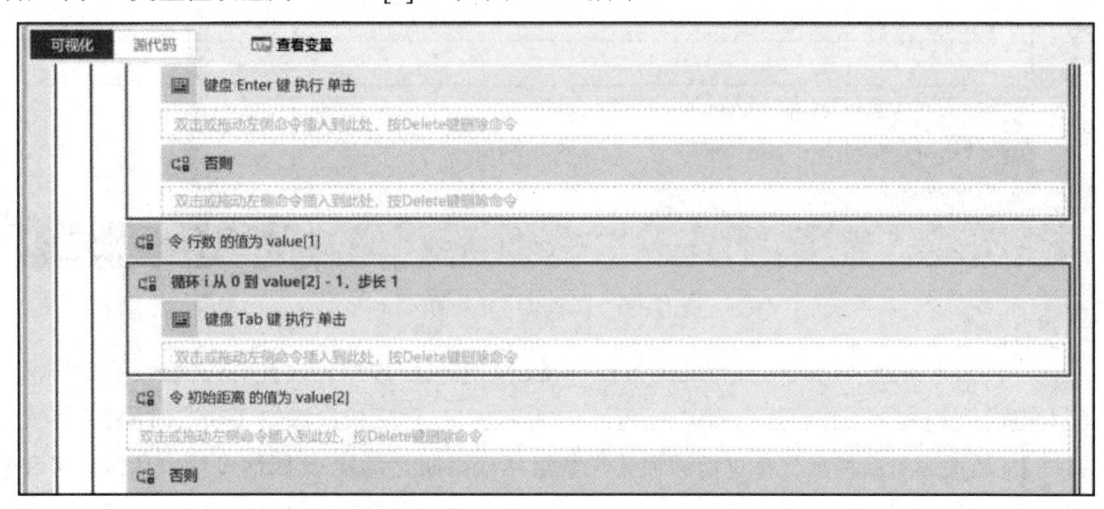

图 11-34　第一个【从初始值开始按步长计数】

第 11 章　审计报告及附注生成机器人　307

步骤十八：在"否则"下添加【从初始值开始按步长计数】，将初始值设置为"0"，结束值为"value[2]-初始距离-1"；然后再添加【模拟按键】，模拟按键选择"Tab"，按键类型选择"按下"；接下来添加【变量赋值】，将变量名设置为"初始距离"，变量值设置为"value[2]"，如图11-35所示。

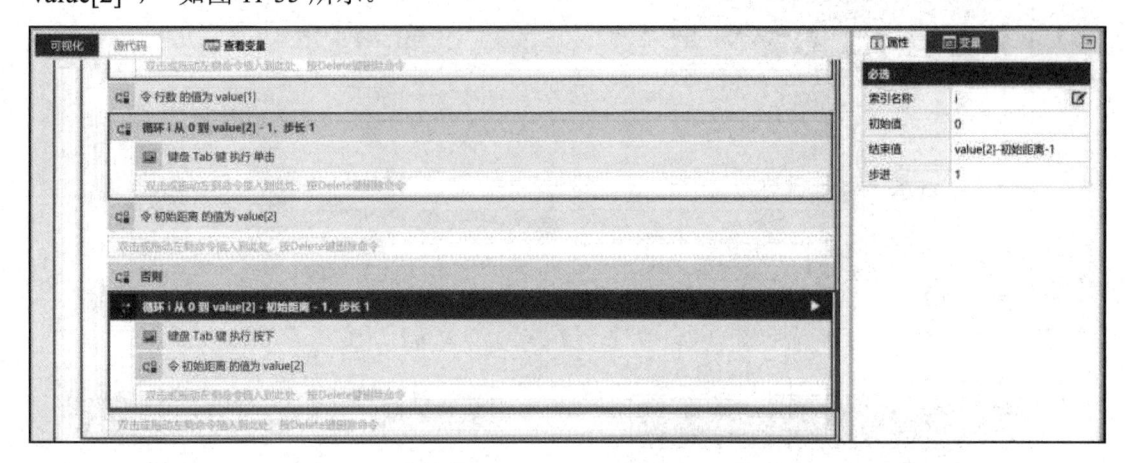

图11-35 第二个【从初始值开始按步长计数】

步骤十九：继续在依次读取数组中每个元素中进行操作，添加【转为文字数据】，将转换对象设置为"value[3]"，输出到"sRet"；然后添加【写入文字】，将写入内容设置为"sret"；最后在依次读取数组中每个元素下方添加【关闭文档】，如图11-36所示。

图11-36 写入文字并关闭文档

步骤二十：继续在关闭文档的下方添加【在数组尾部添加元素】，将属性设置中目标数组和输出到均为"工作日志"，添加元素为""成功""；然后依次添加【获取时间】【格式化时间】，属性设置保持默认；进而添加【在数组尾部添加元素】，其属性设置中目标数组和输出到均为"工作日志"，添加元素为"sRet"如图11-37、图11-38所示。

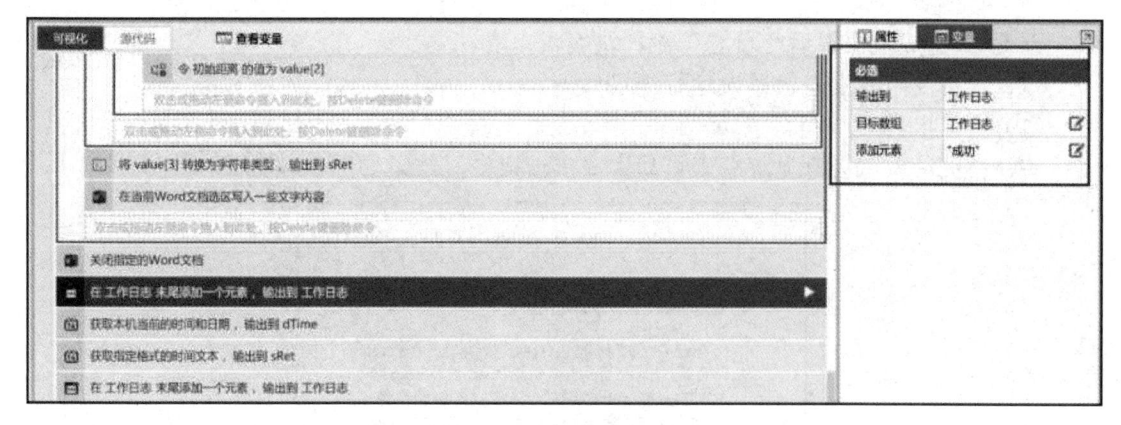

图 11-37 添加工作日志

图 11-38 第二个添加工作日志

5. 生成机器人运行日志

步骤二十一：点击编辑第四个流程块。首先添加【打开 Excel 工作簿】，将文件路径设置为"@res"生成文件\\机器人运行日志.xlsx""；然后添加【获取行数】，将工作表设置为""Sheet1""；接下来添加【变量赋值】，将变量名设置为"iRet"，变量值设置为"iRet+1"；最后添加【写入行】，将工作表设置为""Sheet1""，单元格设置为""A"&iret"，数据设置为"工作日志"，然后将发送邮件的账号密码改为自己的账号密码（注意密码为授权码），需要在邮箱中开启 SMTP 服务获得授权码，附件路径为"[@res"生成文件\\财务报表附注.doc",@res"生成文件\\"&审计报告文件名]"。如图 11-39、图 11-40 所示。

图 11-39 【发送邮件】属性

图 11-40 写入机器人日志

第 11 章 审计报告及附注生成机器人

至此，“生成机器人运行日志”流程块编辑完毕。

审计报告及附注生成机器人运行结果如下：

（1）审计报告

审计精灵读取审计意见汇总表自动生成审计报告，结果如图 11-41 所示。

审 计 报 告

重庆蛮先进智能制造有限公司全体股东：

一、审计意见

我们审计了重庆蛮先进智能制造有限公司财务报表，包括 2020 年 12 月 31 日的资产负债表和资产减值准备情况表，2020 年度的利润表、现金流量表、国有资本权益变动情况表以及相关财务报表附注。

我们认为，后附的财务报表在所有重大方面按照企业会计准则的规定编制，公允反映了重庆蛮先进智能制造有限公司 2020 年 12 月 31 日的财务状况以及 2020 年度的经营成果和现金流量。

二、形成审计意见的基础

我们按照中国注册会计师审计准则的规定执行了审计工作。审计报告的“注册会计师对财务报表审计的责任”部分进一步阐述了我们在这些准则下的责任。按照中国注册会计师职业道德守则，我们独立于**重庆蛮先进智能制造有限公司**，并履行了职业道德方面的其他责任。我们相信，我们获取的审计证据是充分、适当的，为发表审计意见提供了基础。

图 11-41　审计报告

（2）财务报表附注报告

审计精灵根据财务报表附注表自动生成财务报表附注报告，结果如图 11-42 所示。

八、合并财务报表重要项目的说明

（除另有注明外，所有金额均以人民币元为货币单位）

（一）货币资金

项　目	期末余额	年初余额
库存现金	728373	4928282
银行存款	6933755	4039020
其他货币资金	6226622	3626262
合　计	20444115	12593564
其中：存放在境外的款项总额		

注：如有因抵押、质押或冻结等对使用有限制、存放在境外、有潜在回收风险的款项应单独说明。

受限制的货币资金明细如下：

图 11-42　财务报表附注报告

（3）审计报告及附注生成机器人运行日志

审计精灵记录每个模块运行时间及运行状态，生成机器人运行日志，结果如图 11-43 所示。

机器人运行开始时间	审计报告生成状态	生成时间	报表附注报告生成状态	生成时间
2021-1-29 17:14	成功	2021-1-29 17:14	成功	2021-1-29 17:18

图 11-43　审计报告及附注生成机器人运行日志

11.5 机器人运用

①
- 那是当然,每次轻轻一点就可以运行了!
- 詹总,我们俩搞了一天也没你这半小时来得快呀!

②
- 把这种数据搬运的工作交给机器人,更重要的复核任务留给我们,既可以提高工作效率,也可以降低错误率!

③ 办公室
- 这个只要编程没错,就不会出错的。但也需要人的复核,来保证正确性。
- 詹总,这个会出错吗?

④
- 哈哈!是在某市理工大学读MPAcc的时候学的!学校课程中就有RPA、NLP、会审模式识别、机器学习这些课!
- 詹总,你这些都是在哪里学的呀?

⑤
- 天啊,你们学校太厉害了!这MPAcc的威力简直是稳坐军帐、横杀千军、大杀四方、致敌于千里啊,怪不得你能当总监!
- WOW!

⑥
- 等我们有空了一定学习机器人!
- 学习了机器人,可以提高你们的工作效率,多好!

不一会审计精灵小蛮机器人就运行完成了。

郑毅和家桐看得目瞪口呆，同时说道："这就完成了？詹总，深藏 blue（不露）啊，你这也太快了，典型的智能懒！我们俩搞了一天都没有你这 2 个小时来的快啊。"

郑毅打开填好的附注表，看见里面的数据都已经填完了，他还特意抽了几个金额去核对，却发现一点问题都没有。"这审计精灵也太牛了，速度快不说，准确率还蛮高，填这个东西差点都给我们整崩溃了，可它一下就完成了。"郑毅感慨地说道。

詹凯棋："那是当然，审计精灵自动从文件中读取数据，这样就可以最大限度地保证数据在迁移的过程中不发生错误，毕竟人是容易看错的，但是程序不会。这样就相当于在源头上解决了数据出错的问题，而且这可不仅仅是一个单纯的录入过程啊，我们还可以在中间增加一些判断，如总金额是不是等于其他金额之和等，这样能更进一步地防范数据出现错误。所以小蛮不光速度快，效率高，而且结果会非常的准确，不会存在填错的情况，最后审计精灵还会自动将过程写入过程记录表中，便于我们后期查看审计精灵的运行状态。小兄弟们，时代变了。"

郑毅："真的是太厉害了，詹总立刻有（拼音是 li ke you，连起来就是 like you），你这都是在哪里学的啊？"

詹凯棋："不是我凡尔赛啊，这都是我在重庆理工大学会计学院读'互联网+会计'审计硕士的时候学的。重庆理工大学是中国会计数字化教育的引领者，学校的'重庆市黄大年式教师团队（会计信息化）'有很多优秀的老师，比如陈旭、张志恒、吴花平、邱杰、朱谱熠、夏会、陈丰等老师。我们的研究生课程中就有"RPA、NLP 与会审模式识别"，对了，不只这门，我们还学习了《云会计与智能财务共享》《Python 管理会计大数据》"机器学习与财务智能"等课程。"

郑毅："蚂蚁牙黑（吗咿呀嘿谐音），重理工 YYDS（永远的神）呀！要学这么多东西啊，我空以为自己把专业玩透了，却没想到审计硕士的威力简直就是稳坐军帐、横扫千军、大杀四方、致敌于千里啊，怪不得你能当总监。"

詹凯棋："运用审计机器人，可以极大地减少你们的工作量，提高你们的工作效率，还可以减少错误率哦。"

郑毅："詹总，我被重庆理工大学种草了，以后我有空了也一定去重庆理工大学会计学院深造，我要读个他们的在职研究生。"

【思维拓展】

本章案例中通过计算数据和标记间的相对位置，然后使用模拟键入的方式来实现数据输入，请思考是否还有其他实现方式。